作业改革

从这里启航

牛玉娟 梁海珍 黄 静◎主编

燕山大学出版社
·秦皇岛·

图书在版编目（CIP）数据

作业改革，从这里启航 / 牛玉娟，梁海珍，黄静主编 .—秦皇岛：燕山大学出版社，2021.10
（2026.1重印）
ISBN 978-7-81142-223-8

Ⅰ . ①作… Ⅱ . ①牛… ②梁… ③黄… Ⅲ . ①小学数学课－学生作业－教学改革 Ⅳ . ① G623.502

中国版本图书馆 CIP 数据核字（2021）第 084021 号

作业改革，从这里启航

牛玉娟 梁海珍 黄 静 主编

出 版 人：陈 玉
责任编辑：孙志强
封面设计：方志强
出版发行：燕山大学出版社 YANSHAN UNIVERSITY PRESS
地 址：河北省秦皇岛市河北大街西段 438 号
邮政编码：066004
电 话：0335-8387555
印 刷：廊坊市印艺阁数字科技有限公司
经 销：全国新华书店

开 本：787mm×1092mm 1/16 **印 张：**18.75 **字 数：**392 千字
版 次：2021 年 10 月第 1 版 **印 次：**2026 年 1 月第 2 次印刷
书 号：ISBN 978-7-81142-223-8
定 价：68.00 元

编委会

主　　编： 牛玉娟　梁海珍　黄　静

副 主 编： 郑彬彬　夏素娟　焦文婧　王中迪　苏　伟

编写人员：（按照姓氏拼音顺序排列）

包艳明　李连民　梁金霞　邵香蕊　王　凤

王　晖　王慧颖　王　静　王　英　温秀凤

张敬宇　张丽颖　赵红生　赵艳丽　郑　健

序

秦皇岛市教育科学研究所小学数学教研团队，几年来积极行动，致力于小学数学作业改革，这是一件惠及千家万户的好事。《作业改革，从这里启航》即将结集出版并邀我作序，我十分感动，关于作业的话题更是有感而发。长期以来，中小学生的作业负担重一直是家长及社会关注的教育焦点问题。

近年来，我国中小学生课外作业负担日趋繁重，学生的课余生活几乎被“作业”填满，甚至挤占了他们正常的睡眠时间。由于用眼过度等因素，我国儿童近视率居高不下，任务繁重、“压力山大”，精神抑郁的人数不断增多。作业本来是教学过程的一个必要环节，是用来检验课堂教学效果，由教师设计布置给学生并要求他们完成的学习活动。可中小学老师利用手机微信群布置作业却成为一种普遍现象，作业不是留给学生而是留给家长的，几乎每项任务都需要家长监督完成，导致孩子不清楚自己要做什么，完全依赖家长，老师“绑架”家长，家长“绑架”学生，海量而无休止的作业压得孩子们喘不过气来。因此，帮助家长和学生从沉重的课业负担中解放出来是我们工作的出发点和落脚点，作业改革已是当务之急。

2018 年全国教育大会后相继出台《综合预防儿童青少年近视实施方案》《中小学生减负措施》等文件，要求切实减轻中小学生过重的课业负担，缓解学生和家长的作业焦虑感，维护中小学生身心健康，对中小学作业进行有效管理。如何给作业“减肥”、给家长“减压”、为孩子们“减负”，是当前各地教育改革的重要课题。

小学数学教研团队的同志们，深入全市各县区，采用问卷、座谈、现场观摩等多种方式对学生作业现状进行实地调研，内容包括完成作业时间、数量、类型、层次等，获得了大量的一手资料。根据调研结果，有的放矢，对症下药，起草出台了《秦皇岛市教育局关于小学阶段作业改革的指导意见》，对小学作业改革从形式到内容提出了明确的要求，并在全市范围内多次举行作业改革研讨会、现场交流会，通过思想上引领、行为上跟进的方式，规范教师的作业布留，严格控制作业总量。从作业功能的视角切入，提高教师的作业设计能力，关注学生的个体差异，加强对学生的学情分析与研究，设计个性化分层作业。大力倡导“减量增效”，注重设计探究性作业、实践性作业，探索跨学科作业、综合性作业，特别是寒暑假作业要与社会生活及学生的生活实践相结合，与大量阅读相结合。通过作业改革撬动课堂教学方式的变革，通过科学调控，做到减少数量、提高效率、侧重实践、联系生活、提高趣味性，真正让作业的功能回归到及时反馈教学效果上来，而不是为了刷题迎考，更不是以作业量来“绑架”学生学习。

小学数学教研团队通过调查了解、分析研究和探索，形成了一整套作业改革创新的思路和方法，已结集成册。《作业改革，从这里启航》收集整理了政协委员提案和社会对作业改革的意见，辑录了《秦皇岛市教育局关于小学阶段作业改革的指导意见》和全市小学作业改革的成果案例和作业设计，这是一项非常有意义的教学改革成果，我相信它一定会成为我市中小学作业改革的航标，但愿这一航标能引领大家从作业的“书山题海”中走出来，让孩子们能到充满阳光的沙滩上晒晒太阳，让家长和孩子们免受作业之苦，还孩子们一个健康、快乐的童年。

蔡守怡

2021 年 9 月

目　录

缘起——提案引发的思考

思辨——集思广益话作业

引领——教学案例促提高

成果——作业精选巧设计

行远——链接生活启智慧

缘起

YUANQI

提案引发的思考

中国人民政治协商会议秦皇岛市委员会
十三届二次会议委员提案

——关于我市中小学应慎用手机留作业的提案

会办单位：

如今我市各中小学校老师利用手机微信群布置作业、发布通知，成为一种普遍现象。作业不是留给学生，而是留给家长，几乎每项任务都需要家长监督完成，有些作业甚至需要家长参与其中，此举导致孩子不清楚自己应该担负的作业任务，完全依赖家长，丧失独立学习能力；家长不敢有丝毫怠慢，却又苦不堪言……

现将用手机留作业存在的几点问题分析如下：

（1）家长无论何时何地必须密切关注班级微信群动向，稍不留意就会影响孩子学习进度。加班或特殊情况不能及时回家，而家中老人又不会使用智能手机，孩子无法完成作业。

（2）某些学校老师甚至要求家长批改作业并签字，家长能够发现自己孩子学习中存在的问题并纠正，可是老师如何掌握教学中存在的共性问题？如何做到有的放矢加强指导？

（3）对于朗读、背诵类作业，某些学校老师要求家长必须在规定时间内录制小视频发送到班级微信群，才视为完成作业。但不知此类作业的意义究竟是有图有真相的过程还是融会贯通、心领神会的结果？

为此，提出以下建议：

（1）将“在课堂上记好家庭作业”作为小学生入学后的重要一课来明确和掌握，小学三年级以后所有作业全部由学生手抄记录完成，不再通过手机发给家长辅导记录。手抄作业，锻炼的不仅是动手能力，还有思维协调能力，抄写题目可以让学生养成积极接受、独立思考的好习惯。

（2）教师应正确面对学生家庭作业的漏写、错写，采取相应惩罚办法，帮助学生养成良好的学习习惯，认识到现阶段的责任与担当，积极主动地完成每一项任务，这也是每一个孩子步入社会的必修课。

（3）家长应给予学生家庭作业适当的辅导与监督，但绝不是责任主体。教师应该积极关注学生每天作业的完成情况，由此了解各知识点的掌握情况，随时调整教学计划。

我们的思考：

这份提案表面上看是“家长作业”“手机作业”等问题。但是作为从事教育多年的教育工作者，那份教育情怀和责任感，让我敏感地看到事件背后折射出的“作业焦虑”问题。作业真的是家长的负担、学生的负担，甚至也是老师的负担吗？作业是什么？为什么要“作业”？怎样的作业才能让学生萌发“爱你没商量”“其实作业很有意思”的喜悦？生在互联网和大数据时代，作业能不能与手机等新技术共生……一连串的问题不断地闪现、萦绕，促使我们下决心走向“作业”，开启作业改革的行程。

秦皇岛市小学数学作业情况的调查与思考

提到“作业”两个字，恐怕从教师到家长，再到学生，都各有“心腹事”。由于笔者职业所然，对小学生作业情况曾持续关注。尤其近两年来，在区域大力推进课堂教学改革的大背景下，更是多次深入到市区、农村小学进行实地调研、问卷，取得了大量的一手资料。

2017 年我们采用问卷、座谈等方式对市域范围内的城市区、农村部分学校进行了调研，内容包括完成作业时间、作业量、作业类型、分层作业等。

一、数据统计

表 1 数学作业的量：你对作业数量的感觉是（ ）（可多选）

选项	所占百分比
数学作业量不多	66.7%
数学作业量比较多	2.5%
各科作业加起来不多，不累	45.9%
各科作业加起来很多，太累了	43.9%

从数据来看，近 70% 的学生认为教师布置的数学作业数量适中，符合学生的需要。各科作业加在一起，认为作业适量的学生接近总人数的 50%。由此可以看出，教师在作业数量上把握得较好。上表的结果很清晰地呈现了一个事实，虽然只有 2.5% 的学生认为作业量比较多。但是，仍有近 30% 的学生对该问题没有进行选择，既不说“不多”，也不说“多”。在对该类样本进行追访的过程中，发现学生反馈学校对数学作业量的控制并不是一成不变的，而是随教学内容和教学进度会有调整，且多呈现前松后紧的情况。再与“各科作业加起来不多”选项 45.9% 的比例进行对比，我们不难得出结论，教师在作业量的控制上仍然存在一定的问题。

那么，教师布置的数学作业学生能用多长时间完成呢？调查结果如下：

表 2 学生完成数学作业需要的时间

每天完成数学作业的时间	没有作业	半小时以内	1 小时以内	1 小时以上
	1.72%	56.24%	34.1%	7.94%

从表中可以看出：大部分学生能在半小时之内完成作业，只有少数学生需要更多的时间。这也可能跟学生的个人能力和学习习惯有关。

表 3 数学作业的类型

	口头作业	书面作业	实践性作业	其他
课上作业	21.08%	58.47%	14.45%	6.0%
课后作业	7.32%	75.64%	15.49%	1.55%
学生喜欢的作业	17.81%	6.81%	67.06%	8.32%

由上表可以看出，不论是课堂作业还是课后作业，教师布置的主要是书面作业，还有少量的实践作业。作业类型单一，与学生的学习需求有较大差距，从课堂教学改革的大背景来看，“作业”作为课堂教学的一部分，没有得到很好的改善。

而对“你最喜欢的作业类型”一项，只有 6.81% 的学生选择了常态作业，即学生眼中的书面作业。这个结果，一方面说明学生期待从传统单一的作业形式中走出来的强烈愿望，另一方面也提醒教师要在综合性、实践性作业上有所倾斜，有所作为。

表 4 数学作业分层情况

	每次都会	经常会	偶尔会	从来不会
数学课上，老师是否会为同学们安排难易不同的课堂作业	2.52%	10.74%	31.29%	55.45%
课后作业是否难易不同，能否自主选择	8.06%	9.36%	34.54%	48.04%

表中数据，真实地反映出了教师对“作业”的认识。教师很少能够根据学生的需求布置分层作业，一般情况下，作业会“照本宣科”“整齐划一”，缺少在内容、形式上的因人而异。

二、对作业现状的思考

（一）通过对调查问卷的分析以及与教师的交流，我们了解到现在学生的课上或课后作业呈现下面几个特点

1. 作业缺乏主体性

长期以来，教师只是负责布置作业，学生只是被动地接受作业、机械地完成作业，没有空间、时间去做自己喜欢的、感兴趣的事情。完成作业只是为了应付教师的检查，积极性不高，主动性不强，作业的质量就很难保证，甚至出现抄袭或者代完成作业和不完成作业的现象。

2. 作业形式单一

教师设计的作业只注重对知识点的考查，大多限定于书面作业，很少布置探究性或实践性作业。这虽然有利于教师的查漏补缺，但忽视了学生学习的目的不仅仅是掌握书本知识，更要将学到的知识运用于解决生活中的实际问题。

3. 作业内容枯燥

教师的作业设计缺乏与生活的联系。学生的年龄小，认知还不够成熟，尽管老师

“苦口婆心”，甚至家校联合、齐抓共管，但是日复一日没有新意的作业很容易让学生失去兴趣，对作业产生厌烦情绪。

4. 作业层次不清

大多数时候，教师布置作业就是“例行公事”，很少考虑不同学生的需求，更不会依据学生的需求思考和布留不同层次的作业，以适应学生的发展。

（二）是什么造成这种状况呢？教师们说出了自己的心里话

1. 受旧有评价方式的影响

虽然新课改以来，中小学校都积极践行多元化评价，特别是过程性评价已基本成为常态。但是，一直以来在人们心中根深蒂固的“分数”仍然是主导着教师行为的指挥棒，以学生考试成绩作为衡量教师教学能力的认知仍然会潜移默化地影响着部分家长群体。这也在一定程度上影响着学校、教师的价值取向。教师为了应对考试，不能“抛弃”一些机械性、重复性作业，也是为了考试，原本一些探究性、实践性的延展作业需要在课外完成，但是因为要挤占学生的业余时间而不被家长接受，学生最终被“绑架”在各种课外辅导中。

2.“分层”作业困难多

为什么要有作业的“分层”呢？最主要的思考就是学生是不同的个体，不同的人在认知上存在着这样那样的差异。作为教师，要理解这种差异，从而理解作业分层的意义。从基层访谈情况看，我们也发现大多数老师在作业的分层上有着模糊的认识，同时也认为分层布置作业执行难。一方面，增加了教师执教的难度。老师不但要完成教学任务，还要了解每一位学生，掌握学生的学习程度，并制订不同学生的作业计划。与此同时，还有作业评价与反馈一系列的“不确定性”。另一方面，对教师备课提出了更高的要求，教师要合理利用教学资源，还要有选择地进行加工改造，这无形中增加了教师的工作量。所以很多教师不愿意甚至排斥布置分层作业，这就使“作业分层”成了一句空口号。

3. 作业功能认识不清

在教师的心里，根深蒂固地认为，课堂上，教学的重点就是新知识的传授。提到“作业”，一般认为那就是课后要完成的、需要巩固和强化的内容。更有甚者，为了分数，无节制地增加课后作业，将家庭视为训练场，家长视为看护人，作业视为机械性“训练”。这样的机械重复作业与学生的学习彼此割裂。有些学生虽然在做作业，但作业目的却未必达到，这已经成为普遍现象。

4. 作业“壁垒”打通难

数学学科的任务是培养学生用数学的眼光去观察和思考世界，解决现实中的问题。数学学科是工具学科，与其他学科有着千丝万缕的联系。教师在布置作业时很少思考作业与其他学科的融合，只是按照自己的教学进度布置自己的作业，很少问及其他学科。

究其原因，除了学科本位思想以外，最重要的还是对课程的理解和认识问题，反映在作业上，就是单一地为作业而作业，没有真正地思考“作业”的意义和内涵。

三、作业设计的策略

（一）作业内容多元化

设计作业时，教师不仅要考虑通过作业巩固所学知识、掌握基本技能，还要力争体现学生学习的过程；既能体现个性化的思考和多样化背后的一致性，又能激发学生的兴趣。教师可以结合所学知识的特点，除设计书面作业外，引进数学绘本、数学日记等，引导学生把数学知识编到故事里面，以口述、图画、文字等自己擅长的形式表现出来；设计实践性、开放性作业，帮助学生感受“有用的数学”“生活中的数学”，把“学有价值的数学”与作业有机统一。

比如学完“圆的面积”后，教师可以让学生以小组为单位，以综合性学习的方式走进自己的生活，发现“圆”、记录“圆”、测量“圆”、讲述“圆”……让学生在生动有趣的真实生活中，自然而然地“完成作业”。同样是完成作业，但是学生经历了一个从看到画再到算的过程，课堂上所学知识不知不觉地得到了巩固与应用，知识“活”了、学生“乐”了，作业也真正指向了“学习”。

在学完“圆的周长”后，让学生收集圆周率的产生、祖冲之的故事等，对学生进行数学史的渗透，把数学书教“厚”，以此丰富学生的数学素养，进而激发学生学习数学的兴趣。

（二）作业“分层”超市化

所谓“超市”，就是教师要根据学生所学知识的类型、难易程度，以及学生的掌握情况等，设计一些可供不同层次学生自主选择的作业，尽量体现个性化、趣味性，以满足不同学生的学习需求。

在这里需要强调的是作业“分层”与“超市”，不是要人为地将学生进行分类，而是针对作业设计本身。“分层”要注意梯度，把握难易程度，并且鼓励学生完成基础题，再挑战综合性题目；“超市”要注意选择性、丰富性，最大限度地提供基础性、综合性的作业内容，鼓励多样化选择。

（三）作业设计系统化

教师在设计课内作业与课后作业时要注意两者之间的有效衔接。课后作业是课内作业的拓展和延伸，课后作业的设计必然以课内作业为基础。例如学完“三位数除以一位数”后，课内进行基础练习、变式练习，巩固所学知识；课后设计探究性作业，“三位数除以一位数，商是几位数？请举例证明”，学生通过举例，把自己的观点呈现出来。这样可以引导学生用举例的方式对试商作清晰、有序的剖析。

（四）作业研究多样化

课后作业与其他学科作业的整合性。因为作业时间的限制，作业总量问题就凸显出来。只有把作业作为一个整体、一个系统，才能更好地实现作业的学习意义。这就提醒我们：作业，是可以打破学科“壁垒”，实现多学科整合的。比如，要参加一次研学旅行，需要路线设计，需要行程时间，还需要活动方案等。这里就融合了语文、数学以及其他学科。

（1）引进前置性作业。这是相对课后作业而言的。一般指在课前预习、查阅资料、调查研究等，是学生根据自己已有的生活经验和认知水平进行尝试性的学习。前置性作业布置的时机由课堂新授内容的特点而决定。例如在教学六年级下册“有趣的平衡”一课，由于学生在科学课上已经学过“杠杆”，在数学课上也掌握了“反比例”相关知识，教师就可以在课前布置前置性作业：先制作一个简易的杠杆；再用自制的杠杆探寻杠杆平衡的秘密，思考杠杆的平衡与哪些因素有关。这样既能节省时间，又能促成学生在操作中关注砝码的位置与数量，为后续的课堂探究提供丰富的生成资源。

再如在学习“圆的周长”时，教材安排在课上采用“滚动法”或“绕线法”测量两个圆形物体圆面的周长，由于操作比较烦琐，用时比较长，无形中压缩了后来的观察数据、发现原周长与直径关系这一关键环节，有喧宾夺主之嫌，由于课上时间有限，致使学生发现规律性知识的这一重要步骤草草结束。实际上，学生在课前对圆形、周长的概念都有了清晰的认识，教师完全可以将这一环节提到课前，布置前置性作业，即要求学生找到一圆形物体，测量这个圆形物体的周长与直径。这样，课上教师直接收集学生测量的数据，引导学生观察数据间的关系，发现原周长与直径的π倍关系。直奔重点，利于学生发现规律，体会成功的快乐。

（2）增加探究性作业。实践证明，探究性数学作业对课堂的影响力深远，可以改变学生的思维方式，激发学生的学习兴趣，挖掘学生的潜能，具有反刍课堂、撬动课堂的强大能力。教师在新知学习之后，让学生在一定探究问题的引领下独立思考、自主探究，尝试解决问题。这种探究性作业可以激发学生的参与性，培养学生跨学科、多角度解决问题的能力，不仅可以提高学业成绩，还具有在更高层次上把握新知、发展思维的作用。例如在学完“周长”“面积”后，引导学生探究“图形的周长越长，面积就越大吗？画一画，写出自己的想法”。在单元学习后，要求学生绘制“单元知识树”，总结本单元的知识点、易错点、识记方法，以及对其他同学有哪些善意的提醒，等等。当学生学习了统计的相关知识后，教师可以布置学生调查本班学生对各种蔬菜的喜好情况，再结合科学课上学到的关于食物热量与成分的相关知识制订《小食堂健康菜谱》。设计探究性作业，要关注学生已有的知识基础和生活经验，并将其作为认知发展的起点，让学生体会到数学知识的价值，学会用数学知识服务于生活。

总之，在课堂教学改革不断推进的今天，作业问题必须要得到足够的重视。小学数学学科的特点也决定了它的作业设计一定要提高到课堂教学改革的高度上进行重新审视，因为它是小学数学教学中必不可少的环节。因此，小学数学作业一定要从学习全过程的视角去看待。作业设计贯穿在课堂教学的全程，从学生的终生发展需求出发，关照学生的数学活动经验、数学思想方法。一句话，小学数学作业承载着学生学习方式的变革，直指课堂教学改革。

（秦皇岛市教育科学研究所 / 牛玉娟）

秦皇岛市教育局关于小学阶段作业改革的指导意见

学生课业负担过重，是当前小学普遍存在的一个突出问题，尤其是作业的数量多、时间长、压力大，更是饱受诟病。为了孩子的健康成长，积极回应社会关切，进一步提升小学生作业效能，充分发挥作业在落实立德树人根本任务和促进学生全面发展中的作用，根据国家和省有关文件，结合秦皇岛市实际，在前期调研、实践论证的基础上，就全市小学作业改革提出如下意见。

一、充分认识作业改革的重要意义

（一）现实需要

连续几年的全市小学生作业情况调研表明，作业的绝对数量在一定程度上得到了控制，但在作业布置上仍是统一作业多，自主作业少，且内容形式单一重复；作业批改缺乏反馈互动，学生的需求和教师的付出客观上还存在着不小的差距；“挤占”仍是作业减负无法回避的问题，而为了保障作业效果，家长也日益被牵扯进孩子完成作业的活动中来，本来应该轻松、活泼的少年时代，却因为做不完的作业而使小学生身心背上沉重的负担。另一方面，为了进一步推进作业改革，我们培树了一批作业改革卓有成效的单位和教师，推广了他们的经验，起到了积极的推动作用。但也必须指出，至今仍有很多学校学生课业负担过重、过滥现象存在。

（二）课改需要

作业是教学活动的重要环节，全面深化课堂教学改革，必须改革作业。课堂改革的核心理念是倡导“以生为本、以学为主、关注学生全面、个性的发展”。教育要与生产劳动和社会实践相结合，培养实践型、创新型人才，所以只有减少作业时间和作业量，改革作业内容，学生才可能腾出更多的时间参加社会实践，在学习过程中主动养成搜集和整理信息的习惯，进行研究性学习。因此要把作业改革摆在课程和教学改革的重要位置，高度重视作业改革，认真研究作业改革，切实推进作业改革。

（三）社会呼唤

长期以来，中小学生作业负担重一直是家长及社会关注的教育焦点问题。在当前规范办学行为大力推进课程改革的背景下，帮助家长和学生从沉重的课业负担中解放出来是我们工作的出发点和落脚点，我们必须重新认识“作业”的内涵，改变传统作业观，树立“大作业”概念，将实践性、探究性作业纳入作业改革的范畴和视野，把作业作为引导学生自主学习的重要组成部分。

二、准确把握作业改革的总体要求

（一）指导思想

坚持“以生为本、以学为主”的教育理念，准确把握作业的性质和功能，探索过程性评价和发展性评价相结合，提高教师设计作业和运用作业改进教学的能力，提高学生学习的有效性，切实减轻学生过重的课业负担，促进学生健康成长。

（二）基本原则

1. 全面性原则

作业改革是一项系统工程，要从理念、内容、形式、方法和评价、管理等方面进行全面改革。涉及小学阶段所有课程、所有教学活动、所有教师和所有学生。

2. 实效性原则

作业的设计与评价要基于《数学课程标准（2011 年版）》、关注核心素养、体现课程性质。作业改革，下要保底，保证全体学生的课程学习达到《数学课程标准（2011 年版）》的基本要求；上不封顶，在不超出规定作业时限的前提下，让不同水平的学生都能感受到作业给自己带来的学习乐趣。

3. 多样性原则

作业改革要克服单一纸笔作业的局限性，关注多维学习目标，研究作业的层次性和多样化。建立作业的自主选择机制，给予学生选做各类作业的权力。要加强作业内容与现实生活和学生经验的联系，发展学生综合运用所学知识解决实际问题的能力。

4. 发展性原则

既要关注作业的结果，更要关注作业过程与作业习惯，发挥作业的多方面教育效益。作业评价要淡化横向比较，发挥作业的教学诊断和改进功能。要建立作业评价体系。

三、作业改革的基本目标

（一）控制作业总量

学校要严格控制日作业时间。小学一、二年级学生不留书面家庭作业，三年级学生作业总量每天不超过 30 分钟，四年级学生不超过 45 分钟，五、六年级作业总量在 1 小时以内。每个学科只允许配备一本与教学进度相配套的课后作业本。学校须按年级通过班本教研，做好课后作业量的学科平衡工作。

（二）优化作业设计

用课程思维对作业进行系统设计和规范。从作业功能的视角切入，提高教师的作业设计与运用能力，将作业融入学习的全程，预习性作业、实践性作业、探究性作业经常化、系统化、科学化。

（三）提升作业效能

探索将作业融入学习过程的课堂教学改革方法。进一步对课程理念作出深度解读，深化教学内容，活化教学方法，优化教学评价，从而提高教学质量。

四、作业改革的主要内容

（一）作业布置与管理

学校要重视作业布置。要根据教学内容，以及不同学习水平和学习能力的学生实际，科学设计和划分课内作业、课外作业。鼓励个性化分层作业，鼓励创新作业形式，如自主性作业、实践性作业、探究性作业。通过作业的选择减轻学生过重的课业负担，增强学习兴趣，体现因材施教。

学校要加强作业管理。要建立相应的管理责任体系，明确作业研发、审核、总量控制和调研评价等环节的责任人。禁止布置机械重复作业，禁止利用练习册和各种复习资料不加选择直接布置作业。不得布置超越学生能力的作业，不得布置要求家长完成或需要家长代劳的作业，不得要求家长批改教师布置的作业或纠正孩子的作业错误，不得要求家长通过网络下载并打印作业，反馈性作业要全部回归课上完成。

（二）作业指导与研究

作业改革对教师课堂教学提出了更高的要求。教师要准确把握作业的性质和功能，提高设计作业和运用作业改进教学的能力。

一方面教师在备课时，要从学习活动整体考虑，精心选择或设计意图明确的、有针对性的、与学生基础相适应的层次性的作业。凡是布置学生做的作业，教师应该事先试做过，并分析了解这些作业的意图，这是作业布置的底线要求。

另一方面学校要把提高教师运用作业促进学生学习效能作为重要的管理目标，通过多种途径，开展以作业与评价为主题的校本研修活动，帮助教师掌握作业设计、命题、批改分析、讲评等技术，提高教师作业设计与运用的能力。

此外，各级教研部门要经常深入学校调研分析，组织专题研讨和交流活动，做好作业改革的专业引领和理论培训，市、县区教研员每学期至少要对区域内各学科作业情况进行一次抽样调研、分析、评价，并把结果在区域内通报。

（三）作业批改与反馈

要重视作业批改的及时性和准确性。教师要合理使用各种批改形式，对布置的作业做到全批全改，并认真分析学生错误的原因，反馈改进教学过程。要加强作业批改的及时反馈与针对指导，提倡面批与集体讲评相结合。要引导学生根据作业批改结果分析自身存在的问题，更好地开展后续学习。具体体现在：

1. 评价方式

作业评价可以采取教师评价、同学互评、学生自评、家长评价等多种方式，根据不同类型的作业采取不同的评价方式进行评价，也可采取多种方式进行评价。

2. 评价方法

作业评价不仅要关注作业完成的结果，还要关注学生完成作业的过程。各学校要针对作业，特别是实践性和探究性作业的内容和特点，设计相应的评价工具如调查问卷、过程记录表、评价表等，了解和把握学生作业过程，增强作业评价的针对性和实效性。

3. 评价结果

评价结果的呈现不仅仅是分数或等级，还要立足于学生发展，对学生作业中存在的共性和个性问题提出改进与完善的建议。评价结果的反馈既要反馈作业质量等级，也要反馈发展建议，反馈的形式根据作业的特点，可以书面反馈，也可以口头反馈。

（四）作业改革保障与措施

1. 加强组织领导

各县区教育局要切实加强对作业改革的领导，指导学校坚持正确教育理念，完善教学常规，改进教学管理。学校要转变观念，树立正确的教育质量观，积极推进作业改革。对作业改革要做到摆上高位；列入计划，明确目标，突出重点；成立组织，专人主抓，责任到人，结果问责。

2. 完善督导考核

一是将义务教育阶段教师布置作业的质与量同时纳入监管考核范畴。各县区教育部门要调整完善学校教学评估指标，切实担负起作业改革的管理、研究与实施责任。各学校要把作业的研究、布置、批改等列为学校年度、学期教学工作计划和校本教研主题的重要组成部分，列专项作出安排，制定具体措施，抓细抓实，学期末县区、学校都要进行作业改革成果的专题汇报，对存在问题进行整治，制订整改方案，确保小学作业改革一次到位不反弹。二是建立健全配套规范、制度。各县区要建立和完善作业管理和考核监督机制，加强督促检查。学校要建立学生作业设计、布置、检查、总量控制、质量监控机制和管理制度，强化作业管理。

3. 典型引路全面铺开

各县区要在试点的基础上，自 2017 年秋季开学后在区域内全部铺开，不留死角。市、县区两级教研机构要培树典型、推广经验，每学期召开 2 ～ 3 次作业改革现场交流会，每学年进行一次小学作业改革专题报告会并开展“全市优秀作业改革先进学校”评选活动。

（秦皇岛市教育局）

思辨

SIBIAN

集思广益话作业

让作业成为撬动课程改革的支点

在百姓语言中，“写作业”常常等同于“学习”，这本无可厚非。但最近几年，“做作业”已经“变了味儿”，一些教师不加选择、赌博式地布置海量习题要求学生完成，使作业成为学生强化记忆的重复活动，缺乏真正意义上的思维跟进，作业与学习彼此割裂。不知从什么时候起，提到“作业”，就让人想到“负担”“沉重”“压力”……

随着课堂教学改革的不断深入，作业问题也日益凸显。正是认识到这一点，我们将“作业”置于课堂教学改革的视域里，开启了实践研究与探索的历程。

一、追问

什么是作业呢？《辞海》中解释：“为完成生产、学习等方面的既定任务而进行的活动。”从学校教育角度来说，可以从两个方面来理解“作业”的含义：对教师而言，“作业”是为完成学校教育教学活动而向学生布置的任务；对学生而言，作业是一种延伸性的学习活动。现在的许多专家学者，把“作业”理解为学生主动学习的一种方式，是学生以某一主体或某一领域的问题为主线进行的一种探究工作或活动，是学生从对事物的不知，经过运用已有知识和经验，自行探究达到认知的过程。我们认为，新课程背景下的作业应该赋予新的内涵：能促进学生理解和掌握知识与技能，有利于良好情感和正确态度、价值观形成与发展，有利于潜能充分发挥，个性充分张扬的一切学习活动的总和。

“作业”应该什么样呢？“作业”是在教师指导下学生的各种操作性活动，具有情境性、经验性和生活化等特点。作为课堂学习的延续，“作业”的重要性毋庸置疑。中国古代教育家把学习总结为学、思、习、行四个紧密联系、相互促进的过程。其中，“习”的步骤大多数也属于作业范畴。朱熹在《小学》里有言：“习与智长，化与心成。”作业从纸面上跳脱出来，走向广阔的生活与时代，拥抱澎湃的亲情与友情，既是教育规律使然，亦是成长的必然。因此，“作业”有着生动的现实诉求，也有着鲜明的价值主张，它能让义务教育阶段的孩子更好更快地完成阶段性社会化的任务，丰富认知结构和教育内涵。

二、思考

教育部规定：“一、二年级不留作业，三、四年级作业量在 40 分钟以内，五、六年级作业量在一小时以内。”但事实是这样吗？国内近年来大量调研资料显示，作业时长超标超限，内容形式单一枯燥，评价反馈生硬单调，这些问题已经普遍存在，且呈燎原之势。并且一些调研发现，许多让学生花大量时间做的作业恰恰是一些以抄写和背诵、计算等机械重复题型为主的作业。

那么我市的情况又是怎样的呢？这里有一份我市某小学一年级五个班的家庭作业：

一班	数学作业	横式本写 85 页做一做，家庭作业：86 页 1、3、4。
	语文作业	生字本第 8 课《雨点儿》，写字本的笔画。预习《语文园地六》。
二班	数学作业	学习 82、83 页内容。巩固复习。坚持练习计算。
	语文作业	1. 复习第九课。2. 预习第十课。预习要求：读熟课文，至少读三遍；认读生字并口头组词，每字两词；标自然段。
三班	数学作业	复习书 88 ～ 91 页。
	语文作业	1. 复习第 10 课。2. 预习第 11 课。 提示：改第五单元语文卷，签字，明天交。
四班	数学作业	学习 82、83 页内容。巩固复习。坚持练习计算。
	语文作业	1. 复习第九课。2. 预习第十课。预习要求：读熟课文，至少读三遍；认读生字并口头组词，每字两词；标自然段。
五班	数学作业	讲了认识钟表，孩子们认识了时针和分针，认识了整时，知道分针指向 12 时，时针指几是几时。 任务：复习本课，做相应的练习巩固。
	语文作业	讲了课文的第十课《大还是小》，读了课文，认识了生字，会在田字格里写要求会写的字。 任务：制作生字卡片，游戏巩固，完成相应的练习做好积累。

像这样的作业不是个别现象，“超能作业”“奇葩作业”，通过作业“绑架”家长屡见不鲜。这里反映了两个不容回避的问题：一是教育教学权力缺乏制衡，有权太任性；二是地方教育监管部门失责、失语。从某种意义上说，有“粗放”的作业布置及监管体制，才有“任性”的奇葩作业横行。这里，我们欠“作业”一个解释。

关于“作业”，我们在认识上是有误区的：

1. 既要减轻学生作业负担，又要提高教学质量，这是一个矛盾的问题

不仅老师有这个看法，而且很多学生家长也这么认为。在他们的认识里，学生的作业量是和教学质量、学生成绩成正比的。因为太多的教师坚信重复练习能使记忆联结得更牢固，只有足够量的作业练习，才能掌握所学知识。

然而一些学者的研究结果则会让教师们大失所望。斯蒂文森在美国、中国、日本等国的研究发现：小学生的作业时间与其学习成绩之间无论在哪个国家均无显著关联。吉尔等人研究发现：作业时间最佳控制点是学生取得最好学习成绩的关键，而一旦超过这个时间，学习成绩就开始呈现下降趋势。每个学生学习的情况都是不同的，面对同样的

作业，有的学生吃不饱，有的学生负担还很重，可以通过选择性和总量控制减轻学生的过重的课业负担，对作业实行总量控制，增加自主作业和实践性作业、探究性作业，满足不同层次学生的需求。还需要教师不断改进教学方式，提高教学质量，通过科学调控把作业“量”降下来，“质”提上去。

2. 没有负责任的家长，就教不出好孩子

这句话听起来好耳熟，不知是老师恨铁不成钢，还是有意提醒家长参与教育。但是问题出在家长的领悟能力和资源各不一样，有的家长能够完成，有的家长则感到很困难，再加上本来是重过程的“亲子合作作业”变成了重结果的“家长完成作业”，作业“变了味”。家长们下班后也有自己的生活，天天这样“陪跑”，难免心生怨气，却又敢怒不敢言。我市某小学一年级共有三个群：微信通知群——用于班主任发作业通知；微信交流群——家长们互相沟通情况，沟通孩子们在家在学校的表现；QQ 群——老师给家长下发作业的相关资料，需要家长配合完成。

教育部已先后两次下发《“小学生减负十条规定”征求意见稿》公开征求社会意见。其中，“零起点”教学、每天锻炼 1 小时、一科一辅、严禁违规补课的公众支持率都高达 90% 以上。这说明为小学生减负已是大势所趋，但还有一些学校和家长对此认识不到位，在减负方面仍然我行我素。殊不知，小学生书面作业多了，体育锻炼时间就少了，睡眠时间更少了，对他们健康成长不利。连习主席都说“中国孩子玩得太少了”，可见在中国让孩子“玩”是一件多么困难的事情啊！

三、改革

“作业”的本质是一种学习任务。它应该有多种类型，并存在于学习活动的各个阶段，发挥不同的学习功能。减轻学业负担，推进作业改革不能孤立地研究作业、限制作业，而要从作业功能的视角切入，提高教师的作业设计与运用能力，将作业融入学习的全程，还原作业的学习意义。如何改革“作业”，还原学习，有很多切入点。这里主要分析两个方面，一是基于作业功能的作业设计，二是从学习进程研究作业的运用策略。

（一）基于作业功能进行作业设计

作业功能是指“作业”在学习进展中发挥的作用，据此可以将“作业”分成若干类型。比如，引导预习的作业要求学生课前开展有意义的预习，为课堂学习做好准备；促进理解的作业是关于学习要点的需要学生基本理解的基础题，主要帮助学生澄清概念及关键问题，学生在基本理解的基础上，适当重复作业与变式作业，进一步熟悉学习要点，形成熟练应对能力的作业；梳理联系的作业是帮助学生进行知识整理，以形成良好知识结构的作业；坚持积累的作业与具体的教学内容无关，其目的是知识与能力的日积月累，如数学日记、错题本。

（二）从学习进程研究作业的运用策略

要扭转作业就是“课后作业”的狭隘认识，将作业视为贯穿于整个学习过程的多样任务，将作业与课堂教学紧密联系起来。作业主要分以下几类：

1. 前置性作业

学生自己学会的“会”与老师教会的“会”，是两种不同性质的“会”，也是两个不同水平的“会”。所以，要鼓励和帮助更多的学生开展预习，必须引导教师将作业研究的重点从课后补充练习，调整到课前预习引导上来。教师对学生预习的帮助，体现在预习作业的设计上。这其实是教师备课的核心，也是很多学校尝试探索的“学案”的重要组成部分。从目前的实践看，加强预习作业的研究，有助于提高课堂学习效率与教师指导的针对性。

2. 课堂上的随堂作业

教师在课堂上最重要的任务不是“讲课”，而是“组织学习”。如何组织学习，促成学习的真正发生，需要通过学生现场完成的随堂作业来实现。随堂作业中最重要的是如何处理好思考型作业与训练型作业的结合，达成“促进理解的作业”与“提高熟练性的作业”的平衡。

3. 课后的复习性作业

形式多样的整理性作业，可以将零散的学习转化为有组织的知识建构。因此要克服简单训练的模式，要尊重学生的层次差异，可以设计分层作业，设计面向全体学生的巩固性作业与面向学有余力学生的提高性作业；还可以设计“超市”作业，让学生选择与自己知识水平和能力相适应的作业。

4. 相对集中的假期作业

对于假期作业，其设计不能与平时的作业“同质化”。假期是学生较为集中的独立自主学习的时间，假期作业要注意知识落实与能力锻炼的有机结合，要指导学生开展阶段性学习的整理，有针对性地查漏补缺，使学生的假期作业更加贴近生活、贴近实际、贴近兴趣，做到“因材施教”。

从学习全过程的视角看待作业的改革，其实践切入点应该是减少复习性的课后作业，增加预习性的前置作业，并关注随堂作业的针对性与及时反馈，克服不论时机布置同质化作业的弊端，借“作业”来撬动学生学习方式的变革。

在应试教育体制下，不布置作业，显得不合时宜，并且家长也不会答应，关键是怎么布置作业，布置什么作业。比如，在美国，小学生的家庭作业，有的学校只给学生列一些书单，鼓励他们阅读，提高文学修养。今年春节前，湖北武昌实验小学全面取消书面寒假作业，改成“素质作业”，如在除夕动手帮助妈妈做一道菜、拿手机或相机拍一组家乡的照片、留意并适当抄写各家的春联等。无论是美国还是武昌的做法，对于教师布置作业都有很好的启示作用。

学校层面应建立作业总量控制和作业检查制度，控制日作业总量和作业时间，按年级做好课后作业量的学科平衡，定期检查和分析作业质量。学校教学管理应从“控制性管理”走向“指导性管理”。在规定与禁止的同时，把提高教师运用作业促进学生学习的能力作为重要的管理目标，开展以作业与评价为主题的校本研修活动，帮助教师掌握作业设计、命题、批改分析、讲评等技术。鼓励教师在参与作业设计的过程中提高教学把握能力，并进而迁移到命题等评价设计能力。

总之，作业不是小事，它事关千家万户，牵动学校、家庭和社会多层面的利益。作业改革应该是立体的、多角度的，它要指向课堂的变革与课程的改革，最终实现减负增效。让我们期待，通过作业改革撬动课堂教学方式和学生学习方式的变革。

（秦皇岛市教育科学研究所 / 牛玉娟）

探索作业设计与反馈方法
促进学生数学能力发展

近几年，在市局及市教科所的领导下，全市课堂教学改革在有序进行。为深入推进课改，2016 年 8 月，市教科所提出了“四项改革”，用“四项改革”全方位助推课改。改革是一种探索，有成效也会面对一些问题，需要钻研、交流和指导，下面就对我区“作业改革”的开展情况，从“改什么、怎么改、改得怎么样”三个方面来具体介绍。

一、改什么

进行作业改革，首先要确定“改什么”，也就是明确改革的目标，为此，我们做了两方面的工作：一方面是进一步明确作业的功能，另一方面是分析我区学生作业现状。

（一）明确作业的功能

作业的功能好像是众所周知，但是我们觉得还是需要深入思考作业的功能到底有哪些。根据《数学课程标准（2011 年版）》的“评价建议”和一些教学杂志对作业的研究以及一些省份对作业的指导意见与我们自己的思考，我们形成了这样的认识：首先，作业具有反馈教学、改进教学的作用；同时，完成作业能使学生巩固所学新知，形成必要的技能与能力；另外，作业还有培养学生良好学习习惯（比如自我监控能力）的作用。深入思考了作业的功能后，我们又对我区学生作业的现状作了详细的分析。

（二）分析区域的现状

在对我区各校作了调研之后，我们分析并梳理了全区各校的学生作业情况。我区学生数学作业以常规作业为主，即完成数学书后的习题及配套的《课时练》，一些教师布置作业比较随意，选择设计意识不强。另外，也有一些其他形式的作业，但多为零星的尝试，缺乏深入思考。

（三）确定改革的目标

基于对我区现状与作业功能的分析，我们把改革的目标定位在：

第一项，规范常规作业，使其更有实效。

第二项，探索多样的作业设计与反馈方法。激发学生完成作业的兴趣，促进学生数学能力的发展。

一方面探索作业的设计，另一方面关注作业的反馈。没有恰当的反馈，作业的效果得不到保障，有时反倒会让学生形成做不做、用不用心做都没关系的想法，对培养学生良好的学习习惯尤其是自我监控能力是很不利的。

二、怎么改

在以往经验基础上，通过一学期的扎实工作，在作业改革方面，我们主要进行了以下几方面的探索：

（一）抓备课，促常规作业更有实效

为巩固新知，必要的传统基础性作业是作业的重要内容，我们强调一定要注意内容的选择与量的适中，切不可加重学生的负担。我区各校主要通过扎实备课与教研，来提高教师传统作业布置的合理性与反馈的质量。渝东街小学、古城小学都在进行“大问题”教学文本研读探索，把教材研读透，把布置与反馈作业纳入备课。对于备作业，要求注意以下几点：

（1）精选细备题目

教师备课时要试做每道习题，分清难易，标注易错题；给出作业讲评的关键引导问题、处理方法；配上跟进练习、拓展题。

（2）检查批改要及时

教师全批，及时发现问题，做好讲评。对有问题的学生及时跟进，如让学生把错因及解题思路讲给小组长听。

通过备课，改变教师课上作业和课下作业布置随意、处理简单、反馈不及时的现象。我区一些教师在常规作业布置方面，积累了一些有特色的做法。

（1）常规作业亮点一：常量作业

期末的调研反馈中，我们发现，一些优秀的老师有他们布置作业的习惯，如，我区娄艳梅、刘彩莲等老师都习惯留“常量作业”，她们长期从事高年级教学，在练习课上课堂作业坚持“每日一算”，一次只出 2 ～ 4 道计算题，长期坚持、积分评价、学生喜欢，很好地培养了学生的运算能力。

（2）常规作业亮点二：经典习题

高年级的一些优秀教师有积累优秀练习题的习惯，他们把在区测查卷、优秀教学杂志的评价卷或观摩课练习等一些渠道发现的好题积累下来，加上他们自己开发的一些题目，在平时的教学中恰当运用，使平时课堂练习、课后作业质量有所提升。

我们在本学期的两次视导调研中发现各校都能注意提升传统作业的质、控制作业的量，做到减负提质。

（二）促探索，基于能力培养、开发特色作业

在规范传统常规作业的同时，我们鼓励教师立足于培养学生某方面能力，开发特色作业。同时提醒教师设计作业要顺应学生年龄及心理特点，激发兴趣，关注学生某方面

能力的培养，切不可本末倒置，为了特色而追求形式，苛责、加重学生的负担。目前，我区比较有特色的作业主要有以下几种：

1. 预学性作业，培养学生自主学习能力

现在是信息时代，知识浩如烟海，仅靠在校学习是不可能学完的，在知识量大、更新快的新时代，学会自学已经成为一种共识，所以拥有学习能力是十分必要的，而学习能力是需要培养的。

近两年，我区大部分学校在中、高年级都尝试了布置预学作业，教师先不教，让学生先尝试自己学习，完成预学作业。

课前预学作业：通常新课前一天布置学生完成，结合预习课本，完成相关的探究题目。探究题目具有启发性，启发学生边读课本、边思考、边探索，在探究题目的引导下，培养学生自主学习的能力。

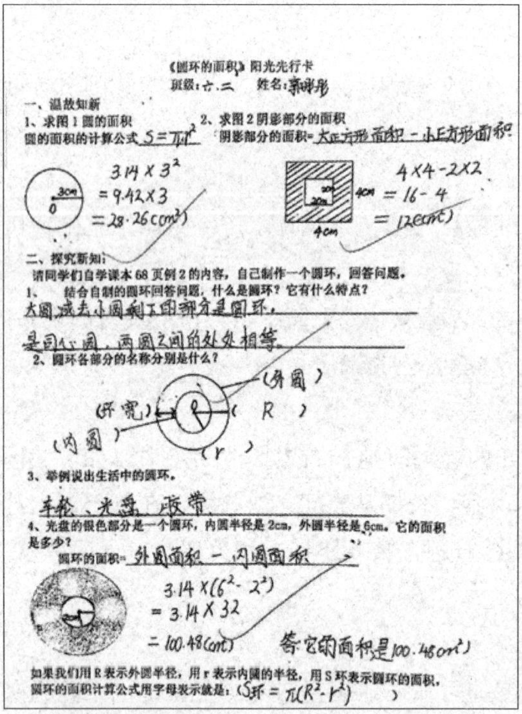
《圆环的面积》阳光先行卡

班级：六.二　姓名：

一、温故知新

1、求图1圆的面积

圆的面积的计算公式 $S=\pi r^2$

3.14×3^2

$=9.42\times3$

$=28.26(cm^2)$

2、求图2阴影部分的面积

阴影部分的面积=大正方形面积－小正方形面积

$4\times4-2\times2$

$=16-4$

$=12(cm^2)$

二、探究新知：

请同学们自学课本68页例2的内容，自己制作一个圆环，回答问题。

1、结合自制的圆环回答问题，什么是圆环？它有什么特点？

大圆减去小圆剩下的部分是圆环，

是同心圆，两圆之间的处处相等。

2、圆环各部分的名称分别是什么？

（外圆）（环宽）（R）（内圆）（r）

3、举例说出生活中的圆环。

车轮、光盘、胶带

4、光盘的银色部分是一个圆环，内圆半径是2cm，外圆半径是6cm。它的面积是多少？

圆环的面积=外圆面积－内圆面积

$3.14\times(6^2-2^2)$

$=3.14\times32$

$=100.48(cm^2)$

答：它的面积是$100.48cm^2$

如果我们用R表示外圆半径，用r表示内圆的半径，用S环表示圆环的面积，圆环的面积计算公式用字母表示就是：（$S_{环}=\pi(R^2-r^2)$）

渝东街小学课前“阳光先行卡”预学作业

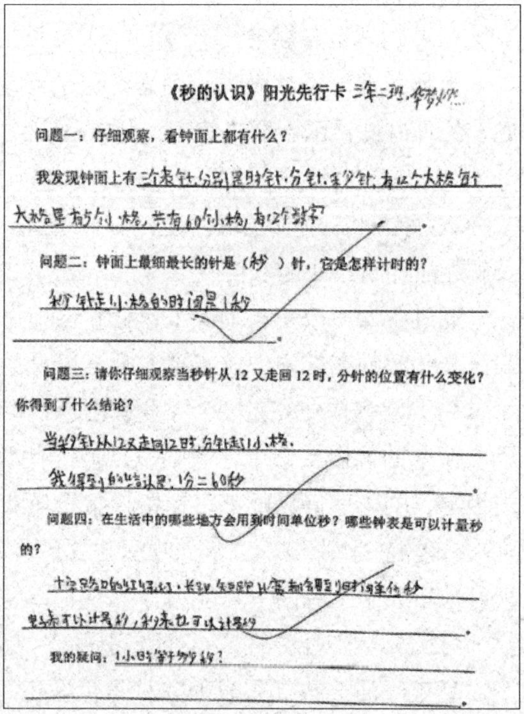
《秒的认识》阳光先行卡 三年二班

问题一：仔细观察，看钟面上都有什么？

我发现钟面上有三个表针，分别是时针、分针、秒针，有12个大格，每个大格里有5个小格，共有60个小格，有12个数字。

问题二：钟面上最细最长的针是（秒）针，它是怎样计时的？

秒针走1小格的时间是1秒。

问题三：请你仔细观察当秒针从12又走回12时，分针的位置有什么变化？你得到了什么结论？

当秒针从12又走回12时，分针走了1小格。

我得到的结论是：1分=60秒。

问题四：在生活中的哪些地方会用到时间单位秒？哪些钟表是可以计量秒的？

电子表可以计量秒，秒表也可以计量秒。

我的疑问：1小时等于多少秒？

兴华小学“课前小研究”预学作业

课堂预学作业：课堂上出示预学探究题目，让学生自己想办法解决。

比如“圆的认识”一课，课前的一些预学作业也可放在课上完成，可以让学生在课上自学“圆的组成部分”，先自己理解半径、直径概念，猜测半径直径的特征。

也可以口头布置“预学作业”，课前、课上均可，指导学生预习，再通过课上交流反馈、引导学生建构新知，使学生积累学习方法，形成一定的学习能力。

通过近两年的探索，我们积累了一些布置“预学作业”的经验：

（1）结合课型设计简易的预学作业

简易的预学作业教师好布置，以预习为主，学生需要完成的内容也不多，便于常态实施。我区探索了“概念课”和“解决问题课”两种课型的简易预学作业。

① 高年级概念课预学作业。

我们发现一些不需要过多体验学生就能理解的“概念课”，适合布置预学作业，如五年级的“真分数和假分数”，六年级的“倒数”“百分数的意义”“比例的意义”等概念课都可以布置预学作业。

这类课的预学作业，一般就是先激发学生对概念的好奇心，勾画出概念，并说说对概念的理解，可以举例说明。比如“比例的意义”这节课，就可以先提出问题“什么是比例呢？”然后让学生看书勾画、预习概念，再用自己的话举例说明什么是比例。

② 高年级解决问题课预学作业。

五年级的“列方程解应用题”（起始例题除外），六年级的“用分数乘除法解决问题”“百分数解决问题”等也适合课前预学。我们曾针对此类问题做过课前学情调查，用生源中等的学生，提供例题，不做任何提示，让学生自己读题、列式计算，结果我们发现有近一半的学生都能自己正确地解决问题，多数学生有能力去完成这样的预学作业。

这类解决问题的预习的方法如下：

预 学 作 业
在书中 ×× 页，找到例题 ×，先盖住答案，自己尝试解答，再与书中的方法比较，完善解答，然后准备第二天课上讲给同学听。 如果自己不会解答，也可以看看书中是怎么做的，把书中的方法读懂。

读懂书中的方法，学习能力也能得到提升。书中方法也读不懂的学生，课上就可以在老师与同学的引导中学会了。

（2）布置预学作业应注意的问题

① 预学要求要明确。在没有教师引导的情况下，预学要求不能过多，要便于学生把握主要任务，看到较多的任务，学生会心生畏惧，缺乏学习信心，学习效果也会打折扣。

② 预学内容要适量、难度要适中。如果预学内容过难，大部分学生都不容易完成，预习时，前一个知识点没有弄明白，无法有效学习下一个，造成预学障碍。

③ 要注意激发学生兴趣。布置任何作业都要注意激发学生的兴趣，这样学生才愿意主动完成，效率才会高。激发兴趣，一方面可以顺应小学生爱玩的天性，另一方面可以利用学生乐于探索的好奇、好胜心理。预学作业一般与玩联系不大，但可以结合内容激发学生探索数学问题的好奇心，可以用任务驱动，激发学生完成任务的好胜心。比如

“真分数和假分数”这节课，可以这样激发学生的好奇心：“分数还有真假吗？什么样的分数是真分数？什么样的是假分数？自己看书来预习。”

④ 预学作业要便于布置。预学作业方便布置教师才会用，受人力、财力影响，很多学校教师不能下发课前“预学单”，其实不下发“预学单”，在高年级口头布置，学生一样可以完成预学作业。

预学作业
预习“扇形”一课，自学书中这部分内容，把你认为重点的内容勾画下来，准备第二天课上当小老师给大家讲一讲：“扇形是什么样的图形，关于扇形你还学到了什么，有什么发现？”

教师完全可以把上面的预学要求写在黑板上或口述给学生，学生记在书中相应位置就可以了。

⑤ 反馈评价要及时。教师可以提前把检查、反馈的形式和要求告诉学生，如：课上要比比看谁预习得好，要选“小老师”讲给同学听，或者课前教师有针对性地问一问、检查一下，还可以通过积分等多种评价形式引导学生用心完成预学作业。

2. 整理性作业，培养学生归纳整理能力

在五、六年级教材配套的《教师用书》中，我们经常在单元整理复习中看到这样的要求——“注意培养学生自己整理复习的能力”。基于此，我区一些学校尝试让学生在单元整理复习课上或课前，画思维导图或做数学小报来进行整理。

（1）画思维导图

用画思维导图来进行单元整理，我区的南园小学、古城小学以前就有所尝试，本学期初市教研员到我区进行教学视导时曾给过具体的指导。市教研员指出学生的思维导图或表格整理重点要突出，层次要清楚，概念的要点突出出来就可以了，不必抄大段的概念。结合指导及我区学校的探索，我们发现布置画思维导图进行单元整理的作业要注意以下两方面：

① 方法指导，感受优越性

教师可以先带着学生整理出一个单元的、一种形式的思维导图，让孩子感受到我们这样按层次整理清楚、明白，知识点不容易丢、不容易乱。接着向学生介绍一下其他形式的思维导图，再让学生自己试着画一画思维导图。

等学生明白了思维导图是怎么回事，会画以后，在其他单元就可以让学生自己去画思维导图来整理了。

② 交流反馈，促进整理能力培养

反馈时可以让学生之间互相看一看别人的思维导图，“看看他做的导图你能看懂吗？”“你觉得这一单元的内容她整理清楚了吗？有没有遗漏？”这样学生通过看别人的导图就又复习了一遍，还能发现自己和别人思维导图的优缺点，能够促进学生形成整理的能力。

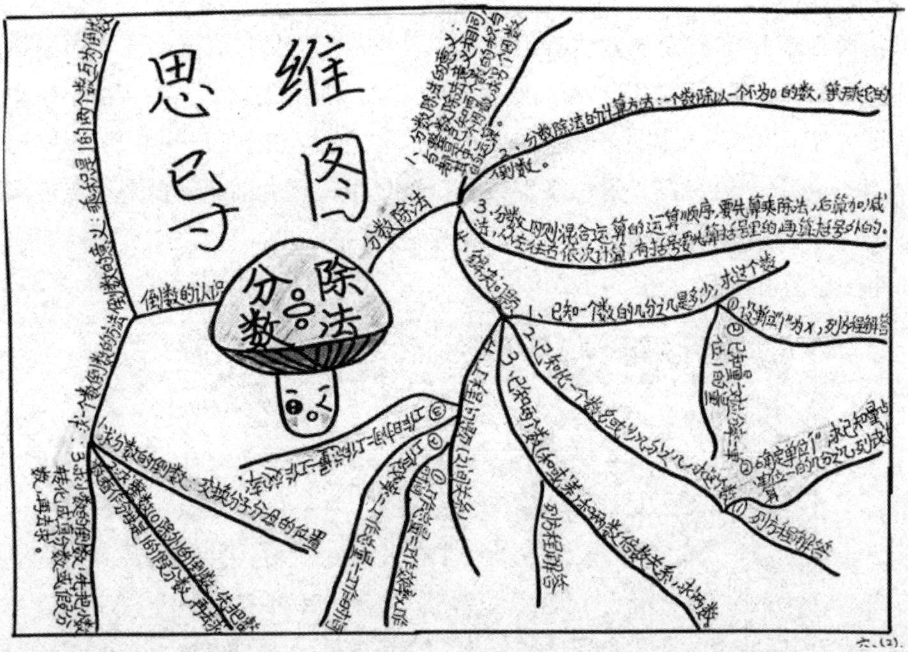

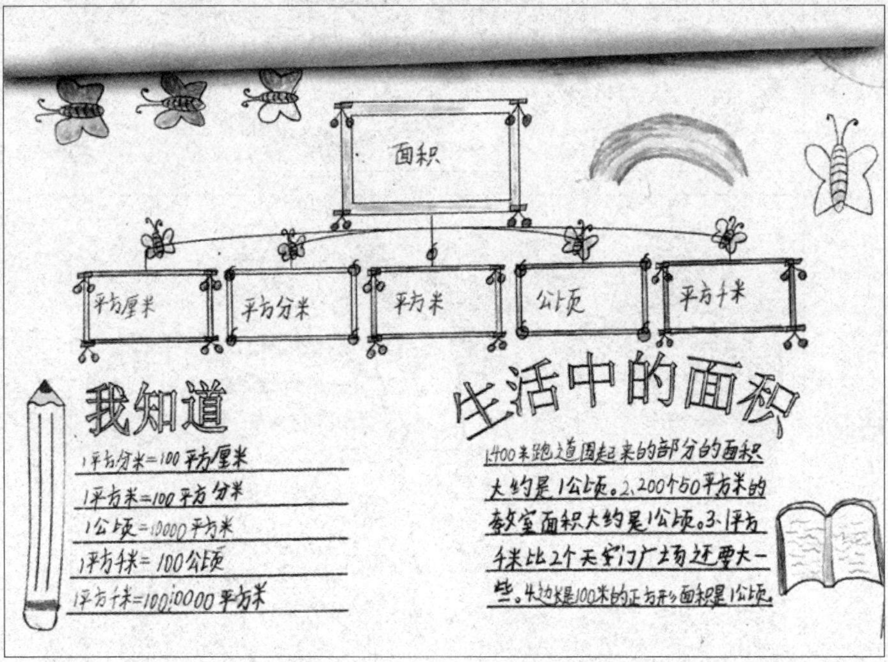

学生制作的其他思维导图

用画思维导图的方法来进行整理复习，不仅可以培养学生的整理能力，也能发展学生的逻辑思维能力，学生思考问题开始有结构，从整体入手，然后具体到各个部分，这种思维习惯对于学生今后有条理地思考问题、抓住事物的主干与脉络很有好处。

（2）做数学小报

以往提到“小报”，总感觉内容很随意、五花八门，只是画一些漂亮的图案，往往不关注内容如何。我区渝东街小学在数学小报方面有很好的探索。渝东街小学中、高年级的教师布置学生做单元整理小报——“把一个单元的知识点分一分板块、找一找重点、举一举例子、写一写提醒”，这样学生思考比较集中，学生办起小报来不会苦于没有内容，而画图画又是很多学生喜欢的事情，能激发学生的兴趣。

学生制作的手抄报：

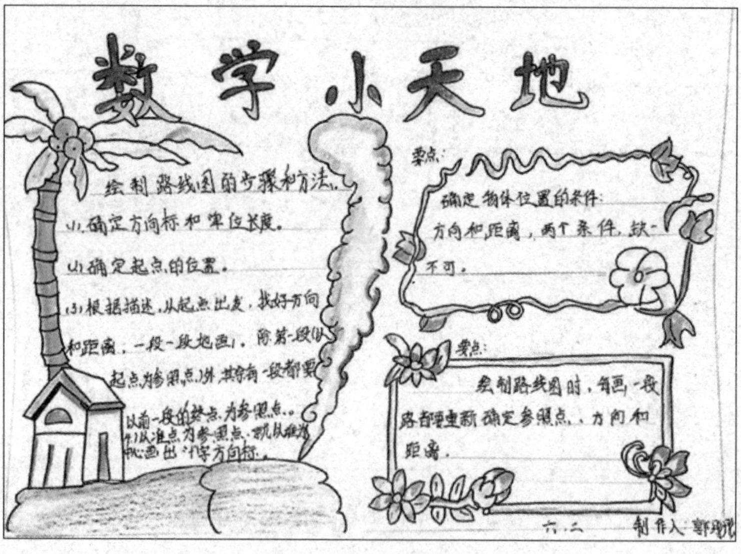

我们也曾和老师们交流过，画思维导图、做手抄小报，学生要整理、布局、画图，会不会加重学生的负担？老师们反映，班里有些孩子非常擅长画图，一般一会儿就做完了，也有些学生不太会画，教师在评价的时候要注意，学生用心整理了就可以，不必过高追求图画得怎么样，交流的时候要侧重看内容整理得怎么样。

（三）多举措，促作业改革有效推进

在推进我区作业改革方面，概括起来，主要通过以下几方面的措施，来保障作业改革的有效进行：

第一，明确目标，找准改革方向。

教研员通过调研首先明确要改什么，找准改革方向。然后对各校主抓数学教学工作的中层领导做培训和指导性质的工作布置，使各校找准改的方向。

第二，任务驱动，保障改革持续进行。

开学初，我们就布置了 12 月份要进行“区级作业改革经验交流”活动，鼓励教师积累作业设计的经验，留存特色作业。在任务的引领下，教师作业设计的意识与行动更强，促使学校和教师不断探索积累设计和反馈作业的经验。

第三，交流指导，促使改革不断提升。

2016 年 12 月 6 日下午，我区在兴华小学举行了“小学数学作业改革经验阶段性交流”活动。通过交流活动，为学校搭建了彼此交流与学习的平台，促进各校对作业设计进行总结与反思，梳理作业设计经验，提炼典型做法，分析存在问题。教研员也对作业设计中存在的问题进行分析，给予及时的指导。

第四，团队研修，助力改革攻坚克难。

区教研室通过对学校中层的指导与校本教研的关注，促进了学校教研团队教研能力的提升，学校中层领导带领本校教研团队不断探索，凭借团队的力量，解决改革中遇到的一个个难题。

三、改得怎么样（初步成效、面对问题及今后设想）

“作业改革”通过近半年的实施，各校反映作业形式多样化，一方面激发了学生的兴趣，另一方面，对学生的能力关注更多。各学校反映布留预学作业后，一些学生在课上更自信，思考更积极，回答问题更踊跃，敢于汇报、敢于质疑和补充他人观点了，学习效率有所增强。从思维导图式的整理性作业中，能看出学生归纳整理能力有所提升，学生能将细碎的知识点归类，建立起知识树、知识网，既巩固了所学知识，又提升了学生的逻辑思维能力。

当然，在推进作业改革的过程中，我们也遇到了一些问题，比如，教师精力有限，带领学生完成的综合实践性作业较少，而综合运用数学知识的实践性作业对于培养学生的团队意识、合作能力、创新能力是很有好处的，今后要在此方面有更深入的思考与尝试。

我们在思考中前行，改革很有成效，也存在一些问题。我们会不断探索，让改革成效更高，让更多学生受益，打造好我们的小学数学教育团队，形成教育合力，促进我区小学数学教育的持续健康发展。

（秦皇岛市山海关区教育和体育局 / 王英）

点上结硕果　面上必飘香

为了大力推进素质教育，切实减轻学生过重的课业负担，丰富学生的闲暇生活，学期初，根据市教科所提出的“四项改革”要求，我县确定了12所作业改革实验校，并组织了课改校关于作业改革的问卷调查，了解作业的现状和存在的问题。之后，集中了课改校的建议和智慧，教师发展中心教学部制定了《青龙满族自治县中小学作业改革指导意见》，各校以减负、提质、增效为目标，积极探索科学的作业方式和方法。

一、作业现状及存在问题

传统作业观认为，数学作业是教学中一个重要的环节，重在巩固知识，发展思维，培养能力。尤其是数学作业，似乎担任着更为繁重的任务。经调查发现，数学作业的密度大、容量高、质量低，给学生造成了沉重的学业负担和思想包袱。主要表现在：

（1）作业大多是课本中的习题或相关练习册中的习题，缺少贴近学生生活实际的、富有情境的、动手操作的题目，学生缺乏做作业的内在动力。

（2）所布置作业不尊重学生的个体差异，其作业要求、数量完全一样。考试考什么就布置什么，想到什么就布置什么，学生完全没有选择权。

（3）各科老师抢时间争学生，在布置作业时不考虑与其他学科的协调，让学生苦战于“题海之中”。

（4）有的作业内容直接发在QQ群或微信群里（如：到邮箱里下载或班级网站下载等等），有的学生家里因为没有打印机，孩子的作业让商家有机可乘。

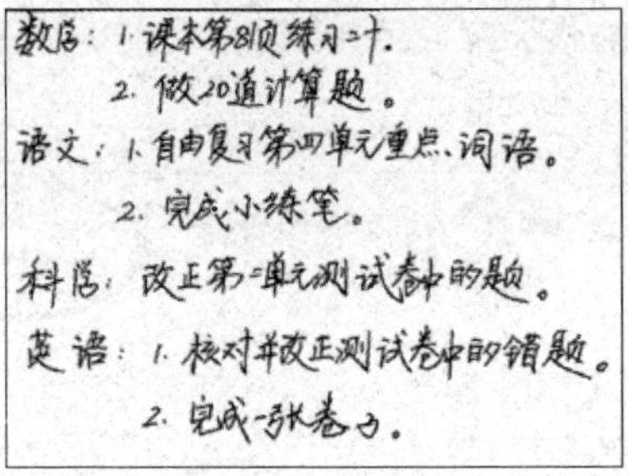
数学：1.课本第81页练习二十。
2.做20道计算题。
语文：1.自由复习第四单元重点、词语。
2.完成小练笔。
科学：改正第二单元测试卷中的题。
英语：1.核对并改正测试卷中的错题。
2.完成一张卷子。

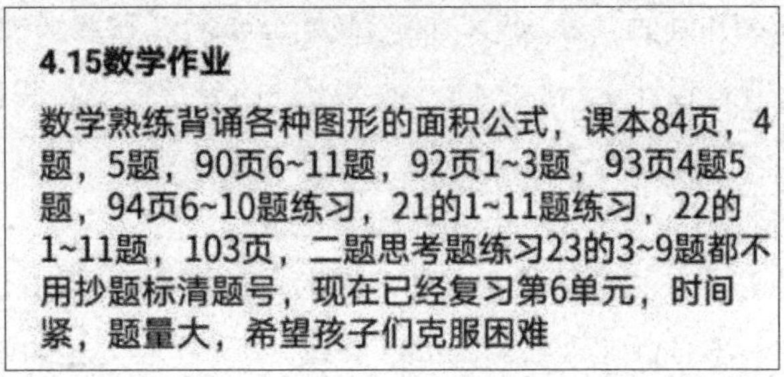
4.15数学作业

数学熟练背诵各种图形的面积公式，课本84页，4题，5题，90页6~11题，92页1~3题，93页4题5题，94页6~10题练习，21的1~11题练习，22的1~11题，103页，二题思考题练习23的3~9题都不用抄题标清题号，现在已经复习第6单元，时间紧，题量大，希望孩子们克服困难

针对以上情况，我们要求教师要从“注重孩子未来发展”方面来提升数学作业的设计理念。

二、改革成果初步呈现

（一）活页作业，让作业焕发新的活力

我们舍弃了原来的作业本作业，取而代之的是统一印制的题卡作业。或两天一张，或三天一张，根据教材内容和集体备课而定。学生答完、师生批改后，每个月将每个学生答题卡装订、保存。

崭新的题卡作业从主观角度看：容易给学生带来新鲜感，不断激发学生做作业的欲望，同时又能很好地避免学生对作业本产生的审美疲劳。从客观角度看：一是节省了大量的时间和精力，大大提高了批改的效率和批改质量。二是在每次批改完作业之后老师都能迅速根据作业的完成情况进行分类，同学们也可以相互传阅、相互学习，错题能及时纠正。三是活页作业设计灵活，教师所留作业均为精选的、典型的、有价值的问题。四是节省了抄题的时间。五是提供的信息量大。因此活页纸的使用既方便了老师又方便了学生，省时高效。我县大石岭一贯制学校、马圈子总校、青龙一小等坚持使用活页作业，在学期末质量检测中，其达标率和优秀率连续多次名列前茅。

（二）分层作业，让学生享受成功的喜悦

数学作业是课堂教学的复习与巩固，也是课堂教学的延续和补充，是学生学习数学、发展思维的一项经常性的实践活动。然而，很多老师对作业设计的认识不到位，布置作业是“三统一”，即统一内容，统一难度，统一要求。这样不仅会加重学生的课业负担，还扼杀和制约了学生学习的积极性、灵活性和持续性。因此，我们的课改校根据学生个体差异，设计了难易不同、数量不同的分层作业。我们把作业分成三个层级：

第一层基础类作业：针对基础较差、学有困难的学生而设计，作业的分量较少，难度较低，方法以模仿性、基础性为主，作业内容基本可以通过教材就可以找到。

第二层提高类作业：针对基础一般、学业中等学生而设计，面对的是班级的大多数

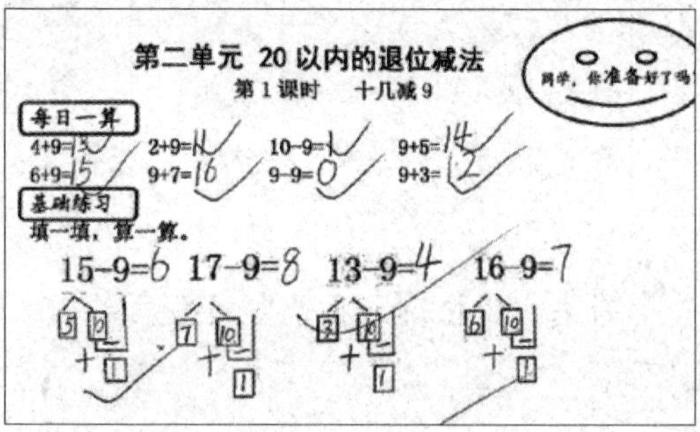

学生。作业内容属于与本节课内容有关的基础知识和基本技能的训练及变式。

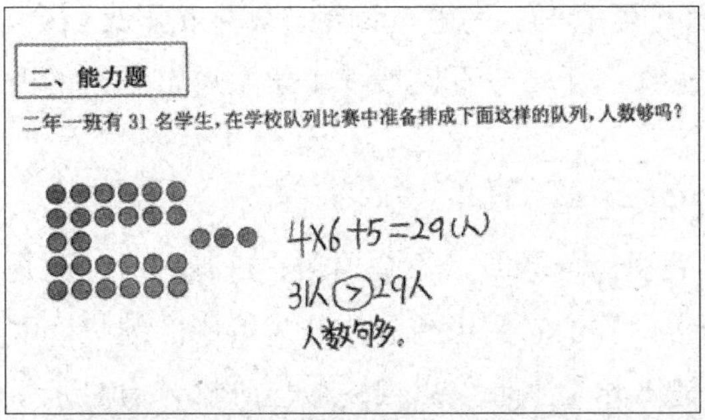

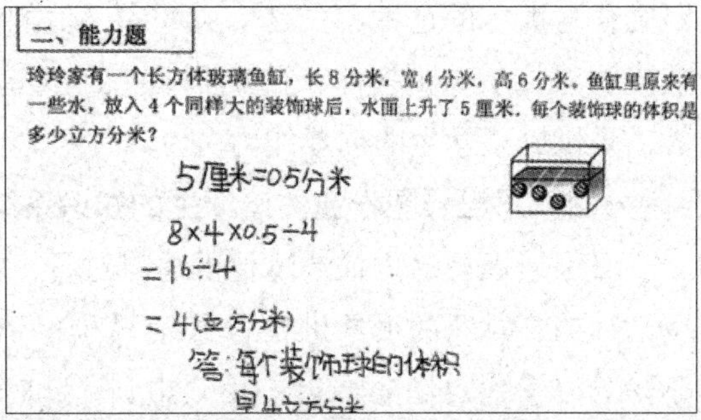

第三层创新探究类作业：这类作业面对的是班级中学有余力的学生。以综合性、拓展性为主，思维含量较高，综合性较强。

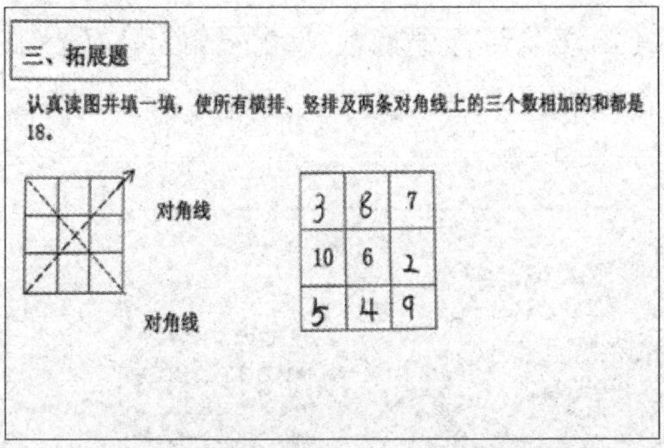

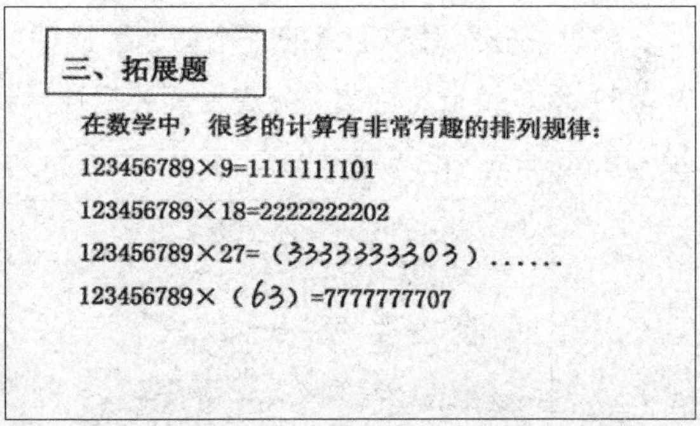

这三个层级作业的设计，不仅让每个学生都有适合自己的作业，也使得每个学生都可以体验到成功的喜悦。

（三）自编作业，让学生内化所学知识

1. 课堂上自编作业

在布置常规作业的同时，教师鼓励学生自己根据当天教师所讲重点知识内容，自己编写一道作业题。学生可以以个人为单位设计，也可以以小组为单位设计，还可以让组长为组员们设计。设计的内容要依据教师所讲的知识点，必须具有典型性和代表性，学生可以从课外书上找，也可从电脑上查找，还可对知识点和例题进行“变式训练”。然后教师再选择适当的机会让学生进行展示。其流程为：小组设计→张贴公示→（次日）展示汇报→他组补充→教师点评。

2. 创编家庭作业

依照上面的原则，青龙一小高年级的学生在教师的组织下，每天由一人或一个小组创编家庭作业，然后责成组长发到班级微信群，待完成之后再校正答案。

这两种形式的自编作业使孩子的思路开阔了，兴趣浓厚了，情感丰富了。一位青龙第一实验小学的学生说：“经过这次的数学编题活动，我不仅巩固了以前的知识，还体验到老师编题时的辛苦。”数学王老师说，学生自编习题的过程，就是学生对所学知识的不断强化与训练的过程。在这个过程中，他们都忙着看书、写题、讨论，学生从不会到会，从生到熟，从少到多，从简单到复杂，从模仿到创新……不仅培养了学生逻辑思维的能力，更培养了学生的创新能力。

（四）思维导图作业，让学生的知识系统化

爱因斯坦曾这样描述过他的思维过程：“我思考问题时，不是用语言进行思考，而是用活动的、跳跃的形象进行思考。”从他的语言中我们看到形象思维在思维中的地位。而小学阶段学生思维的特点让我们想到，此时是培养学生形象思维的最佳时机。但对于学生来说，每节课的内容多是零散的，理解难免有些片面，容易导致记忆的混乱和理解得不深刻。因此就采取思维导图的形式把零乱的知识系统化、把枯燥知识趣味化，把数学知识之间的联系形象化。但在实际操作的过程中，会遇到很多的问题。

做思维导图时应注意的几个问题。比如：（1）分类要有逻辑性。（2）分支最好小于7。（3）线段要自然弯曲，分支之间要粗连，要由粗到细。（4）文字与线段等长、文字尽量要由大到小（最好是黑色）。

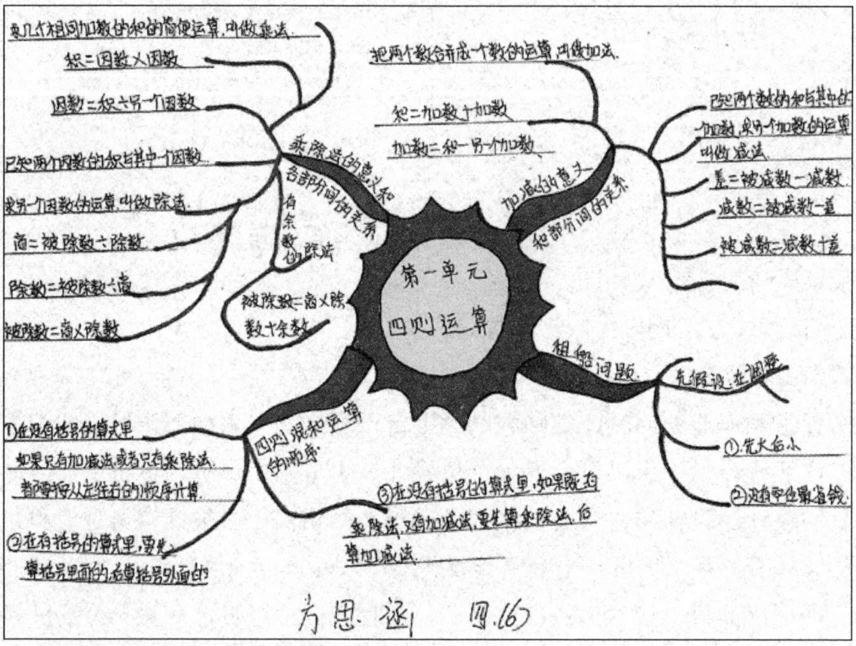

（五）多样化作业，让作业模式不再固定化

由于近年来青龙推行了跨越式教学模式、生本教育教学模式、“135”互动教学模式，因此，各课改校依据自己践行的课堂教学模式，还推出了内容丰富多样的作业。

1. 课前预习性作业

为了减轻课堂教学压力，培养学生自学能力，我县开设了预习性导学作业。由教师下课前布置给学生，课前由组长组织进行交流，教师针对学生的疑难问题予以引导点拨。

时间久了，老师布置自主学习内容的时候只向学生提出有价值的问题即可，没有固定的格式，学生也能自觉完成。

2. 实践性作业

数学来源于生活，应用于生活，让数学走进生活，才能使学生感悟数学的作用、体验数学的乐趣。在学习了“长度”之后，家庭作业就是自己在家中量一量物体的长度；在学习“用字母表示数”后，学生可以测量爸爸妈妈的身高和体重，用含有字母的式子表示出成年男子和成年女子的标准体重，并算出爸爸和妈妈的体重，等等；在学习了“6的乘法口诀”后，让学生以儿歌的形式巩固，达到了事半功倍的效果。

3. 积累性作业

这类作业主要来源于例题之后的“你知道吗？”，教材中有很多例题结束后都有这样的内容。有介绍数学知识方面的，有介绍社会常识的、生活常识的、自然常识的……但教材上一般介绍得比较简单，课前可让学生在网上进行查阅，然后积累成册，便于丰富学生的课外知识。

三、不忘初心，继续前行

数学作业改革没有成型的模式可以借鉴，只能是边探索边实践，边实践边积累。下一步，我们将在巩固前一阶段取得成果的基础上，重点突破以下内容：

（一）思维导图的系统性

要求各实验校的五、六年级学生，每天做一张小的思维导图，内容是当天学的重难点、公式、定理等。每周完成一张总思维导图，把一周做的思维导图整理成一张大的思维导图。每个月底把四周的所有导图整理成一张更大的思维导图。把它贴教室里互相学习，互相提高。每学期将利用思维导图创建题库，形成错题集便于复习和巩固。

（二）假期推行开放式作业

寒暑假期作业应开放式、多元化、有选择余地，重在总结经验、探索问题、启发思维。既可以是写一篇数学小论文、写解题技巧、介绍学习经验，也可以以小组合作的方式模拟开一家创意店，等等。

总之，作业改革不是一朝一夕就可以完成的，它是一个渐进的、长期的过程，其最终目的是将课堂所学的数学知识延伸到学生生活之中，给学生综合运用知识、发展和表现个人天赋提供机会。因此，变传统作业模式为趣味训练、体验成功、探索创新、自主选择为主的模式也是大势所趋，势在必行。这也是我们实施以上作业改革措施的主要出发点，而我们的落脚点则是通过将我们最初确定的实验校实施作业改革所结出来的“成功果实”，在全县各小学进行推介，让每一位学生都能够品尝到作业改革果实带给他们的香甜！

（秦皇岛市青龙满族自治县教师发展中心 / 黄静）

独辟蹊径巧设作业　多措并举提升能力

作业是课堂教学的延伸和补充，是学生理解、巩固知识的重要措施。几年来，我县在作业改革方面做了一些尝试。

一、破除传统作业弊端，行政助推作业改革

一直以来，不少教师把布置、批改作业看作是完成教学任务、应付常规业务检查乃至为考试服务，导致布置的作业例题仿做的题目多，综合创新的题目少；单纯计算的题目多，应用表达的题目少；要求独立完成的题目多，关注合作互动的题目少。学生没有自主选择的余地，导致部分学生“吃不饱”与“吃不了”，抑制了学生学习的兴趣和热情，加重了学生的课业负担。由此看来，在目前深化素质教育改革的要求下，对学生作业的内容、形式、完成方式、评价方式进行改革是十分必要的。

从 2011 年开始，卢龙县教育局就尝试着从学生的作业方面进行改革，力争减轻学生的课业负担，通过作业培养学生的学习兴趣，让作业成为促进学生能力发展的生长点。通过几年的探索与实践，2014 年 3 月，我们下发了《卢龙县教育局关于印发中小学教学管理相关规定的通知》，其中包括《卢龙县教育局关于中小学作业管理指导意见》，指导意见中明确指出：要精选作业内容，不得布置大量机械、重复的书面作业，严禁以增加作业量惩罚学生，教师要通过不断优化作业设计切实减少学生作业量。

除了总体要求外，还有专门的小学数学学科的具体要求。为了达到《数学课程标准（2011 年版）》中提出的“让不同的人在数学上得到不同的发展”的要求，我们要求教师“分层布置作业”：基础题，要求所有学生都必须完成，作业内容包括学生必须掌握的算理和法则，重点考查知识能力目标，属于“保底”的要求，体现基础教育的基础性和普及性；综合题，针对中等以上的学生，重点考查学生在基础知识掌握后灵活运用所学知识的能力；拓展题，是为基础知识掌握牢固、思维能力强、愿意挑战自我的优秀学生提供的挑战性作业，挖掘其潜力，发展其空间。

为了进一步促进作业改革的有效实施，2015 年 9 月，在石门总校召开了全县“作业改革”现场会。会上，大家参观了石门小学展示的优秀作业，听取了校领导作的相关经验介绍，并对如何做好作业的分层设计、怎样设计实践性作业等问题展开了研讨。

二、开展作业多元评价，培养学生核心素养。

《数学课程标准（2011 年版）》指出：“应建立目标多元、方法多样的评价体系。”这里的“目标多元”是希望改变过去只注重数学“双基”及应试技能评价的狭隘的评价观，立足于学生的发展和知识与技能、过程与方法、情感态度价值观三维目标的要求，结合具体的评价内容，形成多角度、多层次、多维度的评价点，通过评价全面反映学生的学习情况，并产生有利于学生全面而有个性发展的积极导向作用。因此，我们在完善常规性作业的基础上，尝试引导学生写数学日记、画数学知识树、做数学绘本、完成实践性作业等，来实现作业的多元化。

（一）数学日记——真实记录求知历程，体验数学文字留痕

如果说常规性作业能清楚地反映学生的学习结果和水平，对于学生对学习过程的理解、在数学活动中所表现出来的情感与态度、数学知识的运用等，数学日记则有它独特的魅力。从 2012 年开始，我们就尝试着让学生写数学日记。具体做法是这样的：

1. 实施方法

（1）不限形式，自由书写。教师对数学日记的时间、内容、形式不作统一要求，让学生根据自己的理解去写，确保学生有感而发，这样既留给学生充分发挥的空间和时间，也尊重了学生的个体差异，从而调动学生的积极性。

（2）师生互评，赏鉴共长。每周教师会选择时间，让学生朗读优秀的“数学日记”，其他学生进行欣赏和点评。通过老师评、同学评，培养了学生的发散性思维，同学们开始自觉主动反思，日记的内容越来越丰富。

（3）正视差异，携手共进。为了让所有学生都得到发展，教师对不同能力的学生要求是不同的。对能力较弱的学生只要求写出纠错型、情感型或整理型日记；对能力一般的学生在能写出上述各类型日记的基础上，能写出应用型、质疑型、反思型日记；对能力较强的学生不仅能写出以上要求的日记，还引导鼓励他们写出实践型、研究型、创新型等更高层次的日记。这更符合《数学课程标准（2011 年版）》强调的“人人都能获得良好的数学教育，不同的人在数学上得到不同的发展”这一要求。

2. 实施效果

通过“数学日记”的有效实施，教师与学生都从中受益匪浅。主要表现在以下几方面：

（1）促进了师生情感的交流。有些学生因为胆小，在课堂上害怕与老师交流，但他们会通过数学日记聊聊自己对老师的看法，或者对课堂上某个学生、某件事情、某个处理问题的方式方法发表意见。例如，在学习“乘法运算定律”后，一位上课从来不敢主动举手的同学写了这样的日记：

2012 年 5 月 18 日　星期五　小雨

最近，我们学习了乘法运算定律，有乘法交换律、乘法结合律和乘法分配律，应用乘法运算定律可以使一些计算简便。

今天，老师出了这样一道题：24×125。老师说请用简便方法进行计算，课堂上老师讲了三种方法：第一种是把 24 改写成 3×8，因为 8×125 刚好凑成 1000，应用乘法结合律就很简便了；其余两种分别是把 24 分成 4×6 和 20 ＋ 4。我觉得这道题还可以这样算：24×125=6×4×25×5=（6×5）×（4×25）=30×100=3000。

教师在评语中写道：“你真是个爱动脑筋的好孩子，勇敢点，把你的方法介绍给同学们听，好吗？”第二天，老师让他在全班同学面前介绍了他的方法，自信的笑容出现在他的脸上。通过数学日记，老师对这位同学有了新的认识，这位学生也因此喜欢上了数学课，学习上越来越有自信了，这都得益于“数学日记”这一有效的沟通方式。

（2）帮助学生理清了解题思路。很多时候，学生在日记里记下的是在解决某一个问题时自己的思考过程。比如下面这篇日记：

2013 年 10 月 22 日　星期二　晴

今天，我正在做作业，突然一道题难住了我。这道题是这样的：甲数和乙数之比是 2 ∶ 3，乙数和丙数之比为 4 ∶ 5，甲数和丙数的比是多少？

由于妈妈不在家，我只好自己思考！想了一会儿，突然，有两个解题方法在我脑海中闪现：可以让两个比中的乙数相等，找 3 和 4 的最小公倍数呀！3 和 4 的最小公倍数是 12，甲数和乙数的比就可以由 2 ∶ 3 改成 8 ∶ 12 了，乙数和丙数的比也可以改成 12 ∶ 15，这样的话甲是 8 份，乙是 12 份，丙是 15 份，每一份都是相等的，从中可以得出甲数和丙数的比是 8 ∶ 15。那第二种方法就是假设了，可以设甲、乙、丙三个数中的任何一个，如设甲数是 20，根据甲乙两数的比，就可以得出乙数是 30；乙丙两数的比是 4 ∶ 5，可以得出丙数是 30÷4×5=37.5，然后可以算出甲丙两数的比 20 ∶ 37.5=200 ∶ 375=8 ∶ 15，甲数和丙数的比就是 8 ∶ 15。

我真高兴！今天我自己做出了一道题，没有问妈妈！今后我还要靠自己去思考学习！收获的感觉真好！

这则数学日记记录的就是学生解题的整个思维过程。学习金字塔理论中曾经说过：如果学生能把自己理解的东西再教授给他人，两周以后这些知识就能记住 90%，这是最为有效的一种学习方式。相信学生能有条理地写出解题思路，就真正理解了相关知识。

（3）沟通了数学与生活的联系。著名数学家华罗庚曾经说过：“宇宙之大，粒子之微，火箭之速，化工之巧，地球之变，日用之繁，无处不用数学。”生活本身是一个巨大的数学课堂，生活中存在大量极有价值的数学现象。写数学日记可以促使学生主动地用数学的目光去观察生活，随时发现问题、分析问题、解决问题，促使“生活问题数学化”“数学问题生活化”。再举一个实例：

2015 年 6 月 3 日　星期三　晴

我家有一只可爱的小猫。它有一条短短的尾巴，小小的脑袋，灰色的毛，两只三角形的耳朵，白色的胡须。我每次放学回来，它都要和我玩一阵子。

有一次，我问妈妈：“妈，咱家的小花猫多重呀？”妈妈说：“我也不知道，你去称好了。”我知道家里有一台秤，马上把秤拿出来，把小花猫放在秤上称。不料，小花猫刚放上就跑了。我连忙把它追回来又放在了秤上，可是，小花猫又跑了，这样试了好几次，都没称出小花猫的重量，我急得像热锅里的蚂蚁。突然有一个想法在我脑海里产生，如果我和小花猫一起站在秤上，先称出我和小花猫的重量，然后称出我的重量，再用总重量减去我的重量不就是小花猫的重量了吗？这下，我喜出望外，说干就干，果真称出了小花猫的重量是 3 斤，妈妈看见了露出满意的笑容，小花猫也朝我“喵喵”叫，似乎在说：“小主人你真聪明！”

这是一篇四年级学生写的日记，学生在数学日记中展现出来的思维的灵活性、应用数学知识的能力，让教师感到意外和惊喜。当学生把司空见惯的生活现象用数学语言表达出来的时候，当学生为抽象的数学知识找到生活原型的时候，数学和生活便实现了真正的融合。

（4）促进了教师的专业成长。教师通过数学日记这面镜子，得到了信息，看到了学生的学习情况和心理变化，也可以看到自己的不足，从而不断调整自己的教学策略，起到了教学相长的作用。

老师们把每学期收集的各年级学生写的优秀数学日记，结集成册，并由学生自己为它起一个富有诗意的名字，记录下学生成长的足迹。

数学日记中透着生活的气息，透着数学的思考，透着天真与稚气，透着知识与能力的发展，透着真挚的情感，透着心灵的互动……它是一种新颖的数学作业改革的形式，也是一种全新的学习方式和一种新型的师生交流方式，它为我们展现了一幅幅异彩纷呈的数学学习活动的画卷，还原了数学的精彩。我们还要持之以恒地做好细化和指导工作，把数学日记作为数学课堂的教学资源，发挥更好的育人功能。

（二）知识树——单元回顾自主梳理，双向建构知识网络

每个单元教学结束后，都应进行“整理复习”，帮助学生构建知识网络。可是长期以来，很多老师都是以大量的、机械的训练作为巩固知识的主要手段，增加了学生的课业负担。为了改变这种现状，2011 年开始，我县以第三实验小学为实验校，开始布置制作单元知识树的作业，利用知识树帮助学生连点成线、织线成网。

1. 自主梳理，构建网络

知识树利用关键字、数字、线条或其他符号等以“树”的形式来体现整个单元的结构和知识点的内在联系。以树干、树枝、树叶、果实的形式并结合关键词把知识点和知识点间的从属关系体现出来，构建知识网络。它有着直观、形象，把复杂的关系条理化、清晰化的特点。

每单元复习课之前，先布置学生绘制单元知识树。学生绘制知识树的过程就是自我学习、自我思考、梳理知识点的过程，是初步将知识点构建成知识网络的过程。当然，制作知识树不是件容易的事，特别对于小学生，他们绘制的知识树可能很幼稚、不完整，甚至有错误，但这些都不重要，重要的是在这个过程中，他们经历了个性化的反思，将带着收获和困惑走进课堂。比如，在“平面图形周长和面积的复习”一课中，学生根据自己的整理、反思，绘制出各式各样的知识树，下面是两种有代表性的：

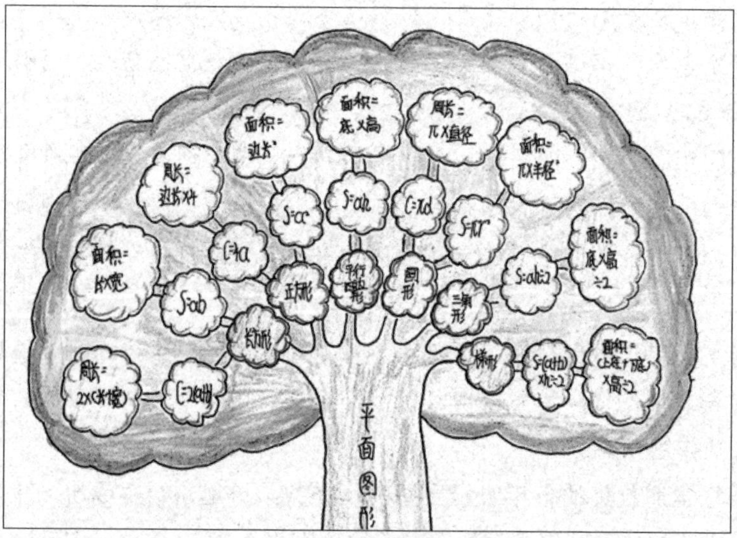

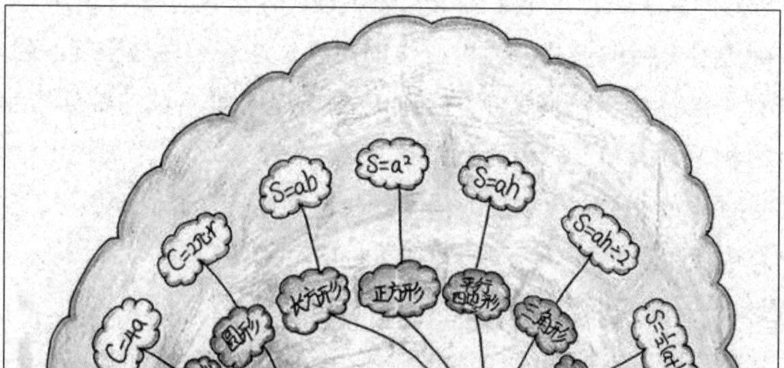

2. 互动交流，深化理解

学生制好知识树后需要的是分享与交流，交流过程中，发现其他同学知识树的优点和自己的不足，达到“学学相长、共同提高”的目的。通过学生展示知识树，教师能够迅速找到学生对该单元的思维障碍点，确定复习的重点与难点，使复习更加有针对性和实效性。比如，在“平面图形周长和面积的复习”一课中，通过学生的展示，老师发现学生绘制的知识树侧重“周长”和“面积”的介绍，而忽视了各平面图形面积的推导过程，特别是推导过程中图形之间的关系，于是教师就应该将复习的重点放在这儿，从而帮助学生建立起这些图形间的内部联系。

3. 修改完善，学学相长

交流结束，并不意味着复习的结束，第一次绘制的知识树由于种种原因可能并不完善，通过交流，一定会发现自己知识树的不足之处，所以要布置学生反思、修改、调整自己的知识树，学生修改、调整的过程是又一次的自我整理、反思和复习的过程，有利于学生及时消化复习时的收获。

实践证明，巧妙利用知识树不仅能直观地反映所要复习知识之间的关系，使原本散乱的知识串成链，连成片，结成网，形成了一个完整的认知结构，培养学生“窥一木而见森林”的回顾梳理能力，帮助学生积累梳理知识、构建网络的数学活动经验，而且能使复习的内容趣味化、形象化、生动化，提高复习的实效。于是，我们把这项作业推广到全县，首先由教研室从“知识树”的梳理、绘制，利用知识树进行整理复习的课堂模式等几方面对全县数学教师进行了培训，组织全县教师参观了第三实验小学学生制作的知识树，观摩整理复习课，让老师们了解知识树，并运用到自己的教学实践。

为了推动这项工作的开展，2013 年，开展全县数学教师绘制知识树比赛，要求教师不但要在知识树上表示单元知识点，而且要标注出能力培养点，从而达到提高教师归纳整理能力，最终带动学生发展的目的。（教师作品）

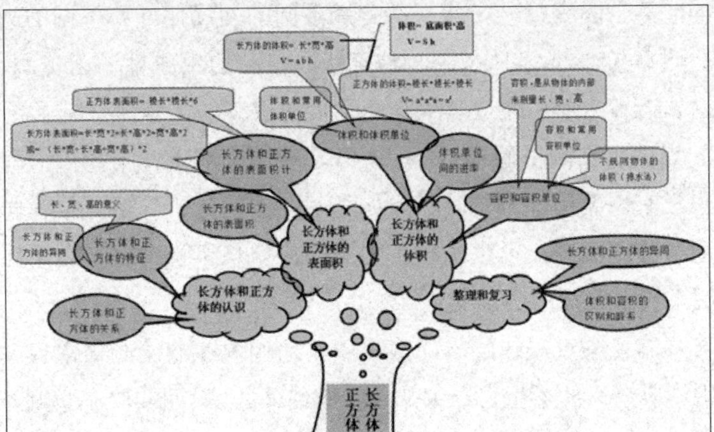

2013—2014 学年度，我们又连续两个学期举行了学生绘制知识树比赛，全县共有108 名学生获奖。（学生作品）

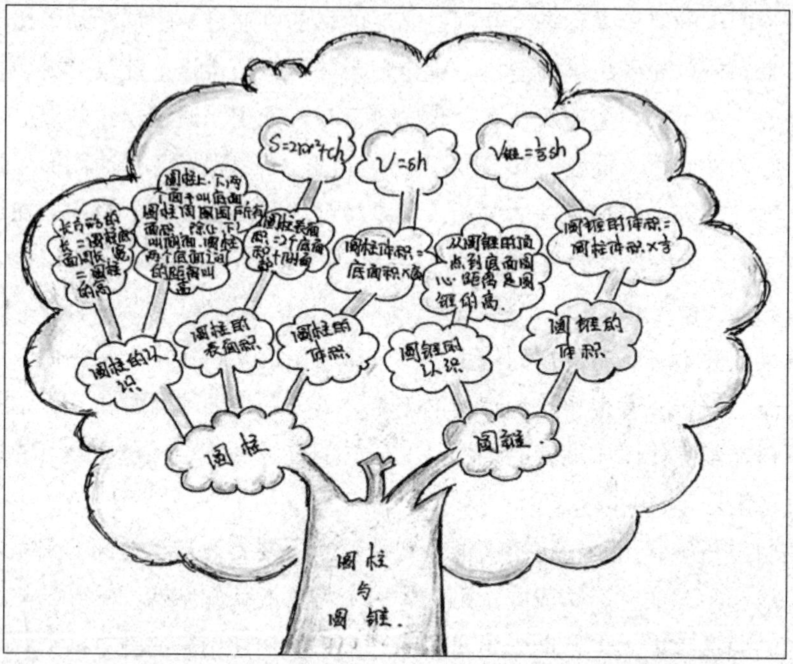

活动的开展，调动了师生绘制知识树的热情，提高了师生整理归纳的水平。

（三）数学绘本——图文并茂巧编故事，潜移默化熏陶思想

近几年来，数学绘本越来越多地走进学生的数学学习，它通过精美的画面、简洁的语言，在故事中渗透数学知识、数学思想。数学绘本的引入不仅使孩子在不知不觉中学习数学知识，受到数学思想的熏陶，而且也激起了孩子数学阅读的兴趣，培养了他们数学阅读的习惯。基于这样的原因，我们也逐渐地让学生走进数学绘本。

首先是让学生阅读数学绘本。老师布置学生课下阅读数学绘本，第二天上讲台给大家讲讲绘本中的故事。因为每一个孩子都有着不同的阅读偏好和不同的阅读经验，当邀请他们走上讲台进行分享推荐时，他们本身就成了新的生成性学习资源。比如读了《0不只是没有》这本绘本之后，通过学生交流读后的收获，大家对 0 有了更深刻的认识：0是所有比赛的起点，所有测量的起点，0 还可以当作分割点、平衡点，写数时某一位上一个计数单位也没有，要用 0 表示。再比如学习“圆的认识”后，推荐学生去阅读与圆有关的绘本。通过绘本阅读，学生了解了圆周率，认识了祖冲之，在不知不觉中丰富了数学知识，了解了我国悠久的数学文化。

当学生天天耳濡目染沉浸在绘本的故事中，他们内在的绘画需求也越来越强烈。于是，教师就鼓励学有余力的学生自己编故事，画绘本。（第四实验小学刘一鸣的“香喷喷的火锅自己做”）

图图的智慧王国
数学系列
作者介绍：
刘一鸣，男，8岁。就读于卢龙第四实验小学二年级5班。他活泼好动，友善助人，爱好广泛，尤其对孩子数艺术学习十分感情。
刘一鸣 著
张玉环 图
(妈妈)
香喷喷的火锅自己做
大家好！我是大耳朵图图，我会动耳神功呦！
今天晚上，牛爷爷要到家里吃火锅，我们一起跟妈妈学做火锅吧！
妈妈："图图，现在到你大显身手的时候了。你能不能帮妈妈把这些食物穿成串串？"
图图："图图愿意！图图喜欢玩穿串串！"
图图："瞧！我穿好一串了！"
妈妈："这个！……图图这样穿只能吃到肉丸。图图能不能让一个串串有三种不同的味道呢？"
"简单简单！"图图试着穿了一串"这次有三种不同的味道了！"图图兴高采烈地展示着他穿的串串。
妈妈看着图图手中的串串，说："图图有进步！可是这样穿有点乱七八糟的，我们能不能把串串做得好的漂亮呢？"
图图："嗯……让我来试试！肉丸、香菇、油豆腐……"
"对，图图记住穿串的次序，一直按照这个次序穿，就有规律了，一定又好吃又漂亮！"妈妈赶紧鼓励图图。
小朋友们，这是图图穿的串串，在这里面只有一串和大家不一样，你们能帮图图把错误找出来吗？

灵感来源于阅读，创作映照了生活。学生带着感觉和思考的创作，激发了他们稚嫩的感性经验和审美情趣，增强了他们的求知欲，满足了他们的表现欲，培养了学生应用意识和实践操作能力。

（四）实践性作业——因地制宜鼓励实践，学以致用还原生活

数学学习应与生活密切结合，数学知识要用于解决生活中的问题，数学用于生活可以检验数学知识的掌握程度。因此，我们还设立了实践性作业，让学生进行测量、估算、操作、统计、调查等综合实践应用活动，使学生解决问题能力、动手操作能力和综合分析能力得到提高。实践性作业要注意以下几点：

1. 在生活中寻找合适的数学问题

可以是校园内的，也可以是校园外的。为了研究的方便，一般让学生进行校园内的实践活动。

2. 注重学生解决问题的多样性

它不再是用死记硬背的方法去解决问题，学生可以运用各种工具或已有的知识解决问题。

3. 允许学生测量或计算出的结果有一点误差

当然，误差越小就会越棒。

4. 做好学情分析

必须根据学生的年龄特点和已有知识基础选择适合的实践性作业。如果太容易操作就很难达到提高学生能力的目的，太难也会使学生产生畏难情绪，所以一定要根据学生的年龄特点选择合适的实践活动。

5. 教师在学生活动之前要做好必要的指导

提示学生在解决问题前必须清楚要解决的问题是什么，活动的规则是怎样的，小组要怎样合作等。

下面简单介绍我县第三实验小学的几次实践性作业：

三年级学完“周长”以后，教师布置了“测量篮球场周长”的实践性作业。同学们想到了很多种方法：有的用两米长的布条去量，有的用步测的方法，还有的用卷尺测量，虽然每组测量的数据不尽相同，但是都在 90 米左右。在这个过程中，学生对周长的概念理解更深刻，探究能力、实践能力、合作意识都得到了培养。

五年级学完“组合图形的面积”后，老师布置了“我是小小设计师”的实践性作业：借助梯形、三角形、平行四边形等图形动动小手设计一幅美丽的图画，可以画，可以用彩纸拼，然后计算出图画中几何图形的面积。有的同学画的天鹅，有的同学画的小鱼，还有的同学拼的萝卜和小花，接下来计算出了这些图形的面积。这项作业既激发了学生的兴趣，同时也巩固了各种平面图形的面积公式。

再比如“小小树叶知识多”的实践性作业：采集完整的树叶，先估计它们的面积，再选择合适的方法计算出它们的面积。根据树叶的不同形状，有的同学把它看成近似的三角形来计算面积，有的看成近似的平行四边形来计算面积，还有的看成近似的长方形或正方形来计算面积。通过对作业的交流，学生发现只要有道理，怎样都是对的，培养了学生的估算意识，建立了估算策略，体会到了估算方法的多样化。

除了这些，还可以布置学生算一算：楼前的瓷砖共有多少块？学校新建环形雕塑用料多少立方？操场上大屏幕的周长和面积是多少？厕所围墙长方形或正方形的周长和面积各是多少？

这样的实践性作业，让学生真正体会到数学来源于生活，学生经历了提出问题、估算结果、实地测量、计算结果等过程，学习由被动变为主动，他们认识到数学并不是仅仅用在“无聊”的计算上，更大的用处是解决生活中的问题，意识到了数学学习的重要作用，感受到了学习数学的乐趣，更增加了学习数学的兴趣。

以上就是我们尝试着让数学作业多样化的一些做法，有的老师可能认为：这么多的作业会不会加重教师和学生的负担？其实，这些作业并不是每天都有，数学日记每周一篇，可以在周末完成，也可以哪天特别有感觉的时候把它写出来，老师也不用像判作文一样逐字逐句地斟酌，只需要挑出几篇比较好的，利用一节或半节课的时间在班里念一念，让大家评一评。“知识树”每单元做一次，实践性作业则根据教学内容随机安排。数学绘本则是学生根据自己的兴趣爱好自愿完成的，和爸爸妈妈一起做、和同学一起做都可以，充分尊重了学生的个性发展。

三、减负增效，取得的点滴成绩

（一）减轻了师生的负担

作业要少而精，不同的学生完成不同层次的作业，缩短了学生做作业的时间，学生都能愉快地完成自己力所能及的作业，抄袭作业的现象少了，学生的学习热情高了，每个学生的学习潜能被充分地挖掘出来。同时减轻了教师批改作业的负担，教师开始有了充足的时间和精力投入到教学研究中，提高了自身的业务素质。

（二）提高了学生的兴趣

多样化的作业设计，给学生创造了展示自我的舞台，帮助学生重新认识了自我，建立了自信，并且让他们感受到数学也不是枯燥无味的，调动了学生学习的积极性，激发了学生学习数学的兴趣。

（三）培养了学生的能力

作业多样化的探索过程中，给学生创设了自主学习、自主钻研的舞台，学生的智力因素和非智力因素都得到了良好的培养，有了持久的学习动力。课堂上学生的学习积极性比以前高了，回答问题有条理了，合作意识、语言表达能力、动手操作能力、归纳总结能力、数学思维能力和创新能力明显增强。期末质量检测中我们也欣喜地看到，一些探究性题目的正确率由原来的 20% ～ 30% 已经提高到 70% ～ 80%。

《数学课程标准（2011 年版）》指出：义务教育阶段数学课程的出发点是促进学生全面、持续、和谐的发展，我们觉得作业改革，也应立足于这一点，为学生的终身可持续发展奠定基础。今后我们将继续秉承这一原则，把作业改革工作扎扎实实地开展下去，真正实现数学作业“质的增效，量的减负”。

（秦皇岛市卢龙县教研室 / 夏素娟）

多样化作业形式的探索与实践

一、数学作业改革的意义和实践价值

《数学课程标准（2011年版）》指出：义务教育数学教学课程应致力于实现义务教育阶段的培养目标，要面向全体学生，适应学生个性发展的需要，使得：人人都能获得良好的数学教育，不同的人在数学上得到不同的发展。“新课程标准”实施以来，小学数学课堂已经发生了巨大的改变，在实施有效的课堂教学中，许多学校和老师已经提供了丰富的案例。但在作业改革方面，老师和学生应该重新认识作业的意义与价值，不能单纯地依赖课本和习题集，新课标理念下的数学作业改革，不仅要服务于基础知识的巩固，更旨在于学生的能力发展，全面而科学的数学作业改革，已经成为一个现实而迫切需要解决的问题。

肖川博士曾说：“作业是教师精心准备的送给孩子的一个礼物”，“作业给孩子综合运用知识、发展和表现个人天赋提供机会，使教学的影响延续到全部的生活中”。数学作业是对课堂教学的复习与巩固，也是课堂教学的延续和补充，是学生学习数学、发展思维的实践活动，也是检验学生完成学习任务的主要形式。因此，教师应根据教材内容和学生的身心特点，结合生活实际，精心设计实践性、教育性、创造性的数学作业，作业量要适度，既要重视基础，又要联系生活；既要有应用价值，又要能发展学生的创新能力和综合应用能力，最终促使学生素质的全面提高。

二、数学作业改革的背景

随着“新数学课程标准”的深入实施，教师都比较重视课堂教学的改革与创新，然而对如何设计新型的数学作业，利用作业来培养学生正确的数学观念，促进学生主动地探究、有效地学习和个性发展的需要等，却依然关注度不够。在我校进行数学作业改革之前，各个年级的作业普遍存在这些现象：机械练习多，探究体验少；模仿作业多，创造性作业少；封闭训练多，开放作业少；脱离生活实际多，联系生活实际少；限制思维作业多；解题策略多样化少；简单划一多，分层练习少。这样的作业设计，不仅加重了学生的课业负担，而且制约了学生学习的灵活性，扼杀了学生学习的积极性。我区实行作业改革一年来，给我们提出了“新”的任务，布置作业绝不是灵机一动、信手拈来的，而是一项充满创造性和艺术性的行为。在作业改革过程中，发生了翻天覆地的变化，老师们深刻地认识到作业改革的重要性，由刚开始的学校强制性要求发展到现在的自觉行为，作业改革在自己的教学中越来越清晰，越来越细致了。

三、数学作业改革中的案例分析

一年来，我对传统数学作业的“老面孔”进行了多次改革，收到了较好的效果。

（一）趣味性作业，激发学习的兴趣

根据小学生的心理特点，新颖、生动、灵活多变的事物往往更容易引起学生的兴趣，使他们的思维始终处于积极状态，产生强烈的求知欲。因此，我设计一些具有童趣性和亲近性的作业，以这样的形式激发学生的学习兴趣，使学生成为一个乐学者。

1. 数学手抄报

在数学作业改革初期，我让学生制作简单的手抄报。例如：“数学家的故事”中，我为学生设计好图案和参考内容，然后学生充实内容并涂色，后来发现这样的作业有一定的局限性，限制了学生的创新思维。经过和同事们的讨论，决定布置数学手抄报时只限定主题，让学生充分发挥自己的想象力制作具有个性的手抄报，这样的作业设计更能充分锻炼学生的综合能力。

手抄报的作业形式不仅培养学生的绘画、书写、设计和创作等综合能力，还能让学生利用课余时间查阅更多的资料，开拓视野，建立与其他学科的联系。我们班定期进行手抄报展览，学生的作品将在这里得到展示，学生的个性将在这里得以彰显，学生的才华将在这里显露。学生在想象中、创作中、合作中体会着作业的乐趣，在绘画中、设计中感受着功课的欢愉。

趣味性的数学作业是让学生在“玩中学”，通过趣味性的作业设计，能够充分激发学生学习的积极性，提高学生的学习兴趣。例如：四年级下册第三单元“运算定律”，单元知识内容比较枯燥，大部分都是计算，要与数字打交道，我让学生自己设计知识树，将

这一单元的内容进行整理和归纳，使学生对这一单元的运算定律和题型能够充分地把握和梳理。

2. 数学日记

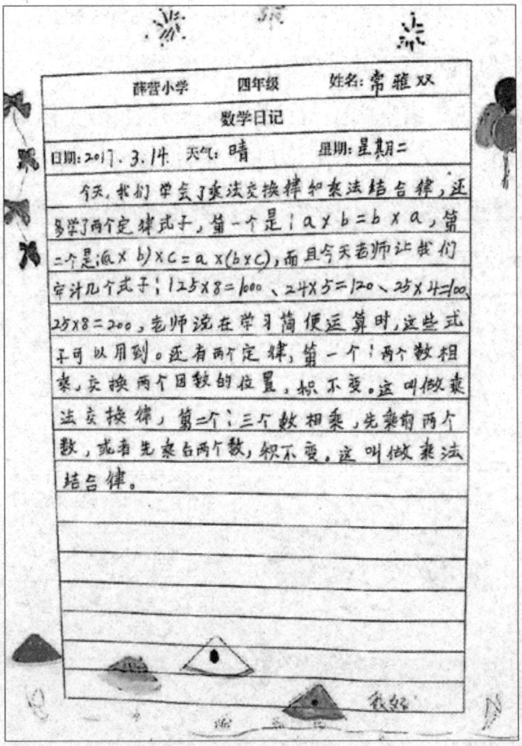

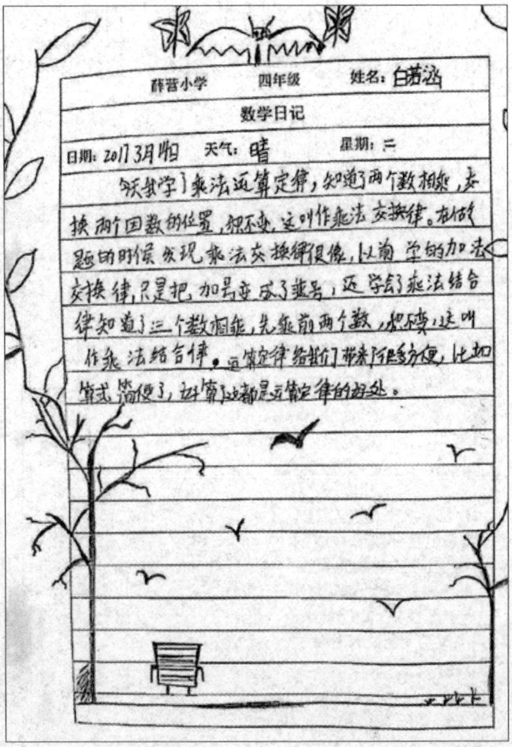

起初，我在布置数学日记时，为学生设定模板，学生对当天所学知识进行反思、总结，但是慢慢发现学生更愿意自己设计，这样更能激发学生的学习兴趣，更让学生体会到成功的喜悦。

这样的作业设计可以让学生在写数学日记的过程中进行自我反思；可以在数学日记中大胆发表自己的看法，提出自己的质疑；也可以表达自己的苦衷，发泄内心的情绪；还可以发现自己的不足，更正自己的错误。

数学日记是学生反思的重要方式。以前学生做完计算题，改一改得数，就算完成任务了。但是自从布置数学日记后，学生在改题的过程中多了一个反思的环节，会反思自己做错的原因，找到症结所在，总结经验。

（二）探究性作业，开拓创新的思维

在教学过程中，大多教师都会有这样的困惑：“这种题我都让他们练习过很多遍了，为什么还是有很多错误？”我们在布置作业时总是想要面面俱到，多多益善，认为学生做得越多，见的题越多，记得越牢，学生的能力也越高。然而真实情况恰恰相反，这样的作业会制约学生多种能力的发展，我们应根据教学内容和学生已有的数学活动经验，设计一些以学生主动探索、实验、思考、合作为主的探索性作业，使学生在数学活动中成为一个问题的探索者，这样才能开拓学生的创新思维，发展学生分析、解决问题的能力。

探究性作业，让学生成为问题的探索者，有效的数学学习活动不是单纯地依赖模仿与记忆，而是学生的动手实践、自主探索和合作交流，这样学生的能力才会得到提高，才能真正理解和掌握数学知识、技能与思想，才能获得广泛的数学活动经验。

作业改革之前，学生学习数学知识时理解得非常肤浅，通过布置探究性数学作业，学生小组合作和动手操作能力逐渐增强。例如：我在讲“圆的周长”的过程中，学生总是记不住圆的周长公式，后来我让学生自己通过绕绳法、滚动法来探究圆的周长，发现圆的周长与直径之间的奥秘，让学生真正理解公式。

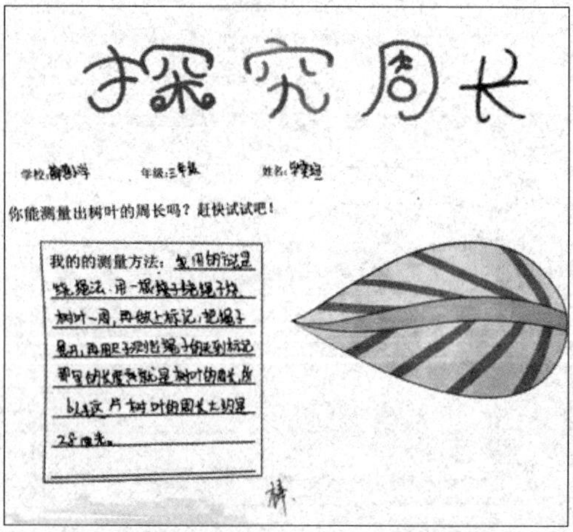

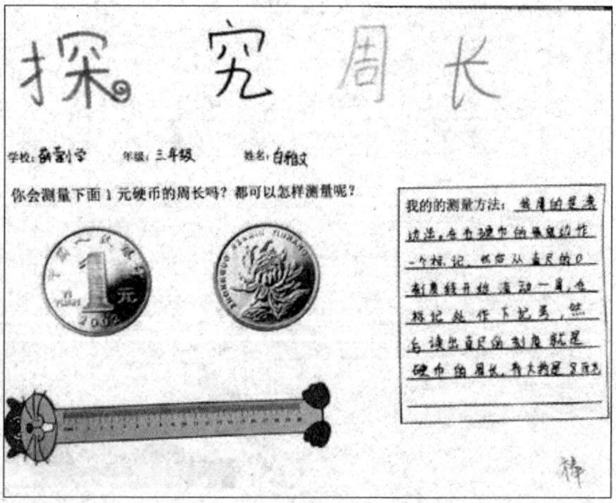

（三）层次性作业，体现个体的差异

由于天赋、教育、家庭环境等因素的影响，学生之间的数学知识和数学能力的差异是客观存在的，《数学课程标准（2011年版）》中提出：人人都能获得良好的数学教育，不同的人在数学上得到不同的发展。因此，我们在作业设计上，不能“一刀切”，要从学生的实际情况出发，针对学生的个体差异设计不同的作业，使我们的教学面向全体学生。

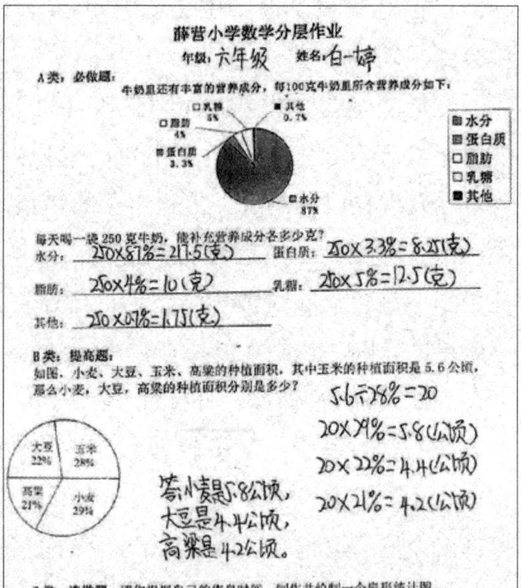

刚开始设计分层作业时，我设计的是A类题、B类题，其中A类为基础题，也是每位同学必做题，B类为选做题，也就是为那些有兴趣的，想要挑战自己的同学设计的。

但是我发现这样并不能充分满足学生的需求，后来我设置了A、B、C三类题目，A类仍是基础、必做题，B类为提高题，对于学困生不作要求，C类为选做题，让那些学有余力的学生研究讨论。

分层作业的设计，让不同层次的学生按不同的要求完成，基础稍差的学生只需完成A类题目，根据课堂学到的知识直接完成；基础中等的学生可以选择A类和B类题目，这样可以让这部分学生的思维有一个提高；学优生则以提高拓展为主，充分发展他们的思维能力，以及灵活运用所学知识解决实际问题的能力。这样各层次的学生都能在作业过程中梳理、完善所学知识，发展、开拓自己的思维。

（四）实践性作业，联系实际的生活

《数学课程标准（2011年版）》中强调：数学学习应该从学生已有的生活经验和知识出发，让学生亲身经历将实际问题抽象成数学模型并进行解释与应用。我们在设计作业时，应与学生的实际生活相结合，布置一些与学生生活实际息息相关的作业，使数学学习更贴近生活、寓于生活、用于生活。

学习的最终目的在于应用，实践性的作业设计，让学生能够运用所学知识来解决生活中简单的实际问题。例如：在学习“确定起跑线”时，我带学生一起去操场上量一量，测一测数据，然后确定了每条跑道的宽后，让学生通过计算确定每条跑道起跑线的位置，这样学生才能真正感受到数学的魅力。

实践性的作业设计，让学生从生活的角度出发，深刻感受数学源于生活，用于生活，通过观察、创设生活情境激发学生的学习兴趣，让学生会用数学的思维方式去观察分析现实社会，利用数学思维解决日常生活中的问题，培养学生的实践能力和探索精神，体会到数学就在我们身边，感受数学的趣味和作用。

四、数学作业改革中的思考

随着作业改革的不断深入，我认为数学作业的设计要适应孩子的天性，因材施教，才能使处于不同水平、不同层次的学生都体验到学习数学的乐趣。多样化的数学作业是课堂教学的延伸与补充，教师要以发挥学生自主潜能为出发点精心设计作业，富有童趣的数学作业，让学生在枯燥的学习中找到快乐，激起兴趣，产生求知的欲望，主动探究的数学作业，让学生由机械的重复、模仿的作业方式转变成自主探索、动手实践的形式，培养学生的思维能力；具有层次性的作业，让数学教育面向全体学生，使不同层次的学生都获得共同的提高；实用型的作业，让学生从单纯的课本走向现实的生活，建立知识与生活的联系，锻炼了学生用所学知识分析解决问题的能力。总之，数学作业的改革是提升学生学习能力的有效抓手，能够逐渐解决学生学习困难、兴趣缺失的现实问题，也是为学生的可持续发展奠定基础，值得深入钻研、大力推广、全面落实。

（秦皇岛市北戴河新区薛营小学 / 张敬宇）

设计多样化作业　促进学生自主发展

老师布置作业的初衷和出发点是为了学生所学的知识得到巩固和拓展，从和学生家长的交流和反馈中发现，我们的学生只有三分之一是为了学习知识而完成作业的，其他三分之二都是出于各种无奈的原因完成作业的。因此本学期我在五年级数学作业设计上进行了改革，经过一个学期的实践，改革初见成效。现将改革经验及成果和大家交流分享。

一、简笔画绘本走进数学作业——数学知识故事化

本学期在作业设计上我大胆创新，指导学生用简笔画绘制数学绘本。学生在绘制绘本的过程中，借助生动形象、丰富有趣的图画内容降低数学学习难度、加深对数学知识的理解，提高学习的积极性。

学生在绘制时可以大胆发挥想象，将数学与美术、语文有效融合，图文并茂地把数学知识编织成小故事。在绘制过程中，概念的理解运用、易于混淆的知识点的对比、颇具难度的经典习题、单元知识的归纳梳理等都可以借助这种形式进行。

通过一学期的实践，我发现学生对运用简笔画绘制数学绘本的积极性很高，语言组织及表达能力都有所增强，他们不再把作业看成是一种负担，而是当成一种乐趣。

二、思维导图——单元知识梳理轻松搞定

学生学会自主进行单元知识的归纳整理，是一件令我们数学老师颇为头痛的事，因为学生对这种烦琐的整理一点不感兴趣，每当完成老师布置这样的作业时总是应付了事，没有发挥其真正的作用。

针对这种情况，本学期我采取了“思维导图”的形式完成单元知识的归纳整理。首先，学生在信息技术课上利用绘图工具做好思维导图的空白模板，课下再将知识点填入导图中（也可电脑打字）。这种方法便于学生随意地拖拽，反复地修改，多角度进行尝试。在实践中我发现这种快捷便利的形式深受学生喜爱。我们班一个调皮的小男生开玩笑地说：“信息时代就是好，这么烦琐的作业，我动动手指就轻松搞定了。”

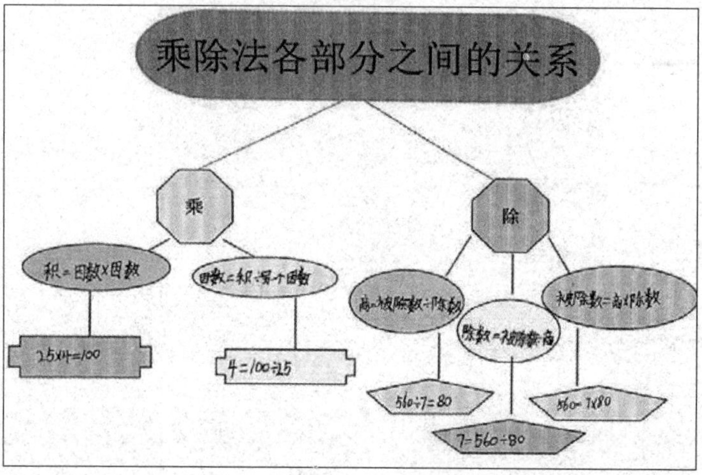

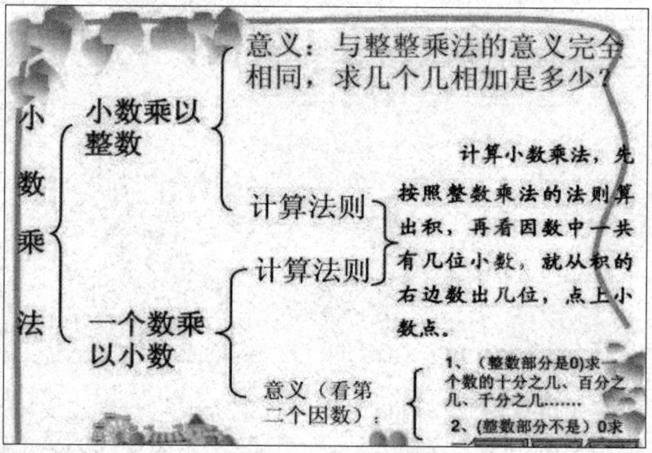

三、《数学班刊》——活学巧记知识点

以前我们在要求学生识记重要的知识点时，总会说“把这些概念读三遍，把这些概念抄写在笔记本上……”，大部分学生只是机械地应付了事，很少有学生怀着兴趣去完成作业。

这学期我将这类作业“机械”变“灵活”，“死记”变“活学”，以“我的小笔头”“数学小报”“数学日记”等形式进行布留，之后我再择优选出一部分制成班刊《数学乐园》。当学生看到一本本出于自己之手的“书”时可高兴了，兴奋地说：“这本书里有我写的文章”“这里有我画的画”“这期的版面是我负责编辑的”……兴趣是最好的老师，创作的欲望让这群小家伙爱上了归纳整理。

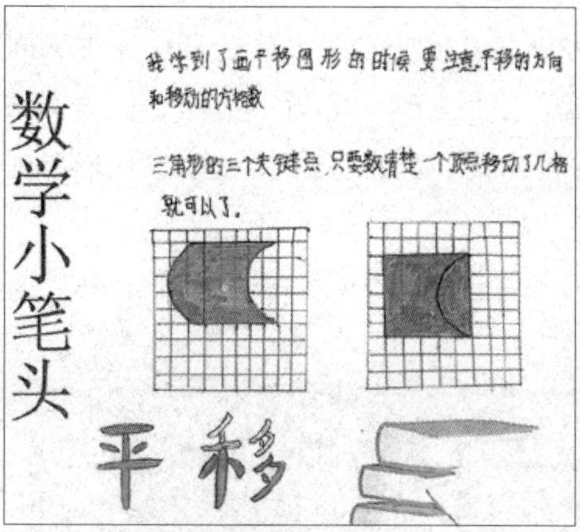

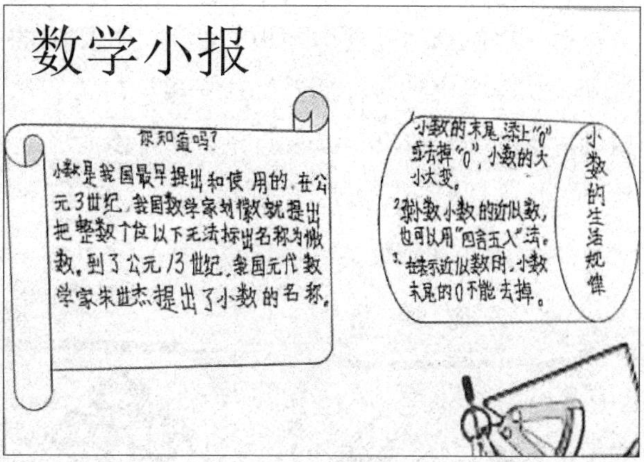

四、调查与搜集——数学问题生活化

对于那些要求学生理解运用的知识，我不再翻过来调过去地进行单一、枯燥的习题练习，而是让学生以“小小调查员”“小小搜集卡”等方式走进生活，结合生活实际加以运用。在调查和搜集的过程中，学生发现自己学到的知识可以解决生活中那么多的问题，成就感十足。同时，学生也体会到数学来源于生活，又服务于生活，有效地促进了学生数学思维、实践能力、情感与价值观等方面的发展。

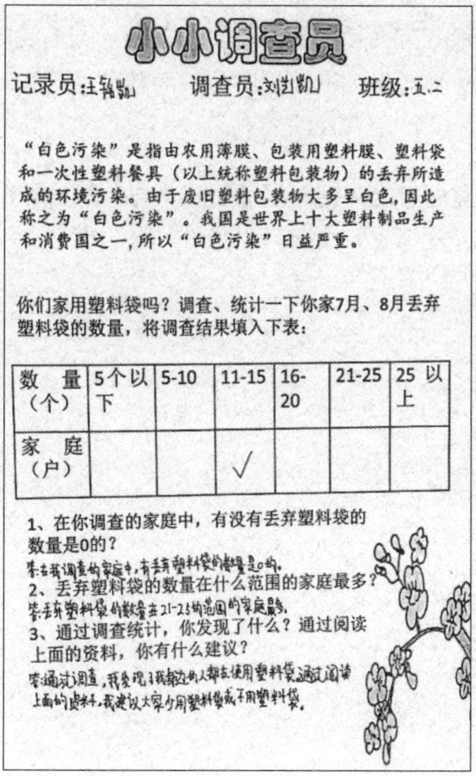

小小调查员

记录员：[illegible]　调查员：[illegible]　班级：五二

“白色污染”是指由农用薄膜、包装用塑料膜、塑料袋和一次性塑料餐具（以上统称塑料包装物）的丢弃所造成的环境污染。由于废旧塑料包装物大多呈白色，因此称之为“白色污染”。我国是世界上十大塑料制品生产和消费国之一，所以“白色污染”日益严重。

你们家用塑料袋吗？调查、统计一下你家7月、8月丢弃塑料袋的数量，将调查结果填入下表：

数量（个）	5个以下	5-10	11-15	16-20	21-25	25以上
家庭（户）			√			

1、在你调查的家庭中，有没有丢弃塑料袋的数量是0的？

答：在我调查的家庭中，有丢弃塑料袋的数量是0的。

2、丢弃塑料袋的数量在什么范围的家庭最多？

答：丢弃塑料袋的数量在21-25的范围的家庭最多。

3、通过调查统计，你发现了什么？通过阅读上面的资料，你有什么建议？

答：通过调查，我发现了我身边的人都在使用塑料袋。通过阅读上面的资料，我建议大家少用塑料袋或不用塑料袋。

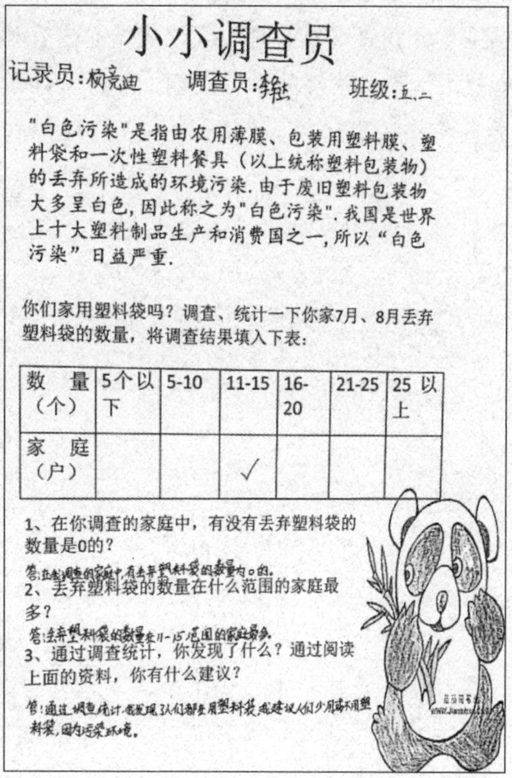

小小调查员

记录员：[illegible]　调查员：[illegible]　班级：五二

"白色污染"是指由农用薄膜、包装用塑料膜、塑料袋和一次性塑料餐具（以上统称塑料包装物）的丢弃所造成的环境污染.由于废旧塑料包装物大多呈白色，因此称之为"白色污染".我国是世界上十大塑料制品生产和消费国之一，所以“白色污染”日益严重.

你们家用塑料袋吗？调查、统计一下你家7月、8月丢弃塑料袋的数量，将调查结果填入下表：

数量（个）	5个以下	5-10	11-15	16-20	21-25	25以上
家庭（户）			√			

1、在你调查的家庭中，有没有丢弃塑料袋的数量是0的？

答：在我调查的家庭中，有丢弃塑料袋的数量为0的。

2、丢弃塑料袋的数量在什么范围的家庭最多？

答：丢弃塑料袋的数量在11-15范围的家庭最多。

3、通过调查统计，你发现了什么？通过阅读上面的资料，你有什么建议？

答：通过调查统计，我发现了人们都在用塑料袋，我建议人们少用或不用塑料袋，因为污染环境。

五、“小小装饰家”——图形与几何

对于“图形与几何”知识的学习，我采取的办法是让学生动手操作，在操作中巩固认知。如学习“轴对称图形”这一单元时，我结合班主任工作，布置“请同学们动手利用轴对称的知识剪出一幅幅漂亮的轴对称图形，去装饰我们班的文化墙”。小家伙们看到自己的作品展示在班级走廊的墙壁上，兴奋得不得了！

总之，小学数学作业的内容应该是丰富多彩的，形式应是多种多样的。我们老师在给学生设计和布置作业时，应该在作业内容和形式方面多作尝试，多去创新，只有这样，才能极大地调动学生的学习兴趣，使数学知识活学活用，不断提高他们的数学核心素养。

（秦皇岛市北戴河新区朝鲜族小学 / 司文君）

“百味”作业　让学生的数学学习多“滋”多彩

什么是教学？教学就是教师的教与学生的学的统一，这种统一的实质是交往和反馈，作为新课程理念下小学阶段重要学科之一的数学，学生的数学作业就是一种最简单最直接的学习效果的反馈。学生数学概念的形成、数学知识的掌握、数学方法与技能的获得、学生创新意识的培养，都离不开作业这一基本活动。在新课程理念下的数学作业应该是丰富多彩的，应体现因人而异的弹性化和培养兴趣的人性化，给学生更多的自主权和选择权，给学生更大的思维发展空间，不断发掘学生的学习潜力，这也是贯彻新课程理念的内在要求，然而在实际教学中，作业布置的现状却并不容乐观。

一、传统作业存在的弊端

作业是学生学习数学、发展思维的一项经常性的实践活动，也是师生信息交流的一个窗口。但长期以来，布置数学作业已经演变成了以完成教学任务、以练促记为考试做准备和等待常规检查为目的，表现在数学作业的内容上存在着“四多四少”的现象，即翻抄书本习题的多，创新综合内容的少；单纯计算题目的多，发挥学生主动创造才能的少；要求学生独立完成的多，关注合作互动的少；教师安排统一题目的多，学生选择的余地少。单调重复的作业学生做起来枯燥乏味，绝大多数学生都是为“完成作业”而作业，统一的习题内容又致使有些差生“吃不了”，优等生“吃不饱”，这样既培养不出拔尖的学生，更弥补不了后进生知识的缺漏。

2011 版课程标准中指出：数学课程不仅要面向全体学生，而且要适应学生个性发展的需要，既要关注人人，也要关注不同的人，既要促使全体学生数学基本质量标准的达成，也要为不同学生的多样性发展提供空间。作为一名一线教师，我认为应该从设计多元作业入手，精心调配，促进学生能力提升。

二、设计多元化作业，促进学生能力提升

如果把学生的课堂探究活动比作品尝一份大餐，那么色、香、味俱全的多样化的作业设计，更能调动学生的欲望，让学生既能吃得饱又能营养丰富促其成长，因此，在设

计作业时可以从课前、课上、课后三方面入手，力争让学生品“百味”作业，使学生的数学学习多“滋”多彩。

（一）预习性导学作业——浅酌甜美

预习性导学作业是贯彻“先学后教、以学定教”教学理念的重要举措，是提高数学课堂效率的有效途径之一，它是在新授课前一天发放到学生手中，让学生在完成预习作业的过程中自学新知，留待课堂上小组交流、教师引导点拨。对于预习性导学作业，教师要针对学生的年龄特点、自学能力确定哪些内容适合提前预习、哪些内容不适合提前预习，预习作业怎样设计比较科学合理等问题，而在小学数学课堂上概念课、计算课（包括解决生活中的数学问题）、整理和复习课等课型比较适合学生预习，像“商不变的规律”“分数的基本性质”“三角形的内角和”和“能被2、3、5整除的数的特征”等发现总结规律内容的课型就不适合学生预习。如每一单元的整理和复习课之前，教师布置学生归纳整理一个单元的知识内容，以树状图的形式表现出来，学生易于操作，在绘制知识树的同时还提高学生的归纳概括能力，对知识间的脉络更加清晰。再如四年级下册“三位数乘两位数笔算”课之前的导学作业。预习性导学作业让学生在课前浅尝数学知识的甜美，他们急切地想验证自己的自学效果，课未开始学生已经兴趣盎然。

（二）阶梯性随堂练习——品尝珍馐

一个人吃进了许多食物，如果不能消化和吸收，这个人就不会健康，而我们的学生如果学到了新知识而不进行有效的练习，就不能收到良好的学习效果。因此，我们在新授之后的随堂练习中，要注重习题设计的目的性、层次性、思考性与形式的多样性，比如下四年级下册“乘法分配律”进行简算为例设计的习题突出了层次性：

1. 基本练习：填空 a. 2.5×（4+0.4）=2.5×____2.5×____

b. 108×12.5=（___+___）×12.5=100×12.5+___×___

简算 a. 1.25×（4+0.8）

b. 7.8×5.8+7.8×4.2

2. 变式练习：简算 a. 9.8×99+9.8

b. 4.8×98+4.8

这些习题设计的最终目的是促使学生将“吃到的美食”及时消化、及时吸收。

（三）巩固性课后作业——回味醇香

课后作业是为巩固学习效果而安排的作业，是课堂教学过程中的非常重要的组成部分，是巩固新授知识、形成技能技巧、培养良好的思维品质、发展学生智力的重要途径，是课堂教学过程中不可跨越的一环。新课标要求数学学习内容的呈现应采用不同的表达方式，来满足多样的学习需求，在课后作业的设计上可以从数学书面作业、口头作业、实践作业、趣味作业等形式入手，力争使学生在完成课后作业后回味无穷，让课后作业不再是学生的负担。

1. 口头作业

口头作业是指老师给学生布置的具有一定指向性和目的性，用口头语言的形式来完成的课外任务。注重口头作业设计的内容、形式，既能激发学生的学习兴趣，又能提升他们的数学素养。例如三年级上册在学习了时间后，可以布置这样一道口头作业，回家后和爸爸妈妈共同在一分钟内做事情，并在班级中说说一分钟内都做了什么事，学生可以说出各种各样的答案，这样学生不仅体会了一分钟的长度，更懂得了时间的珍贵。再比如一年级学习加减法后，可以让学生完成根据“4+1=5”“5-2=3”各编一个数学故事，孩子们编出来“熊二吃了4罐蜂蜜，熊大吃了1罐蜂蜜，他们一共吃了5罐蜂蜜。”“妈妈买了5个苹果，明明吃掉了2个苹果，还剩3苹果。”经常进行这样的口述练习，不仅仅有助于孩子对数量关系的深入理解，更能够促进他们建立“部分加部分等于总体”“总体减去部分等于另外一部分”这样的数学模型。

2. 书面作业

书面作业是学生把知识用于实际的初步实践，更是教师了解学生和检查教学效果的一个窗口，我们可以利用每节课的最后5分钟，让学生静下心来完成当堂的数学作业，在作业的设计上既要有基础题还要有选做题，既有书上的练习题又要有教师设计的个性化习题，学生可以根据自己的学习情况有选择地完成选做题，在作业本上用“※”标出，体现了数学教学中“不同的人在数学上得到不同发展”的理念。

3. 实践作业

重视课程内容与现实生活的联系，增选在现代生活中广泛应用的内容，开发实践应用环节，加强实验和各类实践活动，培养学生乐于动手、勤于实践的意识和习惯，提高实际操作能力。小学数学实践性作业是相对课堂教学而言的，它是指在课堂教学之外，有目的、有计划地组织学生参加的各种有教育意义的活动或安排一些操作性的作业，让学生带着数学问题在现实生活中自主实践、自主探究，为学生在数学与生活之间架起桥梁。例如二年级在学习了七巧板后，让学生用七巧板平拼出好看的图案，并带到班级展览，结果学生拼出许多图案，小鸭、房子、树木……通过这次作业学生不仅锻炼了学生的操作能力，而且开拓了学生的思维。又如：在学完表内乘法口诀后，可以布置这样一道作业题：秋天是个美丽的季节，大家想去秋游吗？秋游时大家都要带食物，这次秋游的食物与以往不同，不要爸爸、妈妈买，要同学们以小组为单位自己去买。下面是一些食品的单价：矿泉水2元、饼干5元、面包3元、苹果1元、香蕉8角、炸鸡腿5元、果冻5角……用30元买本组的食物，你计划怎样买，既要吃得饱，又要吃得好。同学们，用你们学过的知识，看谁安排得最合理。这种趣味浓厚的作业，不是靠多题量或复杂计算来训练学生的计算能力，而是把知识点融在情景之中，让学生根据自己的生活经验、兴趣爱好、知识掌握的情况，灵活运用方法解决实际问题。再如可以组织学生用课上学到的数学知识一起解决学校中的数学问题，在测量、计算、图纸设计、调查统计等过程中提高学生的数学综合素养等，这样的作业形式不仅达到了训练的目的，还激发学生内在的智力潜能与学习数学的兴趣，从而更好地促使学生接受知识并进行再创造学习。

4. 趣味作业

在作业设计中，教师要以学生为主体，从学生的年龄特征和心理感受出发，设计一些与童话故事有关的或者结合游戏的趣味性作业，激发学生的兴趣，或者设计一些接近生活与实际，并能够解决生活中的实际问题的作业，让学生知道数学的用处，提高学习数学的积极性。例如：

（1）数学日记

日记，一直以来是语文教学的一个重要内容，它能帮助学生记录自己的成长足迹，积累词汇，培养学生的表达能力，提高学生的写作水平。同样我们也可以将日记引入数学学科，指导学生进行反思总结，在日记中写出自己学到的知识，有什么收获，学习新知中自己的思考及想法；指导学生留心观察日常生活，在日记中写出日常生活中发现的数学知识、提出的数学问题、应用数学的情况，鼓励学生在日记中记录一些数学趣事，等等。通过数学日记，学生可以把数学知识和生活经验联系起来，在生活中用数学思想方法去观察、去思考、去总结，这样，既巩固了所学知识，又丰富了学生的想象、开发了学生的思维，培养了学生善于思考、善于总结反思的好习惯，激发了学生热爱数学的情感。

（2）数学绘本

数学绘本主要面向中高年级的学生，老师可以指导学生联系学到的数学知识，展开想象的翅膀，设计情节，组织学生讲一讲生动有趣的数学故事、猜一猜数学谜语、解一解数学难题、说一说数学成语、走一走数学迷宫、办一份数学手抄报……引导学生走进更广阔的数学天地。在低年级可以号召家长与孩子一起制作亲子绘本，家长与孩子一起将学到的数学知识编成一个个小故事，一位家长在与教师沟通时曾说："数学绘本增进了我和孩子之间的感情，孩子的想象能力让我们惊叹，我也不再是一个检查者的身份，家里的学习氛围很温馨。"虽然数学绘本中绘图还很稚嫩、故事情节还很简单，但其中蕴含着孩子们的童真、童趣，更让我们看到了孩子们的数学思考，这样的作业让孩子们做起来乐此不疲。

运用多元化的作业设计把学生从过多过滥作业中解脱出来，在以多样训练、体验成功、探索创新、自主选择为主的大餐中，让知识在作业中升华、能力在作业中形成、思维在作业中发展，全面提升学生的综合素养，让"百味"作业更加可口，学生的数学学习更加多"滋"多彩。

（秦皇岛市卢龙县第一实验小学 / 郝艳丽）

让作业“活起来”　让孩子“动起来”

——浅谈新课改背景下小学数学作业多样化、趣味性实施策略

随着课改的热潮，广大教师越发注重课堂教学的创新，而作为教学重要环节之一的作业设计却往往被我们所忽视。根据调查，当前课外作业一方面是过多过滥，内容陈旧落后，且理论性、抽象记忆类题居多，新时代小学生接触到的社会一般都是比较丰富和新奇的，含有大量的新事物和海量信息，而他们每天所做作业的内容则较为陈旧、枯燥，严重脱离生活实际，使数学与现实隔离开来；另一方面是效率低下、形式单一，大量的作业是简单重复的机械训练，缺乏自主性、针对性和探究性。而且因为作业太多使学生没有时间深入思考，草草了事，老师没有时间研究性地批阅，往往是简单查看对错。这种状况不仅使训练难以达到效果，而且严重影响了教学的效率和质量，抑制了学生的主体意识，忽略了学习能力、实践能力、创新精神的培养。设计形式多样，内容现实有趣，富于思考、探究的开放性的作业迫在眉睫。

本着“以生为本，以学为主”，实现“人人学有价值的数学”的教育理念，在作业设计上我们狠抓细作，本着减负夯效的原则，切实激发学生学习数学的兴趣，使其热爱数学，学好数学，着力提升学生的数学素养，赋予数学作业新的生命力。在设计上既注重基础知识的巩固，以面向全体学生为理念，针对不同的知识点及学生特点进行设计，又注重层次性和拓展性的数学技能。既要创新又要保证其科学有效，使学生在做作业的过程中体验快乐、收获知识、形成能力、积累经验、提升技能，使不同层次的学生拾级而上，自觉迈向掌握知识的最高点。

本文将依据“以生为本”的原则谈谈小学数学作业多样化、趣味性策略。

一、实践型作业——将抽象作业具体化

（一）培养学生的数感

这类作业主要来源于例题和练习题中涉及“量与计量”的内容。小学数学中“量与计量”包含 ：长度单位、重量单位、时间单位、面积和体积单位。这些计量单位的进率不同，且有些量的认识又比较抽象，学生在这方面的感性认识相对比较贫乏，为了解决这一现状，我们将枯燥乏味的填空、换算等形式的书面作业转换成实践性作业，将抽象

作业具体化，更符合学生的认知和思维特点。

以“质量单位”为例，我们可以让学生去超市找一找 100 克、200 克、10 千克等物品，让学生掂一掂、感觉一下，尤其是同一品种、不同重量的物品，这样不仅可以让学生对生活中的常用物体质量有初步的认知，也对不同的质量单位有了初步感知。

（二）培养学生几何意识

对于“平移、旋转和轴对称图形”这一部分的内容，学生空间观念薄弱，在大脑中很难建立具体概念，以至于做题时总是混淆概念、审错题意。这时候我们就需要让孩子通过实践将抽象的概念具体化。

例如，在描述物体的运动时，可以让学生站在正方形的方砖上，然后老师或另外一名同学发出命令，如“向前平移三个格”等，接着站在方砖上的同学按照命令移动。此活动还可以让小组组员组成一个固定的队形，整体移动。

学生们正在做移动游戏

另外也可以用国际象棋、围棋和中国象棋等棋盘上的方格作为移动的格数进行指令操作。

学生们正在利用棋盘进行指令操作

在利用平移、旋转变换图形时，可以让学生准备多个相同大小的三角形，请学生通过平移或旋转将它们组合成一个大三角形或者梯形。

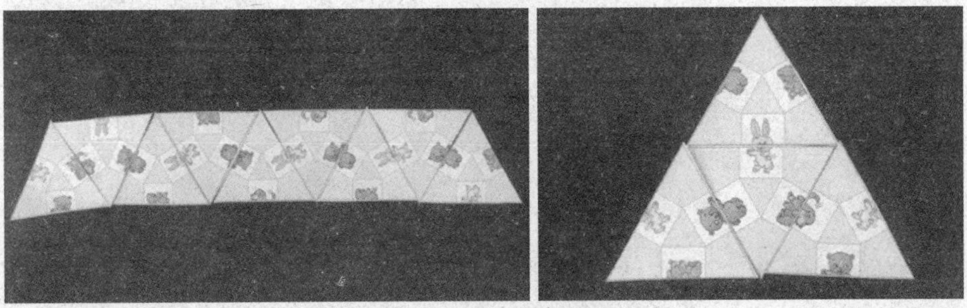

学生们通过平移、旋转得到新图形

再以“轴对称图形”这一部分内容为例，我们可以让学生依据轴对称图形的特点，自己设计一个轴对称图形。学生通过绘制、裁剪图形，把抽象的概念具体化，同时也掌握了轴对称图形的特点。

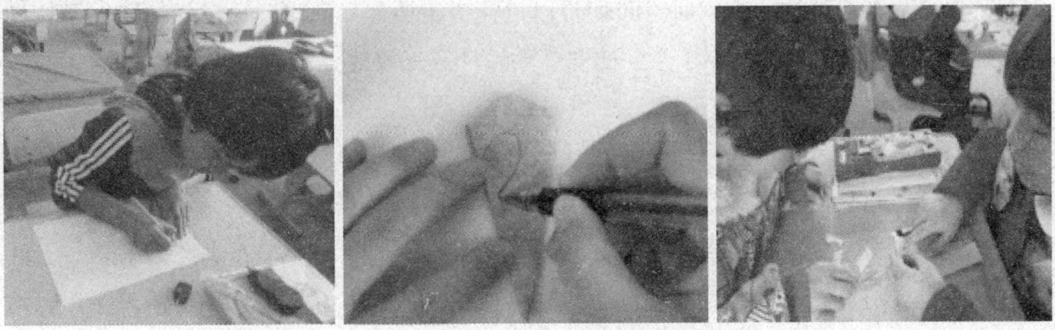

学生们正在设计轴对称图形

（三）培养学生方位感

小学生具有强烈的参与意识，借助生活中的实际体验，能够引发学生学习积极性，减轻学生学习数学的压力，激发学生学习数学的兴趣。为了让学生在轻松的实践活动中，体会到“左右”的相对性，我们设计了“方位大转盘”作业：让学生寻找他的左面、右面分别是谁，或 ×× 同学的左面、右面分别是谁。

学生们正在积极踊跃地参加“方位大转盘”活动

在这一活动中，将枯燥乏味的“认识左右”的知识转化为丰富多彩的游戏活动，学生学起来兴趣盎然，积极性高。使学生既巩固了新知，又提升了学习效率。

加强实践活动的体验，能让学生在思维的变化与锻炼中提升数学思维与创造力，也能有效地夯实数学知识，激发同学们乐于探究、勇于探求的意愿，有利于培养学生思维的灵活性和深刻性。

二、活动型作业——将技能作业生活化

根据《数学课程标准（2011 年版）》提出的“数学课程能使学生掌握必备的基础知识和基本技能，培养学生的创新意识和实践能力，课程内容要贴近学生的实际，有利于学生体验与理解、思考与探索”的要求，我们可以将技能作业生活化。

（一）培养学生对“位置”的认识

在学习“左右”这一内容时，我们可以设计“走楼梯”活动，让学生体验上下楼梯靠哪个方向走。本活动既提高了学生的安全意识，又有效地夯实了知识点的掌握。

（二）培养学生对钱币的认识

例如，在讲授“认识人民币”后，让学生与家长一起制作一套人民币学具，并利用人民币学具，同学们小组进行“小小商店”的游戏。教师把已准备的铅笔、橡皮擦、本子、削笔刀、文具盒等摆在讲台上，标好价格，进行游戏，请一名小朋友当售货员，并说出当售货员的责任是什么？其他同学想好买什么东西，拿好钱排队到前面来买。在这个环节的教学中，结合生活实际给学生创设实践的机会，模拟购物活动，使学生巩固了知识，体会到了学数学的乐趣，提高了动手解决问题的能力。

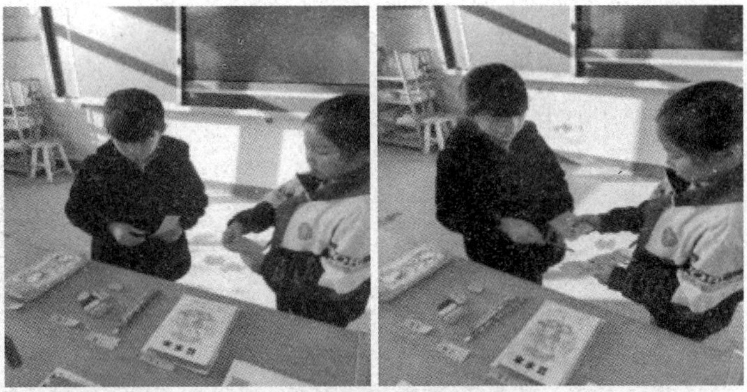

学生们正在玩“小小商店”的游戏

这些专门的实践探究活动为学生提供了包含着一些数学问题的现实情境，学生在实践中学习运用数学知识解决问题，使其实践能力得到培养；同时使学生感受数学与日常生活的密切联系，逐步学会用数学的眼光去观察和认识周围的事物，使其数学能力、数学应用意识、与人合作及交流意识得到培养和发展。

三、趣味型作业——将枯燥作业趣味化

爱因斯坦说：“兴趣是最好的老师。”学生有了兴趣，学习的积极性高了，就会主动参与到数学学习中来，使学生的思维能力得到训练。对于小学生而言，趣味性的作业是将学习数学的过程转变成为一个生动活泼的、主动的学习过程。

为了唤起学生的学习兴趣，作业设计要摆脱机械重复的、枯燥乏味的、烦琐的死记硬背、无思维价值的练习。所以，作业题型要做到“活”一点、“新”一点、“趣”一点、“奇”一点，通过多种渠道，把丰富知识、训练和发展创造性思维寓于趣味之中。

（一）猜谜语

比如在学习“数的整除”这一单元后，我们可利用这单元的知识设计一道让学生“猜猜老师的电话号码是多少”的作业，可以做这样的提示：“它是一位数中最大的偶数”或者“它既是偶数又是质数”。

（二）镜子中的数学

请学生从纸的背面看图形或钟表，与照镜子有异曲同工之妙。本内容似乎与对称图形没有直接的关系，但实际上在空间想象上存在较大的联系。在学生有足够的空间想象、体验后就可以引导学生联系对称图形。

（三）听反话

学生和老师一起做拍手的小游戏。游戏规则是：做与老师口令相反方向的手势。例如，老师说向左，大家就朝右面拍；老师说向右，大家就朝左面拍。还可以说上下前后等，使学生在游戏体验中强化旧知，也巧妙地将数学与生活紧密联系，让学生感受到数学并不陌生，就在身边、近在眼前，帮助学生接受新知识。同时老师的有效参与能拉近与学生之间的情感。

（四）蒙眼识物

在“认识物体”教学后，可以组织学生做“蒙眼识物”的游戏：把一个同学的眼睛蒙起来，让他用手摸袋子里的东西，说出是什么形状的，并说出是根据什么特点辨认出来的。

学生正在观察物体

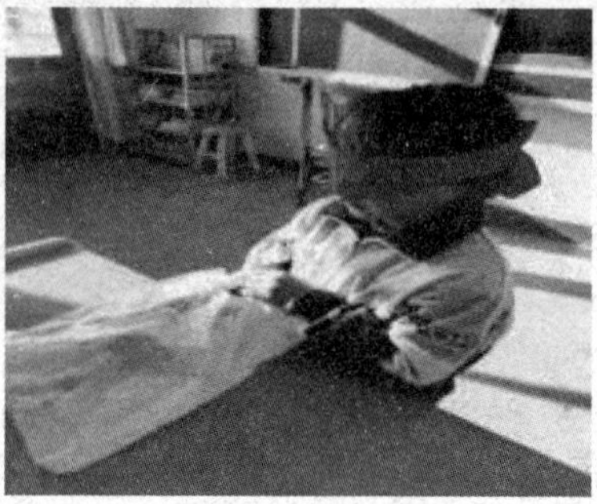

学生正在进行“蒙眼识物”的游戏

（五）分分类

教学“图形的认识”之前，可以布置“找一找”“做一做”的预习作业。让学生收集生活中各种不同形状的玩具、用具、积木等，再结合书本的主题图找形状一样的物体，最后动手分一分，搭一搭，玩一玩，画一画，在做中学。

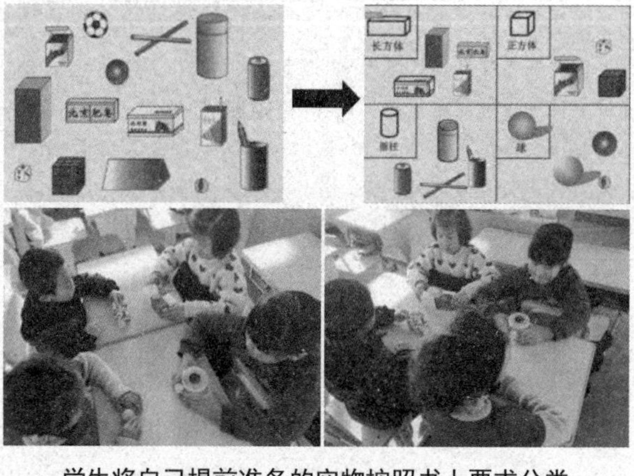

学生将自己提前准备的实物按照书上要求分类

虽然学生自学的知识可能较为浅知，但也初步接触、感知了教材内容，为课堂上的自主学习准备了条件。既有效地完成了作业任务，又锻炼了多种能力，并开拓了自主学习的空间。

四、探究型作业——将单一作业多元化

在小学生的眼里，那些新颖、生动、灵活多变的事物往往更容易引起兴趣，促使他们的思维始终处于积极状态，产生强烈的求知欲，使其进入最佳学习状态。而我认为作业的设计更要注重学生思维和能力的发展，既要创新又要保证其科学有效。

例如针对“认识左右”这一知识点，我设计了下面这道题。

第一幅：(　)在(　)的左面；(　)在(　)的右面。左数第一个是(　)，右数第三个是(　)。

第二幅：(　)在(　)的左面；(　)在(　)的右面。左数第二个是(　)，右数第三个是(　)。

第三幅：(　)在(　)的左面；(　)在(　)的右面。左数第三个是(　)，右数第三个是(　)。

在这由三种小动物组成的三幅图中，学生通过自主探究和合作交流，轻松地找准了小狗、猴子、小猫三种动物的相应位置，从而也悟出变换了参照物，“左”“右”就会随之发生变化。

又如，学习“20以内进位加法”时我们可以这样布置。

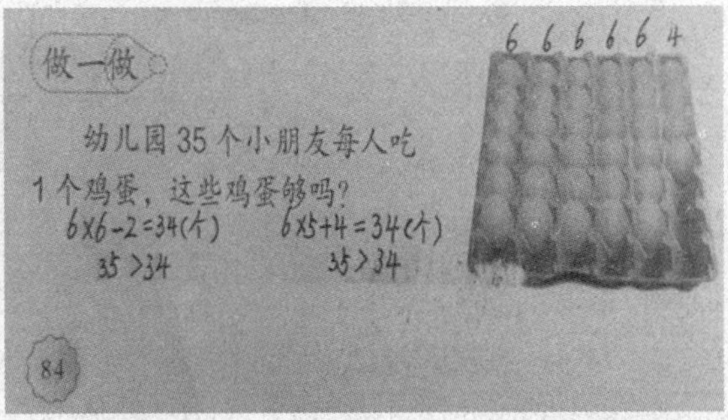

请学生根据图片列出两种不同的式子解决同一个问题，主要是为了培养学生多角度考虑、分析问题的能力。

五、开放型作业——将陈旧作业开放化

教师要“用课本教而不是教课本”，如果我们能依据学生的生活经验，把作业的方式稍加改变，常会收到意想不到的效果。

（一）数学手抄报

传统的计算很枯燥，反复机械地练习只能让学生越来越反感，那么对这一现象我认为可以把传统的计算题更换成手抄报的形式，让学生根据算式画图，或者根据自己画的图写算式题，这样就使学生在做作业的过程中体验到了快乐，乐于自主学习，逐渐形成良好的计算能力。高年级可以根据所学知识点做总结手抄报或创新拓展。

（二）让平面作业立起来

《数学课程标准（2011年版）》中将“解决问题”作为一个重要目标，这是课程改革和发展的需要。通过“解决问题”不仅让学生学到数学知识，更重要的是让学生学会在错综复杂的情境中，利用学过的数学知识对具体的问题作出有条理的分析与预测，进行创造性的思考，体验探索与解决问题的过程。

比如“找规律”这一内容，教师就可以将以前的“按照规律继续画”转化成到贴一贴、穿手链、插蜡烛、排排队等活动，将平面的作业变成一个活动，学生通过实践总结经验，然后再将所得经验应用到平面作业上，通过作业方式的转变，提升学生有条理地分析、预测的能力。

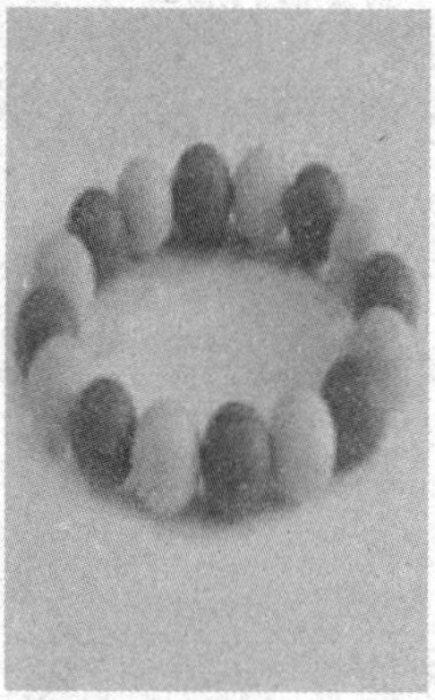

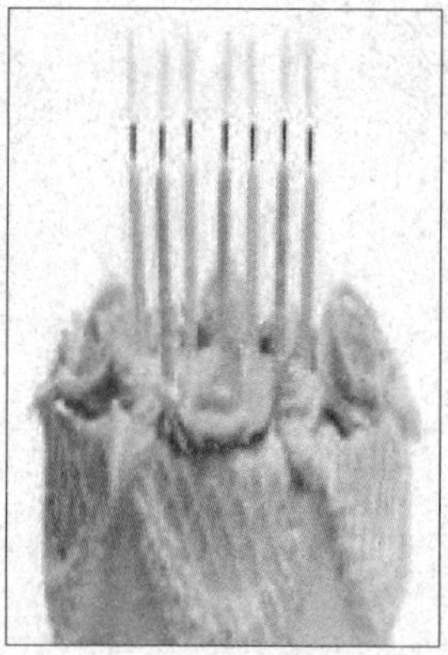

总之，数学作业的设计要讲究艺术，教师要以发挥学生自主潜能为出发点精心设计作业，要摒弃传统作业设计的简单和单一，要依据学生的心理特点周密安排，精心设计形式多样、内容有趣、富于思考、能调动全体学生积极性的作业，使作业成为学生再学习、再发展的平台，为学生可持续发展奠定良好的基础。

（秦皇岛市抚宁区留守营学区赵庄小学潘官营校区 / 杨坤）

小学数学作业设计与批改的尝试

作业——劳作之业，是加于学生玩乐之上的一个差事。相比于玩乐，作业肯定是不被学生喜欢的。但是作为学生，做作业又是一项必须完成的功课，要想使学生对作业产生兴趣，主动接受作业，教师在教育教学中，就要转变作业设计和批改过程中的操作策略，在作业设计上换个角度，激发学生完成作业的主动性，增强学生内驱力，把完成作业当成玩乐一样轻松的活动。

一、作业设计变变变

我们的数学作业要想让学生由“消极应付”变为“主动参与”，让作业成为师生的开心事，就要尝试改变现状，从作业内容、作业形式等方面加以创新。

（一）繁多变精简，集中变分散

1. 数量与质量兼备

咱们先来看一首学生们关于作业的打油诗：伤心伤心，白日依山尽；万家灯火数不清，灯下钢笔写不停；作业好似满天星，何时才能摘干净；频频屈指数，早早盼假期。假期岂可便休息，回头相看有习题，敢去玩游戏？

这样繁星似的作业可能有效吗？道理再简单不过了——学习是脑力活动，尤其是数学，是情智互动的高级形式，却被用体力劳动的模式来训练，只有苦劳哪有功劳？但是，我们不能由此说作业越少越好。作业，只有在重质、适量、适时的时候才有效，那些遵循学生认知规律、切合《数学课程标准（2011 年版）》要求、符合知识建构原理的作业，那些充分调动学生积极性、进取性、创造性的作业，才能够真正发挥其巩固、强化、拓展的作用，否则只会使学生劳其心，伤其身。

平时布置作业时我也会和学生玩点花样：“今天练习题太多了，如果都写耽误你们复习时间，如果少写了，又怕考试时成绩低，平均分比不上别的班，怎么办呢？”别看我们班学生年龄小，集体荣誉感特别强，这时学生就会建议：“老师，那我们就做得更认真一些，争取都做会。”这样，虽然减少了一些作业，但保证了质量，效果更好。

2. 抓住儿童心理特点

生活中很多事情变换一种处理方式，大家都能接受，并乐于接受。我们的作业其实也可以换一种方式——将作业分散开。我每天利用早自习的10分钟坚持计算测试，课堂上再当堂检测一部分新知识，根据答题情况发免写卡，每周有三天我布置两项作业，第一项新课作业不能免写，第二项以计算为主，可用免写卡免写。这样，分散布置作业数量没变，学生感受却不一样了，基本上都能认真独立地完成作业。

（二）单一变多样，枯燥变趣味

1. 作业要紧密联系生活

如果新课的内容与生活联系密切，就可以设计一些开放性的实践性作业。例如，学习“负数”时可以提前布置学生收看天气预报，学习“统计”前先要求学生去银行调查，学习“比例尺时”到地图上找一找……

在讲完“亿的认识”一课后，我发现学生不太了解1亿到底有多大，就设计了“找找生活中的亿”。有的学生找到了全世界大约60亿人；有的找到1亿张纸大约有1万米高，比珠穆朗玛峰还高呢；有的发现1亿个小朋友手拉手可以环绕地球3圈半……通过这次作业，对于学生来说，“亿”再也不是遥远的、不理解的数了，收获很大。

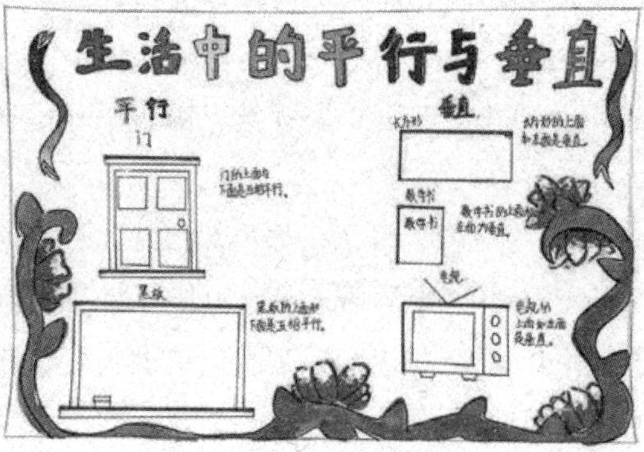

这样的作业要调查、要对比、要画图，用时可能超过半小时，比几分钟就能写好的书上的填空要费更多的时间，但是却不会构成学生的作业负担，对学生而言反而是件轻松喜欢的事情，并且让学生感受到抽象的知识源于生活，提高了解决问题的能力。

2. 作业要培养能力

（1）画图操作的能力

在六年级有一道求“个人所得税”的题，“工资为 5500 元时”部分学生就听得一知半解，“把工资调到 9000 元”时就更不明白了，这时可以引导孩子通过画图来理解。教过六年级的老师都清楚画线段图是辅助解决分数、百分数应用题的最好办法，它可以帮助学生轻松、愉快地理解复杂的数量关系。

4. 从 2011 年 9 月 1 日起个人所得税起征点上调至 3500 元。

工资、薪金所得个人所得税税率表

（3500 起征点）

级数	全月应纳说所得税	税率（%）
1	不超过 1500 元部分	3
2	超过 1 500 至 4500 元部分	10
3	超过 4500 至 9000 元部分	20
…	…	…

李阿姨的月工资是 5500 元，她每月应缴纳个人所得税多少元？

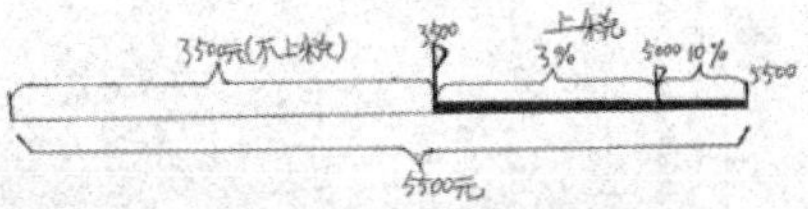

在学了“圆柱的认识”后，我不仅要求学生画圆柱的立体图和展开图，还要动手制作一个规定尺寸的圆柱，学生兴趣很高，晚上在群里就迫不及待地让我看他的作业。通过制作，清楚地明白了侧面展开后长方形的长等于圆柱底面周长的难点。

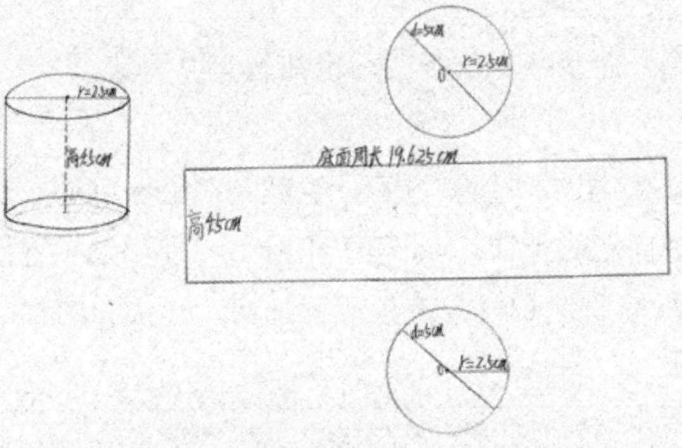

而在学了“平行四边形和梯形”后，我们可以布置这样的数学作业：

① 准备两个完全相同的三角形和一个不同的三角形，用其中的两个拼成平行四边形，你发现了什么？

② 一个平行四边形剪一下，可以剪成两个什么图形？

孩子在这样的探究作业中，更深刻地理解了图形的特点、图形之间的关系。这样学生就不会觉得作业是枯燥乏味的事情了。

（2）综合整理的能力

一个单元学完，孩子掌握了吗？掌握到了什么程度？这时需要对知识进行整理。

例如在“百分数”单元，概念公式那么多，可以利用思维导图，还可以用数学小报的形式整理所学知识。有的作品可能不美观，或者整理得不全面，但学生经历了自己整理的过程，就会有不同程度的收获。

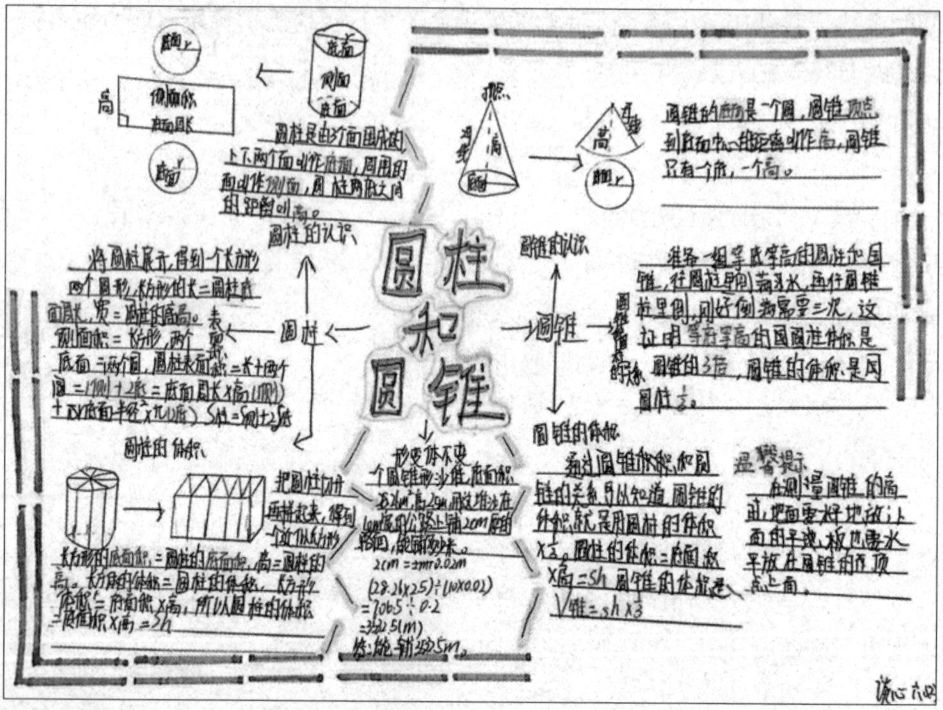

这样的数学作业，让学生探究热情十足，而我每一次批改，也都是喜悦满满。

（3）课前预习的能力

日本学习方法研究会会长石川勤先生就曾说过：“所谓预习，也就是在上课以前，要明白自己想学什么，想知道什么，然后带着问题去上课。”小学生年龄小，刚开始布置预习作业时，教师要给学生预习提纲，如果只简单地布置今天预习第几课，学生会感到茫然，无从下手。

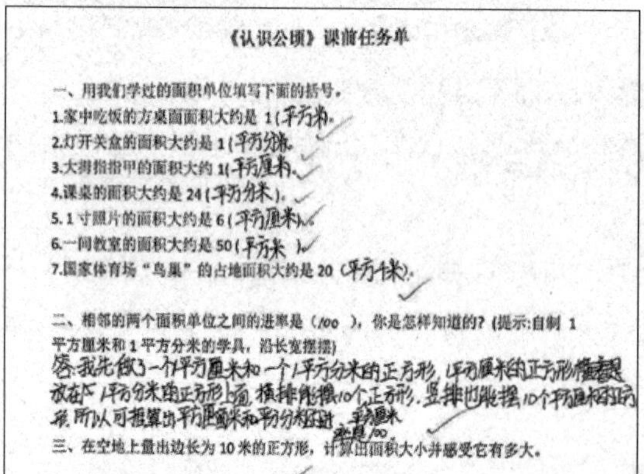

《认识公顷》课前任务单

一、用我们学过的面积单位填写下面的括号。

1.家中吃饭的方桌面面积大约是 1（平方米）。

2.灯开关盒的面积大约是 1（平方分米）。

3.大拇指指甲的面积大约 1（平方厘米）。

4.课桌的面积大约是 24（平方分米）。

5.1 寸照片的面积大约是 6（平方厘米）。

6.一间教室的面积大约是 50（平方米）。

7.国家体育场“鸟巢”的占地面积大约是 20（平方千米）。

二、相邻的两个面积单位之间的进率是（100），你是怎样知道的？（提示：自制 1 平方厘米和 1 平方分米的学具，沿长宽摆摆）

三、在空地上量出边长为 10 米的正方形，计算出面积大小并感受它有多大。

10×10=100（平方米）

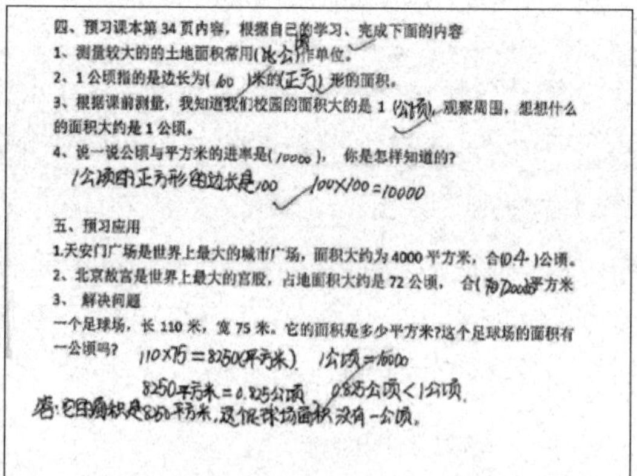

四、预习课本第 34 页内容，根据自己的学习、完成下面的内容

1、测量较大的的土地面积常用（公顷）作单位。

2、1 公顷指的是边长为（100）米的（正方）形的面积。

3、根据课前测量，我知道我们校园的面积大的是 1（公顷），观察周围，想想什么的面积大约是 1 公顷。

4、说一说公顷与平方米的进率是（10000），你是怎样知道的？

1公顷的正方形的边长是100　100×100=10000

五、预习应用

1.天安门广场是世界上最大的城市广场，面积大约为 4000 平方米，合（0.4）公顷。

2、北京故宫是世界上最大的宫殿，占地面积大约是 72 公顷，合（720000）平方米

3、解决问题

一个足球场，长 110 米，宽 75 米。它的面积是多少平方米？这个足球场的面积有一公顷吗？

110×75=8250（平方米）　1公顷=10000

8250平方米=0.825公顷　0.825公顷＜1公顷

预习提纲既可以细致提示，也可以提简单的问题

预习内容少的我会要求学生直接写书上，内容较多的把它记录在纸上，就形成一份特色作业了。经过课前预习学生对要学的知识已经做到心中有数，更容易跟上老师讲课的思路，甚至可以跑到老师思路的前面去，这样的作业长期坚持下去，一定能提高学生的自主学习能力。

（4）解决问题的能力

教学四年级“条形统计图”一课前，我没让学生在老师给的信息下直接整理，而是要求学生收集身边的信息（样本容量最少 30 人），用喜欢的方法记录下来，再制成统计表。这样学生不仅对二年级所学“统计表”的旧知识有个回顾，引出新知识，也培养了解决问题的能力。

① 布置完统计（最少 30 人的某种情况）作业后就有的孩子开始发愁：老师我家人太少，不够 30 人啊。而其他同学当时就想到了办法，建议同学们可以向班内同学调查或者放学时在校门口调查。

② 课上反馈时发现有很多孩子所调查内容与我布置作业时所举例子（调查喜欢的水果的情况）相似，只有个别同学调查了喜欢的汽车、颜色等不同的情况。我让他们分别介绍了自己所调查的内容和方法，并引导学生还可以调查什么情况。同学们恍然大悟，原来可以调查这么多种内容。第二次讲完新课后再要求他们调查并画出统计图时，内容就不再局限于水果，出现了很多情况，也知道提前想办法解决问题了。

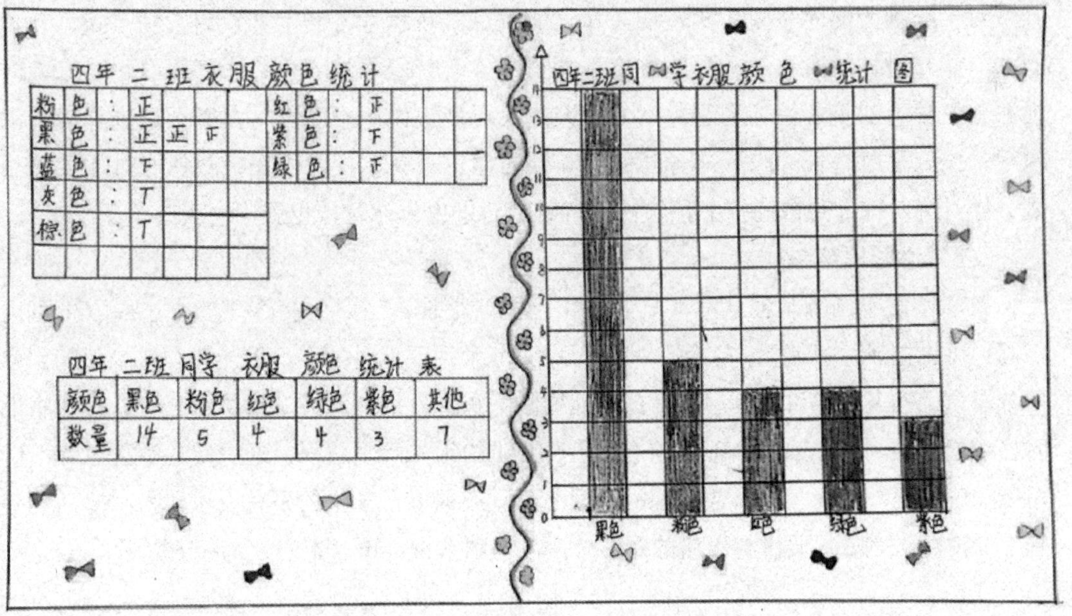

③ 交际表达能力。开始调查时有的学生不敢说、不会说，有的甚至说了脏话，当别人不配合时说：不说就是傻瓜。针对这种情况我特意指导学生调查时如何与他人交流，必须文明调查。

二、坚持批改，快速批改，趣味批改

教师对作业的批改必须要跟上，一定要全部批改，没时间也要见缝插针挤出时间，做到心里有数。一些学生自控能力差，一天不判，字迹潦草；两天不判，空题出现；三天不判，作业不见。

（一）带好助手

对学生作业的批改应该是亲力亲为的事情。我们所有老师都愿意自己批改作业，但现实中可能会出现各种各样的事情，这时候，教师可以根据作业的难易，抽取一部分作业分配给小助手批改，我的小助手们会在我出门时分工批改作业，督促别的学生改正作业并当小老师检查其是否听懂，而且还轮流负责第二项作业的布置和批改。他们帮别人讲解订正的过程中，自己的能力也有了提升。

（二）分层批改

这里所说的分层不是作业内容的分层，是批改时的分层。教师在批改作业时，针对不同的学生可以采取不同的标准和反馈策略。例如成绩优秀的学生要注重细节指导，如书写、完整程度等，还可以加一些思考题，体会学无止境。

对于基础薄弱的学生，要发现其真正的不足，在思考方法上加以启发和点拨，让他们做一些针对性练习；对于那些态度不端正或学习有困难的学生，教师要有耐心，随时提醒他们学习的重要性。为避免学生偷懒，我还规定作业不能瞎写，必须达到你应有的水平，比如平时考试 80 分，不能写出 50 分的作业。其实，我们在批改作业时如果能做到分层对待，提前给自己打上预防针，再碰到后进生作业时，也就不会火冒三丈了。

（三）讲解思路

数学作业不同于其他学科，只看答案不能清晰地知道学生是否真的会了。学生可能仿写，可能抄袭，可能一知半解，我们可以充分利用课上时间，尽量让每个孩子都能到台前分享自己的发现和讲解题思路，放学后要求把重点题的解题方法讲给家长听，改后复批时必须把错题（为什么错，正确的解题思路）讲给组长听，这样，通过叙述解题思路不仅可以了解情况，加深学生对数学题的理解，而且还锻炼了学生的语言表达能力，提高了兴趣。学生每次完成需要讲解思路的作业时，都特别兴奋，连“万岁”都喊出来了。

（四）简笔传情

很多老师为了调动学生兴趣，会在作业批改时印上各种各样的小印章，到了中高年级，觉得孩子大了，印章用得就少了，其实我们用简笔画的方式同样可以达到表达效果。我曾经用“星星”代表作业完成情况（最好的为五星）。这两年，我发现学生爱在QQ上发表情符号，就尝试在作业本上用QQ符号（“笑脸”“哭脸”等）展示心情，完成的、优秀的、进步的画一个大大的“笑脸”；当学生在不应该出错的地方错了时，就画上“哭脸”，并写上原因；有的多次订正不对或不好好改的，就添上“眼泪”，改好后再画上“笑脸”。

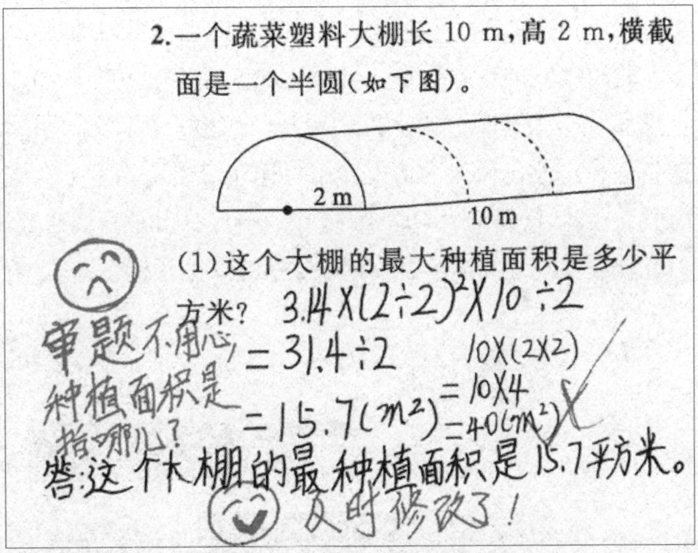

实践证明这种直观的情绪表达，可以让孩子感受到老师判作业时的心情和期望，学生能和老师做到共情，更容易激励他们用心作业。

我们要从学生实际出发，用心设计与批改作业，让学生真正喜欢上数学作业，使师生从中感受到作业的乐趣。

（秦皇岛市山海关区古城小学 / 刘彩莲）

“生本”教育理念下的小学数学作业改革

一、改革背景

作为课堂教学的有利的补充与延伸——作业，一直备受我们的关注。尤其是在当今“减负”的教育大背景下，如何通过作业改革来促进学生有效地学习，更是值得我们深思的问题。我们海宁路小学是秦皇岛市首批课改实验校，历经五年的“生本教育实验”的洗礼，让我们坚定不移地走在了教育改革的前列。近几年，在“生本课堂”教学理念的指引下，我们的教学不断地凸显着学生的主体学习地位。

我校实践的生本课堂，以改善课堂师生关系为核心，从学生中来，到学生中去；以自主和合作为基本方式，先学后教，生生为师；以“生本课堂模式文化”为重要条件，在任务和作业设计上下功夫，在兴趣和习惯培养上下功夫。操作模式为“预学—研学—展学”，数学学科的“导学卡”“作业单”都曾是我们研究的主题。

梳理我校近几年作业改革行走轨迹，如图所示：

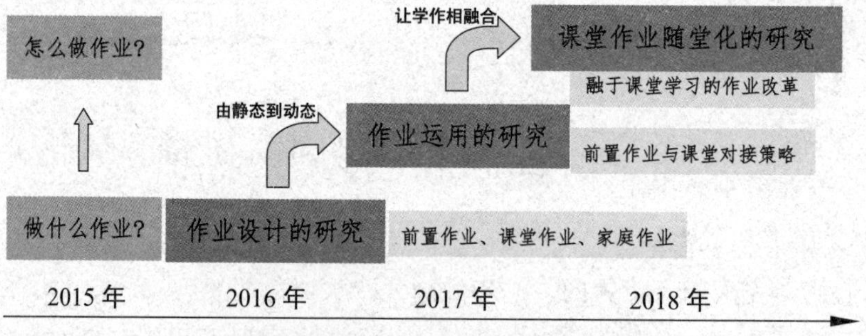

作业改革的研究主题的发展

2015 年，我们从“前置性作业的设计与应用研究”起步；2016 年，在市区教学会议精神的指导下，数学学科又以“小学数学个性化作业的研究”为主题作专题研究，本着生活性、实践性、艺术性、教育性相结合的原则，总结出了不同形式的作业，如前置性作业、分层作业、自选作业、自编作业、实践作业、口语作业、思维导图、小报……

这期间，我们研究的是“做什么作业”。作业形式虽然丰富，但缺乏系统性，而且课堂作业课外化现象仍很严重，为此，2017 年 9 月，我们将作业改革纳入教学工作重点，开展课堂作业随堂化研究，进行融于课堂学习的作业改革，探索“怎么做作业”问题，并朝着“自主、快乐、高效”的作业改革目标，正式踏上了作业改革之路。

二、改革行动

我们研究的作业主要指课内作业和课外作业，内容包括作业布置、作业设计和作业评价三个方面。我校老师根据学科特点，不断地探索着课堂教学改革之法。在作业方面，能考虑学习的功能，学科的特点，课堂的教学，逐渐走出了一条富有“海宁特色”的作业改革之路。

（一）制订方案

开学初，我们组织全体教师认真学习了市区《关于作业改革的指导性意见》以及各地区作业改革的经验，分别制订了《海宁路小学作业改革方案》《数学学科作业改革方案》，出台了《海宁路小学作业管理制度》，设计了“海宁路小学课堂作业随堂化监控记录表”为顺利进行作业改革指明了方向。

（二）构建体系

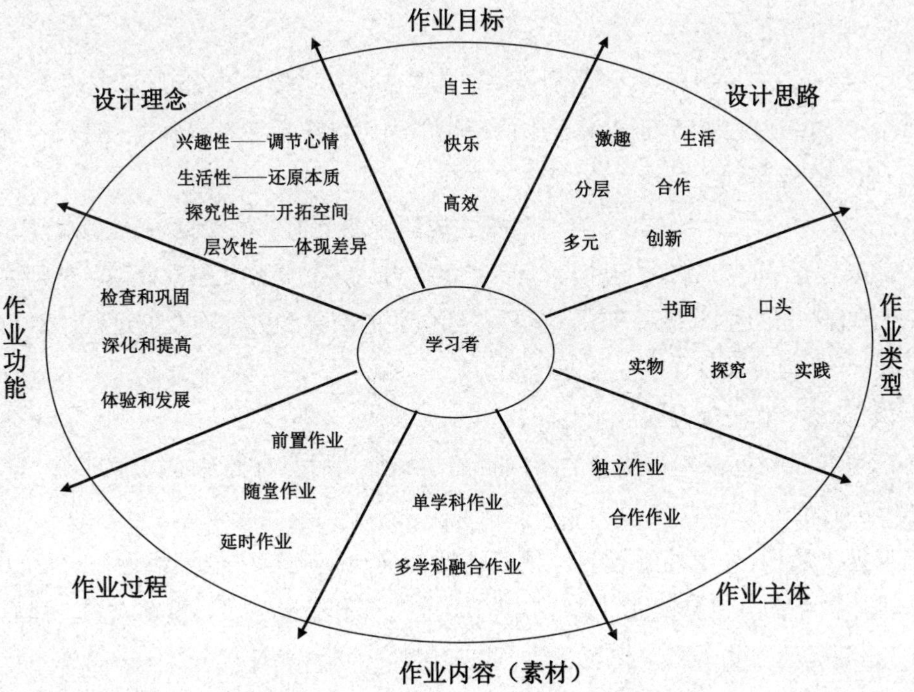

（三）突出重点

1. 基于生本的课堂作业“随堂化”

“作业随堂化”就是让作业与课堂同步，并不是简单地把作业内容分割到几个课时中去，而是根据课时任务的不同，精心选择作业的类型，并把它们分化到各个相关的教学环节，课堂教学任务完成了，作业也就完成了。为实现“作业随堂化”的高效，我们分两步走：

首先，构建“三七课堂”模式。“三七课堂”即从课堂 40 分钟时间里截取 10 分钟，用于“前 3 分钟学生演讲（口语作业）”和“后 7 分钟当堂练习（书面作业）”。例如，数学课“前 3 分钟”学生演讲的内容有数学名人的故事、生活中的数学现象、用数学知识解决生活小难题等，让学生充分动手动脑，发展创造性思维。我校课堂教学一直实行“30+10”模式，留出 10 分钟完成作业，所以改革的重点就放在“前 3 分钟学生演讲”这一环节。

要做到课堂作业“随堂化”，我们从备课、上课、反馈三个课堂环节进行作业改革。

（1）备课——“作业入常”。“作业入常”就是让教师思考和设计作业成为备课的一种“常态”，其本质是凸显以“学习任务”为中心的课堂。通过整堂课的“学习活动任务”设计，教师引导学生有方向、有方法地自主学习，自然地将作业划入了课堂的环节中。将学生“先学”作业化，既避免了“先学”的随意性，又增强了“先学”的可控性，更提高了“先学”的有效性。

（2）上课——“以练代讲”。教师可以在课堂上设计多样化的练习，让学生动口、动脑、动笔，“以练代讲”，真正提高学生的应用能力。以随堂练习的形式，替代传统的教师讲解，教师在此基础上组织“补学”“二次作业”。

（3）反馈——“二次作业”。学生当堂生成的作业反馈，教师做到“以测促教”“以评促教”。通过学生自查、生生互动、全班交流的方式，当堂作业当堂反馈，教师据此设计“二次作业”来给学生查漏补缺。从只关注作业的结果到关注作业的过程，从教师权威的作业评价到自主评价、生生互评。

其次，探索“作业随堂化”策略。

（1）“随”的时间。基于练习的不同目的，结合课时目标的达成，适时地“随”在不同的教学时间。

① 课前“随”。教学始于预习，预习情况如何检查呢？以低年级为例，可以结合《课堂作业本》中的“口算训练、乘法口诀”这类口头作业的题型，提前布置，然后在上课的前 3 分钟检查学生的预习情况，如“我和老师（同学）对口令”……另外，数学学科的前置作业单，就是很好的预学载体，如一年级的“分类与整理”一课设计“我和妈妈逛超市”，关注物品的摆放，初步感受分类，作业就很自然地在“预学”环节完成了。

② 课中“随”。设计教学进程时，关注课后题，会发现教材后面的训练点在作业中都有所体现，教学时可以利用这些书面题，讲练结合，提升教学效益，也减轻学生的课业负担。

如“分数的初步认识”，下面哪个图中的阴影部分可以用分数表示？

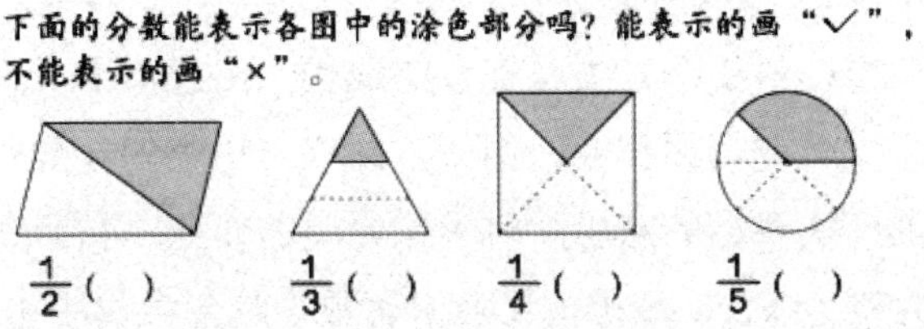

在学生认识了$\frac{1}{2}$、$\frac{1}{3}$、$\frac{1}{4}$等分数后，就出示这道题，先由学生独立判断，再集体交流。这样，课堂作业就适时地“随”在了“研学”环节中，大大提高了教学效率。

③ 课终“随”。新课结束前要安排充足的时间让学生动笔：设计一份“当堂达标检测作业”，留 7 ～ 10 分钟左右的时间让学生当堂完成，自我检测评价学习效果。面批面改，当堂反馈，准确捕捉教学信息，以便查漏补缺。这样，学生即学即用，学得轻松，学得有效。

（2）“随”的形式。通过不同形式的“随”把教学目标落到实处。

① 显性“随”。如：用乘法口诀直接写得数，解决问题等，可以看出痕迹的课堂作业就称为“显性随”。“认识 1000 以内的数”一课设计了四个作业：一是读数；二是写数；三是数的组成，每个数中的“5”各表是什么；四是估一估，数一数。

教学中，老师利用一捆 596 根的小棒，在“数数”环节“随”了“作业一”。让学生以 596 为起点再数 5 个数，训练了拐弯数。接着用 803 根小棒图，“随”了第二、三题。让学生从 803 开始倒数 5 个数写下来，并完成填空“803 是由（ ）个百、（ ）个十、（ ）个一组成的”。最后的作业四“随”在了整节课，一捆小棒贯穿了整节课，由根数的不断变化（1000、596、803），让学生估一估、数一数，这节课因这几处作业随得恰到好处，教学效果喜人。

② 隐性“随”。所谓隐性“随”，指的是不露痕迹地随，最常见的是课堂上学生模仿老师讲清算理。

③ 整合“随”。在作业的设计上，把一些机械重复的作业整合起来，最大限度地优化作业的类型。现在的数学教学提倡动手操作、经历过程，比如二年级第八单元“克与千克”就是以实践体验为主的。如第 103 页“做一做”有“认识生活中的称”；练习题第 7 题以生动的形式列举了学生在称体重时感到疑惑的问题，使学生感受到质量的不变性；而第 13 题是调查本小组同学的体重。把三道题整合起来，设计一个“抱一抱，猜猜

我有多重”活动，既激发了学生的学习兴趣，又能很好地完成教学目标。

这样精心设计的作业，融入了课堂教学，强调在“做中教”“做中学”，要“教学合一”。有效作业随堂化实施过程，是实实在在的课堂结构的改革，是实实在在地以学生为主体、训练为主线、教师为主导开展教学。

2. 基于生本的课外作业“多样化”

多样化，即类型多样：科学探究类、综合实践类、阅读口语类、劳动生活类、艺术体育类和德育公益类六大类非书面作业。例如，阅读口语类的作业——在杂志、报纸上找一些折线统计图，说一说表达的意思；科学探究类的作业——回家观察车轮的大小与车条的关系；劳动生活类、综合实践类的作业中有数学综合实践活动——“今天我当家”，让学生独立上街购物，让学生记载家里一个月的收支，做一回小主人；等等。

三、改革效果

“课堂作业随堂化”，一个看似简单的命题，我们虽然刚刚起步，但在行走的过程中，它的科学性、前瞻性、辐射性、草根性和实效性日益彰显。“作业随堂化”最大的价值是贴近课堂教学，化大为小，化难为易，解决了当前“课堂作业课外化”这一老大难问题。与其说，它改变的是我们固化的课堂结构，不如说它重构了课堂生态；与其说它改变的是日渐异化的作业现象，不如说它改变的是儿童的学习方式；与其说它改造的是我们的日常教学，不如说它改变的是我们对教育的理解。

梳理作业改革的行走轨迹：随堂化的意识已根植老师心间，固化的课堂结构悄然改变。备课时需思考和设计作业已成为一种“常态”，其本质是凸显以“学习任务”为中心的课堂。课堂作业“随堂化”的操作策略已基本形成。学生的学习能力有一定的提升。作业改革推动课堂教学方式的转变。

四、后续思考

反观我们的“课堂作业随堂化”，在作业的时间纬度上，大家在心理上已经认同，但如何才能“随”得更有效？核心的问题是要基于学生，让随堂作业的内容与目标更科学。作业改革是一个长期、系统的工程，我们要不断内化理论，外化行为，活化实践。“轻负担、高效率”是作业改革的出发点，也是落脚点。所以我们还在努力实践，争取建立学科的“校本作业题库”。相信只要老师们在作业改革中不断探索，一定能够提高教学效益，实现教学双赢！

（秦皇岛市北戴河区海宁路小学 / 杨惠英）

单元视角下数学作业整体化的思考
——以“认识人民币”单元为例

近年来，一线教师在参与作业改革的过程中，发挥聪明才智设计出很多创新形式的作业，但伴随着改革的推进，教学实践迫切需要我们将过往这些点阵出现的设计思考及工作经验整理凝练成体系。基于教材结构体系特点和学生年龄特征，从单元或板块视角对小学数学作业进行系统规划，以更好地匹配我们的教学进程，提升作业改革对推进课程教学和学生核心素养的研究价值和推广价值。

笔者在工作中发现，有经验的教师布置的数学作业常常体现出单元内容的整体性和结构性，因为同一单元的各课时的知识之间是存在关联性及递进性的，与之对应的作业亦应如此。如果我们从单元视角入手，设计并实施综合性的单元作业，就能更好地促进学生在较复杂的情境中发现问题、获取信息、运用知识技能与方法策略解决问题，提升问题解决能力。下面结合人教版教材一年级下册“认识人民币”这一单元作业的整体设计，浅谈自己的思考和做法。

一、系统规划，单元设计

本单元教材的呈现以“购物”为活动背景，让学生在购物活动中认识人民币。基本线索是以对现行人民币的认识为主，共安排了三小节内容，分别是小面额人民币面值认识及单位换算、大面额人民币认识及单位换算和解决问题。相应的《教师用书》中指出，“认识人民币”单元主要达成两个目标：认识人民币和能在实际情境中解决简单的购物问题。

但在现实的购物经历中，小面额和大面额人民币的认识与使用是交融在一起的，而且购物本身就是让学生用数学的方法去解决实际问题的数学活动。另一方面，教材中出现的 2 元、2 角、1 角的纸币及 5 分、2 分、1 分的硬币已经不在市面上流通了，生活中很难见到，而 2019 年 8 月发行的第五版人民币书上并没有涉及。面对教材的编排与生活实际之间的差异，作业可发挥其巨大作用，从设计、布置、批改、讲评等方面拓展与延伸课堂教学，促进学生对所学知识技能的习得，对数学方法策略的巩固与运用，以及对数学思想的感悟。

二、结合内容，确定目标

根据本单元的教学内容，我们设计了以“货币与我们”为主题的单元作业体系，内容包括认识货币、购物交易、发展中的付款方式，设计了“点赞币”四个作业板块，用以补充教材、丰富学生数学活动。不同的作业内容亦有其相应的作业方式，指向学生不同的核心素养，这样的单元主题，既涵盖对本单元内容知识的理解，也联系学生生活实际和货币产生与发展的过程，拓展学生的数学视野，同时让学生初步感受数学模型的产生与意义。（图1）

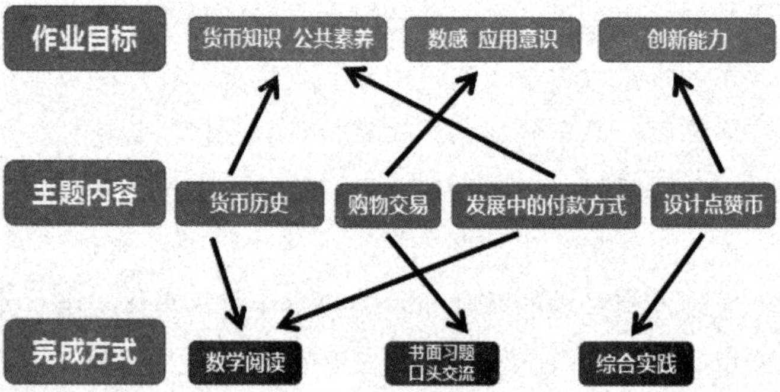

图1

三、注重基础，合理布局

下面分主题简述本单元不同内容作业的设计与实施。

（一）“货币历史”“发展中的付款方式”的设计与实施

“人民币的认识”这一内容的教学，教师对于教材中目前已经停止流通的小面值货币的教学内容感到很难处理，而且目前流通的人民币图样已经不在教材中。我国广泛流行的网络支付和银行卡支付等脱离货币支持的商品交易的现实也不容忽视。设计数学阅读作业不仅可以将目前市面流通使用的新版人民币包含在学习内容中，也可以把一些已经不流通的货币，甚至是其他国家的货币、货币发展史引入课程资源。这既解决了以往教师所遇到的难题，也使这一内容的学习更加丰富与充实。

数学阅读是适合小学各年级学生的一种数学作业形式，小学阶段的数学阅读一般分为阅读课本、阅读课外读物两种类型，旨在增加兴趣的同时，拓宽视野、拓展知识面，体会数学的应用，了解数学的文化，感受数学的价值。对“货币历史”数学阅读作业的设计，教师要围绕课程教学内容推荐的相关阅读材料，并做相应的阅读前指导和阅读后分享。主要分以下四个步骤开展实施：

1. 为学生提供阅读书单，提出阅读要求

从以下资料（班级微信群和学校图书馆）中，任选2～3个阅读（图2）。

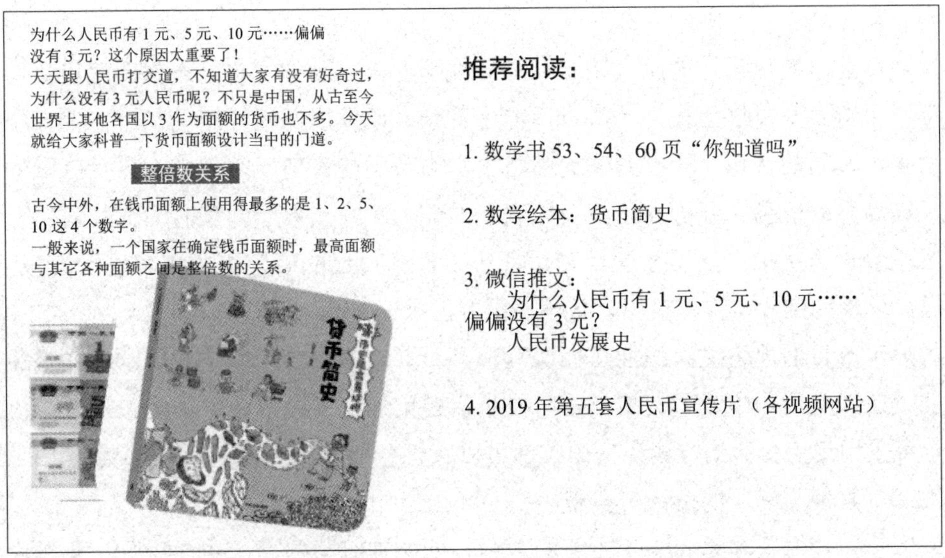

图2

2. 问题导读（图3）

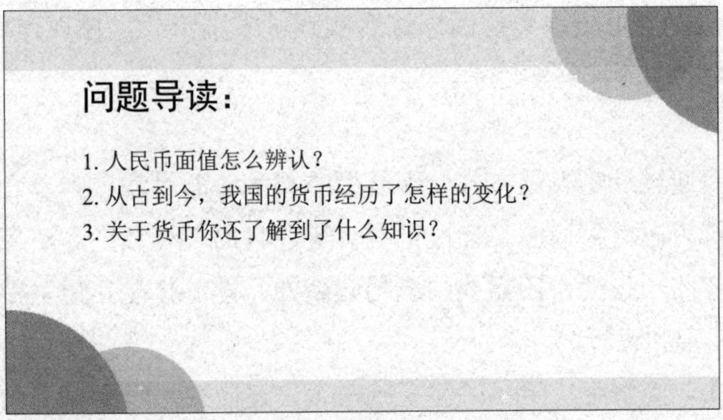

图3

3. 方法指导（图4）

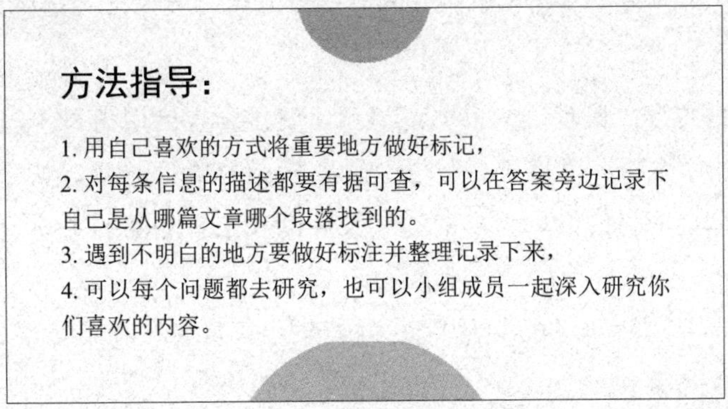

图4

4. 成果呈现

这项作业中教师设计的阅读是一个长周期作业，鼓励学生自主选择阅读篇目，了解人民币产生背景与发展历程；了解货币产生背景，及发展历程，感受货币在生活中的应用，增强对货币的认识。通过阅读提高学生学习数学的兴趣，培养学生自我获取知识的意识，提高整理信息、分析问题及表达观点的能力。本次数学阅读时间为一周。一周之后，组织“货币历史”展示交流活动，各小组根据自己的研究重点内容进行汇报展示，展示时可以借助图片、实物投影、数学小报等汇报。

教师可有目的地将这次作业作为课程资源引入教学环节，以学生展示的方式在课堂上展现。在课堂展示中教师有效点拨，控制话题集中在人民币面值种类和辨析面值经验上。也可采用组内交流的方式让每个人都可以有机会把自己的发现分享给大家。

（二）“购物交易”的设计与实施

本部分作业对应本单元学生主要的数学技能的训练与提高，在设计中既要充分利用教材配套的练习资源，又要基于教学实际需求进行适当的调整与增补，应体现多样性、趣味性、实践性等特点，以激发学生完成作业的兴趣。在形式上不局限于书面练习，还可以安排口头交流、动手实践数学阅读综合实践等多种形式，体现作业类型的丰富性。下面分述这三种方式的设计与实施。

1. 书面练习

书面练习主要通过纸笔表达方式呈现解题结果和解题过程。本单元的书面练习主要依托于教材中的练习题，我们要准确地把握每道题目的设计意图和对应目标，不仅要关注与课时教学内容的一致性，还需要围绕构建新知、熟练技能、促进数学思维等方面精选每节课的习题呈现和讲析。

在批改书面作业答案时，除了关注正确与否，还应关注学生书写的规范性、思维的合理性、方法运用的适切性等方面，从学生答题过程中分析解读学生的思维过程，从中发现典型问题，及时反馈纠正对学生存在的困惑和问题，用评语的形式对学生作业情况进行有针对性的反馈，让作业成为师生就数学问题开展对话交流的载体。

2. 操作作业

合理扩充教材内容，在基础的书面练习后，安排学生运用角色扮演的形式模拟商店的购物的情境。让学生扮演“售货员”与“顾客”，在取币、换币、找币的操作中加深对人民币的认识，体会应付的钱、付出的钱和找回的钱三者之间的关系，体会付款方式的多样性。

教师引导学生分组活动，在小组中有“顾客”“售货员”和“观察员”。教师发给不同角色的学生思考提示。

“顾客”需思考并记录：在购物交易过程中，你原来有多少钱？你购买了哪些物品，怎么付的钱？

观察员要思考并记录：你猜猜“顾客”可以买哪些物品？如果是你，你会怎样付款，可以是正好够也可以整钱找零。

“售货员”要思考并记录的是：“顾客”购买了哪些物品，总共要付多少钱？怎样找的钱？

在操作过程中借助交易记录单（图5）实现成果记录、学习素材的积累。

交易记录单			
商品名称	商品价格	顾客付的钱数	卖家找的钱数
问题提出： 收获感悟：			
反馈：交易中出现的问题以及解决策略 { 怎么付钱？（付钱的策略，没有零钱怎么办？） 怎么找钱？			

图5

3. 口头作业设计（图6）

口头交流作业设计表		
作业内容	作业要求	评价标准
根据课堂模拟购物的记录单说一说。	1. 根据自己扮演的身份，说明记录单的意思：“提两个条件，两个问题。”如：（买或卖的第一件商品的价格），（买或卖的第二件商品的价格），合起来一共有（多少钱）？怎么付钱或找钱）？ 2. 说算式算出得数，并能够说出付钱的方案。	1. 能用两个条件加两个问题的句式表达清楚，题意得一颗星。 2. 能够根据说出算式和计算，结果得一颗星。 3. 能够正确说出付钱或找钱方案得一颗星。 4. 能够完整准确响亮地表达得一颗星。

图6

该作业内容与操作作业内容相关联，内容具有可选择性，作业要求明确，评价标准具体且有可操作性，并根据一年级学生的年龄特点，以填空的形式为学生提供语言表达支架，引导学生用准确、完整语句表达，促进表达能力发展。以上作业可作为“解决问题”一课实际教学的问题素材进行展示交流，引发学生的讨论，感受付钱找钱策略的多样化。

（三）“点赞币”的设计与实施

设计“点赞币”是一项综合实践作业，在完成作业过程中，学生更能体会数学知识之间、数学与生活之间的联系，运用数学的思维方式进行思考，增强学生发现和提出问题、分析和解决问题的能力，同时还能了解数学的应用价值，提升学习数学的兴趣，增强合作意识，培养初步的创新意识和实事求是的科学态度。

学校对成绩优异、表现突出、品行操守优秀的孩子发放“点赞卡”，但是在具体操作中，老师们常从培养学生学习习惯的角度出发，用积“点赞币”换“点赞卡”的方式进行评价，可以说“点赞币”是一种流行于班级生活的“货币”。但目前来看，各班“点赞币”的设计并没有上升到一个数学的视野去看待这一问题。为此我们让学生运用课堂上所学习到的人民币知识研究设计“点赞币”的面值和图案，经历一次真正的设计过程。学生通过完成此类作业，不仅能够巩固所学知识，而且能感受数学与现实生活的密切联系，发展应用意识，提升社会实践能力。

以“货币与我们”为主题的单元板块作业设计，让我们借助作业设计把认识货币与研究货币结合起来。通过认识货币、购物交易、发展中的付款方式、设计“点赞币”等主题活动，让学生参与其中，使课内与课外相结合、独立思考与合作交流相结合；在研究货币中认识货币，通过认识货币更深入地理解货币的作用、货币的发展，体会货币与我们的生活密不可分。这样会使学生的视野更宽，思考更深，学习与探究的空间更广。这样的作业给学生一个自由开放的空间，让学生获得的不止于课堂教学，使学生的学习更具有发展性与研究性，带来了链接生活与尊重学生个性的全新作业体验，也会让学生学习货币的热情与兴趣随着研究愈深而愈浓。

（秦皇岛市海港区建设路小学 / 王丽霞）

自主设计作业　激发学生潜能

鲁迅曾经说过，没有兴趣的地方就没有灵感，要想使学生真正成为学习的主人，归根结底要激发学生自主学习的兴趣和灵感。在传统的教学中，出题一直是教师的权利，学生只有做题的义务。而数学作业设计是一门学问，在新课程改革背景下，教师应该将作业设计作为培养学生能力的重要组成部分。采用合适的方法激发学生自主设计作业的兴趣，培养学生自主进行作业设计的潜能，这样学生就会把完成作业当成一种兴趣爱好，变被动为主动，变无奈为情愿，大大提高学习效果。

一、见缝插针，每日“五题”巧设计

《基础教育课程改革纲要》中指出：“要改变课程实施过于强调接受学习、死记硬背、机械训练的现状，倡导学生主动参与，乐于探索。培养学生搜集和处理信息的能力、分析和解决问题的能力以及合作交流能力。”怎样让作业体现新课改的这一要求，是作业改革中迫切需要解决的问题。相对数学教学而言，作业是更容易体现学生自主性的一个环节。因此，应该让作业设计成为培养学生自主、合作、探究解决问题能力和提升学科核心素养的有力抓手。

为了巩固学习知识点，我利用午间十分钟进行“每日五题”的训练，但时间一长学生就没了兴趣，应付了事，甚至还有学生“讨价还价”想少做题。这样的布置显然是没有从学生心理需求和认知需要出发，束缚了学生数学素养发展和运用知识解决实际问题的能力。

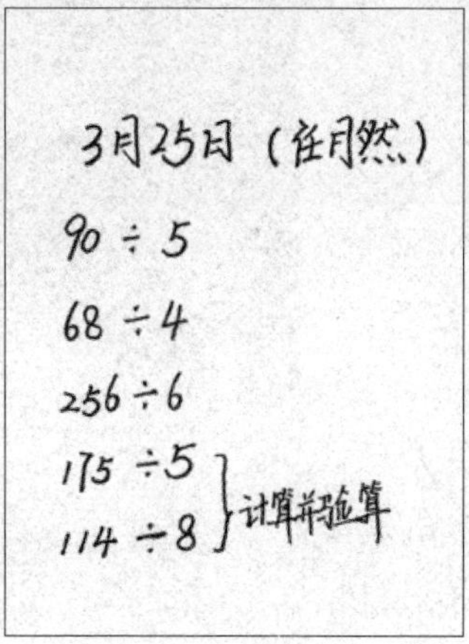

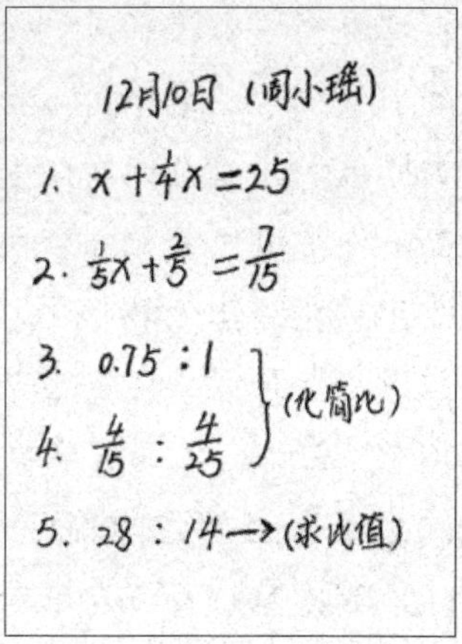

我尝试把练习主动权还给学生，让他们自主发现问题、设计问题、解决问题，激发他们的学习兴趣，提高作业实效。我把零散的时间加以有效利用，让学生结合学习难点和困惑自己设计练习题。对这样的学习活动，学生表示出极大的兴趣和热情。我顺势提出要求：每人准备“五题本”，按小组顺序，由组长分工，小组成员负责把每天的学习重点及作业中错题进行整理，提取代表性题型交给老师审核，再给全班同学板演共享。开始时，学生不能准确捕捉重点问题进行有针对性的题目设计，所出题目不能指向重难点和易错点。为了不打消他们的积极性，我面向全班首先肯定各小组的工作，然后提出合理化建议：如果能根据课堂学习重点设计练习题目，由浅入深、形式多样就更有价值了。

如何让学生把“五题”出得有层次、有梯度呢？我把学生自己出的“五题”和老师出的“五题”进行对比分析，指出出题者思想上要认真对待，“假如你是老师会怎么考查同学们？”考虑问题既要巩固新知、夯实难点，还要考虑到不同层次学生的接受能力，让每位同学都能在解题过程中得到锻炼，提升能力。这样，通过面对面指导，各组“每日五题”的设计都能与当天所学内容相辅相成。有的小组题目设计由浅入深，各层面的学生都有收获；还有的把当天课上的错题进行改编，举一反三加深理解……在这个过程中，学生数学学习热情高涨，课堂听讲越来越专注，越来越自信，基础知识和解决问题的能力不断提升。

为了提高组间竞争意识，缩短他们之间的差距，我还有效运用评价机制，把各组的题目设计张贴在展示平台，要求各组分别标清设计者、板书、讲题人……让每个学生尽可能获得学习成就感，调动了小组内每个人成员的积极性。学生唯有体验到学习的成功，才能体会到自己的价值，才能体会到学习的快乐。

二、放飞思维，教授他人会讲题

语言是思维的物质外壳，语言发展和思维发展密切相关。小学生语言发达能力和思维发展水平不一致，往往是能想到、做到，却不一定能说出来，数学语言具有抽象性，因此许多学生不爱说。针对这一点，我布置各组根据出题内容，自选题型进行准备，利用每天午间10分钟当小老师面向全体讲解，大胆展示。刚开始学生参与度不高，生怕讲不好同学笑话，不喜欢出风头。作为教师面对这样的问题更要帮助学生树立自信，不怕学生讲错，正确引导学生开口，知道只有会解题才能更会讲题，才能牢固掌握新知。让小组长树

立标杆，通过个别培训、谈心鼓励等方式“拉拢”所有学生加入，逐步铺开，给更多会解题但不善于讲题的学生展示的空间，引导他们按照一定的思路和顺序把因果过程说明白。经过长期训练，学生都张口了，都能把数学符号和逻辑转化为语言文字，更加深了他们对知识的理解与运用，提高了语言表达能力。在学生交流过程中，我因势利导，及时肯定与鼓励，如：今天讲题的女生李 ××，虽略显紧张，但条理清晰、有板有眼，台下的同学听得很专注，还不时鼓掌鼓励。

我经常拍摄小视频连同文字发到班级微信群：“这位同学讲题条理清晰，重点突出，方式值得推广，说明知识掌握扎实，能够灵活运用。”这样更利于讲题者树立信心，家长也能从中获得满足感。现在全班每位同学都能自信大方地站在讲台，条理清晰、重点突出地为大家讲解。更值得高兴的是，“每日五题”的设计展示已经形成了一种习惯，教师在与不在，学生都能正常进行，而我只需问寻汇报的同学“哪个题出错多，原因是什么？”他们就能总结今天同学们的优势和劣势，并将易错题再次改编复现，大大提高解题的准确率。

总之，学生讲题，学生是主体，教师和其他学生既是倾听者也是参与者。讲题的学生主观能动性得到了极大的调动，在展示过程中放飞思维，更体验着成功的快乐，而作为听众的其他学生，主动性也会得到激发，迫不及待地想一展身手，全班形成了健康向上的良好学习氛围。

三、零存整取，优化试卷强素养

单元章节或阶段性学习完毕，面对纷杂不系统的知识点，教师可以引导学生按知识点分类梳理，建立知识树或思维导图形成知识链。在进行“圆”这一单元的整理复习时，我组织学生回顾这一单元学习了哪些数学知识，引导他们用自己的方式或根据自己的喜好进行知识点归类，有思维导图，有数学小报，还有列图表归类，形式虽然多样，但是目的相同，都是把零散知识整体输出，在头脑中构建清晰的知识网络。师生再一起将这些知识点中需要注意的地方补充完整，最后让学生思考：如果你是老师，你会根据这些知识内容设计出哪些复习题？有了每日“五题”做基础，学生出题逐渐变成学生出试卷。但是让他们一上来就能出试卷难度有点大，所以我提供几个途径给他们参考：

1. 参考书本上的知识点

以教科书为准，在学生的头脑中建立书本中的基本知识网，即便后面需要用到其他辅助材料都不能脱离教材，即使再难的题目也一定在吃透书本上的基础知识上完成。

2. 参考辅导书或复习资料

高年级学生大多都会自行买些教辅用书，上面有很多经典的习题，可以给不熟悉出题任务的孩子一些启发。

数学检测

出题人：任月然（第21组）

一、填空。(共18分，每题1分)

1.闰年有（ ）星期零（ ）天。

2.把2504千克苹果平均分给6个人，每人大约分（ ）千克。

3.168是8的（ ）倍。48是2的几倍。48的24倍是（ ）。

4.雨苹晚上9点睡觉，第二天早上6点起床，她一共睡了（ ）小时。

5.800平方分米=（ ）平方米　40平方分米=（ ）平方厘米

4年=（ ）个月　60个月=（ ）年

6.用0、4、8丁组成两位数，可以组成（ ）个。

7.一个长方形木框，长15米，宽5米，在木框的周围贴上花边，花边长（ ）米。木框的大小是（ ）平方米。

8.一个正方形的周长是24厘米，它的面积是（ ）平方厘米。

9.在0.39，0.93，0.89，0.42这四个小数中，（ ）最大，（ ）最小，中间相差（ ）。

10.学校在小方家的西南方向，小方家在学校的（ ）方向。

二、判断(共14分，每题2分)

1.因为2100是4的倍数，所以2100是闰年。（ ）

2.5平方厘米=500平方分米。（ ）

3.每年都有7个大月，5个小月。（ ）

4.边长为4米的正方形，周长和面积相等。（ ）

5.4平方米与400平方分米一样大。（ ）

6.粉笔长1平方分米。（ ）

7.42×16的积是四位数。（ ）

三、选择(共16分，每题2分)

1.$\frac{6}{10}$米用小数表示是（ ）。

A.0.6米　B.0.06米　C.7.00米

2.一个操场的面积是4500（ ）。

A.平方米　B.公顷　C.平方千米

3.平方米和平方分米之间的进率是（ ）。

A.10　B.100　C.1000

4.如果（ ）62÷5的商是三位数，括号里最大能填（ ）。

A.6　B.7　C.9

5.一列由西安开往北京的火车，13:00出发，第二天11:30到达，火车运行了（ ）。

A.21:30　B.24时30分　C.22时30分

6.△÷4=22……□，□中最大可填（ ）。

A.1　B.2　C.3

7.276÷3≈（ ）。

A.70　B.80　C.90

8.小宝是2月29日出生的，出生的这一年是（ ）。

A.平年　B.闰年　C.可能是平年，也可能是闰年

四、计算

1.直接写得数。(每题1分，共16分)

3000÷6=	180÷3=	0÷25=	80×40=
60×30=	42×20=	4.3+2.7=	9.6-5.6=
400÷5=	4+0.5=	408÷4=	36÷2=
9.2-0.2=	358÷4≈	517÷4≈	386÷8≈

2.竖式计算，带△的要验算。(验算题4分，其余每题3分，共19分)

45×36=　20.1-5.8=　689÷3=

228÷6=　504÷8=　△45×92=

验算：

3.用脱式计算(每题2分共8分)

43+27×5　360÷9×4　316-208÷4　672÷(2×3)

五、应用(共14分)

1.求出下面图形的周长和面积。(共3分)

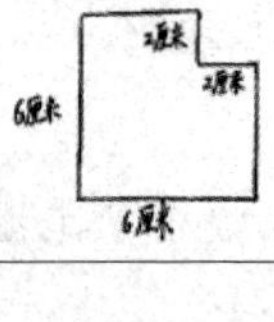

2.

3.李大伯在房前的一块长方形空地上建起了围墙，其中一面墙留了一个2米宽的大门。(如右图)

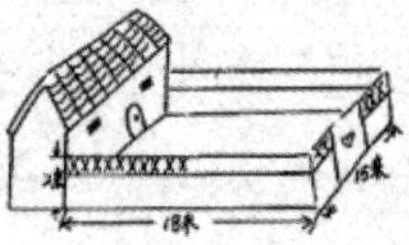

(1)围墙一共有多少米？(4分)

(2)如果在围墙内侧刷上白色油漆，得刷多少平方米的白色油漆？(4分)

3. 教会孩子具体方法

方法一：搜集错题。针对自己这一阶段常犯的错误，适当改动，意在引以为戒，不再重犯。

方法二：模拟命题。每位学生按照老师给定的命题，确定各个章节的分数比例、各种题型的比例、难易度比例等，对于基础稍差一点儿的学生，可以给他一份样卷模仿，意在把握知识的系统性和综合性。

方法三：合作出题。让小组中的各个不同层次成员进行合理的分工合作，意在各尽所能，培养合作精神。

方法四：编后操作。每个人自己出的（包括小组出的）试卷交给其他同学做时，要注意根据同学的学习能力提出合适的要求，做后及时批改订正，有不同意见必须一起交流解决。此举意在物尽其用，使学生充分掌握知识，培养能力落到实处，这比直接做几套试卷效果要好得多。

让学生编题，对学生的自我提升有很大的激发作用。首先，学生自己出题的过程就是一个积极思考的学习过程，也是自我提高的过程；其次，学生在教师的指导帮助下自己出题，走上讲台对内容或习题进行讲解，对学生来说也是极大的鼓舞和锻炼，这也正是著名的教育家陶行知极力倡导“小先生制”思想的落地。相信学生，给每一个学生展示才华的机会，我们会发现每一个学生都非常优秀。

学生出题、出试卷作为自主学习的一种形式，已越来越显现出它的价值。不但有利于提高学习参与意识，改变学习方式，更能有效促进学习方法的改变。“学生听了就忘了，看见了就记住了，动手了就理解了。”学生自主设计作业并解答的过程，就是把教学内容通过题目形式呈现出来的过程，并在这个过程中实现知识再理解，实现思维再发展。

总之，在学生自主设计作业的尝试中，学生们放飞了潜能，收获了惊喜。当然，作业设计还有更广阔的空间可以开发，我将在以后的教学研究中进一步探索和实践。

（秦皇岛市北戴河区育花路小学 / 刘英）

指导学生绘制思维导图教学例谈

思维导图模拟人脑的思考过程，在培养人的发散思维和做事有条理方面具有很强的优势。现在很多老师已经意识到“思维导图”可以提高学生的学习效率，开始在教学中尝试运用思维导图，也试着让学生画思维导图，特别是在单元整理复习课中更是鼓励学生将单元知识点用思维导图的形式整理出来。思维导图的绘制，不仅对于学生，包括对我们教师来说还都是新生事物，如何绘制？如何教学生绘制呢？笔者试从实践中谈谈自己的看法。

一、绘制思维导图常见现象

（一）束手无策

思维导图出现在我们的视野中只是近几年的事情，对于我们大多数教师来说还是雾里花、水中月，老师们尚且懵懵懂懂，更何况学生。不过，我们老师虽然不懂但这并不妨碍我们布置作业——让学生绘制思维导图，并提示说“不会的，可以上网查查”。所以当面对这份糊里糊涂的作业时，学生只能回家“上网查查”。有耐心的家长，可以和孩子一起查查，并模仿着画一个；没有耐心的，面对孩子的诉求只能吼一嗓子“从网上抄一个”，所以我们看到有的学生交上来的思维导图是照搬网上的，而教师想要达到的梳理知识、形成知识网络、提高复习效果的目的就无从谈起了。

（二）只重美观

由于缺乏有针对性的指导，学生在绘制“思维导图”时考虑最多的往往是“如何画得漂亮”，常常为了插图选择什么样的图案而绞尽脑汁。可以看出，图 1 中学生花在绘图上的时间要远远多于内容的条理分析上，整个版面的中心也不是章节的主要内容，给观者的第一印象就是图片色彩丰富、图像形象生动，让人忽略了制作思维导图的重点是思维的条理性和可视化。过于关注图案的漂亮，也占用了学生大量的时间。学生在绘制一幅思维导图时，想到的不是“给自己看”，而是交上去“给别人欣赏”，通过查找大量的资料来设计自己的版面，反反复复修改。一个在老师看起来很简单的作业，学生要花上比一份常规作业多得多的时间。

图 1

（三）没有章法

我们知道，复习就是将平时学习中零散的、分散的知识点按照一定的顺序重新整合到一起，使之形成一个网络，有利于知识间互相勾连，便于记忆和提取。在制作思维导图时确定关键词、确定层级之间关系尤为重要，它可以帮助我们在需要时通过提取关键词而联想到相关的内容。图 2 中学生已经有了中心内容——三位数乘两位数（即单元名称），并根据章节内容确定了第一层级中的部分关键词（如三位数乘两位数的笔算、因数中间或末尾有 0 的乘法、积的变化规律、解决问题等），但明显第二层级是没有关键词的，是一堆文字的堆砌，层次不清，内容混乱，内容的混乱表现出了思维的混乱。图 3 第一眼给人的视觉效果是不错的，细看之下不难发现各个知识点之间是独立的、分散的，相关的知识点之间缺乏联系。这样的思维导图在复习时不便于记忆和提取，也就起不到预期的复习效果。

学生在制作思维导图时出现这样那样的问题，主要还是因为缺乏有效的指导，而我

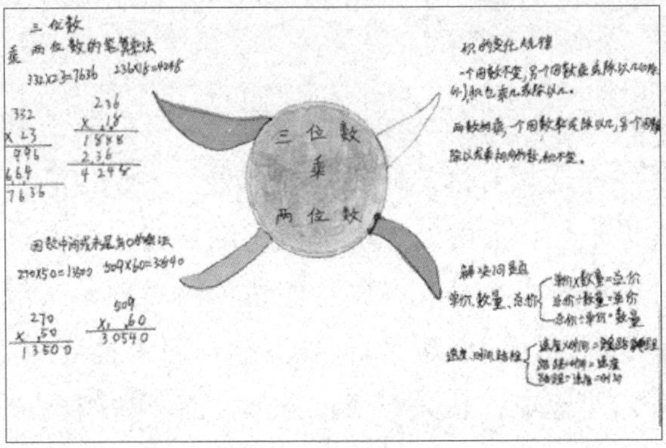

图 2

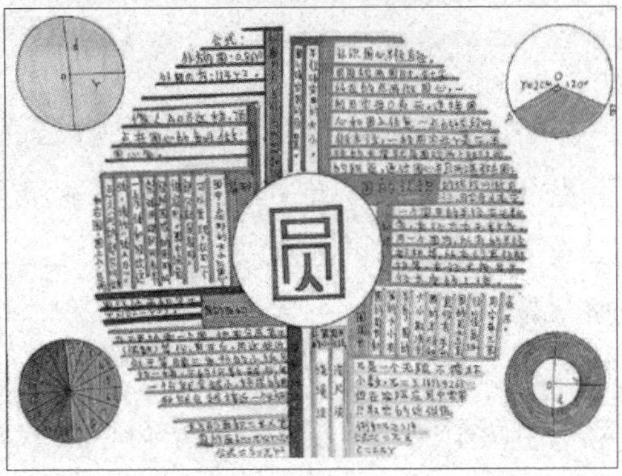

图 3

们的教师在布置这样的作业时很随意，但当学生作业出现问题时又无从应对，面对这样的矛盾，教师该如何做呢？

二、思维导图的绘制有赖于教师有效的指导

（一）欣赏模仿

在指导课上，教师可以先带领学生欣赏几幅优秀的思维导图，这些图可以是教师绘制的，也可以是网上下载的，目的是让学生通过观察别人的图，找出其中的共同之处，发现绘制思维导图的关键，自己发现要比教师讲授领会得更深刻。通过观察比较，学生会找出绘制思维导图的关键点：要选用大一点的白纸；主题要鲜明，通常放在纸张的中心位置；色彩的运用可以辅助记忆；要分出层次。优秀的作品可以帮助学生快速建立思维导图的模型和样本（图 4）。

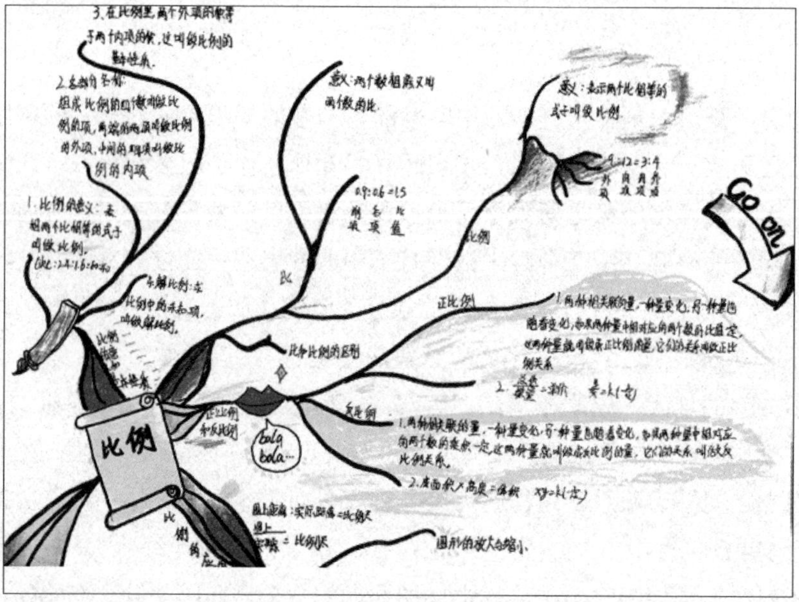

图 4

（二）示范指导

学生绘制思维导图时知道罗列出各个知识点，而对于知识点之间的逻辑关系是需要整合还是需要扩充并不清楚，这就需要教师选择合适的时机进行辅导。图 5 是笔者在教学“多边形的面积”单元复习课上讲评学生作品时绘制的单元思维导图。图中左括号是将关键点——“多边形的面积”分解成一个个分支（平行四边形的面积、三角形面积、梯形面积、组合图形的面积和不规则图形的面积）。而在三角形面积推导中，我们用两个完全一样的三角形可以拼成平行四边形、长方形或正方形，而不管组合成什么图形都可以推导出“$S=ah\div2$”这个面积公式，因此在这里又用到一个右括号。左

右两个括号的使用，突出了“大括号图”在分解与概括方面的优势，将有关联的知识点进行了联结和组合。

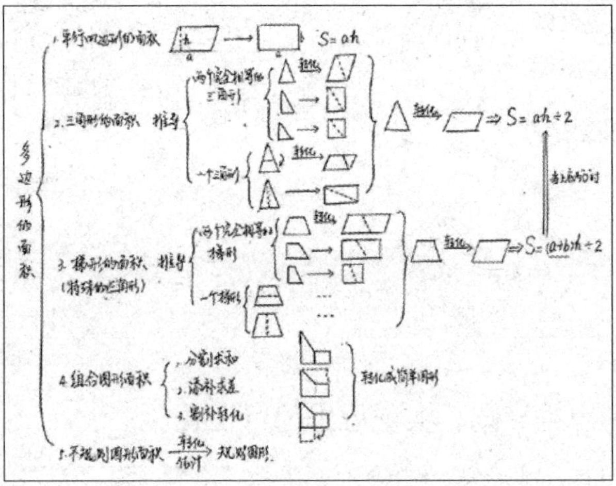

图 5

（三）评价分析

从别人的作品中分析得失是提高自己制作思维导图水平的有效方式。通过分析他人的作品，反思自己的作品，意识到自己思维中的缺陷以及需要改进的地方。如在“分数乘法”的思维导图中，小作者只在关键点后分解出了第一层级，这显然不符合高年级学生的思维水平，这幅思维导图对于小作者复习单元知识意义不大。在图 6 中，又存在着主题不突出、脉络不清等缺陷。

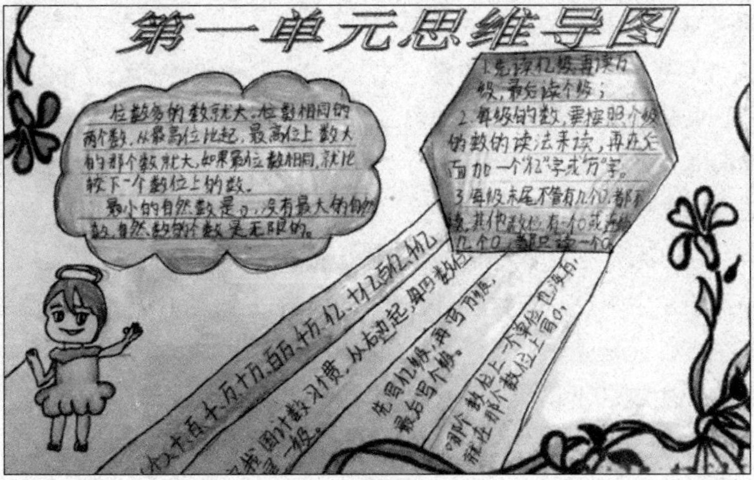

图 6

在下面两幅单元思维导图（图 7）中，中心突出，色彩运用比较科学，脉络清楚，层级分解比较清晰，关键词比较准确，对于刚刚接触思维导图的小学生来说，应该算是比较优秀的作品。

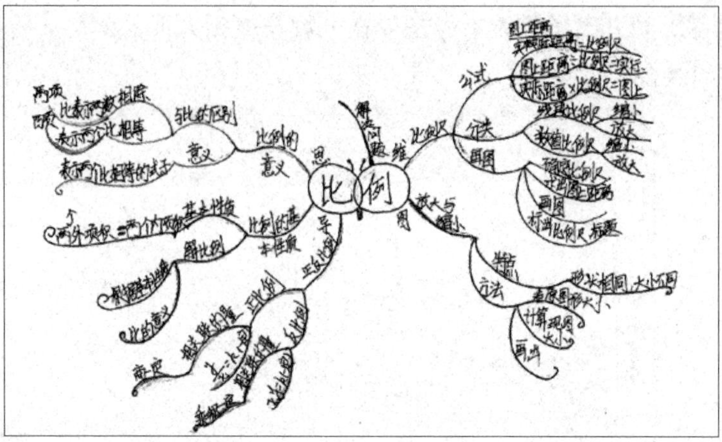

图 7

三、灵活使用思维导图，实现思维的可视化

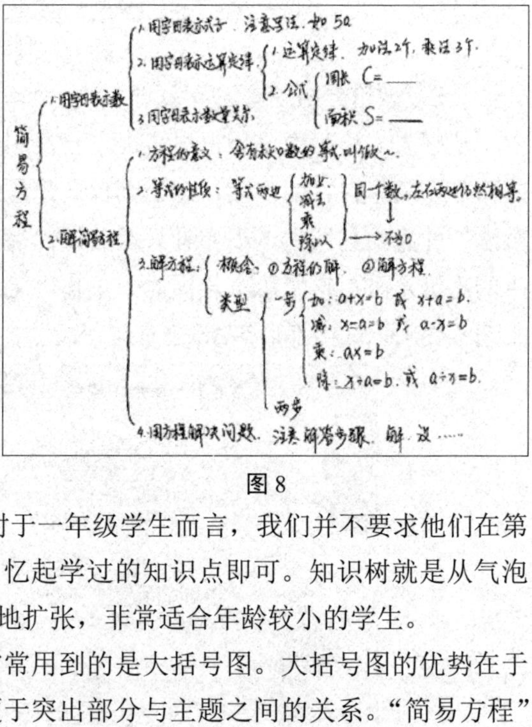

图 8

常见的思维导图有八种形式：圆圈图、气泡图、双气泡图、树型图、括号图、流程图、复流程图、桥型图。教师可以根据小学数学单元特点和学生年龄特点为学生展示不同形式的思维导图，帮助学生了解不同的学科、不同的章节适合不同的形式。

例如，有老师在一年级的“表内乘法”单元复习课上以“表内乘法”作为“关键点”，将之写在树干上；单元的主要知识点作为从“关键点”发散出来的第一层级的关键词，带领学生一边回忆一边将知识点写在苹果上并张贴在“知识树上”。对于一年级学生而言，我们并不要求他们在第一层级下面展开，能够从关键点展开回忆，忆起学过的知识点即可。知识树就是从气泡图演化而来的，它的优点是简单、可以无限地扩张，非常适合年龄较小的学生。

对于中高年级学生来说，在数学课上常常用到的是大括号图。大括号图的优势在于“分解”，能够将中心拆分成一个个分支，便于突出部分与主题之间的关系。“简易方程”单元思维导图是在主题之下逐步分解出四级，能够明显地看出部分与整体之间的关系，使知识内化于心中（图 8）。学生了解了绘制思维导图的基本方法后，还需要勤加练习，在绘制中不断积累经验，在绘制过程中学习建构自己的知识体系，完成知识的储备。

思维导图除了可以提高学习效率外，还可以帮助我们科学管理时间、提升人际关系，可以说掌握了思维导图的绘制方法，也就掌握了一个实用、有效的学习工具。

（秦皇岛市北戴河区教师发展中心 / 郑彬彬）

数学探究性作业指导策略的初探

数学探究性作业“始”于自己的数学探究问题，“终”于自身数学知识的运用能力和思维的呈现形式。它主要是引导学生在一些数学探究性的问题的引领下，基于自身数学知识积累经验、思维表达方式等，而展开的数学探索。从而充分培养大多数学生的探究思维能力的一种新型数学实践作业。然而学生的具体情况各不相同。在实施的过程中，借助做前指导、作业展示、经验分享，使得一部分学生的作业得以提升。但是仍然有部分学生进步较慢，不能得心应手地表达思维过程。他们需要基本的抓手，需要知道探究的一般步骤。对此，基于五大作业类型，我分别设计了相应的探究步骤。

一、生活描述型作业

生活描述型探究作业重在让学生感悟数学知识与实际生活的联系，进一步加深对该数学知识点的认识。比如，学习了长度单位，就让学生们尝试着用学过的长度单位量量身边物体的长度。以此来增进学生对长度单位的表象理解。希望给刚接触生活描述型作业的学生一个简单的步骤支撑，让学生在回答作业问题时，可以先介绍相关的数学知识，寻找联系，再介绍自己身边的物体的长度。

再如，学习了笔算除法后，学生总是难以理解算理。然而，通过形象有趣的小故事，让学生理解笔算除法算理，知道每层、每个数字表示的数学含义，达到加深记忆的目的。

有了这样一个大致的步骤，学生做这种类型的探究性作业就有了一定的框架。低年级的学生苦于不知从何下笔，这时就可以参照框架去写。当然我们更鼓励学生能有更多的创意表达，按照自己的想法完成一次漂亮的探究作业。

二、概念表征型作业

教师一般很少会主动引领学生一起经历基于概念的“符号抽象”和“形式抽象”等探究过程。在学生完成探究作业的这个过程中，我们也非常希望他们可以透过这些概念的表面，以“再创造”的教学方式来解释这个概念的形成过程。探究性数学作业的问题解释概念分析，侧重于学生概念学习后对一个概念本身的直接抽象表述，要求引导学生正确描述自己心目中的“概念”的名称、定义、性质以及特点等。

比如，对于小数的初步认识一课，让学生将概念解释趣味化，便得到了一次名为

《小数点的故事》探究性作业。将平行四边形的概念趣味化，则得到了《平行四边形一家》的探究性作业。如图 1 所示：

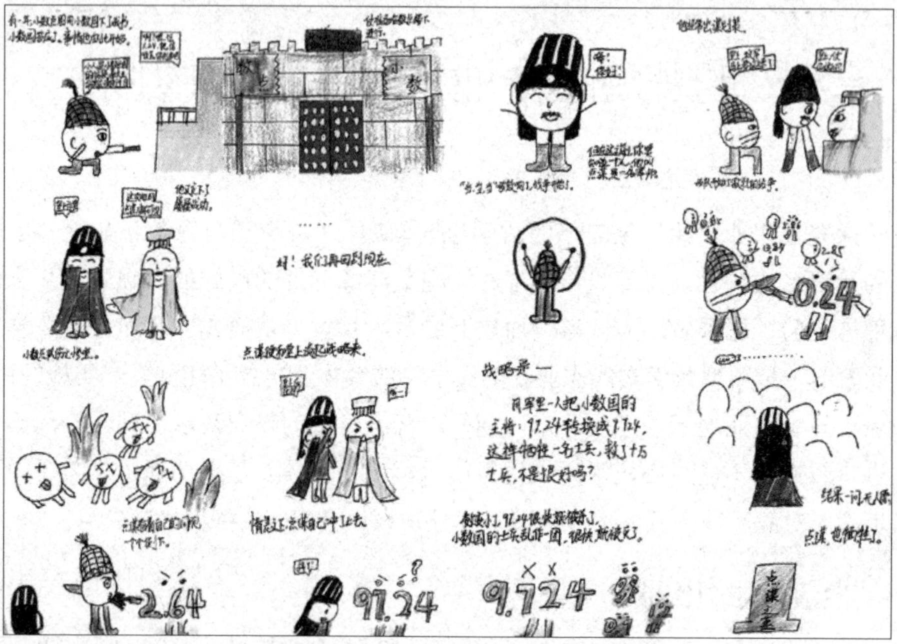

图 1

三、问题分析型作业的一般探究步骤

问题解决要培养的核心能力是模型思想和应用意识，要让学生掌握不同类型问题的结构，并从中发现问题的共性，找准一般方法。我们可以通过难度改编、补充分析、实践分析等类型来实现。如果能根据问题的结构进行推理证明并学会迁移举一反三，则该模型的问题已经被学生牢牢掌握了。

例如，学习了平行四边形和三角形的面积公式后，为了使学生将“转化思想”应用得更广泛，我将梯形的面积公式的推导作为一次实践验证类作业，布置给学生们。我们需要让学生知道，要证明自己的观点，第一步要准确精炼地表明自己的观点，然后通过画一画、比一比的方式，学会用丰富的材料支撑自己的观点，最后得出结论。于是，便有了这次探究性作业。

学生常常会遇到一些很难成功解答的问题。探究性作业要让学生“知难”。有些学生能直接解答，那就生成了挑战成功的乐趣；有的学生没有能力解决，可以转而尝试分析后面较简单的题。这些简单题是与难题结构一致或解题策略一致的，相对难度较低的习题，学生通过解决一组难度递升的简单题，可以打开类比思维，利用知识、方法层面的同一性，迁移解决问题。而有能力解决难题的学生就会把侧重点放在发现、归纳几道题之间的联系上。完成作业的整个过程，不仅让学生明白“难”的知识，可以一步步转化成“易”的知识，也让学生掌握迁移解决问题的方法，了解类比思想重要性。

如“图形中的平行与垂直”这次作业，设置了“在长方形和正方形中找寻平行与垂直”和“在梯形与平行四边形中找平行与垂直”，这两道浅层题，再逐层深入就能让学生迁移解决了。以“迁移推理”突破问题难点的探究性作业，观察几道题目之间的联系是迁移“推理”的落脚点。

四、单元综合型作业的探究步骤

有效的复习就是有效的信息提取，就是指使用储存在脑海中的信息来对认知对象做出解释，得出认知结果。在梳理回顾、查漏补缺、综合运用的巩固阶段，仅仅通过题海战术并不能大幅提升信息提取的效度，学生还需要以“梳理”“命题”等方式助力知识结构的夯实。

数学知识体系是由一个个的知识点串在一起形成知识线，线和线交织成知识面，面和面形成知识体系的。因此，学生就需要经历对所学知识进行系统整理的过程，使之形成一个较完整的知识体系，并积累下相关经验。

如在某块知识学习之前或之后、期末复习之前，可以让学生自己去解读知识、梳理沟通知识，完成一份开放的复习梳理作业，即首先让学生对所学知识进行罗列，并玩一把“连连看”，将有联系的知识连一连，还可以注上连起来的理由。这些内容都要求取材于书上的例题、练习题。要求学生梳理出这块知识中最重要的知识点，如“多边形面积”单元的一个重点是将未知转化为已知的公式推导过程，另一个重点就是几个平面图形的面积公式。最后，还要学生写写学好这块知识的秘诀，这既是正向激励，也有助于学生梳理回顾这部分内容各知识点的学习方法（图2）。

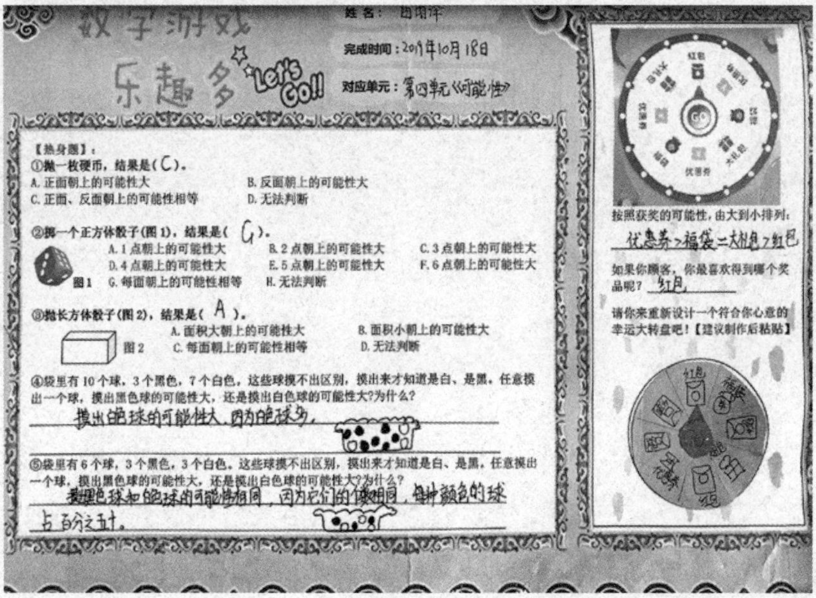
数学游戏乐趣多 Let's Go!!

完成时间：2019年10月18日

对应单元：第四单元《可能性》

【热身题】：

①抛一枚硬币，结果是（C）。

A. 正面朝上的可能性大　B. 反面朝上的可能性大

C. 正面、反面朝上的可能性相等　D. 无法判断

②掷一个正方体骰子（图1），结果是（G）。

A. 1点朝上的可能性大　B. 2点朝上的可能性大　C. 3点朝上的可能性大

D. 4点朝上的可能性大　E. 5点朝上的可能性大　F. 6点朝上的可能性大

图1　G. 每面朝上的可能性相等　H. 无法判断

③抛长方体骰子（图2），结果是（A）。

A. 面积大朝上的可能性大　B. 面积小朝上的可能性大

图2　C. 每面朝上的可能性相等　D. 无法判断

④袋里有10个球，3个黑色，7个白色，这些球摸不出区别，摸出来才知道是白、是黑。任意摸出一个球，摸出黑色球的可能性大，还是摸出白色球的可能性大？为什么？

摸出白色球的可能性大，因为白色球多。

⑤袋里有6个球，3个黑色，3个白色。这些球摸不出区别，摸出来才知道是白、是黑，任意摸出一个球，摸出黑色球的可能性大，还是摸出白色球的可能性大？为什么？

按照获奖的可能性，由大到小排列：

优惠券＞福袋＝大礼包＞红包

如果你顾客，你最喜欢得到哪个奖品呢？红包

请你来重新设计一个符合你心意的幸运大转盘吧！【建议制作后粘贴】

图2

探究性数学作业关注过程，欣赏差异，常为学生留有选择的余地，使学生有发挥自我的自由，所以学生都比较喜欢探究性作业，觉得探究性作业有意思，探究性作业的实施让更多的学生爱上数学。

（秦皇岛市经济技术开发区第一小学 / 王中迪）

引领

YINLING

教学案例促提高

小学数学课外阅读作业设计

一、背景描述

阅读是未来公民的核心素养。大教育家苏霍姆林斯基曾经这样说：“一个不阅读的孩子就是学习上潜在的差生，一个人的智力启蒙、道德养成、素质培养，以及创新能力的发展，都离不开阅读。”苏联数学教育家斯托利亚尔认为：“数学教学也就是数学语言的教学。”《数学课程标准（2011 年版）》中也明确指出了课外阅读的重要性，多处强调了“阅读”“积累”和“数学应用意识”。李克强总理在《政府工作报告》中明确提出，“倡导全民阅读，建设学习型社会”，这是自 2014 年以来“全民阅读”第五次写入《政府工作报告》。“全民阅读”已进入国家视野，上升为国家行为。

在越来越多的国际大规模学力测评中，都有大量的证据证明阅读与数学学业成就正相关，也就是会阅读的人成绩更好。另外，从全球教育比较来看，我们中国学生的阅读数量和能力都有待进一步提升，只有我们在阅读上多花点工夫，才能在未来社会成为有国际竞争力的人。

正是基于这样的考虑，我们在各个年级开展数学课外阅读，布置数学课外阅读作业，旨在促进学生在阅读中了解课堂数学知识背后的知识，拓展数学学习的视野，培养学生围绕问题进行有效思维，提升解决问题背后的数学思想方法等。

二、阅读作业

（一）阅读书目的选择

基于学生的特点和认知水平，由学生、教师、家长共同广泛推荐书单，其中提供以年级为单位的必读书目，同时也提供丰富的可选择性的选读书目，尽可能保证每个孩子都能获得充分的阅读滋养。

（二）阅读作业类型

可以进行整本书的阅读，可以阅读单个的数学故事、数学人物、数学欣赏、数学游戏、中外经典数学问题、课外趣题等。

（三）阅读作业实例

作业实例 1：整本书阅读

一、阅读目的

叶圣陶先生曾明确提出要阅读整本书：“把整本书作主体，把单篇短章作辅佐。”叶老认为“老是局促在小规模的氛围之中，魄力也就不大了”。读整本书的时候就会无从下手，难以把握。没有足够的阅读空间，也就没有自己学习尝试的机会。学生没有整本书阅读的实践，难以养成良好的阅读习惯，也就不可能自己学会阅读，也不可能培养学生的数学素养。

二、阅读篇目

一年级订阅有拼音且图片多一些的，其他年级订阅适合自己年级的阅读书目，如《马小跳玩数学》《李毓佩讲故事》《数学魔术师》等。

三、阅读内容

采用阶梯式阅读方式，每个年级共同阅读一本书。

四、作业要求

利用一个月时间进行整本书阅读，要求认真仔细阅读，注意读写结合，并把阅读书目、阅读时间、阅读内容类型及阅读心语写在“数学课外阅读笔记”本上，可摘抄读到的精彩内容，也可进行数学演算推理，也可用画图、剪贴、简报等形式呈现在“精彩小水滴”中。

五、作业例选

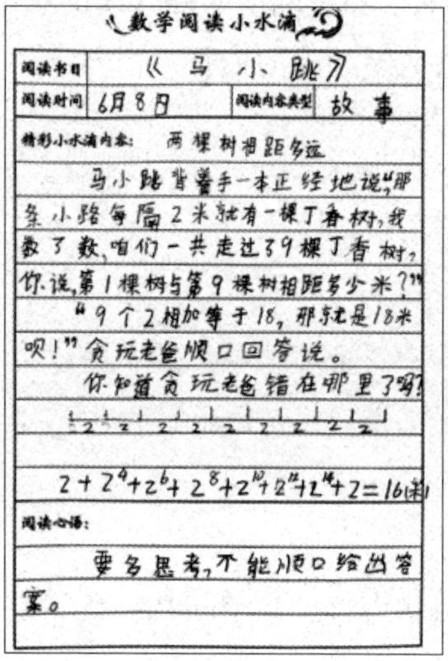

一年级

二年级

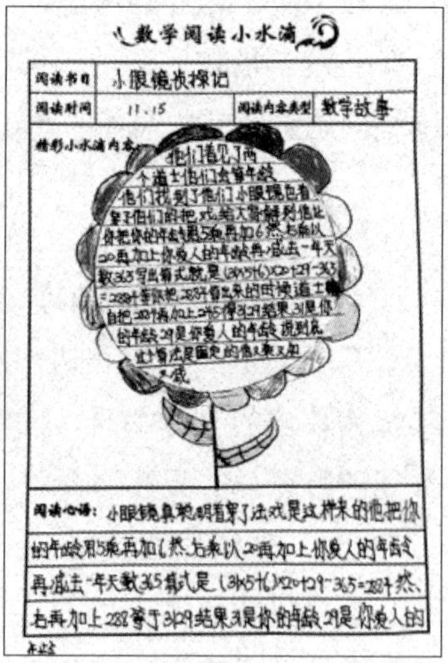

三年级

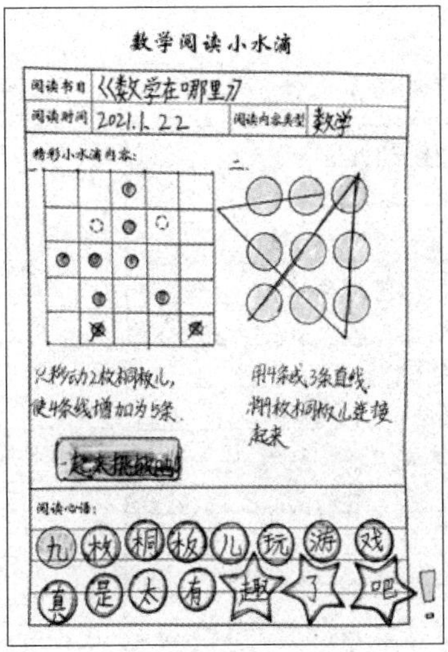

四年级

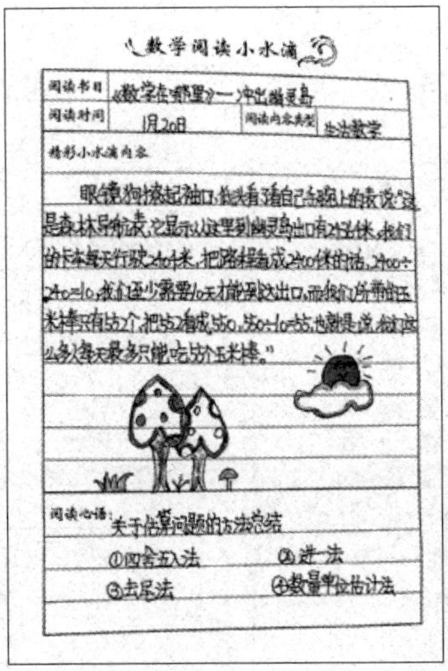

五年级

六年级

六、学生心语

1. 数学也有像故事、童话这样的书籍，觉得自己现在是越来越喜欢数学了！

2. 在阅读过程中，对于一些数学知识，通过推理验证，闯过一关又一关，太有成就感了！

七、教师感悟

数学阅读不仅是读数学，更是数学、科学、人文、艺术的整合阅读。聚沙成塔、滴水穿石，坚持下去一定会有新的收获！

作业实例 2：故事阅读

一、阅读目的

《李毓佩数学故事》文笔生动，幽默有趣，通过奇妙的构思，从生活中的若干问题出发，把数学知识很自然地穿插进来，情节引人入胜，蕴含着很多有趣的数学问题。同学们基于学过的知识去阅读，在阅读中了解课堂数学知识背后的知识，拓展数学学习的视野，感受到数学的用处，本次作业通过阅读《操练军队》这个故事，体会故事中蕴含的“数形结合”思想，培养学生能够围绕问题进行有效的数学思考的能力。

二、阅读内容

《李毓佩数学故事之数学司令出征》第 27 页《操练军队》

三、作业要求

阅读《操练军队》这个故事，挑战故事中的智慧场面，找出三角形队列和正方形队列有什么规律？并把你的感悟写下来。

四、作业例选

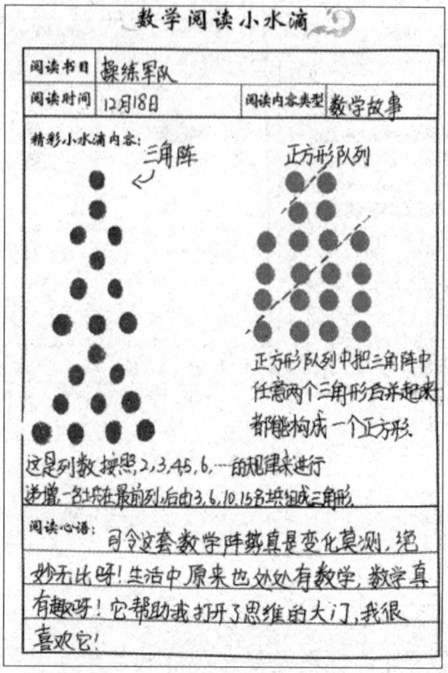

数学阅读小水滴

阅读书目	操练军队		
阅读时间	12月18日	阅读内容类型	数学故事

精彩小水滴内容：

正方形队列中把三角阵中任意两个三角形合并起来都能构成一个正方形。

这是列数按照2,3,4,5,6,……的规律来进行递增，一名士兵在最前列，后由3,6,10,15名士兵组成三角形。

阅读心语：司令这套数学阵势真是变化莫测，绝妙无比呀！生活中原来也处处有数学，数学真有趣呀！它帮助我打开了思维的大门，我很喜欢它！

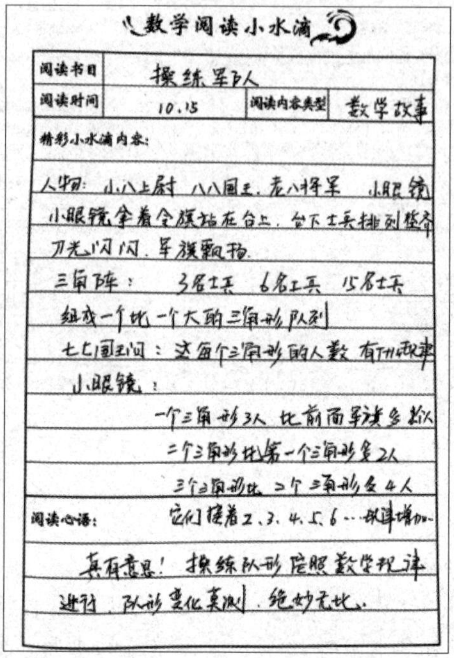

数学阅读小水滴

阅读书目	操练军队		
阅读时间	10.15	阅读内容类型	数学故事

精彩小水滴内容：

人物：小八上尉 八八国王 老八将军 小眼镜

小眼镜拿着令旗站在台上，台下士兵排列整齐刀光闪闪，军旗飘扬。

三角阵： 3名士兵 6名士兵 15名士兵

组成一个比一个大的三角形队列

七七国王问：这每个三角形的人数有什么规律

小眼镜：

一个三角形3人 比前面军法多2人

二个三角形比第一个三角形多2人

三个三角形比二个三角形多4人

阅读心语：它们按着2、3、4、5、6……规律增加

真有意思！操练队形按照数学规律进行，队形变化莫测，绝妙无比。

五、学生心语

这个数学故事太有意思了：我发现，这列数是按照2，3，4，5，6……的规律排列的，当改编成正方形队伍后，任意两个三角形合并，都能构成一个正方形。我厉害吧！

六、教师感悟

学生刚开始阅读或许追求的是故事情节，慢慢地就会想着去解决数学故事中的问题，坚持下去，学生会习惯运用数学思想思考遇到的数学问题，运用数学思维和数学方法解决遇到的难题，他们的数学能力定会有很大提升。

作业实例3：“数学家故事”阅读

一、阅读目的

阅读一些数学家的故事，学习数学家严谨的学风和扎实的治学态度，有助于培养学生学习数学的兴趣、开阔视野。通过阅读，学生能从中受到启迪，得到熏陶，不自觉产生情感的共鸣，坚持下去不仅能提高学生学习数学的兴趣，而且能够有效发展学生的数学思维，激励着学生更主动、更深入地思考故事背后隐含的数学思想和方法。

二、阅读内容

数学家的故事——华罗庚

三、作业要求

阅读《华罗庚》故事，学习华罗庚爷爷通过锲而不舍的努力自学成才，为祖国争得

了极大的荣誉的事迹。请把你的感悟写下来。

四、作业例选

数学阅读小水滴

阅读书目	华罗庚		
阅读时间	11月2日	阅读内容类型	数学人物

精彩小水滴内容：

华罗庚（1910.11.12[redacted]1985.6.12），汉族，江苏省常州市金坛市人，世界著名数学家，中国科学[redacted]院外籍院士，民盟成员。1985年6月12日，因心脏病突然发作，于日本东京病逝。

阅读心语：我知道了国际上以华氏命名的数学科研成果有“华氏定理”、“怀依一华不等式”、“华氏不等式”、“华氏算子”、“普劳威尔[redacted]一加当华定理”、“华一王方法”

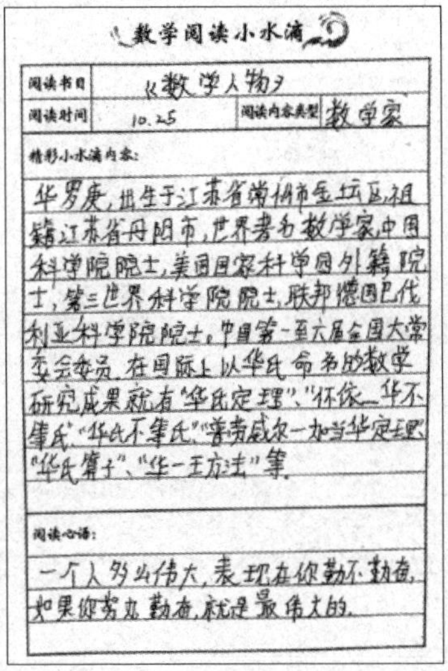
数学阅读小水滴

阅读书目	《数学人物》		
阅读时间	10.25	阅读内容类型	数学家

精彩小水滴内容：

华罗庚，出生于江苏省常州市金坛区，祖籍江苏省丹阳市，世界著名数学家，中国科学院院士，美国国家科学院外籍院士，第三世界科学院院士，联邦德国巴伐利亚科学院院士，中国第一至六届全国人大常委会委员。在国际上以华氏命名的数学研究成果就有“华氏定理”、“怀依—华不等式”“华氏不等式”“普劳威尔—加当华定理”、“华氏算子”、“华—王方法”等。

阅读心语：

一个人多么伟大，表现在你勤不勤奋，如果你努力勤奋，就是最伟大的。

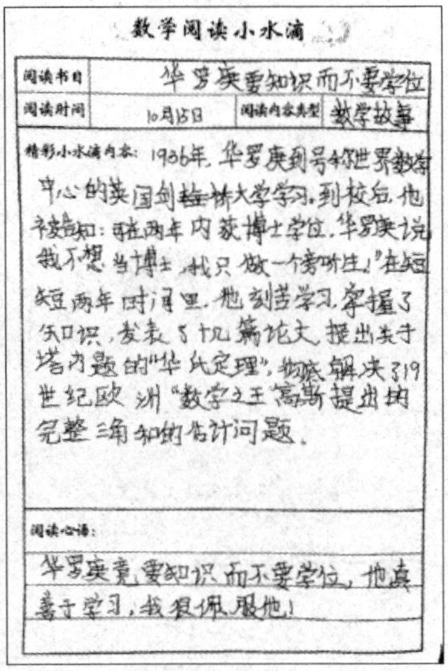
数学阅读小水滴

阅读书目	华罗庚要知识而不要学位		
阅读时间	10月15日	阅读内容类型	数学故事

精彩小水滴内容：1936年，华罗庚到号称世界数学中心的英国剑桥大学学习。到校后，他被告知：可在两年内获博士学位。华罗庚说“我不想当博士，我只做一个旁听生！”在短短两年时间里，他刻苦学习，掌握了知识，发表了十几篇论文，提出关于塔内题的“华氏定理”，彻底解决了19世纪欧洲“数学之王”高斯提出的完整三角和的估计问题。

阅读心语：

华罗庚竟要知识而不要学位，他真喜于学习，我很佩服他！

五、学生心语

通过阅读，我觉得华罗庚爷爷热爱祖国、报效祖国的精神永远值得我们学习。我一定要向华罗庚爷爷学习，以他为榜样，将来长大了也要报效祖国，做一个对祖国有用的人。

六、教师感悟

阅读数学家的故事，培养学生数学学习的严谨学风和尊重科学、尊崇科学家之情。

作业实例 4：“数学游戏”阅读

一、阅读目的

古往今来，人类为磨炼思维，创造、发明了种种益智游戏。通过阅读数学游戏激发学生的兴趣，使他们在娱乐中扩大视野、获取知识，陶冶情操、发展智力。历史悠久、构思精巧、变化无穷、启人心智的“七巧板”游戏，能激发学生的思维和创造力。

二、阅读内容

游戏：拍案称奇——七巧板拼图游戏

三、作业要求

阅读“七巧板拼图游戏”，明白七巧板的构造，理解游戏规则，试着用七巧板拼摆出数字“1、2、3”“跑、走人物动作”“鱼、虾”等形象。

四、作业例选

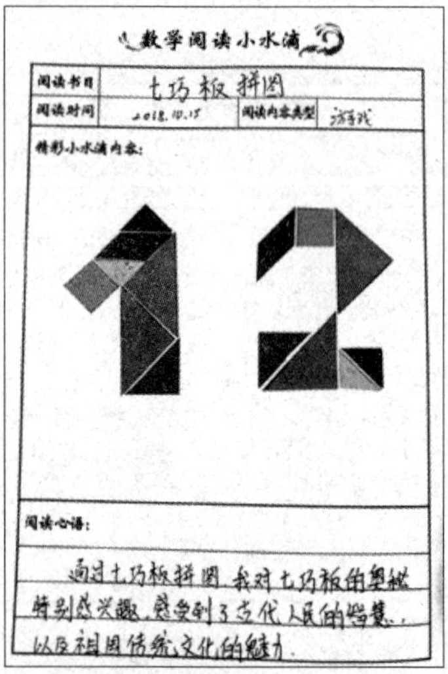

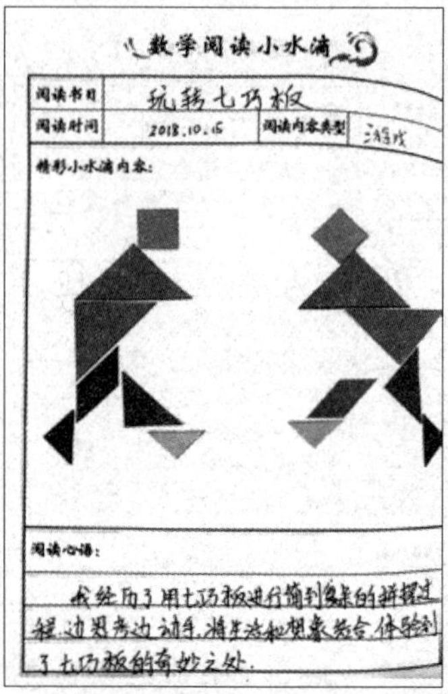

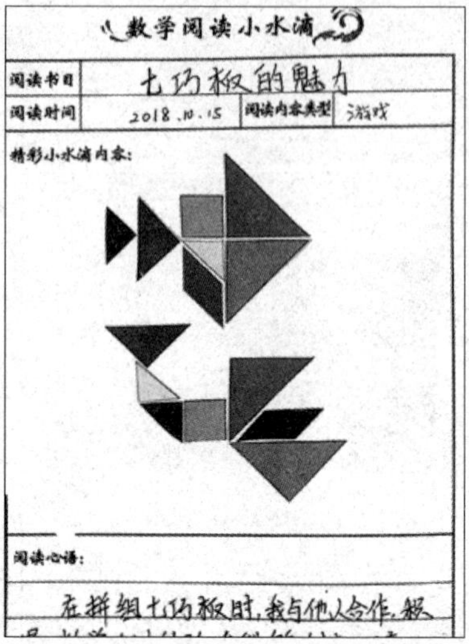

五、学生心语

通过阅读，我知道了用七巧板摆字由来已久，古人把它用于儿童的识字启蒙，使得孩子视觉分辨、认知技巧、手眼协调、联动记忆等，尤其是增加几块，创造了“益智图”。真为古人的智慧点赞！

六、教师感悟

数学阅读让数学在学生心中不再是冰冷的、坚硬的，数学变得可亲、可爱！阅读让学生感受到人类的智慧和创造，感受到人类社会千年文明的积累！

作业实例 5：数学欣赏

一、阅读目的

钱学森、杨振宁等很多科学家对数学美都提出过很多真知灼见，数学本是博大精深、丰富多彩的，学生阅读“数学欣赏”，感受数学中的美，欣赏数学这种美，领略数学本身蕴含的魅力，激发学生学习数学的兴趣，为将来学习更多的知识打下扎实的基础。

二、阅读内容

数学中的美——火柴画

三、作业要求

阅读《火柴画》这篇文章，感受火柴画中的动物特征，欣赏火柴画中的数学元素——化曲为直，以点带面等，并把感悟写下来。

四、作业例选

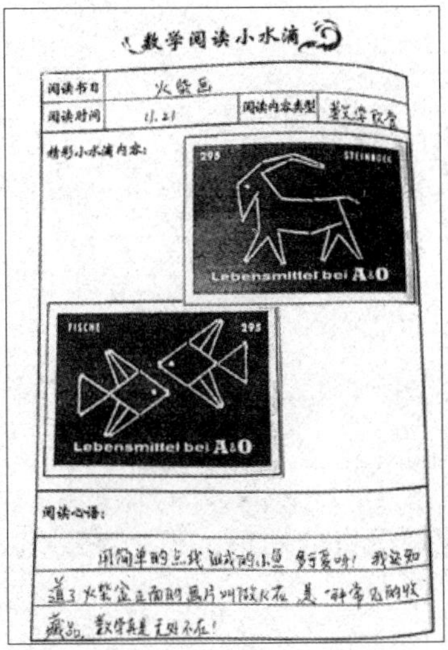

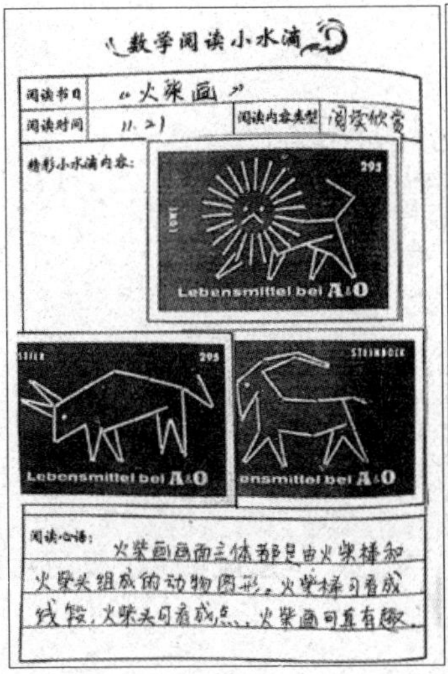

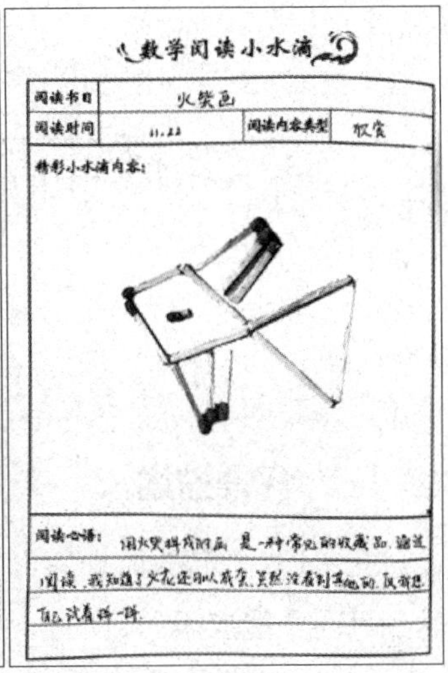

五、学生心语

通过阅读，我知道了小小的火柴可以创造出这么多图案，还知道了火柴棒里面蕴含好多数学知识：火柴棒可以看成线段，火柴头可看成点，火柴棒长度相等……

六、教师感悟

数学中的美，无处不在：对称美、简洁美、奇异美、曲线美、黄金分割美等等，让学生走进数学美的阅读中，欣赏数学所带来的乐趣和美妙，感受数学的魅力！

三、实施效果

我们通过让孩子们阅读《数学故事》《数学人物》《数学游戏》《数学欣赏》等大量丰富多彩的书目，提高了学生的思考智慧，了解了数学家的成长，了解了数学的发展史，了解了数学在生活中的广泛应用。我们将学生搜集的资料做成板报、手抄报、读书卡、趣题集进行展示交流，引导学生记录阅读资料，在阅读中丰富数学知识、拓展解题思路、提高思维能力、享受数学学习的乐趣。此外，我们还通过对学生阅读方法的指导，帮助学生克服了学习中的依赖性，增强了他们的独立性；加强了学生对数学语言的理解，加深了对数学思想方法的理解，使他们形成更好的数学思维；促使学生主动获取知识，形成了良好的数学学习习惯。我们通过关注学生的数学课外阅读能力的发展，引导学生学会自主阅读、自主探究，不断夯实基础知识，培养了学生的创新意识，有效提高了学生的数学阅读能力，取得了一定的成效。同时也促进了教师的专业成长与职业幸福。

（秦皇岛市昌黎县昌黎镇第三完全小学 / 刘洪勃）

播下思维的种子　静待花开

——思维导图式单元整理复习作业

一、背景描述

孔子曰："温故而知新"，"温故"就是指通过复习、梳理已有的知识，使之系统化，达到巩固并能应用的目的。

而说起数学的复习，我们的老师大多是带领孩子们背概念、默公式，之后就是大批量做习题，就题解题。结合孔子所说，反思我们自己：我们缺少的就是帮学生对知识进行归纳和整理，以及以点带面、由此及彼的梳理过程。学生掌握的知识零碎、思路无序，遇到实际问题缺少分析能力，乱碰误撞。因此我们首先就得让孩子们学会梳理，学会整理分析。

思维导图呈现的是一个思维过程。教师可以运用思维导图引领孩子们对知识进行归纳和整理，将数学的主要知识以图文并茂的形式跃然纸上，简明扼要地表达知识间的逻辑关系，呈现各知识点的地位以及相关性，利于学生发现知识间的区别与联系，促进知识之间的融合，使学生在头脑中形成条理化的认知结构，科学合理地应用于解决问题。

因此，带领学生进行思维导图式单元整理复习作业势在必行。思维导图，对孩子们来说是陌生的，因此我和老师们开始带领孩子们一起梳理层次，整理分析，直到最后孩子们学会自主独立地整理。

如何绘制思维导图，我们分低、中、高年级分别进行指导：

二、实践探索——如何绘制思维导图

（一）对低、中、高年级提出不同的要求

低年级：能独立绘制出思维导图的根目录和一级目录（主枝干），并根据自己的理解适当增加二级目录。

中年级：能独立绘制思维导图的根目录 + 一级目录（主枝干）+ 二级目录，并以画图或公式的形式丰富二级目录的内涵和外延。

高年级：能独立绘制思维导图的根目录 + 一级目录（主枝干）+ 二级目录 + 三级目

录，既能用画图公式的形式阐释内涵和外延，又能理清知识之间的联系、转化，形成横向、纵向式知识网络。

（二）低年级和中、高年级分段进行指导

低年级

低年级孩子小，独立绘制思维导图的确有难度，于是我们采用师生共绘的形式，其目的主要是培养孩子的单元整理意识。

下图是一年级老师对下册“认识图形（二）”这个单元的整理。老师首先带领孩子上单元复习课，在复习课的最后十分钟老师带孩子们边回忆本节课的复习内容边在大屏幕一层层出示这幅图，然后孩子们当堂填空，正好对本节课刚复习完的知识进行一个巩固。

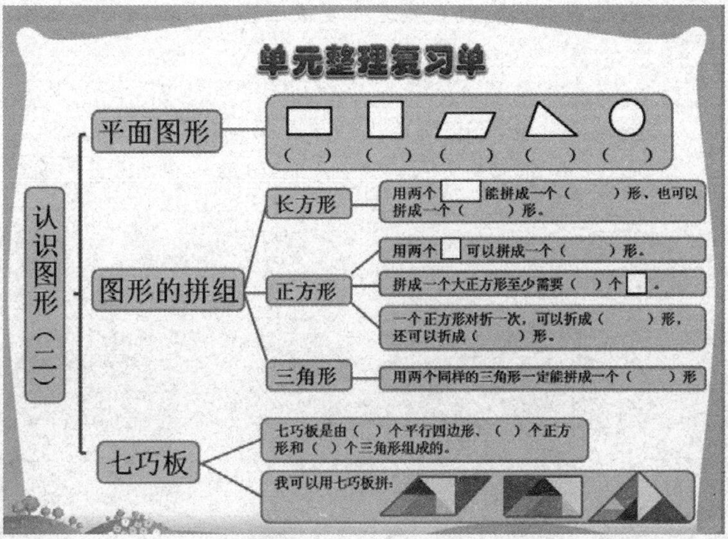

二年级的老师采用的是下面两种形式：

第一，师生共绘：复习时教师统一打印出主枝干（知识树），然后由孩子们自己看书填空整理。

第二，独立尝试：

（1）师生共同梳理知识点，绘制思维导图主枝干；

（2）学生尝试独立绘制思维导图草图；

（3）老师给出草图的修改和意见，学生进行修改；

（4）学生边誊写，边完善思维导图。

例：二年级上册“100以内的加法和减法（二）”思维导图式单元整理复习作业展示

作业目的：

这个单元学完了，学生掌握的知识是零碎的，教师引领学生运用思维导图对知识进行归纳和整理，将本单元的主要知识以图文结合的形式表现出来，学生在头脑中形成简单的知识结构，以培养学生的单元整理能力。

布置时机："100 以内的加法和减法（二）"单元后

作业内容：

同学们！今天上课老师和你们一起整理了"100 以内的加法和减法（二）"这个单元，并且绘制了思维导图的主干图。

思维导图是以画图的形式整理这一单元的知识，会帮我们更清晰地记住本单元的知识，让你变得更聪明，是一种非常有效的复习方法，所以请你接着来完成这次作业！

作业要求：（1）在下发的纸上完成；（2）可先在其他纸上打草稿，再誊写到发的纸上；（3）图要画在纸的正中间，大小合适，可以设计漂亮的边框；

温馨提示：这次的作业我们将放在楼道的展板上，供同学们一起来参观学习。

作业例选：

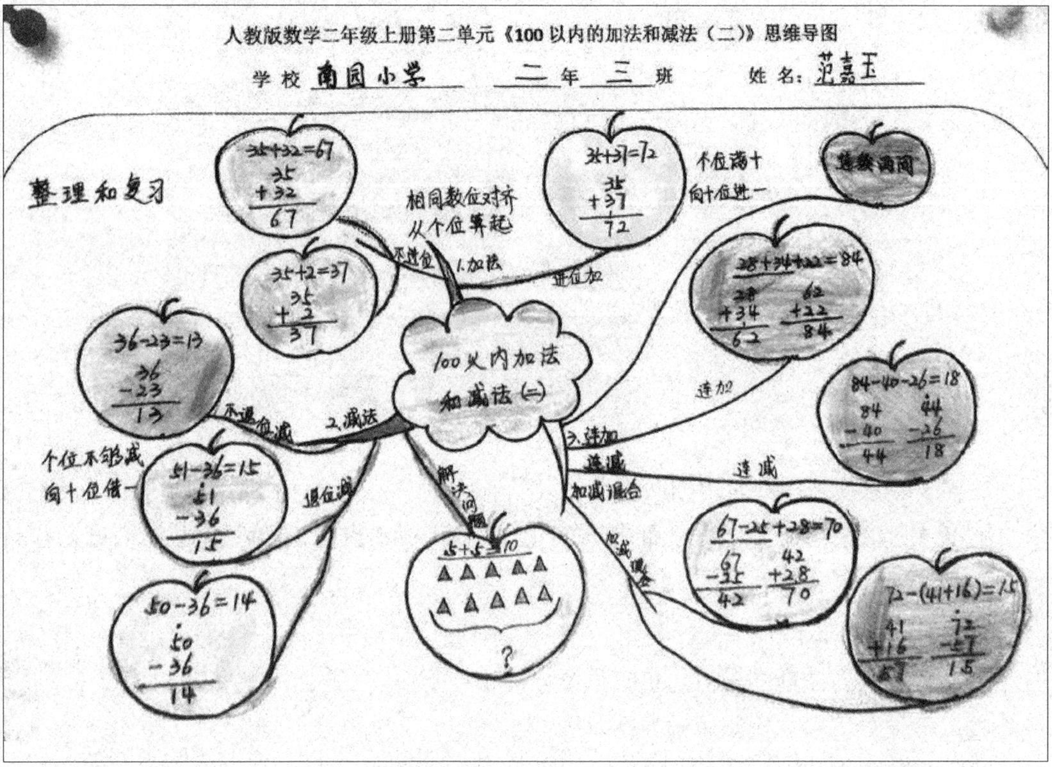

就这样，老师既是学生的指导者，同时也是他们的合作者。最后把他们绘制的思维导图展在楼道软板上，邀请家长和孩子们一起参观作业展，看着孩子的作品，家长特别有成就感。

中、高年级

1. 梳理层次

学完一个单元，老师首先带领孩子们在黑板上进行整理，学生手拿教材和老师一起整理。建构一个单元知识网络结构图，帮学生一层层地梳理：根目录、一级目录、二级目录。

2. 开眼界，看形状

孩子们了解了单元基本知识结构以后，带领孩子们观看各种形状的单元整理思维导图，让孩子们开眼界，让他们明白单元基本知识结构图不仅有大括号形状的，还有其他各式各样的。

3. 尝试绘制

老师已经带着孩子们对单元知识做了基本的层次梳理，那么中高年级就让孩子直接试着来绘制思维导图。但是要和孩子们明确，思维导图的形状虽然有很多，但是不管你用哪种图案，必须保证这三级目录要清晰，里面的相关知识点要清晰。

例：六年级“百分数（二）”思维导图式单元整理复习作业展示

作业目的：

发现知识间的区别与联系，促进知识之间的融合，在头脑中形成条理化的认知结构。

布置时机：“百分数（二）”单元之后

作业内容：

同学们，“百分数（二）”这个单元学完了，这一单元包括哪几部分？每一部分又讲了哪些知识？每部分知识又应该注意哪些要点？自己边看书边试着用思维导图的形式整理归纳本单元的知识点。每部分知识点还可以加上易错小练笔哟！

（三）整理辨析，完善绘制

通过一段时间的作业改革，孩子们对思维导图式单元整理复习作业热情高涨，他们乐于积极主动参与制作思维导图。学期末，中、高年级的孩子们都能够独立对某一个单元以思维导图的方式进行整理。但静下心来仔细观察孩子们的思维导图，还存在着很多问题：

（1）看着漂亮，但缺少实用性。孩子们更多关注的是思维导图的形状是否漂亮。

例如下面这两张作业是六年级学生的，注重版面漂亮，只显示二级目录，缺少对知识点的整理，实用价值不强。

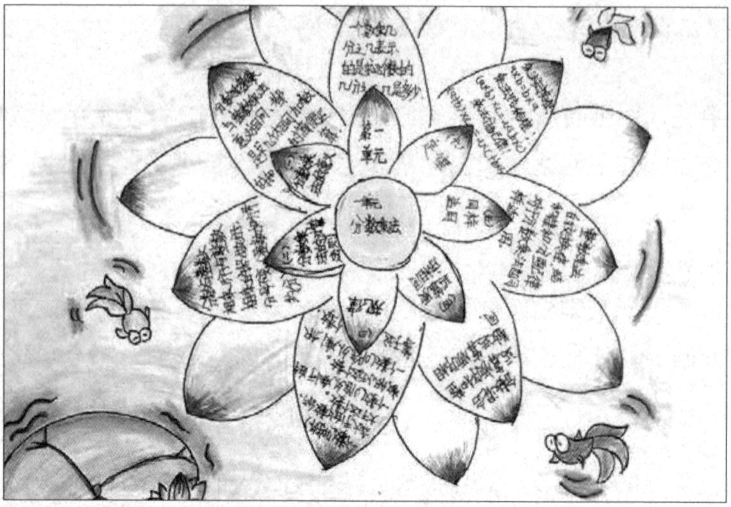

（2）整体布局不合理，知识点过少。

例如下面这张作业，根目录就占据了整个中心版块，整理的知识点过少。

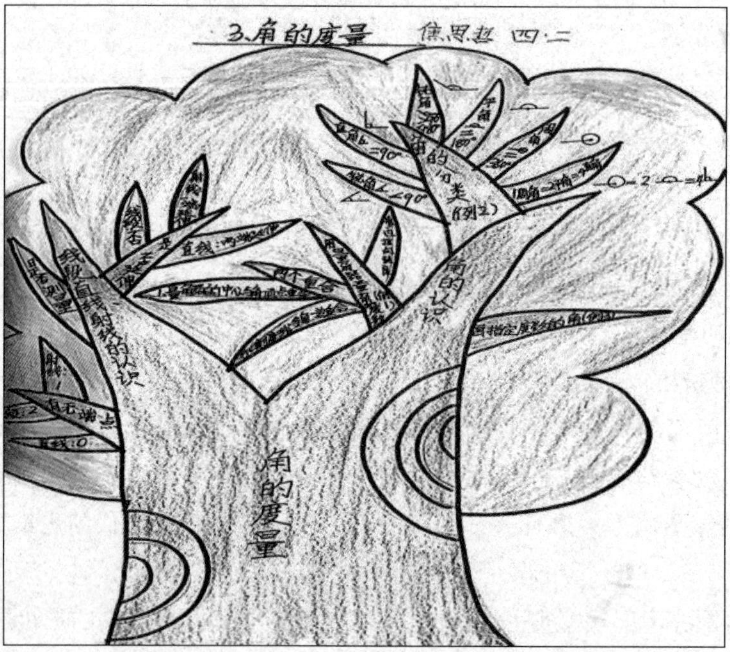

（3）内容只是书中知识点的简单罗列，缺少层次性以及自己对单元知识点的整理与分析。

为了让这项作业做得更扎实，既保留孩子们的绘制兴趣，而且还能够提高孩子们的整理归纳分析能力，能够让不同年龄段的孩子都学有所获，我们及时调整与改进我们的做法：

（1）上思维导图式单元整理复习作业辨析指导课

老师挑选范例，最好找孩子们自己的作业，有优秀的还有差的，让孩子们观察：你觉得哪张作业更好一些？好在哪？这张作业哪不太合适？应该怎么改？可以补充些什么内容？让孩子们在观察、讨论、评析、对比中，明白思维导图应该怎样绘制才能更好地为我们的学习服务。

注意：在孩子们的对比评析中，教师要引导孩子做记录，一是培养孩子边听边记的良好学习习惯以及整理速记能力，二是为他下一步修改思维导图留存素材。

对比辨析指导课前后作业对比：

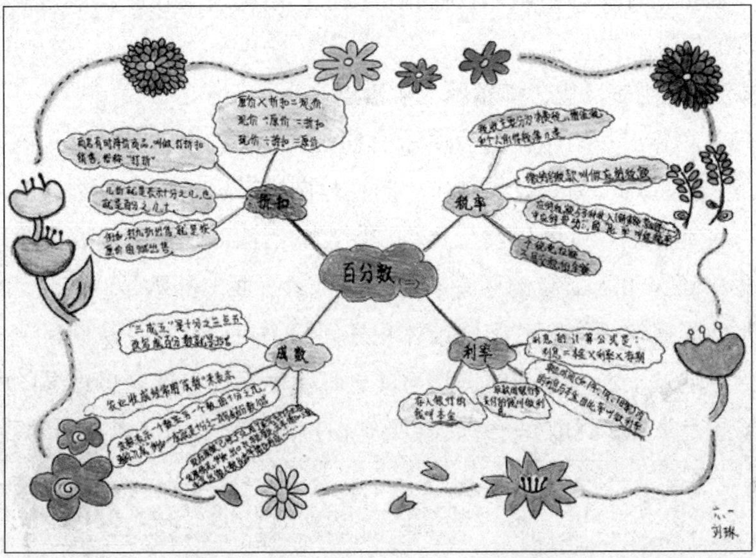

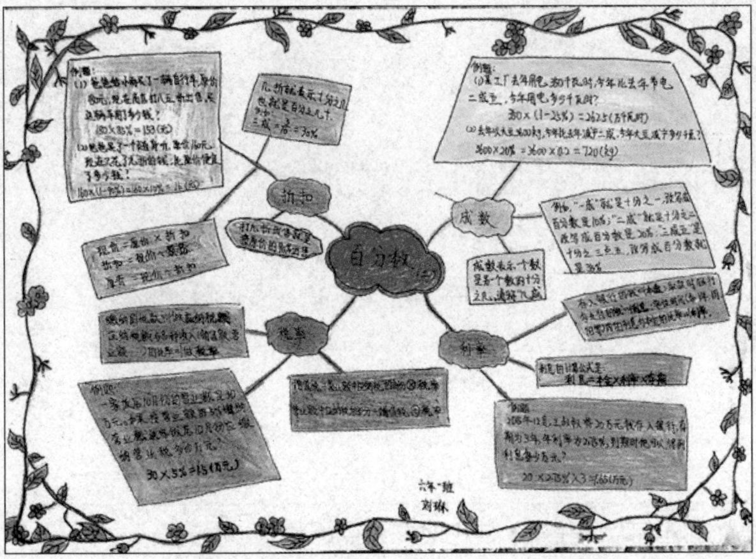

六年级“百分数”这一单元前后作业对比

（2）上小组评价课

当大多数孩子的思维导图都有了进步，已经有了一定的整理归纳能力的时候，我们老师就可以充分利用小组合作进行小组修改。

小组之间相互评价，提出修改意见，再进行补充、修改。

修改后，每个孩子的两张作业装订在一起，做成优秀作业集，也体现了老师指导和孩子们进步的一个历程。

三、实施效果

经过对比辨析指导课等措施，我们觉得孩子们绘制思维导图式单元整理复习作业的能力有了很大的提升。

（一）选取内容由表及里，抓精髓，挑重点

学生由只关注外形开始转移到关注知识点上，在选取内容时大多数孩子能做到由表及里，抓精髓，挑重点。例如：在制作“圆柱与圆锥”这一单元思维导图时，学生从基础知识着手，将重点推导过程以及公式写在图形的后面，并添加简要说明，大部分学生在整理的过程中还突出了二者的联系和区别：二者“面”的数量、“高”的数量、展开的平面图图形，等底等高的圆柱和圆锥体积之间的关系，计算方法的区别与联系等，非常具有可读性。通过上面一系列的调整与改进，学生不仅在选取思维导图内容方面有所进步，更重要的是掌握了提取每个单元重要知识点的方法，对其以后的学习有很大帮助。

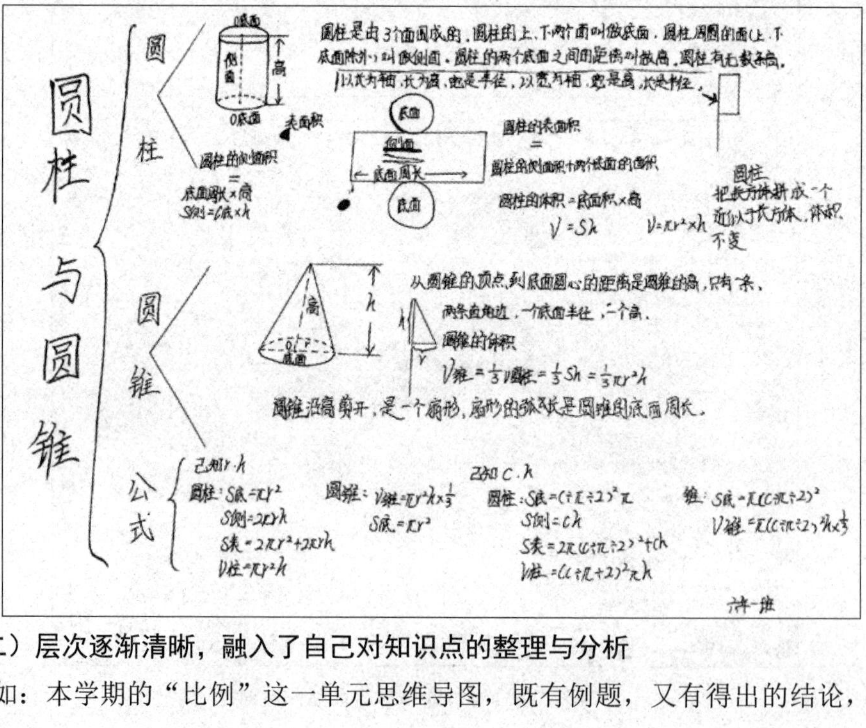

（二）层次逐渐清晰，融入了自己对知识点的整理与分析

例如：本学期的“比例”这一单元思维导图，既有例题，又有得出的结论，在每一部分还添加了小练笔。条理清晰，知识点完整，提升了思维导图内容价值的深度。

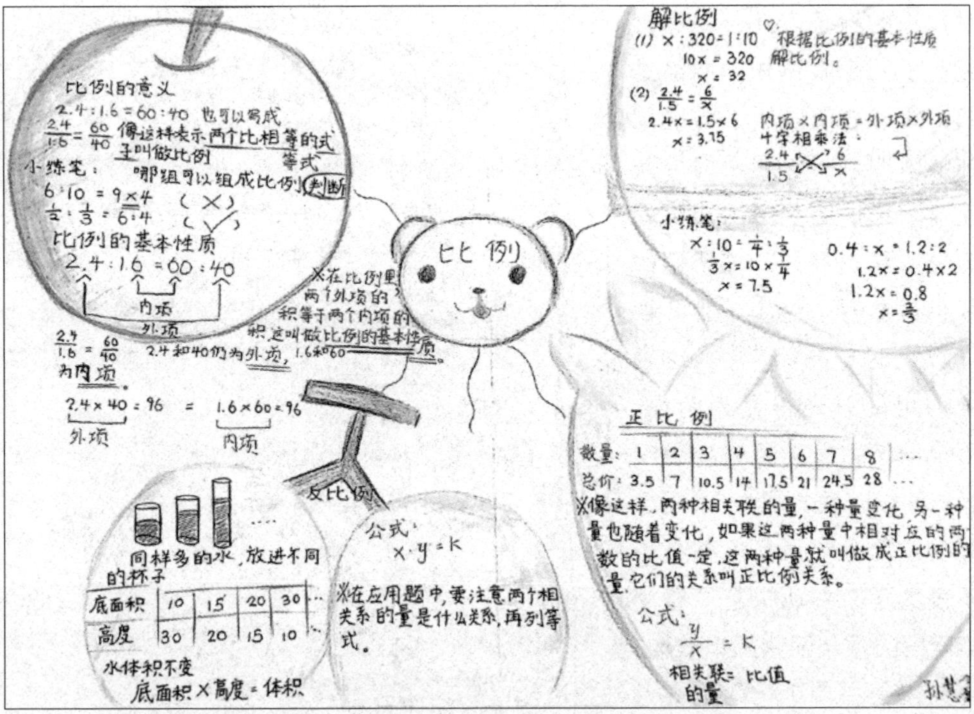

（三）版面设计主次分明，既照顾了美观，又体现了实用

最初，很多同学喜欢制作思维导图是因为能够“施展”其绘画天赋，这样就造成了图画太多，颜色太重，版面利用不合理。

例如在最初的时候很多学生都喜欢用“大树”这个载体来体现知识的“框架性”，看起来漂亮，但实际存在着诸多问题——当知识点过多时，空间不足，无法清楚地展示二层以上更多层次的知识点。于是我们老师及时给予引导，在进行十二册整本书整理复习时，拿出了两份作业单，一种是学生们喜欢的“大树形”，另一种就是传统的“大括号形”，让学生们自己观察优劣，孩子们不难看出，当知识点过多时，这种大括号形思维导图更便于我们清晰地整理与分析。

学生改善了自己的设计之后，整体布局显得更加合理，颜色搭配上也有了长足的进步，能清楚地衬托出内容主体。“更加合理”成为学生设计思维导图的基本宗旨。

四、意外惊喜

通过一年多师生的共同努力，绝大部分学生都可以绘制出内容丰富、条理清晰、设计美观的思维导图，更重要的是思维导图式单元整理复习作业为我们带来了意想不到的惊喜。

（一）思维导图作业真正成为孩子们学习的一种手段与工具

以往的数学学习，是学生对教师课堂内容的记忆和模仿，很少有时间真正地去思

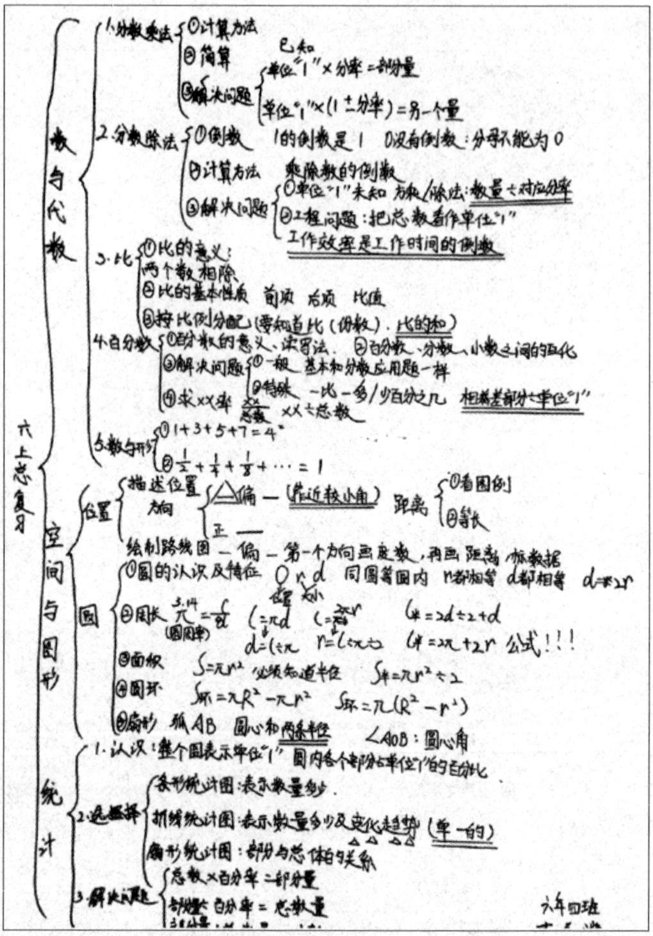

考。而独立制作思维导图，通过对知识的梳理，孩子们在脑中建构了一个整体知识网络结构图，知识之间的联系与区别更加清晰明确了，解决问题条理就清晰了，综合运用知识的能力也明显提高了。孩子们的成绩也自然有了进步。尤其在六年级的下半年复习中，这项作业的用处体现得尤为明显，有不少同学自发利用这种思维导图方法按“数与代数”“图形与几何”等分类来复习整个小学阶段数学，主动构起了整个小学阶段的数学网状知识结构，运用起来得心应手。六年级一个孩子在数学日记中说：“现在每学完一个单元我就会利用课余时间整理一个单元的思维导图，不仅整理书上的，还把老师强调的知识点和我自己的思考、提醒自己注意的点都整理到这张思维导图上，所以每天晚上看思维导图就是我经常做的一个事，现在我觉得每个单元的知识点在我脑中越来越清晰了，所以知识点掌握得越来越扎实了，成绩也提高了好多。谢谢老师教会了我单元思维导图！”思维导图式单元整理复习作业真正成为孩子们复习的一种手段与工具。

（二）思维导图式单元整理复习作业让我们课堂上的老师和孩子们发生了变化

1. 老师的变化：课堂上努力进行相关知识的拓展与对比辨析

每单元学习之后，老师们都要带领孩子们做思维导图单元整理作业。为了让孩子们的素材更丰富，有东西可整理，老师们在备课时就更加认真地研究教材教参，找相关资料，在课堂上有意识地进行相关知识的拓展，并且增加了相关知识点间的对比辨析。老师们无论备课还是上课，质量都明显提高了。

2. 学生的变化：学生课堂上边听课边记笔记，听课的质量明显提高了

非常可喜的是，这项作业也带来了学生的变化，他们在新授课上、练习课上，再不像原来那样仅仅是简单、被动地听，而是边听边做笔记，再在课下自己进行整理分析。

这一学习习惯的养成，将会让孩子们受益终生！

（三）思维导图拓展运用于阅读与生活中

1. 理清人物关系

在我校组织的“共读三国，品味经典”读书活动中，孩子们绘制三国主要人物及人物关系思维导图，思维导图帮孩子们理清了非常复杂的三国人物之间的关系。

2. 整理分析三国中各军师的使用计谋

诸葛亮使用计谋思维导图，著名战役思维导图，将思维导图运用于读名著中，将我们的读书活动引向深入，推向高潮。

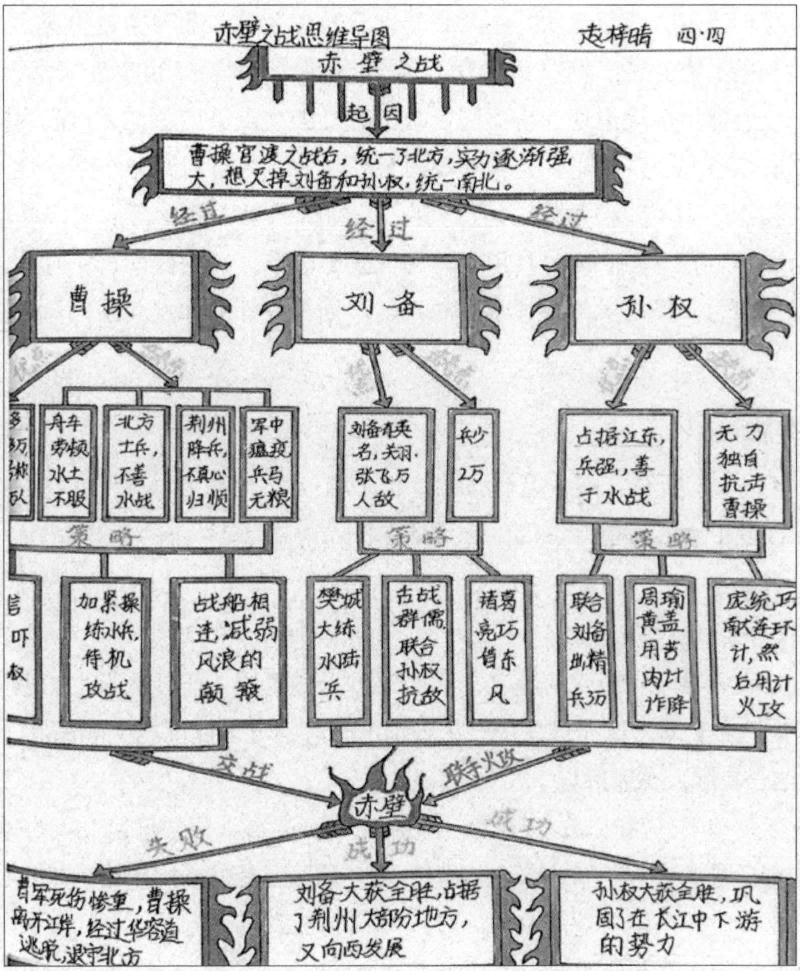

总之，思维导图让孩子们学会了思考，学会了整理分析，而这一学习技能将会让他们受益终生！让我们为孩子们种下一粒思维的种子，然后一起静待花开！

（秦皇岛市山海关区长城小学 / 王立平）

新型反思性作业——数学日记

一、背景描述

随着新课程改革的不断深入，小学数学课堂教学发生了翻天覆地的变化。课堂教学是由教师组织的、有目的、有计划的学习活动。那么如何让学生享受课堂、留恋课堂，使课堂真正成为师生心灵沟通的桥梁呢？教师教学的重点不应放在如何表现自己、展示自己，而要放在研究学生的学上。新型反思性作业——数学日记意在强化学生的自主学习，变“要我学”为“我要学”，并且有利于教师研究学生的学习方式，尊重学生的个体差异，允许学生有不同的体验，用不同的方式来学习。运用数学日记有助于培养和发展学生的反思能力，提高学生数学学习的兴趣，创设良好的师生关系，促进教师的课堂教学。

二、实施策略

“日记，我并不陌生，但数学日记还是头一回。”一名学生在数学日记中这样写道。所以首先要让学生明确数学日记写什么。“数学日记”就是让学生以日记的形式记录下自己对每天数学教学内容的理解、评价及意见，包括自己在数学学习中的真实心态和想法。

（一）转变思想，参考格式

开始时，大多数学生会觉得这种形式的写作有些困难。要转变学生的思想，可以先要求学生写一写他们解决某个问题的过程或情况，教师可以提供一个格式。

（二）结合实际，布置适当

鼓励学生多动手、及时写，要求学生一周写一到两篇“数学日记”，刚开始时只要学生写就要进行适当的表扬，鼓励学生动起手来，有思则写，不拘一格，把自己的想法充分地表达出来，及时与老师进行交流，使一些问题能及时得到解决，对于好的意见与建议教师能及时进行调整与修改自己的教学内容与方法。

（三）主题鲜明，不拘一格

布置数学日记最好一次一个主题。比如：我认识的数学家、身边的数学、有趣的数学、独特解法等等，待学生熟悉写数学日记之后，放手让学生写出自己随心所欲的内容，进一步指导学生的写作方法，引导学生在教师布置的日记之外另选主题，并及时与学生分享数学知识之间的联系以及扩充新的数学知识，扩大视野，积累经验。

（四）注重评价，展开交流

教师要及时地进行评价每次作业的情况，把写得好的日记在班里读一读、展一展，定期进行全班性的数学日记交流与展评，把学生的优秀数学日记及时地展出，进行表扬激励，让同学们通过数学日记来互相学习，互相促进。

三、意义价值

（一）在正视错误时点亮理解

数学实践是一个动态的、变化发展的过程，学生随时可能发生各种预想不到的错误。作为教师应正视学生的错误，理解学生的错误，允许学生出错，承认教育的差异性，并冷静分析错误的原因，帮助学生灵活纠正错误，带领学生从“错误”走向“正确”，以后避免犯同样的错误。教师要告诉学生，错误在一定程度上反映了学生的思维水平和真实想法，是一种有价值的资源，鼓励学生在作业反思日记中表达自己最原始的想法，并用欣赏的眼光去看待，有时还可能有意外的收获。比如学生在数学日记中记录了自己在遇到“相遇问题”时，从困惑到理解，再到解决的过程。

2018 年 10 月 17 日 星期三 晴

今天，我们上课的内容是“相遇问题”的应用题。

在课堂上，我遇到了这样的一个题目：“两辆汽车同时从一个地方向相反的方向开出。甲车平均每小时行 44.5 千米，乙车平均每小时行 38.5 千米。经过 3 小时，两车相距多少千米？”老师让我上台板演，开始我思考这题时受“方向相反”条件的影响，做成了 $44.5\times3-38.5\times3$。接着老师请 2 名学生上台表演，分析两辆汽车的运动状态。通过示范，让我真正懂得其中的道理，运动方向虽然相反，但实际是求两车的路程之和。我自己思索着：假如算式是 $44.5\times3-38.5\times3$，题目应如何改变？经过讨论得出方案：① 改变问题，改成“甲车比乙车多行多少千米？”② 改变条件，改成“两辆汽车同时从一个地方向相同的方向开出”，这样的改变，就变成了求两车的路程之差。通过不同情况的分析，最后我终于理解了为什么原来题目的答案不是 $44.5\times3-38.5\times3$，而是 $44.5\times3+38.5\times3$。

学生出现这样一个错误，如果只是简单地让学生订正了答案就完事，学生肯定不会理解得很透彻，若以反思日记的形式记录下来，相信学生对曾经出错的题目会理解得更加深刻，并且以后出现类似的题型肯定不容易出错了。所以教师应在学生出现错误时，展示学生的思维过程，从中发现其中的合理成分和闪光点，给予肯定，并顺着思路引导他们利用其中的合理成分加以分析理解，明白出错的原因，进而获得正确认知。

（二）在讲解困难时点亮思维

“把课堂还给学生”是叶澜教授新基础理论中的核心部分，是素质教育形式下课堂教学改革的方向。教师应充分相信学生，发挥学生的自主性以及主观能动性，让他们真正投入到学习活动中。比如举行“新型反思性作业——数学日记展示交流会”，让学生对理解起来有困难的题目有一个全新的认识和理解。

2018 年 11 月 22 日　星期四　晴

今天，我们班数学课上的是“小数乘法”这一课。老师安排了一道让我们自主探究的题目：13.5×0.7=？，不少同学都调动自己已有的知识，计算出结果是 9.45。这时有一位同学提出疑问：为什么这里的积比乘数 13.5 小呢？肯定结果错了。这个问题一提出，全班同学都怔住了：是呀！这是为什么呢？

这时，班上一个非常调皮的孩子抢着站起来。他叫金 ××，是大家眼里的“后进生”，他急切地说：“我知道，我知道，我家卖水果，如果是 13.5 元一斤，一个人只买 0.7 斤，不够一斤，所以就不到 13.5 元，这个答案是正确的。”多精彩的例子！我一下子就像发现了金子一样，情不自禁地在心底“赞赏”了他。顿时，大家明白了：小数乘法中，积有可能会比其中的乘数小。

当他把这个结合生活的验证方法介绍给大家后，另一个女生产生了兴趣，课下和他一起研究：一个数乘什么样的数，积会比这个数大？一个数乘什么样的数，积会比这个数小？

在兴趣的驱使下，我也加入了他们的行列。最后我们得出一个数乘以大于 1 的数，积比原来的数大；一个数乘以小于 1 的数，积比原来的数小——前提是第一个因数不能为 0。

这篇数学日记在课堂上产生一阵轰动，这就是教育家陶行知先生说的生活即教育。教师应学会“发现每一个孩子”，放手让学生靠自身的力量去孕育真理，发现真理，相信学生会有更大的满足感，对数学产生更积极的兴趣。

四、实施成效

（一）反思日记，提高反思

荷兰著名数学家弗赖登塔尔指出：“反思是数学思维活动的核心和动力。”反思是学习数学的真谛，是学习的最高境界，是领悟数学思想方法真谛的最好方法。我们学校是一所农村学校，学生的基础比较差，学习习惯也不好，高年级展开写数学反思日记后，课堂活跃了很多，学习成绩有了提高。写数学反思日记有助于培养学生反思的习惯和反思能力。通过撰写日记可以激发学生的学习兴趣，促使他们带着问题走向教材，可以使学生清楚地看到自己的进步和存在的问题，一段时间后再回顾这些随笔，可以引导学生对自己的数学学习进行反省，这对于帮助学生看清自己曾经存在的问题是非常有效的。

更重要的是，学生通过自己对学习的总结，可以逐渐培养起对学习结果自我负责的意识，有利于培养学生自己承担学习任务的责任感。

（二）把“要我学”变为“我要学”

新型反思性作业——数学日记激发了学生的学习动机，使学生变被动学习为主动学习，由被动参与到主动参与，积极评价，并在积累的过程中懂得做什么事情都要持之以恒才会见到成效的道理。学生创造性的想法会在日记中层出不穷，在解题时就会不满足于现状，而是对自己的思路进行深入分析、评价、总结，不放过一点疑问。经常写日记，学生就像和笔友聊天谈心一样主动写出他们自己的想法、困难与发现等。

（三）架起桥梁，建立新型关系

美国心理学家罗杰斯说过：“成功的教学依靠于一种真诚的尊重和信任的师生关系，依靠于一种和谐安全的课堂气氛。”教学活动是师生双边活动，学生是学习的主体，只有全面了解学生，教师的指导才能有的放矢，教学才能达到良好的效果。有的时候有些话学生是不敢直接面对老师去说的，这样教师就很难了解学生的心理世界，而数学日记正好可以解决这一难题。新型反思性作业——数学日记就会成为教师和学生沟通的有效方式。让学生写原先错误的解题过程，我们可看出自己对学生的认识是否准确、对他们个性化的学习过程是否把握得当，看到自己教学的得与失，并及时调整教学方法和策略。

（四）数学日记，促进师生共同成长

数学日记是师生反思的好场所，学生把课堂的学习过程及作业中的错误等情况进行回顾、评价、反思，不但能提高学生的自我意识，还能提高学生的自主学习能力。同时使教师更广泛、更深刻地了解学生，及时调整教学内容，反思教学过程，改进教学方法。

实践证明，写数学日记是一种很好的学习方式，把反思日记带入课堂，能以“思”促“学”，以“学”定“教”，提高课堂教学效率。新型的反思性作业——数学日记是数学课堂教学的补充与延伸，它不仅让学生了解到数学的价值，更增进了对数学的热爱，形成自主探索的学习习惯，拓展了数学学习的时空，使数学学习变得更有意义。学生从中获得的不仅仅是数学知识，而且还有深层次的情感体验、态度生成乃至整个生命力量的展现与成长。

（秦皇岛市青龙县肖营子镇总校 / 王丽丽）

数学周记——教学课堂的延伸与补充

一、起因

（一）源于学业作业现状

陈省身先生曾为广大少年题词：数学好玩！然而无论是在课堂上还是作业中，学生体会得更多的却是数学的枯燥、无趣。在一次次的数学测试中，每每遇到与生活相联系的开放题，往往是失分重灾区。我想，数学的发展源于生活实践的需要，而如今在学生的概念里，数学却成了无数烦琐的计算题堆积成的苦海。

（二）基于二年级“周记绘”

从2016年9月接手这个班级开始，我就一直在坚持布置有特色的数学作业。在二年级主要是以“周记绘”的形式，写一写、画一画，回顾一周数学课上的思考与收获，对知识点进行梳理，学生习惯并喜欢上了这种作业模式。经过一年的坚持，我发现学生的思维清晰而有条理，能对知识进行简单的自我加工。本学期学生升入三年级，年龄增长了，思维水平提升了，我决定带着学生拓展更广阔的数学天地，将知识与生活相联系，让学生主动参与，发现并体验数学学习的乐趣，产生更深层次的思考。

基于以上思考，本学期我以“数学周记”为主题，让学生感受数学与生活的紧密联系，鼓励并指导学生学会用数学的眼光发现生活中更加丰富的数学知识，设计成有特色的数学作业并坚持实施。

二、实施

为学生布置丰富多彩的数学特色作业，是我日常教学中的常态。从开学第一周开始，每周末记录一次，至今为止开学十几周，也就有了这样的十几本《“有你有我——焦老师和她的娃娃们”数学周记》。不拘于形式，周记中有文字记录、实践活动、动手操作、数学游记……

（一）定主题

关于主题的设定，实施之初我就为此制定了三项原则：

1. 坚持与教学进度相结合

例如，在第一周学过“东西南北方位的认识”后，数学周记为：对周末的一次出行进行路线规划，出发时要做家人的向导；学习了“除法竖式”，因为算理不好理解，就让学生把列竖式除的过程编成一个趣味数学故事；学习“统计表”后，设计了作业“××× 小鬼当家”家庭一日餐饮开支统计；学习了“面积”的第一课时后，设计了一次题为“××× 描描画画学数学”的数学特色作业；学“小数的初步认识”之前，作业就是写写日常生活中分食物时分数的应用；学过了“小数的初步认识”后，设计了一次题为“购物小票里的数学”的特色作业；等等。

2. 坚持与生活实际相结合

临近期末，周记就结合“年月日”单元，制作一份期末复习计划。五一小长假，就写一篇数学游记。早春时节春风较大，放风筝的孩子很多，于是那个周末的作业就是动手测一测风筝的高度。这里由于操作过程中涉及许多三年级孩子还没有学过的数学知识，像角的度量、相似三角形，所以只是以选做题的形式布置，这也就涉及了第三个原则。

3. 坚持与学生实际相结合

坚持与学生实际相结合，就要考虑孩子已有的知识水平，既可以让学习能力一般的学生垫垫脚能够到，还要保证能力高的同学能有更多的思考和收获。

（二）解困惑

学生对于这项数学作业十分喜爱，感觉很新鲜，充满了兴趣。然而，在数学周记开展之初，也曾产生了一些新问题。新鲜感过后，渐渐地有些学生写腻了，所写的周记内容只是在不断地重复。我苦思冥想了很多天，不知道问题出在了哪里。一天在与学生的一次课间闲聊中，我突然意识到：既然是与学生的实际水平相结合，那么除了学生已有的知识储备外，学生的“兴趣点”同样是学生实际的重要一方面。接下来我开始改进：

1. 向学生发放调查问卷

在全班范围内下发调查问卷，简单的几道题却可以通过数据的形式了解他们的喜好。记得在某一次调查后，我发现与动笔写相比孩子更爱动手做，因此我立即将那周已经定好的作业调整为：“动动小手、做学具”。

2. 利用闲暇时间多交流

利用各种零散的时间随意地同孩子聊聊天，我想知道的也就了然于心了。此外，我所设计的“新鲜出炉”的特色作业我都会第一时间交给“很有想法”的孩子，让他“审稿”，以孩子的视角给我提提改进意见。对他们而言既是一种荣耀，更是认真思考大显身手的机会，一举两得。

（三）重落实

除了考虑孩子的真实兴趣之外，对于孩子所做的数学周记没有更为科学的方法指导，也是实施过程中的又一大阻碍。为使学生能真正在完成数学周记的过程中增加数学学习兴趣，提升数学思维，我是这样改进并具体实施的：

1. 做前讨论、指导、借鉴

每周五布置数学周记，是学生最期待的事情。为了避免学生无从下手、家长无从帮助，布置的时候我都会稍作说明，这可以让孩子更准确地抓住重点，简单了解将要用到的数学知识。

在具体形式上，常用的有以下四种：

（1）师生交流讨论（适用于老师自编自制的实践活动）

比如，“测量自己卧室的面积”，这次作业首先需要明确“面积”的含义，再去测量。这时可以借助现成的“面积单位”——地板砖。如果没有，还可以根据步长、步数，求出面积。再次，如果形状不规则，可能还要用到“填补法”“分割法”。而我所做的指导也仅限于启发引导，告诉孩子就限制了思维，要学会“留白”。

（2）老师带头写（适用于纯粹日记形式的特色作业）

由于在校时间极其宝贵，我想指导就一定不能只依靠上课时间。我决定“以身作则”带头写。每周的作业我都会和学生一起写。最晚周六上午，我就会把“我的作业”上传到班级群里。孩子会觉得“老师都写了，我也得抓紧啦”。我们班 49 人，所以作业是 50 份。这么做的初衷，是觉得要求孩子做到的，身为老师的我就要先做到，并且一直在坚持着。此外，也是给不太会写的孩子提供一个可以模仿的例子，同时开启更多人的思路。

随着时间的推移，我渐渐发现越来越多的孩子很期待看到每周末焦老师上传的作业，这是一个非常好的教育契机，所谓“亲其师，信其道”，正是如此。当学生眨着一双双渴望求知的大眼睛，美滋滋地仰望着你时，此时你若是能俯下身，亲近孩子，你所传递的知识与教导他们都会欣然接受，并谨记于心。“想学”就是最美好的姿态，是教育的前提。我抓住了这绝佳的时机。我把更多的东西放进了每次我写的周记里，小到书写格式，列算式的合理布局，学会运用图文结合、数形结合，重点的总结性词句加以标注；大到渗透从儿童的角度思考问题的方法、德育教育……

因为有些作业孩子不可能百分百都会做，于是就需要家长指导，这参与的过程不就是一次亲子互动吗？我想我写的周记都是站在孩子的视角，用上轻松诙谐的语言，或许对家长会有一些抛砖引玉的功效。第一周的作业“大雁指引方向”的情境中，渗透着锲而不舍追求梦想的价值观。“计算公交车发车间隔”，渗透了乘车需要遵守秩序……每每解决一个生活中的数学问题，我都体会着油然而生的自豪感。润物细无声，久而久之，数学从书本上走进生活里的同时，教育也就从课堂上走进了一份份特色作业里，走进了孩子的心里。“学”而后“习”，知识才能内化为自己的，“教”而后“育”，才能培养美好的人。作为一名教育工作者，“教书”是我们的工作，“育人”是我们的责任。庆幸并感恩，让我通过数学特色作业的实施，发现“教育”这层衍生的价值，却也是所肩负的更大使命。

（3）利用网络资源。例如：制作学具的美编文、借鉴同年级同学的优秀寒假游记、认识“时分秒”的推送文。

（4）利用课本上的实践活动。例如：我们的校园、制作活动日历。

2. 做后分享、点评、展览

除了课前指导，做后的分享、点评、展览一样是学生提升的大好机会。

班里每周一是讲评的时间，学生完成数学周记，重在素材的搜集、整理，重视采用有效的激励机制，比如开展“精美周记评比”“数学信息发布会”等活动，调动学生的情感因素，以促使学生持之以恒地坚持下去。

（1）自评互评

① 上台前读自己的佳作；

② 小组内汇报点评；

③ 时间不充裕时，由老师进行分类整理，学生作分类后的汇报。

（2）教师评

① 结合课上学生的自评互评，我也会进行总结提升。在我的点评过程中，注重数学思维的指导会更多一些。

记得在设计“描描画画学数学”那次作业中，学生需要先将叶子描在方格纸上，然后通过“移多补少”的方法，数出格子数。再在空白格子处画出与叶子面积相同的规则图形。要知道生活中的叶子面积可不是卷子上的题，什么数字都可能出现。当不能画出“整数 × 整数”的规则矩形来怎么办？这时最好的办法就是用分数将方格分割。你看，看似简单的一次作业，却将面积与分数都囊括在内。并且对于一个刚刚认识了“面积”和“分数”的学生，充满挑战，垫垫脚却能够到。的确，根据作业的结果反馈，果然没让我失望。

我认为数学特色作业不仅仅是为了联系生活，应用知识解决问题的过程，对于能力较高的学生而言，更是将已学知识作为起点，利用老师教授的数学方法，发现探索更广阔数学天地的过程。

② 在作业上，我也会三言两语写上几句评语，启发式的、聊天式的，或者直接 1、2、3 罗列优点，便于孩子彼此学习。

③ 张贴小印章、小奖章，颁发优秀作业奖状。

（3）家长评

家长的评价基本都在陪伴、引导孩子完成数学周记的过程中，一句“宝贝真棒！真会思考！”“妈妈觉得你数学课一定很会听讲，还懂得学以致用”……不刻意不做作，却是给孩子最大的鼓励。

为了学生更好地借鉴学习，点评课后，我都会将优秀作业在班级的后黑板处展览一周，这里的展览区也是学生最喜欢逗留的地方。

三、成效

（一）作业的丰富

在探索的路上，我们相信有付出就有收获。通过一个学期的实践、改进与坚持，焦老师和 49 名娃娃们收获了这一本本沉甸甸的周记资料。我将这些数学周记归纳成了 4 大类型：生活应用型——包括为全家的一次出行指路、分数在生活中的应用、家庭一日餐饮开支统计表；学习体验型——包括测量自己的卧室面积；数学故事型——包括编写除法小故事、编写数学童话故事；动手操作型——包括制作活动日历、描描画画学数学、制作学具等。

（二）娃娃的进步

通过学期末的问卷调查，喜欢数学学科的孩子在增多，喜欢焦老师的人在增多，喜欢的理由是："善良""有趣""喜欢和我们亲近"等等。喜欢特色作业的人在增多，理由是："发现数学很有用""我这学期解决了许多数学问题""妈妈都夸我变聪明了"等等。

通过一学期的坚持，学生在数学学习上有了可喜的进步。数学思维得到了提升，发现问题的视角更加独特，解决问题的方法不再仅仅局限于老师的传授，更多地加入了自己的理解……

例如，在"生活里分数的应用"一次作业中，有个学生思考钟面上表针所扫过的面积，发现了分数的存在。而这不同于分月饼分比萨，将分数与时间相连，得到的是动态的分数，手动点赞。在"生活里小数的应用"时，一个孩子通过自己的思考探究总结出了分数除法的方法。虽然有些小瑕疵，却很独到。这是儿童的视角，是智慧开出的鲜艳花朵。

（三）成绩的取得

我想正是这每一个个体的成长才汇聚了全班的成就。在多次全年级专项检测中，班级的孩子在解决问题类的题目上正确率大有提高。而在纵向比较中会发现，留过数学周记专题活动的单元，学生的作业情况明显好于没有安排数学周记的单元。我想这一定和数学周记的实施是密不可分的，是学生的思维得以发散、有所提升，带来的显性成效。

数学特色作业开启的是学生善于发现、乐于探究的学习模式，是一种积极乐观的生活态度，进步绝不仅仅是数学单方面的。在本学期学校的各项活动中，我们班都取得了可喜的成绩。

（四）家长的认可

孩子的进步不仅倾注了老师的付出，更是家长的希望。在我们班坚持做数学周记的一学期里，我经常收到家长发来的 QQ、微信留言，以及一封封的电子邮件。言语之间流露出的是对学生在这项活动中成长与变化的欣慰之情，是对于数学周记的支持与肯定。我也因而有了更大的信心，期待着三方携手，可以走得更远。

（五）老师的成长

我们相信师生关系最美好的样子是“相互成全”。在一次次批阅欣赏学生的特色作业时，我无数次被学生的奇思妙想所启迪，吸收利用，调整课上的教学活动，又无数次被一颗颗童心对知识最真挚的探索与渴求所感染。体会朴素的快乐，感知幸福的能力是要从小培养，并伴随一生的……而这些是我的成长。

数学特色作业当然有许许多多的好处，但它绝不是灵丹妙药，我们班开展这么长时间以来，依然有个别孩子成绩进步不大。但是他愿意与老师交流了，课上能积极举手了，脸上洋溢的笑容更甜了，难道这不是他的进步吗？这，就是我坚持做下去的意义。

来路漫漫，在数学特色作业的道路上能做得还有太多。

四、反思

（1）数学周记要从简单化向深层次推进。

譬如，如何指导学生在发现生活中数学问题时，能突破“购物计算花销”“外出计算时间速度”这些情境的局限，发现更多类型的数学问题？

如何将数学教材上更多的内容，进行合理的利用拓展，编写出更富有乐趣又能启迪思维的特色作业？

如何在学生年级逐步升高的过程中，设计一些过程更为完整的数学实践活动？

如何利用现代化的资源和媒介，与时俱进，发现数学特色作业更为广阔的天地？

（2）数学周记从老师定主题，过渡到学生自己自主自愿地去发现生活中的数学问题。

（3）数学周记家长的配合。

（4）数学周记的交流与共享。

……

这些是我在实施过程中所产生的疑惑，更是今后努力的方向。

如若有幸，我教的学生有朝一日成为数学科研人才，我希望他会说：“感谢我的小学数学老师，是她点燃了我的数学思维之光，让我感受数学之美，并深深爱上了它。”然而，我想大部分学生可能只是像我这样的普通人，但我依旧希望听到：是因为人生中焦老师的出现，让我体会到了数学的美妙！

探究发现是美好的事情，并将这种情愫相伴一生，一生平凡却又不失美好。不负光阴，不负卿，活出生命应有的样子。

（秦皇岛市经济技术开发区第一小学 / 焦文婧）

基于课前调研下的作业改革
——以“数学广角——搭配”一课为例

在新课程思想的指导下，我们的课堂教学发生了可喜的变化，但中、高考依然存在，而且考试内容中课内基本知识占有很大比例，如何实现学习的内容从理解到内化，从巩固到掌握，从拓展到应用呢，这就涉及了教学活动的另一个重要环节的改革——作业设计的改革。本学期市教科所提出的开展小学数学作业设计改革，不仅延续了课堂改革，也为我们提供了这样的平台，让我们来交流作业设计的变化与成果。

一、思考——作业改革迫在眉睫

“以生为本”就是要我们以学生为本，教师要考虑学生的需求，考虑学生不同个体、不同阶段、多样性的需求，为学生的发展服务。

现观我们的传统作业忽略学生的需求和发展，存在很多的弊端：

1. 传统作业指令性强

教师布置学生做，没有照顾到学生的不同情况，学生没有选择权，没有变通性，作业常常是这样的：做 ×× 页练习，练习册 ×× 页……

2. 传统作业知识性多

以巩固知识为主是传统作业的目的，因此相对封闭，限于当节内容的多，学科内的多，以书面作业为主多，机械重复的多。

3. 传统作业多单向性

学生做，教师批，缺乏互动性，重结论轻过程。

当然也不是说传统作业不做，而是应该在新课改背景下进行改变，应该从更加科学的角度思考，作业不能只盯着知识及题目数量，要充分理解、娴熟地运用所学知识，从学生的实际情况出发，着眼于培养学生的能力，着眼于提高学生的素质。本学期根据市教科所工作安排，开发区教研室下发的工作计划中要求各校进行作业改革，提高效率，减轻学生负担，培养学生多方面能力，给学生更多的时间、空间，发展自我，做学生学习知识的引路人，做学生创新思维的引路人。

现以“搭配”一课为例，从微观的角度讲讲我们“基于课前调研下的作业改革”怎样从学生的“已知”出发，充分利用学生已有资源，更多关注学生的经历和经验，根据学生内需，设计典型的练习，减轻学生的重复性训练负担，让课堂练习及作业更有针对性、实效性，达到提高效率、减轻学生负担的作业改革目的。

二、找寻——引入“课前调研”助力作业改革

（一）课前调研的含义

课前调研类似前置性作业又不同于前置性作业，前置性作业是准备性学习，新课之前尝试性的学习。课前调研是调查学生已有知识基础、生活经验、学习经验和对新知识的困惑，教师要找准切入点，提高课堂效率，不是以教师为中心的独角戏，而是根据学生内需，设计典型的练习，减轻学生的重复性训练负担，达到药到病除、事半功倍的效果。为确保课前调研真实反映学生实际情况，必须在校内完成，才有价值。

（二）课前调研的具体形式

1. 测试小卷

在每节课前抽出 3 ～ 5 分钟进行一个小测试，卷子中含有学生已有知识掌握情况的小题，学生对新知识的认知，学生的生活经验和学习经验以及学生学习的困惑在哪里，这样教学和练习中容易有针对性和实效性，提高效率。

2. 随机访谈

随机访谈灵活好操作，一般在非正式场合进行，以免对学生心理造成影响，时间不能太长，内容不能太多，这就要求设计问题针对学习重难点，人数也不能太多，所以要关注不同层次的学生，实现以点带面，保证访谈的信息能够真实反映不同层次学生的需要。

三、尝试——具体案例应用

（一）课前应用——精准把握学情

首先和大家分享一则小故事：一只小海龟从水中游上岸看风景，被一只老鹰看见了。老鹰立即俯冲下来，要叼走小海龟。此时一位善者看见了，就赶跑了老鹰，并护送小海龟回到大海。隐藏在沙滩上的一群小海龟不见侦察龟回来，以为没有危险纷纷上岸。很不幸，一群老鹰发现了他们，全部俯冲下来……

这位善者之所以成为帮凶，是因为他只是从自己的角度作出判断，以为在帮助小海龟，忽略了海龟本身需要。暂且不讨论这则故事的真伪，只是通过这则故事想到了我们老师自己，作为老师我们很多时候也像这位善者一样，站在自己的角度去考虑问题，忽略了学生自身需求，不了解学生的实际情况和困惑所在。课前调研就是要用短短的几分

钟，一两道小题，了解学生的已有知识水平和经验，找到学生学习的迷茫点，在练习上加强针对性，提高效率。例如：

这是人教版二年级数学上册“数学广角——搭配”的课前调研。

课前调研：用 1，2，3 组成两位数，要求每个两位数十位的数字和个位的数字不能重复，能组成几个呢？请你写出来吧。

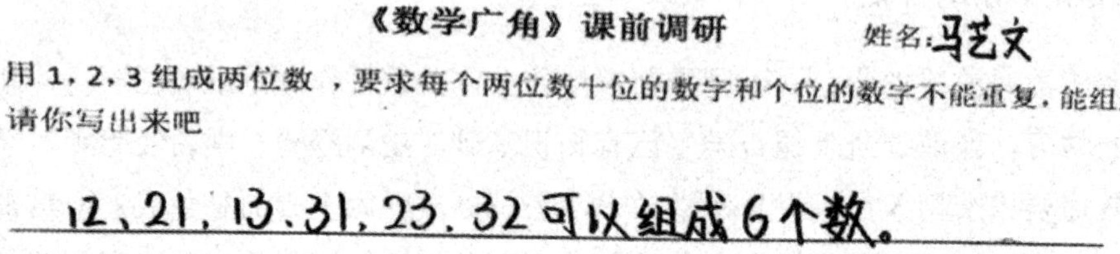
《数学广角》课前调研　　姓名：马艺文

用 1，2，3 组成两位数，要求每个两位数十位的数字和个位的数字不能重复，能组成几个呢？请你写出来吧

12、21、13、31、23、32 可以组成 6 个数。

调研数据：

	重复	遗漏	无序	交换法	固定法
人数	7 人	5 人	14 人	13 人	12 人
合计	51 人				

调研分析：

通过本次课前调研，我发现全班 76.5% 的学生都能进行正确的排列，49% 学生能进行无意识的有序排列，23.5% 的学生排列出现重复或遗漏，与我课前预测的“大多数学生不会，只有少数会”的结论大相径庭。更没有想到近一半的学生会进行有意识或无意识的有序排列。我调整了之前的教学设计，由学生自主探究，自主总结出固定法和交换法，而且结合课前调研改进了课堂练习，在课堂练习中融入生活情境，解决生活中的问题，让练习与生活联系起来。

我们要从“教数学”转换立场到“教学生学数学”，要触摸学生思维跳动的脉搏，要能品尝到数学因学生思考而生动鲜活的滋味。

（二）课中应用——提高课堂作业熟练性

学习本身是有目的的，是为达到目标而付诸实施的过程，这一过程需要通过课堂作业帮助完成。课前调研在促进学生理解、提高课堂作业的熟练性上有着不可小觑的作用。

基于“搭配”的课前调研，我对课堂作业练习进行调整，设计“景区平面图—买饮料—合影问题”，分层次递进，创新思维，创设情境，联系生活，促进学生理解排列不是个体存在，而是依存于生活中，应用数学知识解决生活中的问题。

第一个层次：为了保证整节课情境的完整性，我将“做一做”的题目进行简单变形，放置于为“景区地图”涂颜色的情境中。这个练习难度不大，学生能够把握。目的是让学生通过练习，知道在以后的生活中遇到类似这样的问题可以利用这个知识解决问题。（如：平面图、地图等）

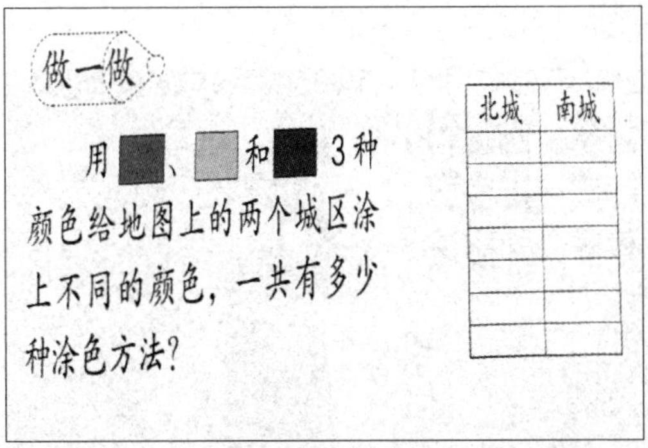

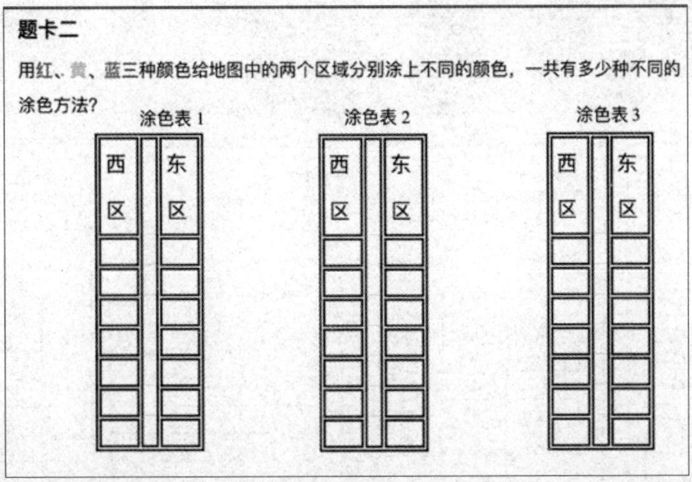

本题作为学生探究出按顺序排列，得到固定法和交换法后的第一道课堂练习。学生掌握情况如下：

	人数
只运用交换法	4 人
只运用固定法	6 人
同时运用交换法和固定法	23 人
同时运用交换法和固定法（并分别固定西区和东区）	9 人
无序涂色	4 人
未能理解题意	5 人
合计：51 人	

学生对于有序排列掌握得很好，并能做到全面地思考问题。特别是老师在例题讲解时，提示先固定十位再固定个位，有 9 名同学立刻能学以致用，固定西区后，再固定东区。

与此同时，也有 10% 的学生不能正确理解题意。对于这些同学而言，有序排列或许并不困难，还需要多尝试不同的问题情境，提高准确理解题意的能力。

根据课前调研，我又设计了下面两道加深的课堂练习：

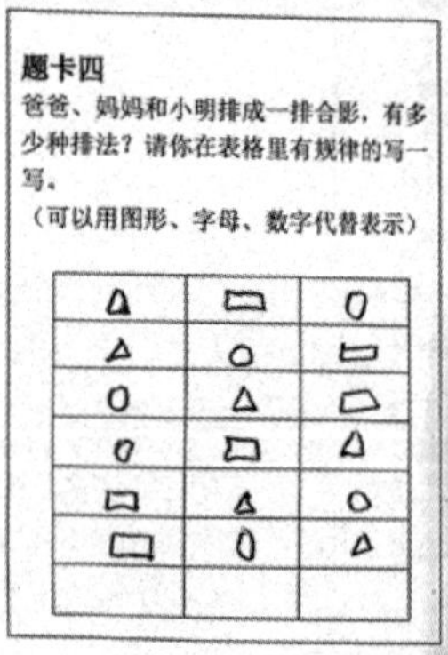
题卡四
爸爸、妈妈和小明排成一排合影，有多少种排法？请你在表格里有规律的写一写。
（可以用图形、字母、数字代替表示）

△	□	○
△	○	□
○	△	□
○	□	△
□	△	○
□	○	△

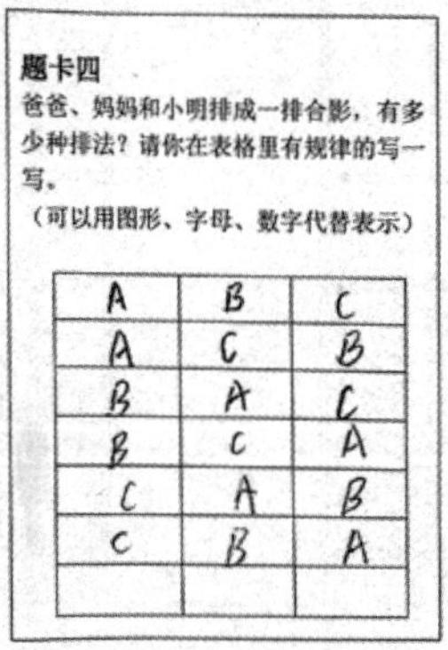
题卡四
爸爸、妈妈和小明排成一排合影，有多少种排法？请你在表格里有规律的写一写。
（可以用图形、字母、数字代替表示）

A	B	C
A	C	B
B	A	C
B	C	A
C	A	B
C	B	A

题卡四
爸爸、妈妈和小明排成一排合影，有多少种排法？请你在表格里有规律的写一写。
（可以用图形、字母、数字代替表示）

妈妈	小明	爸爸
1	2	3
1	3	2
2	1	3
2	3	1
3	2	1
3	1	2

题卡四
爸爸、妈妈和小明排成一排合影，有多少种排法？请你在表格里有规律的写一写。
（可以用图形、字母、数字代替表示）

爸爸	妈妈	小明
M	X	b
b	X	M
X	M	b
X	b	M
b	M	X
M	b	X

这两道题的目的就是让学生能用更丰富的形式表现“搭配”，更紧密地联系生活，层次进一步加深，提高学生的熟练性、创新性。

练习中发现有 50% 的学生已经具有了一定的符号抽象意识，用 A、B、C，或是圆、三角、方形来代替爸爸、妈妈和小明。其中最具智慧的是有两名学生利用了“爸爸、妈妈和小明”的拼音缩写。相信孩子的无限可能吧！课前调研为我们的数学作业提供有效的指导，让我们能更好地结合学生生活，调动他们的各种感官协同参与，应用数学思想方法解决生活中的实际问题，提高课堂作业的实效性、熟练性。

<table>
<tr><td></td><td></td><td></td><td></td><td>人数</td></tr>
<tr><td rowspan="6">正确写出 6 种搭配</td><td rowspan="5">有序的搭配</td><td rowspan="4">运用抽象符号表示</td><td>图形</td><td>6 人</td></tr>
<tr><td>序号</td><td>11 人</td></tr>
<tr><td>字母</td><td>9 人</td></tr>
<tr><td>首字母缩写</td><td>2 人</td></tr>
<tr><td colspan="2">运用直观文字表示</td><td>11 人</td></tr>
<tr><td colspan="3">无序的搭配</td><td>5 人</td></tr>
<tr><td colspan="4">未能准确作答</td><td>7 人</td></tr>
<tr><td colspan="5">合计：51 人</td></tr>
</table>

（三）课后应用——成就作业的精彩与分层

小学阶段数学学习，要考虑他们的未来和发展，为将来的学习打基础，不能只局限于眼前的利益，禁锢学生的发展。

基于精准的课前调研，在设计课后作业时，不再只局限于“3 选 2”的类型，我尝试一些联系生活实际的练习。

具体题目如下：

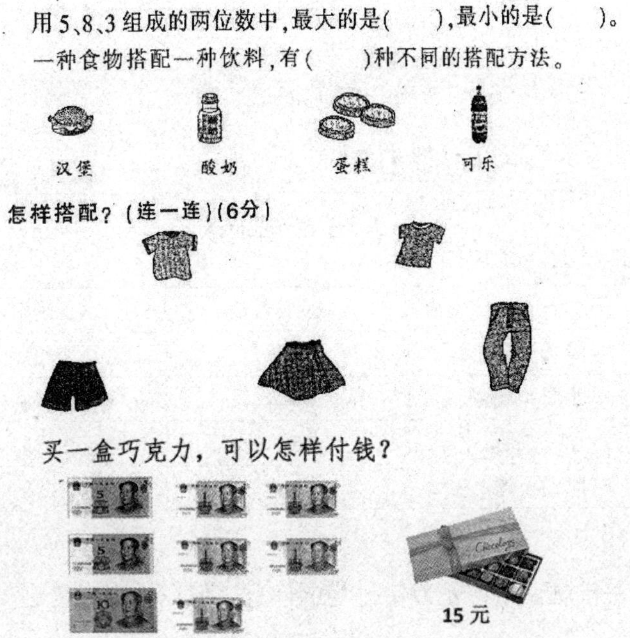

第 1 小题作业例选

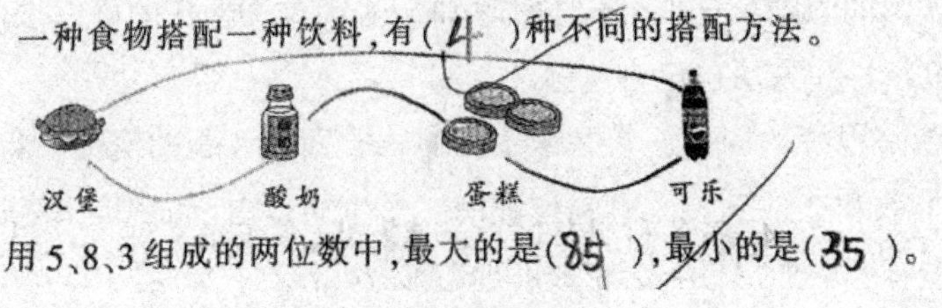

第 2 小题作业例选

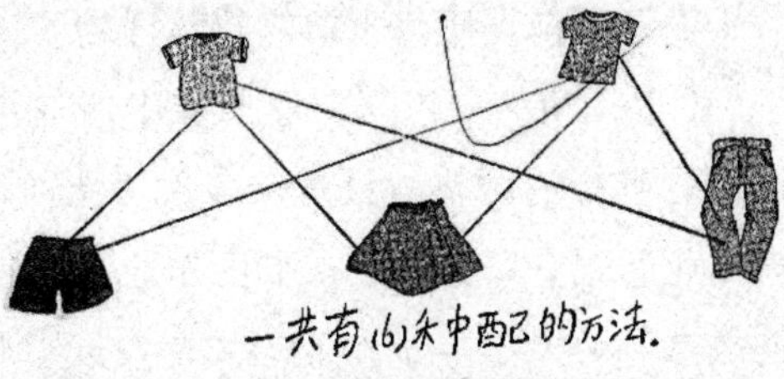

第 3 小题作业例选

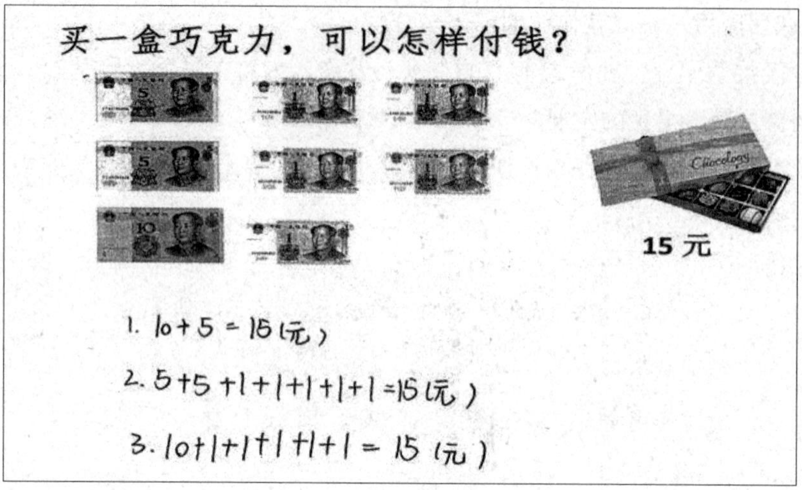

第 4 小题作业例选

通过对作业的批改，统计如下：

	答对的人数	正确率
第一小题	47 人	92%
第二小题	50 人	98%
第三小题	46 人	90%
第四小题	39 人	76%

分析如下：

第 1 小题是基础题。依旧是数字排列的问题，但在排列后需进一步进行筛选。学生全部通过。

第 2 小题，对于早餐的搭配问题，依旧贴近学生的生活。同样是搭配问题，但本题所涉及的有序方法，除了课上学习的固定和交换外，连线法是一个简单又便捷的好办法，这里就需要学生利用课上的探究精神和方法自己来发掘。

同样是连线法，第 3 小题就是很好的应用。它是课本练习二十四第 3 题的变形，将两件上衣和两件下装换成两件上衣和三件下装。事实也证明，学生通过自己的思考真正理解连线法后，即便题目的数量有所增加，也不会形成解题阻碍。

最后的第 4 小题，依旧是对有序思考的训练。

不进行课前调研我不敢进行这样的尝试，也就不会有这样“精彩”与“分层”。

“数学广角——搭配”这节课中所运用到的课前调研，以及依据课前调研对课上及课下作业进行的调整，只是众多次“课前调研改革学生作业”实践中一个典型代表。本学期作业形式有口头作业、书面作业、绘画式作业（画图、设计）、故事性作业（讲数学家的故事）等，丰富了作业形式，发展了学生思维，这些都是基于课前调研的基础，从学生已知点出发，有指导性、针对性、实效性，发挥学生的无限可能，为孩子提供更大的发展空间。

寒假期间，我将从“一个超越”“两个密切”“三个延伸”几个层面进行长假作业尝试。超越教材、课堂、学校的局限，打破学科界限，体现长假作业的综合性；密切学生与自然、与社会、与生活的联系，密切学生已有生活经验与生活实际的联系，体现长假作业的生活性；向生活领域延伸，向科学领域延伸，向社会活动领域延伸，体现长假作业的实践性、时代性。通过充分挖掘生活中的教育资源、学习资源，赋予作业时代感。整合多学科，启发学生从多个角度思考，培养学生用自主的态度参与、用合作的方式探究、用研究的眼光分析，进一步认识生活，了解世界。让孩子在做作业的过程中学会学习，学会合作，学会做人。让学生喜欢数学作业，爱上数学！

（秦皇岛市经济技术开发区第一小学 / 苏伟）

精心搭配“自助餐”　自主选择利发展

一、研究背景

任何一项教育改革，它的起点都要基于学生的实际。因为我校是新建校，生源来自周边不同的学校，学生的学习习惯、能力水平参差不齐。如何通过有效的课堂教学活动，激发学生的学习兴趣，培养良好的学习习惯？怎样进行作业改革才能真正做到“减负提质”，促进课堂教学提高教学质量？这些都是摆在我们面前亟待解决的重要问题。

二、问卷调查

《数学课程标准（2011 年版）》中指出：“儿童的数学学习内容应当是现实的、有意义的、富有挑战性的。”“要关注学生的个性差异和不同的学习需求。”据此，我们觉得原有的传统作业形式已不适合学生的需求，必须对作业设计的方式和方法进行改革，使它成为学生张扬个性的又一个舞台，有必要根据学生的实际情况设置不同层次的作业供学生选择。为了更准确地了解和分析我校学生作业布置、完成、批改情况及学生心中感兴趣又认为有效的作业类型，我们设计了一份调查问卷，来一探究竟。

亲爱的同学，数学作业在我们的日常学习生活之中必不可少，而且起着举足轻重的作用，为了了解你的数学作业情况，请你根据个人的实际情况，认真配合这次调查，把你心中选项的序号填在括号里。问卷不需要署名，谢谢你的支持与配合！

1. 你在班里的数学成绩是怎样的？（　）

A. 优秀　B. 中等　C. 差

2. 你喜欢做数学作业吗？（　）

A. 喜欢　B. 不喜欢　C. 无所谓

3. 你认为现在你的作业量（　）

A. 太多　B. 适宜　C. 太少

4. 你认为现在你的作业难度（　）

A. 太难　B. 适宜　C. 太容易

5. 你每天要花多少时间做作业？（ ）

A. 少于 30 分钟　B.30 ～ 60 分钟　C.60 分钟以上

6. 你是如何完成作业的？（ ）

A. 独立完成　B. 抄袭别人作业

C. 在别人帮助下完成　D. 同学间相互研究完成

7. 你觉得平时数学作业（ ）

A. 做起来很有意思　B. 做起来还行　C. 很不喜欢做

8. 你为什么做数学作业？（ ）

A. 感兴趣　B. 学习需要　C. 老师要求　D. 家长要求

9. 数学老师给你们留的作业（ ）

A. 大部分都一样　B. 偶尔有区别　C. 经常有区别

10. 你希望数学家庭作业难度（ ）

A. 比较有趣的　B. 和课堂作业差不多　C. 想一会可以做出来

11. 你做数学作业时感到快乐吗？（ ）

A. 快乐　B. 不快乐　C. 没感觉

12. 如果老师没有布置作业，你会（ ）A. 玩　B. 自己找作业　C. 玩电脑

13. 小学五年级学生应不应该布置家庭书面作业？（ ）

A. 应该　B. 不应该　C. 无所谓

14. 你是否觉得数学作业越多，成绩会越好？（ ）A. 是　B. 不是

通过对调查问卷进行统计和数据分析，我们发现：喜欢现在的数学作业只占全部人数的 15%。学生不完成数学作业的原因：认为作业太多的占 15%；认为作业太难的占 3%；对作业不感兴趣的占 70%；嫌作业枯燥占 10%；其他原因占 2%。我们还发现：学生写数学作业一般都需要 1 个小时；学生期待富有色彩的、充满情趣的、多元多样的作业；期待能够调动感官体验，能在愉悦情绪下完成的作业。

反思以往的数学作业，形式单一，书面的笔算作业占大部分，动手实践、自主探究类作业所占比例微乎其微，单一的形式让数学味道变淡，应试训练色彩浓厚，限制了学生学习活动的空间，制约了学生的个性化发展，无法培养学生的创新精神和能力。

基于上面问卷及分析，我们在数学教学中把“面向全体学生，适应学生个性发展的需要，使得人人都能获得良好的数学教育，不同的人在数学上得到不同的发展”作为我们的目标。课堂上，我们给予学生自主探究、合作交流、动手操作的权利，让学生充分发表自己的意见；课外，我们培养学生主动探索、敢于实践、善于发现的科学精神；充

分发挥作业的作用，培养学生主动探究的精神，提升学生有效学习能力，促进学生个性发展等。

三、实践研究

（一）第一次尝试

有了想法，我们便开始了实践。最初我们在题目上下功夫，例如：把以往的“连一连”变成“找朋友”，用趣味性的题目吸引学生的注意力，提高学生完成作业的兴趣。作业评价等次分成“A+”“A-”两个等级，字迹工整完全正确得“A+”，字迹不太工整或有细节错误得“A-”，不采用具体分数进行评价，以增强后进生的自信心。

五年级数学趣味作业

班级________姓名________

1. 找朋友

$3.14\times48+3.14\times52$	$1.25\times8+1.25\times6$
$1.25\times（8\times6）$	$3.14\times（48+52）$
$1.25\times（8+6）$	$1.25\times8\times6$

2. 简便运算

（1）8.88×125　　（2）6.7×99

3. 五二中队买来校服35套。上衣每件64.3元，裤子每条35.7元，一共付出多少元？

第一次作业布置下去之后，我们发现：学生依旧按照老师所作的规定去完成作业，他们仍然没有自由选择的权利，在作业的内容设计上很难把握，不能满足不同层次学生的需求。例如：简便运算8.88×125，学困生不易发现隐藏其中的运算规律，而且体现不了一个“趣”字，学生对这次作业依然不感兴趣，足以看出这次的作业设计不是学生所喜欢的，学生对于作业还是处于被动接受的境地。

我们反思：如何提升作业趣味性，设计不同层次的作业，让学生乐于参与其中呢？

（二）第二次尝试

基于第一次尝试，为了让学生有自由选择做题的权利，设计适合不同层次学生的题目，我们又重新对作业设计进行了调整，设计出“套餐式”作业：作业分“自选A”和“自选B”两个“套餐”，学生根据自己的情况可以自选“A套餐”或者自选“B套餐”，作业等次依旧是分成“A+”“A-”两个等级。

五年级数学趣味作业

班级＿＿＿＿＿＿ 姓名＿＿＿＿＿＿

1. 自选 A

（1）$3.8\times42+3.8\times57+3.8$ （2）$3.8\times101-3.8$

2. 自选 B

（1）$8.4\times7.2+0.84\times28$

（2）$2222\times9999+3333\times6666$

与第一次尝试相比，这次学生有了自由选择的权利，但是我们又遇到了新的问题："A 套餐"与"B 套餐"在设计上没有很好地把握题目的难度，部分学生依旧没有体会到"趣"字；作业单调乏味，个别学生还有反感；学生选择某一套餐后，由于有错题既得不到"A+"也得不到"A-"，在评价等级上考虑得还不够全面。

针对这些问题，我们继续改进评价体系，能不能把评价等级制定得弹性大一点，让更多学生能得到较高等级，在激发学生挑战自我的勇气的同时又不用担心做错题而影响自己的等级呢？

（三）第三次尝试

我们第三次对作业设计作了调整：设计一些趣味性、生活性的数学作业，来激发学生的学习兴趣，让学生从"愿做"变成"爱做"，而且把选择权也交给学生。基于以上的想法，我们又设计出了"自助餐式"的作业："必选餐"以复习、掌握已学知识为主；"自选餐"是学生对已学知识的巩固拓展以及举一反三。在作业评价中，我们对"必选餐"和"自选餐"进行分别评价，这样既能激发学生挑战自我的勇气，又不用担心挑战自我而影响"必选餐"的评价。请看，这就是我们设计的第三次"自助餐"式作业。

五年级"自助餐式"数学作业

客人姓名＿＿＿＿总得分＿＿＿

亲爱的同学们，欢迎你来到自助餐馆，我们为你准备了丰富的"食物"。用餐前请注意，这里有必选餐和自选餐。为了你的健康，必选餐一定要"吃"哦！自选餐嘛，你只要选择一道菜就可以了。必选餐满分可以兑换一张星卡。当然了，全部吃完积满分可以获两张星卡哦！

必选餐

一、知识宫里奥秘多。

1. 2.6×4 的积有（ ）位小数；2.6×0.4 的积有（ ）位小数。

2. 2.37×0.64 的积保留两位小数的近似值是（   ）。

3. 3.14×102=3.14×（   +   ）

二、当回法官判是非。

1. 两个数的积是 12.56，一个因数扩大 10 倍，另一个因数缩小 10 倍，那么积仍是 12.56。（   ）

2. 最大的一位小数是 0.9。（   ）

3. 保留三位小数就是精确到百分位，或者说精确到 0.001。（   ）

自选餐

三、问题由我来解决。

1. 一幢大楼 25 层，每层高 2.95 米，这幢大楼约高多少米？（得数保留整数）

2. 李老师从家到学校骑车每小时行 15 千米，需要 0.3 小时才能到达学校；如果他步行从家走每小时行 5 千米，0.7 小时能到达学校吗？

做作业之前，教师以“服务员”的口吻进行提示：亲爱的同学们，欢迎你来到“自助餐馆”，我们为你准备了丰富的“食物”。用餐前请注意，这里有“必选餐”和“自选餐”。为了你的健康，必选餐一定要“吃”哦！“自选餐”嘛，你只要选择一道“菜”就可以了。“必选餐”满分可以兑换一张星卡。当然了，全部“吃完”积满分可以获两张星卡哦！作业的评价方式也由原来的 A+、A- 变成了星卡。

这是五年级上册学习“小数乘法”知识之后设计的一次作业，“必选餐”有两道“菜”，以复习、掌握已学知识为主。第一道菜是填空，第 1 题“2.6×4 的积有（ ）位小数，2.6×0.4 的积有（ ）位小数”，这道题主要考查了学生对“积的小数位数是因数的小数位数之和”的知识的掌握。第 2 题“2.37×0.64 的积保留两位小数的近似值是（ ）”，这道题主要考查学生对用“四舍五入方法”求“积的近似值”的这个知识点的掌握。第 3 题“3.14×102=3.14×（   +   ）”，考查学生能否应用运算定律进行简便计算。“必选餐”的第 2 道“菜”——判断。第 1 题“两个数的积是 12.56，一个因数扩大 10 倍，另一个因数缩小 10 倍，那么积仍是 12.56”，此题主要考查的是“积不变的规律”——一个因数扩大多少倍，另一个因数就要缩小相同的倍数（0 除外），积不变。第 2 题“最大的一位小数是 0.9”，这道题的设计是想让学生明白最大的一位小数不能只看十分位上的 9，使他们明确：没有最大的一位小数。第 3 题“保留三位小数就是精确到百分位，或者说精确到 0.001”，此题主要考查“小数的近似数的取值”，使学生明确：保留一位小数即精确到十分位，保留两位小数即精确到百分位，保留三位小数即精确到千分位。

吃完“必选餐”里的“营养餐”之后，学生来到“自选餐”，对“自选餐”里的两道“菜”进行自主选择，可以选一道“菜”，也可以选择两道“菜”都吃。“自选餐”是通过解决问题的形式考查学生对已学知识的巩固拓展以及举一反三。第一道“菜”：“一幢大楼25层，每层高2.95米，这幢大楼约高多少米？（得数保留整数）”此题主要考查的是乘法意义。第二道“菜”：“李老师从家到学校骑车每小时行15千米，需要0.3小时才能到达学校；如果他步行从家走每小时行5千米，0.7小时能到达学校吗？”本题是一道简单的行程问题，运用“路程 ÷ 速度 = 时间”进行解答，考查了学生运用小数的知识分析解决问题的能力。

四、实施效果

从“自助餐”作业实施情况来看，效果还是比较理想的。

首先，得到了学生的肯定。在实践中“自助餐”作业不是每节课都做的，有些课时还是采用了传统的作业形式，但是只要和学生说我们今天要做“自助餐”作业，他们都会兴奋地叫起来。

其次，作业完成质量总体良好。以前学习能力差的学生的作业大多数完成质量不高，特别是一些能力题错误率较高，现在他们可以选择相对简单一点但也是能力训练的题目，量力而行提高兴趣，作业完成质量明显提高。

最后，促进了学生的个性发展。这主要是开放性作业的效果。比如说一个知识点学完，对学生学习效果的评价不再单一，他们的作业表现形式也很丰富。

针对“自助餐”作业的实施效果，我们又在班级里作了一次调查，提出了四个问题：

“自助餐”菜单满意度调查问卷

1. 和以前的作业相比，你喜欢这份作业吗？
2. 为什么？
3. 你能给订正的地方取个名字吗？
4. 如果让你给现在的题目换名字，你打算取什么名字？

问题一：和以前的作业相比，你喜欢这份作业吗？

答案：全班都喜欢。

问题二：为什么？

我们得到了五种答案：他们来自班级不同层次的学生。

答案一：作业的量少了。（其实没有少，因为有选择的空间，学生产生了一个心理暗示。）

答案二：我得“星卡”的把握大了。（以前的作业要全部正确才能获得“星卡”，现在，我只要把规定的“必选餐”作业或“自选餐”作业完成就能得到“星卡”了。）

答案三：我得“低分”也不难为情了。（这是一位学习能力差的学生讲的，因为每一道题设的分值不一样，学生的选择也不一样，所以在这份作业里，分数已经没有了一个参考的标准。）

答案四：我觉得我有更多的选择了，可以选择自己想做的题目。

答案五：我觉得这份作业能锻炼我的上进心，我可以挑战自己了。

问题三：你能给订正的地方取个名字吗？

孩子的想象力非常丰富，答案也丰富多彩：垃圾桶订正馆、订正菜单、洗碗池、重新吃饭、吃错了罚款、废物回收箱、订正篮子等。

问题四：如果让你给现在的题目换名字，你打算取什么名字？

学生取的名字很有趣：他们把改错题改成了“笑脸、哭脸、小圆饼”；把连线题改成了“冰激凌碰碰碰”；把填空题改成了“水果大回位”；把解决问题改成了“情境雪糕滚滚来”等。我们也尝试在下一次的作业设计上加上这样的元素。

由此可见，“自助餐”是比较受学生欢迎的，如果“自助餐”的“菜谱”也由“厨师”（教师）和“顾客”（学生）共同拟订，那学生肯定会吃得更多、更香。在本次“自助餐”的制作过程中，“厨师”不仅考虑到食品的营养成分，即作业所要达到的教学目标；更可贵的是让“用餐者”参与到制作过程中来，即师生群策群力、共同设计、修改完善，使制作的“食品”不仅营养丰富，而且色香味俱全。制作这样的“大餐”，“厨师”显然会比较累，但效果也肯定比闭门造车要好得多。从本创意的设计过程、情况反馈等环节中，我们可以领悟到真正激发学生学习的主动性、积极性和创造性。

五、实践总结

（一）怎样制作“自助餐”菜单

从“自助餐”作业的实施过程来看，有两点是我们在操作过程中需要注意的：有效的设计、合理的评价。

1. 有效的设计

在设计一份“自助餐”作业中，要遵循这样几个原则：

作业形式上新颖，作业内容上体现基础性、综合性，比如“必选餐”通常比较基础，“自选餐”是一些稍微综合的题目和提高能力的题目，不同层次的学生可以根据自己的需要选择题目。从作业的题目上看比较有趣，能够吸引学生的眼球。

（1）有效性。在设计作业时，最先考虑的就是有效，设计的作业能否巩固学生的基础知识，能否涵盖相关的知识点，能否有助于提高学生的能力，作业的设计有没有超出学生的学习水平等。“自助餐”作业也不例外，如“必选餐”体现的是对学生基础的考查；而“自选餐”是对学生应用能力的考查。

（2）趣味性。不仅题目有趣，内容也要有趣，在设计的时候一定要考虑学生的心理特点和学习特点，如果能让他们喜欢做这份作业，那么老师的设计也就成功了一半。

（3）分层性。分层练习是在承认人的发展有差异的前提下，对学生进行多层次的评价，对每个学生的劳动成果予以应有的肯定。这样的分层练习注意对学生新旧知识结构的有机结合的检验，对较高层次的学生则侧重于创造能力的检测。

（4）开放性。开放性作业是对学生综合能力的培养。它已经不是单纯地停留在笔头作业上，而是通过不同形式的表达来实现对课本知识的再创造。

例如：本学期我们在讲完“容积和容积单位”一课后，就设计了这样一份“自助餐式”作业。因为上学期学生提议要给题目换名字，于是，我们尊重了学生。这次，我们把原来的“填空题”变成了“水果大回位”，把“解决问题”变成了“情境雪糕滚滚来”，这样有趣的题目一下子就吸引了学生的眼球；“容积和容积单位”一课最基础的知识点就是单位之间的换算，所以，我们在“必选餐”里设计了一些最基础的题，以达到巩固的目的；“自选餐”里设计了开放性作业，这项作业注重对学生综合能力的培养，第一题属于知识拓展，第二题属于动手操作，学生从中任选一道题来完成就可以，这项开放性作业就是想让学生通过不同形式的表达来实现对所学知识的再创造。有的孩子巧妙地利用一个金属重物把乒乓球压入水中，算出了乒乓球的体积。像这样动手实践的作业为学生提供了自由探索的空间，每个学生可以根据所掌握的知识、所经历的现实生活，结合自己的兴趣选择练习的内容，在这种宽松的氛围中，他们的潜能可以得到开发，有利于提高学生解决数学问题的意识，拉近了数学与生活的距离。

2. 合理的评价

以往的作业评价总是把分数作为唯一的衡量标准，导致许多学习能力差的学生很难摘到自己的那颗桃子。“自助餐”作业的评价方式首先是取消了唯分数论，不再以分数的高低作为衡量作业好坏的标准，而是把学生的能力作为评价的依据。比如说学习能力强的学生，对他的要求会适当高一点，他若是能达到老师规定的一个标准就算作业优秀；而学习能力差的孩子，他只要达到他能力所能达到的那个标准就算优秀，如果他能够超越这样的一个能力范畴，老师可以给予额外的奖励。我想这样的评价更能激发学生，尤其是学习能力差的学生的学习积极性；让学习能力强的学生也能够“吃得饱”，促进他们能力的提高。

（二）怎样让“自助餐”百吃不厌

“自助餐”作业受到了学生的欢迎，但是再好的食品多吃也会倒胃口，而不断地出新也让“厨师”感到压力和为难。“自助餐”作业的外延很广，包括随堂作业、预习作业等，每一份作业都需要老师精心地设计。同时“自助餐”作业也与现有的作业存在一定的冲突，学校和老师该怎样权衡作业的度以达到最佳效果？这些都是我们正在思考的问题，有待于通过实践进一步研究解决。

（秦皇岛市抚宁区金山学校 / 狄娜 赵欢）

我的作业我做主
——以“平行四边形的面积”一课为例

一、作业设计背景

我是五年级的一名数学老师，根据我对班内学生的了解，发现我们班学生的数学成绩两极分化现象十分严重。根据调查，发现原因有多种，其中重要的原因之一是学生的作业问题。据统计，我班学生课下作业完成质量较好的仅占55%，时常出现小错误的占18%，错误情况较重的占17%，完成情况较差（不会做或只对一道题）的占5%，长期不交作业的占5%。学生课上作业完成的情况也不尽如人意，每当我布置完作业，在课上巡视或者个别指导时，往往基础好的同学已经做完了所有的题，而基础差的同学半节课就在一道题上磨蹭，丝毫没有进展。我看了很着急，问他们原因，他们的回答往往是“不会做”。

反思后我觉得，这些数据说明我在数学作业设计上存在很大的问题，所以才会导致同学们学习数学兴趣不高，成绩日趋下滑。针对这个问题我们学校数学教研组讨论过多次，最终认为作业的设计与实施应适合孩子的天性，从生活中来，到生活中去，只有这样才能使作业变得更加生活化、更有实践性。

最后我们达成一致意见——改变以往的千篇一律的作业模式，让学生选择自己喜欢、适合自己的作业，并且让他们大胆地尝试去设计作业，让他们真正成为作业的小主人。

二、作业设计原则

（一）遵循生活性原则，使学生成为知识的实践者

作为数学教师我要引导学生发现数学的价值，增强学生应用数学的意识，培养他们的实践能力。我在设计作业时，要努力创设生活化的实际问题，引导学生试着从数学的角度寻求解决问题的办法，使学生认识到生活离不开数学，并逐步成为知识的实践者。

（二）遵循层次性原则，使学生成为实践的成功者

承认差异、尊重差异是现代教育的一个重要观念，也是“以生为本”教育理念的体现之一。我们安庄小学地处农村，受文化环境、家庭背景及自身因素的影响，学生之间

的数学知识储备和数学能力的差异是客观存在的。而我们的教育是面向全体学生，要让“不同的学生在数学上得到不同的发展”。因此，针对我们班学生的学习现状，我在设计作业时，不是“一刀切”，而是从学生实际出发，针对学生的个体差异设计层次性的作业，为每一个学生创造条件，使他们成为实践的成功者。

（三）遵循开放性原则，使学生成为应用的创新者

泰戈尔说过：“不能把河水限制在一些规定好的河道里。”过去那种由教师包办代替，学生只要一张纸、一支笔的作业早已不能适应时代的需求了。我创造性地设计作业，使学生在作业的过程中自己走进生活、走向社会，去收集、整理各种所需的数据，通过自己的实践活动获得结论，最后完成作业。同时我也让学生大胆尝试去设计自己喜欢的作业，让他们真正成为作业的小主人。

三、作业设计说明

我们经过研讨把作业分为前置性作业、实践性作业、探究性作业、分层次作业、创新型作业。学生可以像选“自助餐”一样，选择自己喜欢的、适合的题目来练习，让不同层次的学生都有所收获，都能获得成功的快乐。

（1）“前置性作业”是开展生本课堂教学的前提条件，它指的是我们教师向学生讲授新课内容之前，让学生先根据自己的知识水平和生活经验所进行的尝试性学习。

（2）“实践性作业”是通过一些实践活动，给学生提供充分从事数学活动的机会，让学生在自主探索、合作交流的过程中理解基本的数学知识与技能，获得数学活动经验。

（3）“探究性作业”是学生在教师的启发诱导下，以现行教材或学生对周围世界和生活实际中的问题为基本探究内容，以学生独立自主学习或合作讨论为学习的形式，运用探究式的科学学习方法，从而提高学生数学素养的一种作业。

（4）“分层次作业”是根据班内不同层次学生的差异，采用“作业超市”的形式将作业设计为三层：A 级为基本练习。重在基础知识和基本技能的操练，浅显易懂，紧扣当天所学的内容。B 级为提高练习。重在对知识的理解和运用，难易尺度是学生“跳一跳，够得着”。C 级即延伸练习。重在对概念的深刻理解和灵活运用，这种题目有一定的难度，主要针对基础好的学生设计，有利于培养他们思维的灵活性和深刻性。学生可以像购物一样，选择自己喜欢的、适合的题目来练习。基础知识有欠缺，思路较慢的学生完成 A 级的作业即可；基础知识扎实思维敏捷的学生完成 C 级的作业；其余的学生完成 B 级的作业，同时鼓励学生去完成上一级作业中的部分题目，可加☆予以表扬。

（5）“创新型作业”是让学生自己尝试设计作业，这样他们能够及时发现自己的问题以及组内同伴的问题，提高自我反思能力。

下面我以人教版五年级上册第六单元“平行四边形的面积”教学为例，谈谈我的想法与做法：

（一）前置性作业

由于学生已经学过如何求正方形和长方形的面积，而今天所学的平行四边形的面积正是由长方形的面积推导出来的，所以我设计了这样一节实践活动课。先把学生以5个人为一组分好，给他们每组准备一把皮尺。上课后，将学生带到操场上，开始布置任务：第一组测量篮球场的面积；第二组测量排球场的面积；第三组测量羽毛球场的面积。学生明确任务和要求后开始活动，我到各组里指导，解决学生遇到的问题。测量结束后，让每一组学生汇报他们的测量方法、过程和计算结果，最后通过自评、互评、教师评，评出一组做得最出色的加以表扬。

《平行四边形的面积》前置性作业 A+		
《梦之翔》	组长：高美洁	组员：苏开宇，温梓阳，薛欣兰，曹悦瑶
探究过程		我们组测量的是篮球场，我们组用手中的米尺测量出，篮球场长为30米，宽为23米
得出结论		根据长方形面积 S=ab，求出我校篮球场面积为30×23=690平方米
评价	组长评	大家的动手能力都很强，我们组很快完成任务
	组员评	在测量时大家有时量不太准确，可能会有误差
	教师评	你们组的动手能力很强，思路也很清晰，真好！ 2017.10.30

前置性作业

学生在实际测量过程中出现了一系列的问题，比如他们在测量操场的长度时发现皮尺会翻折，他们觉得翻折会影响测量的准确，然后他们通过讨论，共同商量后认为米尺一定要保证抻平这样才不会影响测量结果。通过这种实际操作活动学生不但巩固了所学知识，还把这些知识应用到实际的测量中，同时又培养了学生的动手操作能力和同学间的协作能力。

（二）实践性作业

学生们用彩纸画出几个平行四边形，大小不等多画几个，然后用剪刀把这些图形剪下来，学生小组合作，利用“剪一剪、拼一拼”的方法，来研究平行四边形和长方形的关系，这样学生能够形象地看到平行四边形可以转化为长方形来求面积，他们心里充满了一种胜利的满足感。

在小组活动中，首先提出活动目的：把平行四边形转化成我们已经学过的图形的面积，并交流你的想法。

学生在讨论过程中会遇到一些问题：你是怎么做的？为什么可以这样做？为什么要剪拼成长方形？其他小组说的方法，有什么共同点？

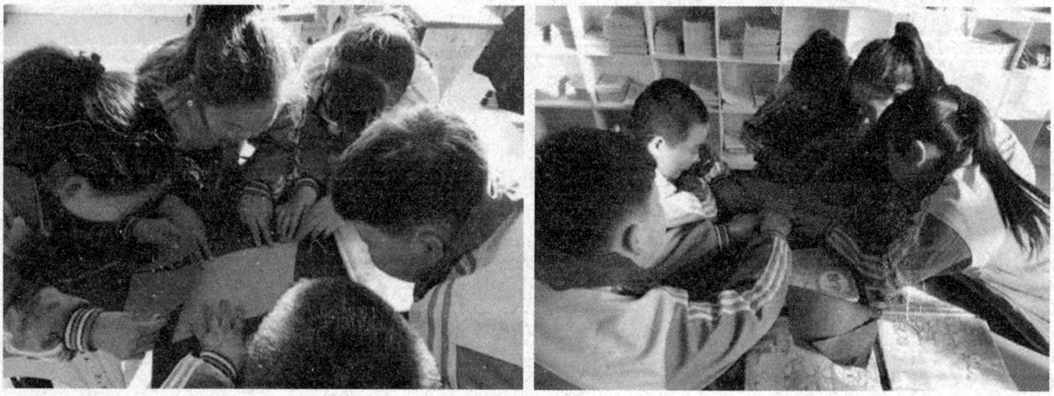

组内互动

这种课堂上的操作活动既发挥了学生主体意识，又培养了学生的操作能力。开始，学生在画、剪、拼的操作中显得有些笨手笨脚，我想如果多组织一些这样的操作活动，学生不断积累经验，他们的操作能力一定会慢慢地得到提高，他们学习数学的兴趣会越来越高。

（三）探究性作业

小小设计师：如果你家的地面要进行重新装修，你能为你爸爸妈妈提供一份装修建议吗？请从下面几个方面考虑：（1）每间房间的长和宽分别是多少米？每间房间的面积分别是多少？（2）根据自己家庭的生活条件和自己的爱好，在材料表中选择你需要的材料，算出所需材料的量及所需的人民币金额。（3）如果在客厅、餐厅地面的四周贴上大理石条，共需要多少米？这样，一些枯燥乏味的数字就趣味化、生活化了，不仅激发了学生学习数学和运用数学的兴趣，还增强了他们运用书本上的数学知识解决生活中实际问题的能力。

（四）分层次作业

根据我们班学生的差异，我采用“作业超市”的形式将作业设计为三层：A 级为基础练习——求最简单的平行四边形的面积；B 级为提高练习——根据图中正方形和平行四边形的关系，推导出平行四边形的高，再求平行四边形的面积；C 级为延伸练习——不仅要求出平行四边形的面积，还要求出平行四边形土地上收获小麦的吨数。

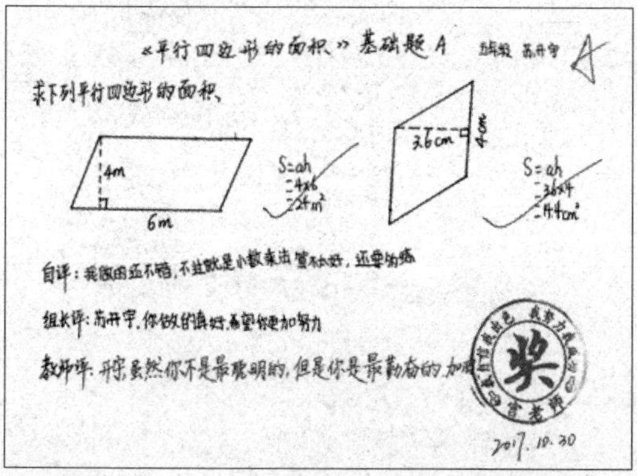

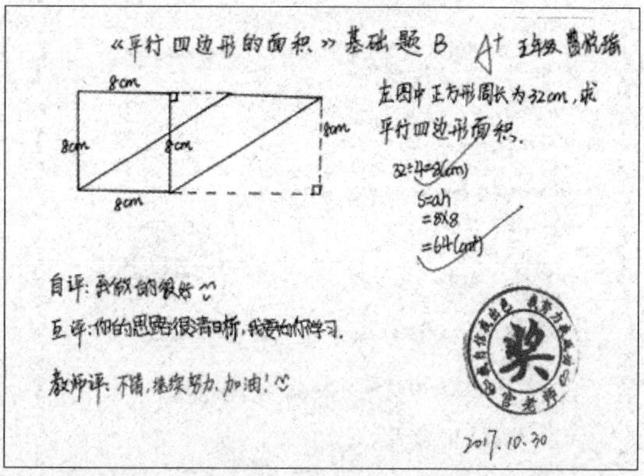

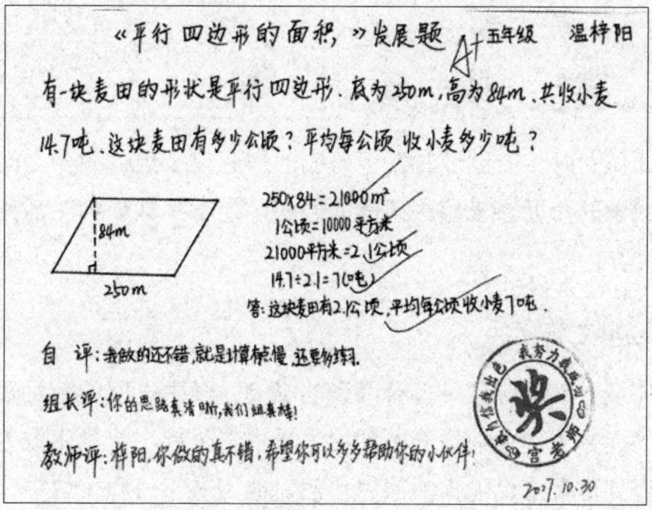

我深知孩子的内心深处都有一种被肯定、被尊重、被赏识的需要，每个学生仿佛都是为了受赏识而生存，为此，教师应尊重学生，赏识学生。所以我用赏识的眼光和心态去寻找他们点滴的闪光点，用赏识的语言进行激励。使他们的心灵在教师的赏识中得到舒展，让他们变得越来越优秀，越来越有自信。通过这样的层次性作业，不仅使每个学生都获得不同程度的进步，更使他们在数学作业中体验到了成功的快乐，增强了自信心。

（五）创新型作业

学生根据所学的内容，自己设计一份作业，小组之间交流并进行批改。

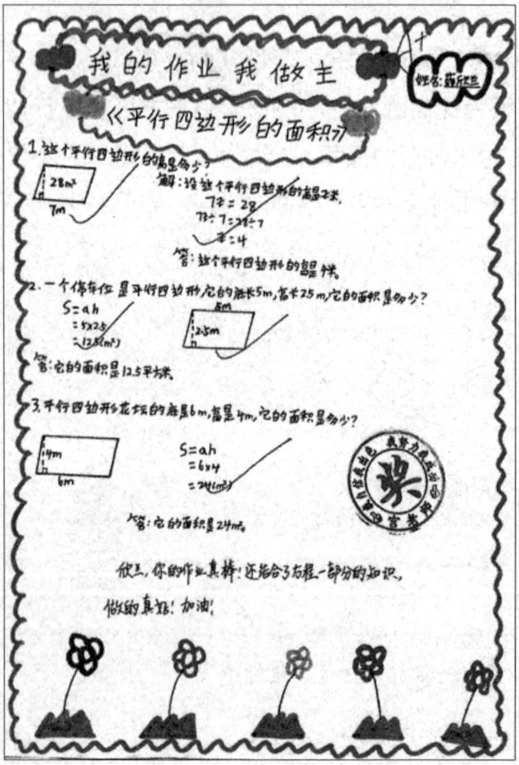

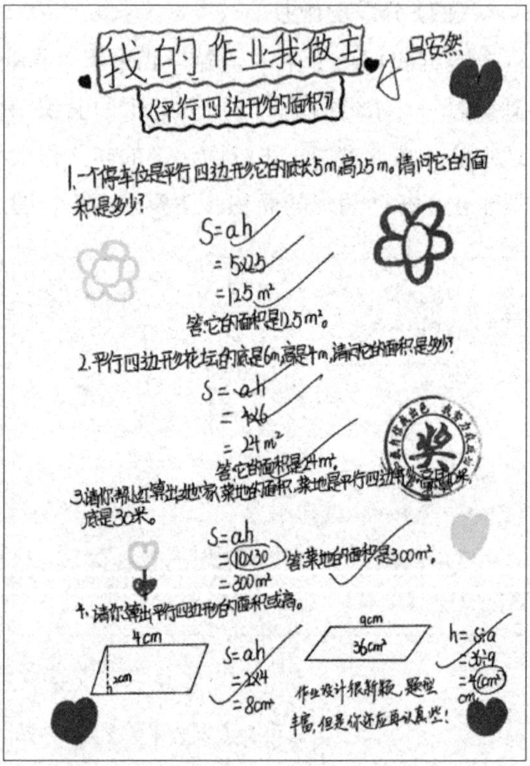

学生自己设计作业时，能够及时发现自己的问题以及组内同伴之间的问题，这就促使学生尝试着从数学的角度寻求解决问题的办法，使学生认识到生活离不开数学，并逐步成为知识的实践者。

四、作业实施效果

由于受文化环境、家庭背景及自身因素的影响，学生之间的数学知识和数学能力的差异是客观存在的。分层作业能适应不同层次学生的需要，让学生成为学习的主人，使每一个学生都能得到适合自己能力的家庭作业，他们从学习和作业中获得了更多的鼓励和表扬，学习自信心逐渐增强。

五、作业设计反思

本次作业设计的亮点：

（1）从基础入手，从学过的长方形、正方形的面积出发，再进一步探究平行四边形与长方形的关系，最终得出平行四边形的面积。学生的思维由浅入深，逐步培养学生对数学的学习兴趣，从讨厌作业到乐于完成作业。

（2）实践出真知，我把作业与学生的生活实际相结合，让他们以小组的形式先去操场实地测量，然后在班内与同学交流，在活动中培养他们的解决问题能力。

（3）学生的前置性作业、分层次作业不再只是老师批改，而是同伴之间的互相分享，这样同学们之间不仅反馈了作业的信息，而且还带动了上课的气氛，师生共同享受数学课堂。

存在不足的地方：

（1）这次作业设计只是我的初步尝试，所以有一些地方我自己还存在困惑，就导致整节课上得比较紧张，以后我要多加学习。

（2）有的学生没有认真参与，教师还是应多关注、辅导这一部分学生。

（3）在完成探究性作业的时候，有个别的小组由于意见不统一，所以耽误了一定的时间没有完成任务，教师要提醒学生对于时间的把控。

“处处是创造之地，天天是创造之时，人人是创造之人。”作为教师，我们应努力挖掘学生的潜能，让学生在自主选择、实践运用中张开智慧的翅膀，使数学作业焕发出生命的活力。

（秦皇岛市抚宁区榆关学区东新寨小学安庄校区 / 宫丽新）

以“乘法分配律”为例谈谈作业“随堂化”

一、案例背景

作业是教学中一个极为重要的环节，它有助于学生巩固知识，也是教师了解学生学习效果，检查自己教学成果的手段。但是在当前教学中，经常会有教师给学生布置一些大量的重复的家庭作业，学生做起来累，教师批改起来烦。针对这种作业高耗低效的现状，我校将“作业单”作为课堂变革切入点，开展了“三环五步作业单导学”生本课堂教学模式的构建活动。通过“作业单”引领作业改革，支持学生开展自主学习、合作学习、探究学习，帮助教师诊断与把握学情，利用资源差异，构建互助课堂，促进学生全面和谐发展。

在学校作业改革的背景下，我将作业与课堂教学进行结合，尝试将作业“随堂化”，一方面利用作业进行课堂导学，另一方面减轻学生的课业负担。下面我以“乘法分配律”一课为例，谈谈我对作业“随堂化”的粗浅的认识。

二、案例分析

乘法分配律是一种重要的数学模型。在小学阶段所学的运算律中，乘法分配律是学生最难理解和掌握的。有些学生在学习时就糊里糊涂，始终弄不明白乘法分配律为什么会有这种形式上的变化；有些学生虽然在学习时会机械地模仿，但是很快就遗忘了，更谈不上自觉和灵活地运用。于是，我通过“诊学作业—导学作业—固学作业—检测作业”，把作业融入课堂各个环节中进行尝试。

（一）诊学作业，准确把握学情

“乘法分配律”前测题：

1. 填空

（1）8 + 8 + 8 =（　）×（　）

8 + 8 + 8 + 8 + 8 + 8 + 8 =（　）×（　）

（2）12 × 4 口算时，先算（　），再算（　），最后算（　）。

2. 用你喜欢的方法算一算。

102 × 25 =（　）　　37 × 26 + 37 × 74=（　）

3. 用两种方法求出下列各数的和。

25	25	25	25	25	25	25	25
75	75	75	75	75	75	75	75

4. 在□里填上合适的数，在○里填上合适的运算符号。

（42+35）×2=42×□+35×□　　27×12＋43×12=（27+□）×□

15×26＋15×14=□○（□+□）　72×（30+6）=□○□○□○□

上课前一天或两天抽出几分钟对学生进行小前测。通过调查，测试班65%的学生对乘法分配律的结构基本上无认知，说明这是本节课的重点和难点；80%学生没有简算意识，体会不到简算价值；72%学生对乘法分配律的“形”和“意”都不了解。基于学生对乘法分配律的了解情况，我决定采用“形意结合”的教学策略，不仅关注“形”，还从“意”上下功夫，拉长知识的形成过程，充分经历“立形—释形—固形”的教学过程，真正从意义上去理解并掌握“形”。

（二）导学作业，真正体现“做中教”和“做中学”

你能用两种方法解答吗？

活动一：一共有多少个圆片？

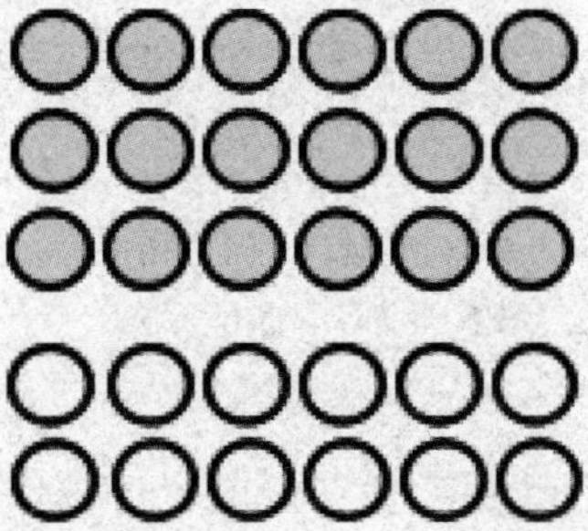

活动二：买5套这样的衣服要用多少钱？

20元　　30元

活动三：它们的面积一共是多少平方米？

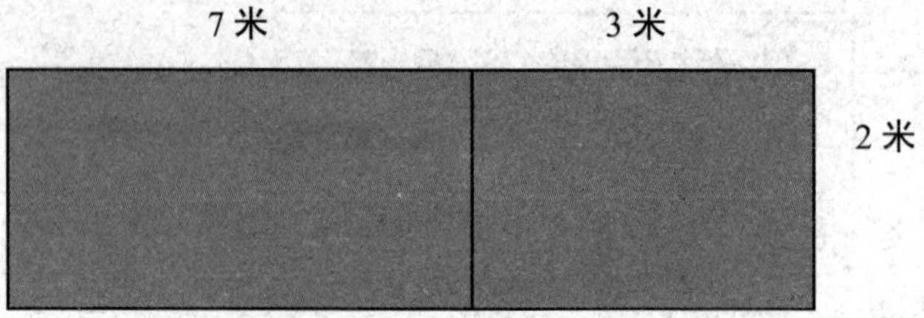

活动四：给你一个算式，你能画出相应的图形吗？

（7+3）×2 = 7×2+3×2

活动五：举例、观察、概括乘法分配律。

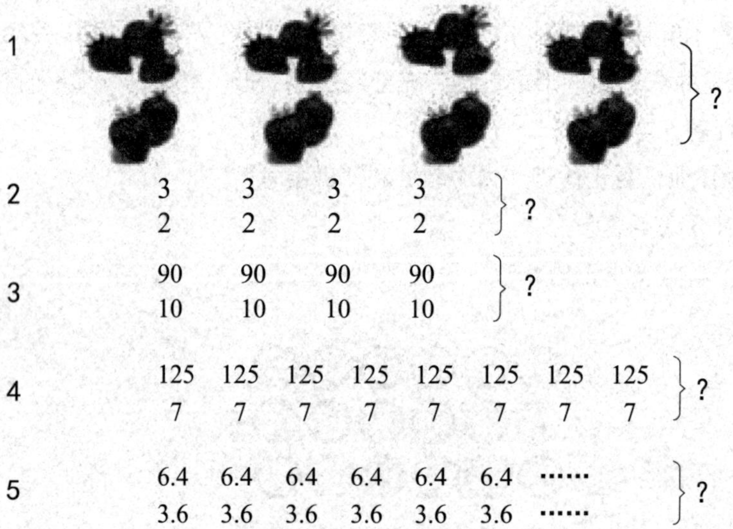

导学作业的“活动一”至“活动四”随在课前，可以作为预习作业，引导学生提前对本节课内容进行试学，让每个孩子带着准备进课堂。对新知识有了初步感受和浅层理解后，能够更有目的性地进行课堂的学习，提升课堂教学的有效性。“活动五”随在课上，作为学生自主探究的素材。教师通过问题引导学生观察、思考，发现其中的规律。

乘法分配律的建构需要丰富的素材，从乘法的意义、现实原型、几何模型、数形结合，多元举例，一方面为了提供形成概念的丰富素材，同时也尝试借助数量关系和图形来帮助学生初步建立乘法分配律的模型。这就一下子抓住了乘法分配律的命脉，把枯燥的数理转化为形象的事物，让学生抓住数学学习的本源，把复杂的数学转化为简单的数学，从而让学生喜欢上数学。实践证明，有了主题图和属性图的支撑，既便于学生探索、发现和理解规律，构建规律模型，又便于学生在以后的学习中灵活运用规律，发展数学思维。为学生从本质上理解乘法分配律提供更全面、更丰富的感性材料，在学生观察的基础上，分“师生合作举例—学生独立举例—设法举一例涵盖所有例子”三个步骤展开，让学生经历“由特殊到一般”的思考过程，使得乘法分配律的归纳总结水到渠成。

（三）固学作业，拓展规律运用

1. 基本题：填空。（隐性随在导学环节）

（7+8）×6=7×（ ）+8×（ ）

（24+36）×（ ）=24×7+36×7

（22+32）×9=（ ）×9+（ ）×9

2. 变式题：判断下面的等式对吗？不对的改正过来。（显性随在导学环节）

（1）56×（19+28）=56×19+28（ ）

（2）（40-4）×25=40×25-4×25（ ）

（3）25×32=25×（4×8）=25×4+25×8（ ）

（4）76×101=76×100+1（ ）

练习丰富了学生对乘法分配律的认识，学生从中得到的不仅仅是对乘法分配律全面的认识，重要的是，学生在拓展的过程中会慢慢领悟到“由一般到特殊”的思考问题的方法。

（四）检测作业，当堂评价学习成效

1. 填空题（一星基本题）

（1）（100+2）×55 表示（ ）个 55，也就是（ ）个 55 加（ ）个 55，写成算式是（ ）。

（2）运用今天学过的乘法分配律进行变形，再算出得数。

17×30+17×70=（ ）

265×105-265×5 =（ ）

2. 简算题（二星基本题）（整合随在导练环节）

（80+4）×25 =（ ）　34×72+34×28 =（ ）

3. 简算题（三星拓展题）

35×99+35 =（ ）　167×2+167×3+167×5 =（ ）

设计一份“当堂达标检测作业”，留 7 分钟左右的时间让学生当堂完成，自我检测评价学习效果，面批面改，当堂反馈，准确捕捉教学信息，以便查漏补缺。

三、总结反思

教师精心设计的几组“随堂化”作业，有显性的，也有隐性的，并把它融入了课堂教学中，强调“做中教”“做中学”“教学合一”。作业“随堂化”实施的过程，是实实在在的课堂结构的变革，是实实在在的以学生为主体、训练为主线、教师为主导的有效教学。

在实施作业改革的今天，我们既要给学生减负，又要提高教学效果，这就要求我们抓实课堂，解放课间，给学生自由的时间。而作业“随堂化”可以很好地解决以上问题，学生做作业与教师的教学行为——了解学情、引导预习、课上导学、巩固练习同时展开，教师可以随时根据学生的学情调整、改进教学，使学生的学情成为教学资源，同时教师设计的作业精准、聚焦，减少了学生课后作业的时间与数量，减轻了学生负担。

（秦皇岛市北戴河区海宁路小学 / 闫强军）

“分数的初步认识”单元整合作业设计案例

一、背景

在小学学习阶段，作业是帮助学生们巩固数学课堂所学知识的最佳办法。数学是小学课程中的重要学科，也是学生以后学习的基础，而写作业是整个数学学习过程十分重要的部分。新课程标准实施以来，越来越多的老师都认识到，作业不是课堂教学遗留下来的附属品。巧妙地设计学生们的课后作业不仅仅能提高学生们的基本数学能力，还可以培养学生们的数学思维。

二、理论依据

《数学课程标准（2011 年版）》中指出：“有效的数学学习活动不能单纯地依赖模仿与记忆，动手实践、自主探索与合作交流是学生学习数学的重要方式。”我们的课堂的教学观念、教学水平都发生了质的变化，在减负增效的要求下，本着对学生潜能、个性、创造性和持续发展能力的关注，针对孩子的年龄特征，作业设计重在提高学生的动手实践能力，培养学生对数学的积极态度，调动学生的学习积极性，帮助他们体验智力活动的欢乐，感受数学学科的趣味。

三、作业设计阐述

（一）操练巩固型——夯实数学基础，熟练数学技能

我结合三年级学生的年龄特点和接受能力，从学生整体的情况出发，考虑到学生的个体差异，按照不同层次学生的不同需求设计作业。我将作业按难易程度分为三个层次：基础型、发展型和拓展型作业。思维能力、理解能力都比较强的学生可选择发展和拓展型作业，中等生可选择基础和发展型作业，思维能力、理解能力相对比较差的学生可选择基础型作业。这样针对学生的个体差异设计层次性的作业，让不同水平的学生通过作业得到不同的提升和发展，夯实数学基础，熟练数学技能，让全体学生都有练习的机会，能力得到发展和提高，使每个学生成为学习的成功者。

作业设计：

学习水平不同的学生组成水平相近的学习组。学生依据自身的学业水平选择适合自

己的作业套餐，基础一般的学生在选择 A 套餐的同时，可挑战 B 套餐和 C 套餐中的全部题或个别题。基础好的学生选择练 C 套餐中的题。

作业呈现例选：

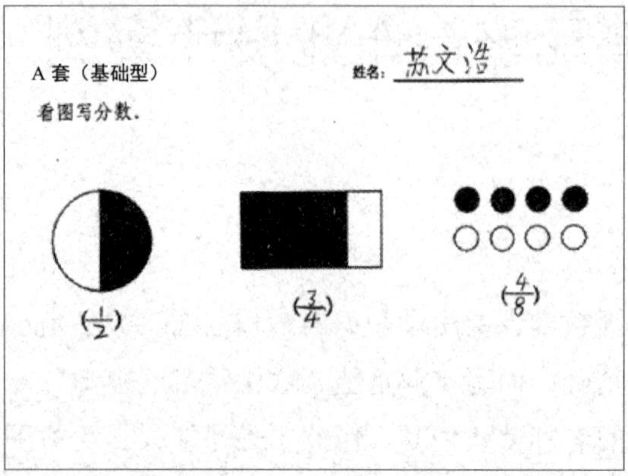

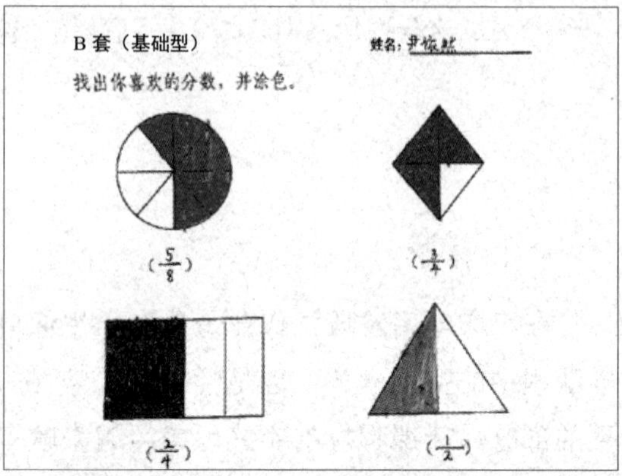

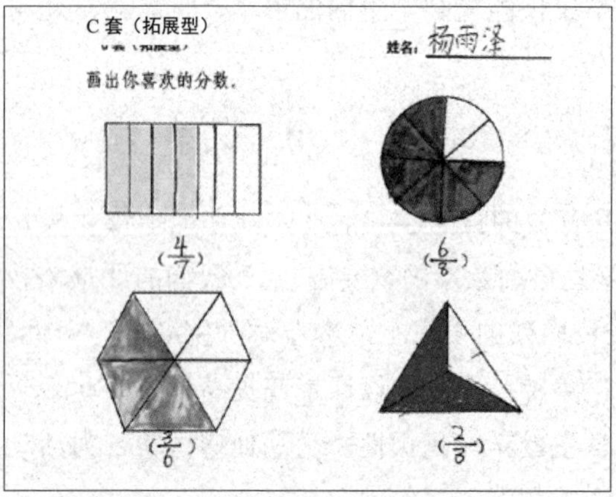

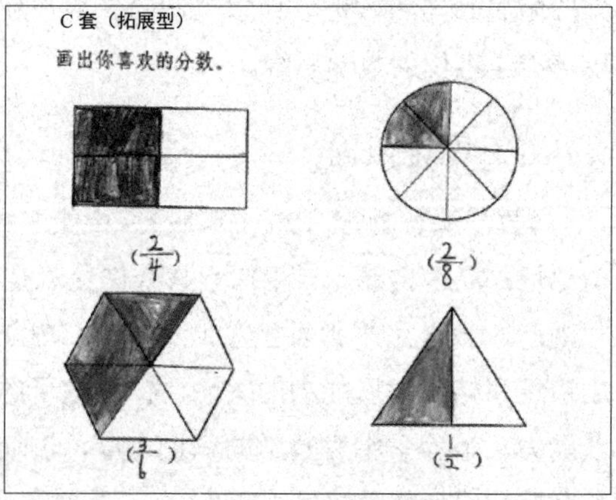

作业反馈：

学生依据自身的学习水平选择适合自己的作业类型，巩固了知识，提升了自信。同时，小组学习让学生交流互助，相互评价，共同提高。

（二）探索研究型——促进数学理解，发展数学思维

“纸上得来终觉浅，绝知此事要躬行。”数学学习活动应该是一个生动活泼的、主动的和富有个性的过程。教师要有一双数学的眼睛挖掘数学中可探究的素材，引导学生在探究活动中理解数学，提出新思路、新方法、新方案，把学生推向思维活动的前沿。探索研究型作业旨在紧密联系教学内容，以学生独立自主学习或合作讨论为作业的主要形式，给学生足够的探究时间和空间去动手动脑，在观察、调查、假设、实验等多种形式的探究活动中明理，促进对数学的理解，让学生的思维更具开放性和敏捷性，发展学生思维。

作业设计：请你创设一些自己感兴趣的生活情境，通过动手操作理解分数的加减法。

作业呈现例选：

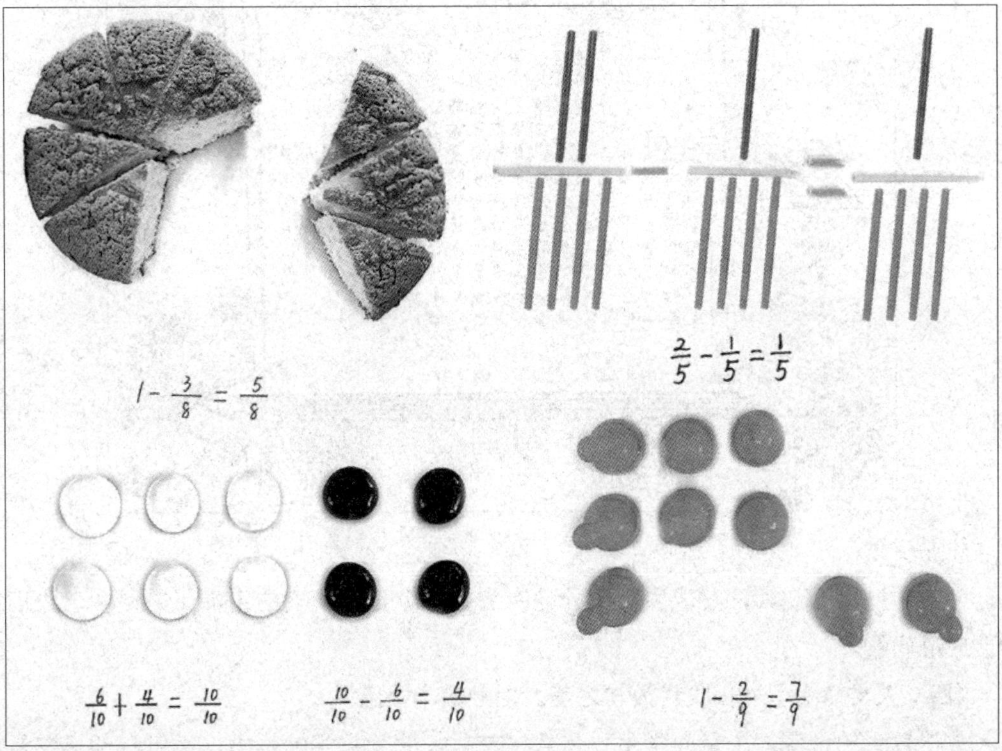

作业反馈：

学生在课堂研究的基础上开展自主探索。不同的学生不同的方法，相同的是在探究活动中，学生深化了对分数的认识，熟练了分数加减法的计算方法，其思维是积极的、发展的。个体自主研究有效促进了学生对数学的理解，发展了思维。

（三）实践运用型——感悟数学价值，善于数学应用

数学是应用的科学，学习的最终目的是应用。数学来源于生活，又应用于生活，数学在社会生产和日常生活的各个方面都有广泛应用。实践应用型作业意在带领学生走出教室，跳出课本，让学生看到生活中处处有数学，数学是生活中不可缺少的工具。作业设计重点放在学生应用所学的数学知识和方法，去分析、解决生活中的实际问题，再在实践运用中掌握和悟得一些研究问题的策略方法，从而使所学知识得到拓展和延伸，让学生在感悟数学价值的同时形成数学应用的意识，更乐于去学习数学，学好数学，善于应用数学。

作业设计：生活中哪里有分数？哪里能用到分数？写在你的数学日记里吧。

作业呈现例选：

作业反馈：

学生通过用心观察，发现生活中处处有分数，分数给我们的生活带来便利，我们要学会应用分数。

（四）人文熏陶型——欣赏数学之美，提升数学情感

数学教育的价值之一是向学生传承数学文化，感受数学的魅力。著名哲学家罗素曾说："数学，不但拥有真理，而且有至高之美。"显然数学是美的，数学的美是一种抽象、严谨、含蓄、理智，它渗透在数学知识的背后，需要用心体悟才能看见。数学还是积累的科学，是历史的记录，是人类智慧的体现，是人类的一种文化。人文熏陶型作业设计关注数学美和数学文化，通过作业让学生欣赏数学，品味数学，品读数学家的生平轶事，了解数学知识及方法的发展历程等数学文化。在至高之美和博大精深的数学文化熏陶下开阔视野、激发数学学习的兴趣、增进学好数学的情感。

作业设计：结合课本99页《你知道吗？》了解分数的研究史。

作业呈现例选（见右图）：

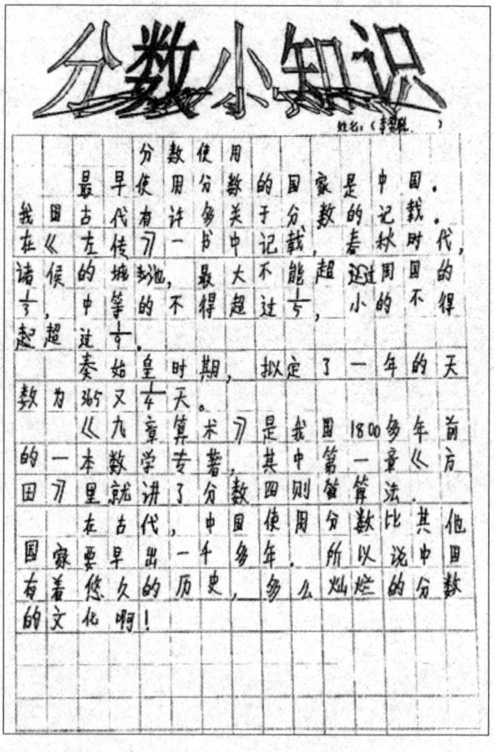

作业反馈：

学生通过各种渠道查阅分数的发展史，以数学小报等多种形式表达。一次简单的作业，一次不简单的经历。学生在做作业的过程中，通过搜集资料，了解了分数的发展史，感受到数学与生活的密切，感受到我们祖国灿烂悠久的文化，感受数学智慧为数学研究带来的方法变革。以小见大，感受数学魅力，对数学的敬仰爱慕之心油然而生，对数学的美好情感自然升华。

四、作业设计反思

每个学生由于受思维速度、智力因素等诸方面的影响，学习数学、解答数学习题的能力是不同的。《数学课程标准（2011 年版）》在前言中的基本理念中指出：“人人都能获得良好的数学教育；不同的人在数学上得到不同的发展。”因此，我的数学作业设计上力求关注每一个有差异的个体，适应每一个学生的不同发展需要，最大限度地开启每一个学生的智慧潜能，促进学生综合素质的发展。

（秦皇岛市北戴河新区南李庄小学 / 赵祯）

藏在画图里的数学作业

一、作业设计背景

新课标下，为了让学生进一步了解数学内涵，认识数学的本质，体验数学是一种思想、一种文化，教师的课堂教学正在变革中，而传统的数学作业形式和内容仍然在各种“算”中消磨着学生对数学的兴趣，使数学的魅力大打折扣，创新数学作业势在必行。

在这样的背景下，我对人教版五年级上册“多边形面积”单元的数学作业设计有了一些思考：同学之间自主设计组合图形求面积来进行对战，会有怎样的效果呢？设计组合图形的过程中，学生既是答题者也是出题者，想方设法难倒同学的过程就是加深对组合图形面积理解的过程。想要难倒对方，就要思考：我要用什么样的图形，怎样组合在一起，我要将有用信息怎样藏在最不起眼的位置，间接将它给出却让人难发现。学生动手画图的过程实际上就是剖析组合图形组成部分的过程。挑战既是游戏又是有趣的练习。

二、作业设计内容

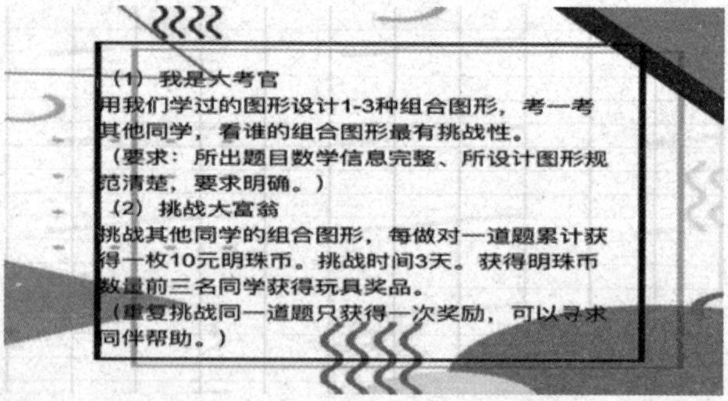

学生作业成果展示

1. 设计作品

利用三角形面积求出三角形斜边上的高，即梯形的高。

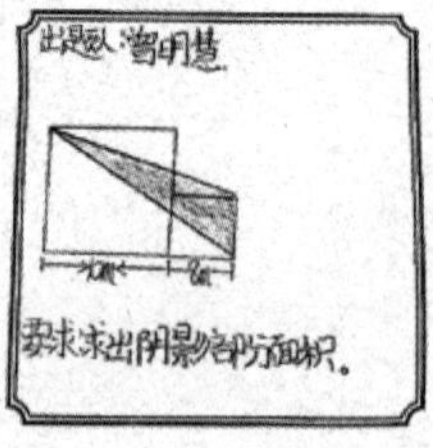

三角形的底和高与两个正方形的边长有关。

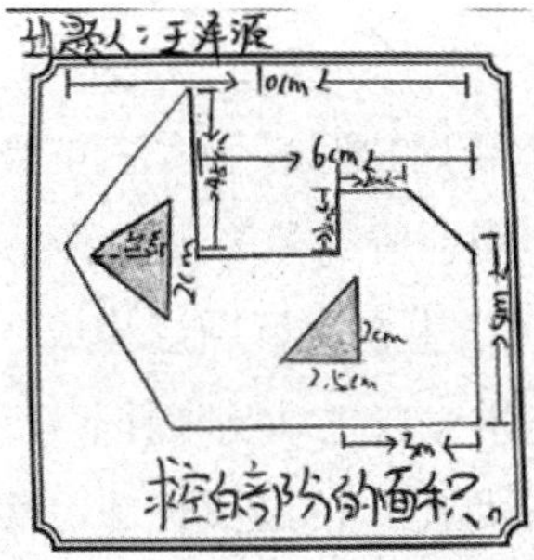

兼具趣味性挑战性同时又巩固基础。看似复杂，实际上耐下心来，会发现此图有多种分割方法，分成几个学过的图形，求出总面积，再减去2个阴影面积即可。

学生具有知识迁移的能力，将三年级学习周长时的题型迁移至面积。通过分割小路，移补拼即可求出小路的面积。

2. 作业成果展示

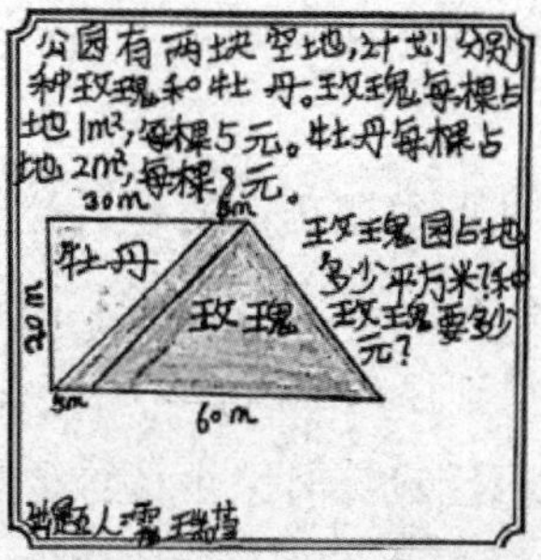

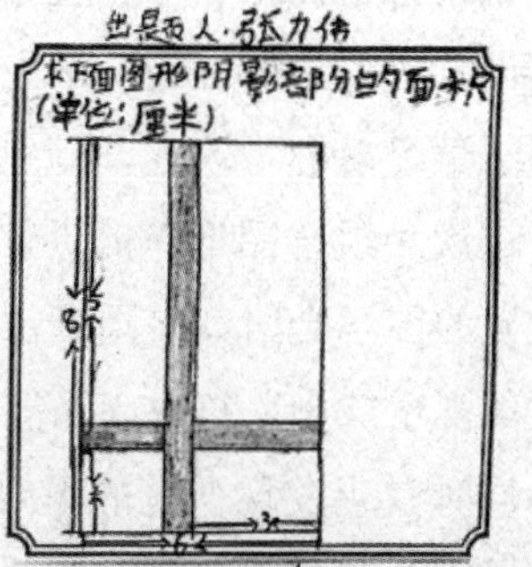

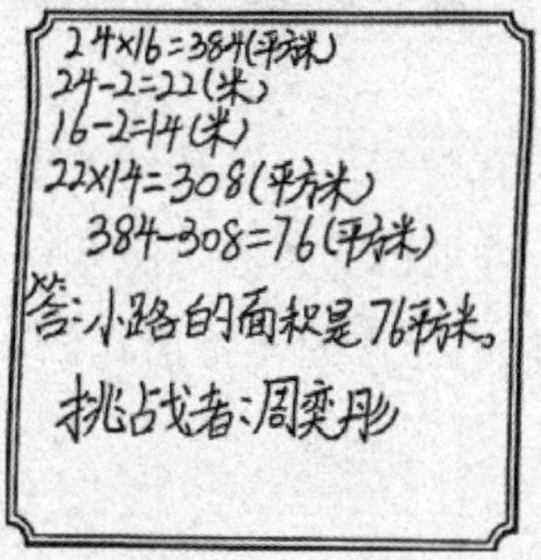

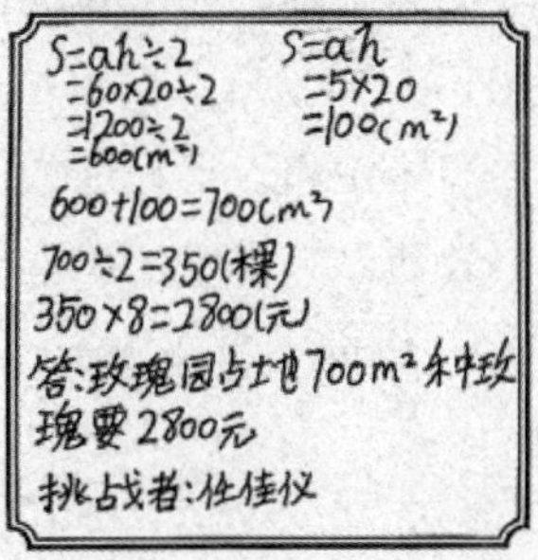

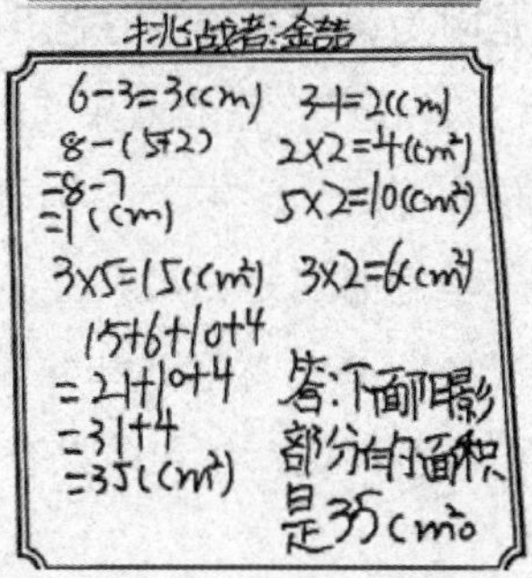

3. 兑换奖励，收获喜悦

三、案例思考

在教学中抽象的“图形与几何”知识是学生学习的难关之一，三年级上册“长方形与正方形”的周长、三年级下册“面积”以及五年级上册“多边形面积”，到本单元——将几种图形结合成新的组合图形，难度不断加深。学生在理解图形构成、提取有效数学信息（所需边的长度）都存在困难。本次作业依托学生自主动脑设计、动手画组合图形，将学习内容藏于简单的画“组合图形”中，看似只是单一的画图任务，实际上调动了学生的手、脑等多种感官参与学习。

本次作业后，我发现班里的学生在描述组合图形的过程中能够有意识地抓住图形的本质特征，主动用如：“组合图形是由一个高为 5 cm、底为 7 cm 的三角形和一个上底为 7 cm、高为 6 cm、下底为 9 cm 的梯形组成的”这样的语言描述信息。学生在解题过程中，观察分析图形构成、提取图形信息的能力有所提升。面对较为复杂的组合图形和间接给出有效数学信息的，学生之前解决困难的题型，没有了畏难情绪，积极主动去解题，提高了学习兴趣与效度。

这次“组合图形”的创新作业取得了预期的学习效果，也有意料之外的收获——破解难题的同学会给其他同学讲解，有的题是几名同学共同探讨出来的，在探究的过程中，学生的观察能力、解决问题能力得到提升，学会了与人合作交流。

同时我也发现，有的组合图形因设计时缺少关键信息而导致其他同学无法解答。这主要是因为教师在指导过程中要求不够明确，如果我提出“出题者必须要先正确解答出所设计的习题”，作业效果将会更好。

作业练习是学生数学学习中掌握知识和习得技能的一大有效手段。但传统的题海战术对于学生而言是枯燥和乏味的。教师作为课堂的引导者、作业的布置者，完全可以调整改变作业的布置形式和实施途径。从每一堂课思考，让我们的作业布置形式创新化，作业内容多样化，作业效果有效化。

（秦皇岛市海港区明珠学校 / 赵琳霞）

数里画外　悦享绘本

一、缘起——我的困惑

（1）低段学生识字量不多，阅读能力较差，当在数学阅读中出现较多文字时更难以吸引他们的注意力，那么如何激发学生的数学学习兴趣呢？

（2）相对于其他学科来说，学生总是觉得数学比较抽象、枯燥、乏味，如何让孩子保持对数学学习的兴趣与好奇呢？如何让枯燥、抽象、冰冷的数学知识变得生动、形象、有温度呢？

（3）教学低年级时我们不布置书面家庭作业，但作为老师的我们，还总想了解学生的学习效果、学习能力、数学思维，该怎么办呢？如何将课堂上零碎的知识在学生的心中形成综合性、整体性呢？如何发展学生的创造性思维呢？

带着这样的思考，我们班逐步开展了数学绘本作业方面的尝试。回忆这一年多来，我们大致经历了三个阶段：数学绘本阅读、数学画的创作、数学绘本的创作。

在一年级教学过程中，我发现学生阅读绘本的兴趣很高。我想：既然学生这么喜欢阅读，我们能不能增加数学阅读，将数学知识融入一个又一个有趣的故事中呢？这样能让孩子在阅读过程中发现学习的乐趣，经历过程的曲折，同时感悟数学思想方法的奥妙，所以我们在数学课上引入了数学绘本阅读。数学绘本虽然只是薄薄的一本，但里面的内容形象、直观，一本书中只讲一个知识点，在轻松活泼的氛围中，数学概念被悄悄地诠释出来，冰冷冷的公式变得活泼起来，硬邦邦的定律也变得形象起来，特别是一幅幅夸张可爱、色彩鲜艳的图画能很快吸引孩子的眼球，极大地促进学生对数学的理解，让数学变得更有亲和力、更富魅力，学生从中读到的不仅是知识，更能窥探到数学的思想和方法。

在一年级的数学课中，我牵着学生的小手漫步在奇妙的绘本世界，走进奇妙的数学世界。我们开始有针对性地对学生进行绘本阅读指导：讲绘本故事，讨论数学原理，赏析绘本的妙趣……

教学“10以内数的认识”时我们读《过去的人们是怎么数数的》和《世界上最帅的猪》；教学“减法的初步认识”时我们读《避开恶猫的方法》；教学“20以内的进位加法”时读《鼓鼓和蛋蛋的梦想》；教学“凑十法”时读《阳阳数鸡蛋》；教学“分类与整

理”时读《一起一起分类病》；教学“平面图形”时我们读了《谁偷了西瓜》……

经过一学期数学绘本阅读的指导，我们逐渐地将数学阅读加入数学作业中。现在我们班正在看的是《从小爱数学》系列绘本（共40册），学生互相交换着看。有困难的知识点，可以让学习能力强的孩子来讲，学生用自己的话一解释，大部分孩子也就能懂了，而且觉得故事非常有意思。就这样，数学绘本的阅读作业在我们班悄无声息地展开了……

二、行动——实践尝试

（一）数学画的创作

当数学绘本阅读打开学生的视野后，孩子数学知识更加丰盈了，认知水平、读图能力、审题能力进一步提高了，数学思维得到了发散。

低段的孩子识字量不多，还无法用文字完整、清晰地表达自己内心的想法。这时，数学画为孩子提供了一种可行的路径。数学画就是以画图的方式表达自己对数学知识的理解。通过数学画的创作，可以将孩子内心的思维具体化，当孩子能够通过数学画轻松地表达自己内心的想法时，他们会更加积极地去观察、思考和表达。

我们班级第一次数学画的创作是源于一年级的“认识加法”这节课。由于这是孩子第一次接触加法，所以教学重点是利用实物情境图、直观图、点子图等帮助学生理解加法的含义，在观察和动手操作的基础上，对学生进行“看图说一说算式所表示的含义”“用自己的方式表示算式的意思”等训练。所以在本课的最后，我布置了一项数学画作业：在你的生活中，你肯定也遇到过把两部分合并起来的事，请你根据算式“2+3=5”，自己编一个数学小故事或者画一幅画。相信在你的眼中，它一定有着不一样的故事！

学生利用周末时间开始精心地进行绘画创作和自我表达，周一收上来的作业让我眼前一亮，他们的作业各式各样：有画鸭子水中游的，有画飞机天上飞的，有画苹果园中摘苹果的，还有画气球手中拿的……学生课下也都围在我身边翻看其他小朋友的作品，所以当天我就上了作业展评课，由学生来和大家分享：我画的是什么，为什么这样画。通过交流，我发现在画图的过程中充分暴露了他们的思维轨迹，促进了学生对“加法”意义的理解，分享的过程则锻炼了学生数学语言的严谨表达。

自此，根据相关的数学内容布置“数学画”的作业成为我们班数学作业的特色。例如，学生在阅读绘本《我的一天》时认识了钟表，并初步学会了合理安排时间。之后，我布置的任务是：请小朋友们回家后在家长的配合下，画出“自己的一天”，比一比谁的作息时间安排得最合理。

学生对于这种自由创作的过程是陶醉其中的，乐此不疲的，也愿意用这种方式和大家分享自己的周末，在潜移默化中也认识到合理安排时间的重要性。同样，在学习完“认识平面图形”后，我布置的数学画作业是：请小朋友利用我们学过的平面图形，剪一剪、贴一贴、画一画，创作美丽的图形世界！

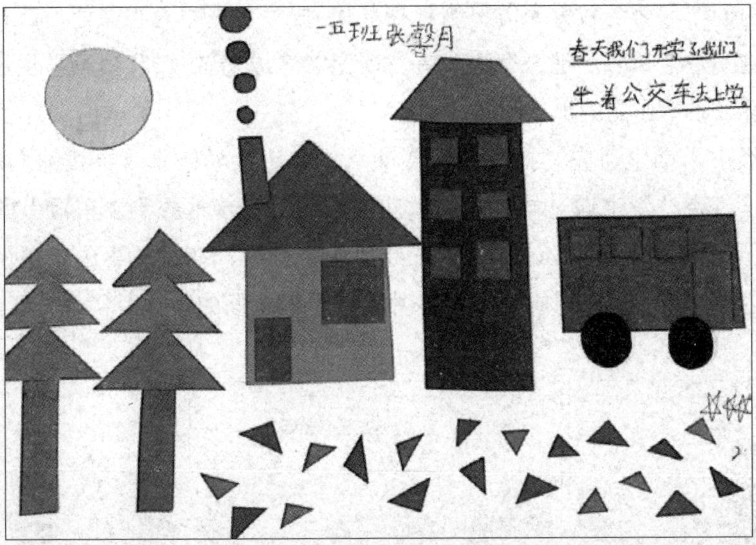

学生充分发挥自己的想象，在数学画的乐趣中感受图形的数学美。这样的作业有助于巩固学生对基本图形及其特征的认识，培养其创新意识与实践能力。

在一年级寒假时，我们确定的年级数学作业是：提前认识“元、角、分”，学习制作“购物清单”并计算出简单的单笔购物消费金额。在开学第一课，学生高兴地与大家分享，他们讲述购物的快乐，相互欣赏精心设计的数学画，彼此交流购物中学到的数学知识，还能有思考、有感悟，进而爱上学习、爱上思考。

（二）数学绘本的创作

前面所提到的数学画都是单页纸的创作。随着孩子学习能力的提高、思维水平的发展和想象能力的提升，很多孩子已经无法满足于一页纸的创作，他们迫不及待地想要尝试数学绘本的创作。著名教育家苏霍姆林斯基说过：“在人的内心深处，都有一种根深蒂固的需要，这就是希望自己是一个探索者、研究者、成功者。”我鼓励学生把自己对于数学知识的理解以绘本作品的形式呈现出来。

在一年级下学期学习完“找规律”一课后，我将数学绘本《寻找消失的宝石王冠》作为拓展阅读，带领学生通过寻找规律、应用规律一步步地找到“王冠”的下落。之后学生也创作出了精美的数学绘本，他们在绘画中讲故事，在讲故事中说规律。绘画、审美、口语表达、规律应用、思维拓展等多种素养得到全面的发展。

数学绘本故事《我的生日》——江彦达

在学习完二年级上册第四单元“4 的乘法口诀”后，我的学生又创作出了和乘法知识相关的绘本。我发现，他们在创作故事的同时无意识地就创编出了很多的乘法问题，而这不正是老师们希望看到的：学生不仅会做题还会编题的学习状态吗？

数学绘本故事《动物王国》——张馨月

通过一幅幅作品我也发现：能力强的孩子能生动幽默地将数学知识进行“创作式”表达，具有鲜明的个性特征；而学习能力相对差的孩子则会将课堂所学进行“复制式”回顾和呈现，重在知识概念的巩固和语言的表达。总之，数学绘本作业让每个孩子都有思考、有话说、有兴趣。

在二年级上册第六单元“表内乘法（二）”的备课中，有的老师说：由于学生已经学过第四单元“表内乘法（一）”了，再加上大部分孩子已经会背“7的乘法口诀”了，所以学生对教师那种按部就班的教学就失去了兴趣，课堂积极性也不像原来学习“2～6的乘法口诀”时那么高了。所以我想：既然学生在原来的学习中已经经历了“2～6的乘法口诀”的创编过程，那么“7的乘法口诀”我能不能放手，让他们自己利用画图、计算的方式进行编制呢？课堂上再由学生进行交流和展示，学习的效果会不会更好呢？经过实验证明，我的猜想是正确的，课堂上学生完全沉浸在别具特色的数学作业所带来的新鲜感和成就感中！

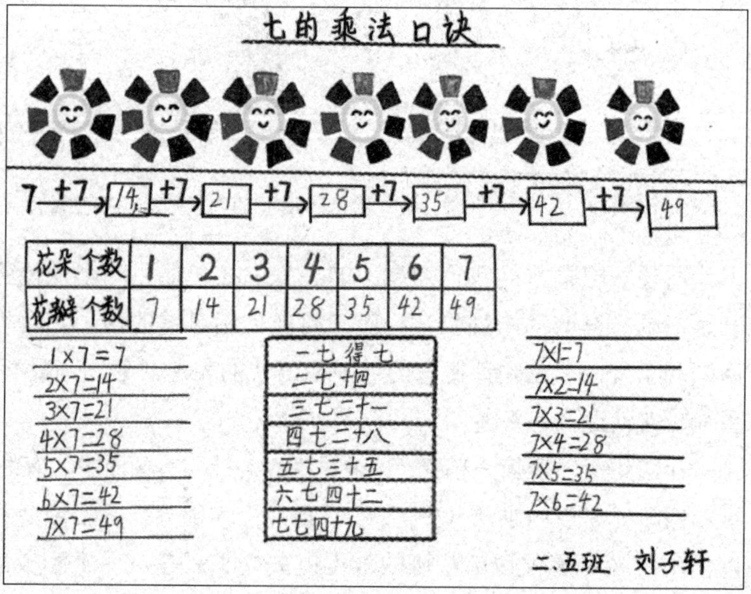

三、感悟与思考

相比传统的数学作业，数学绘本作业有很多优势，给孩子、家长和教师的专业成长都带来了很大的改变。

（一）学生的改变

1. 提高孩子学习数学的兴趣

数学绘本作业依托于教学又不拘泥于教材，具有浓浓的儿童味，满足了孩子创作的欲望，激活了他们的奇思妙想，他们乐在其中。

2. 有助于孩子逻辑思维的发展

数学绘本作业让学生在作业过程中习得概念，巩固技能，熟练应用。学生在绘画、交流、互动中不断加深数学思想方法的理解，助益于逻辑思维的发展。

3. 让孩子真切地感受到数学与生活的密切联系

当数学绘本作业在书本、生活和学生原有经验之间架起一座互通的桥梁时，学生的数学能量就绽放了。他们探究生活中蕴含的数学问题，用数学知识去解释一些生活现象，根据自身的生活经验、知识经验、个人喜好呈现自己最佳的作品。

（二）家长的改变

我们刚开始布置这样的数学画和数学绘本作业时，有的家长不理解："学习数学为什么还要画画？会做题会计算不就行了吗？"但是，慢慢地看到孩子的表现，很多家长开始接受这种创新作业，有的家长也开始乐在其中。

（三）自身专业成长的提升

数学绘本作业使教师对课程目标的准确把握能力、对教材的科学处理能力、对资源的合理筛选和优化改造能力、对教学方式和手段的自主创新能力等都得到充分锻炼和显著提高。

阅读一个好的绘本故事能让学生的心灵受到触动，领悟一个绘本作品的内涵亦是一次思想深入的旅程，创编一个属于自己的数学绘本则是自我才情的综合展示，让数学绘本创新作业成为助力孩子成长的另一抹温暖的阳光，实现智学慧玩乐成长。

在以后的教学中，我们还可以根据孩子创作的绘本开展故事展演、续编绘本故事等活动，让他们跳出课本读数学，跳出考试品数学，跳出课堂学数学。相信在无穷尽的教育实践中，通过老师们不断地挖掘和思考，定会在数学绘本创新作业中开拓一片崭新的天地！

（秦皇岛市海港区先盛里小学 / 兰子君）

纠错本里的“秘密”

一、背景

俗话说：“吃一堑，长一智。”但在平时的教学中，经常听到老师抱怨：这道题讲了很多遍，学生还是出错。其实，为此困惑的不只有我们老师，学生也很无助：听老师讲课，听得很明白，但只要自己做题，就感到困难重重，相同的错误总是重复犯。造成这种情况的原因是什么呢？怎样才能减少甚至杜绝这种“顽症”呢，这是我们广大一线教师急需解决的问题。其实问题的症结就在于现在的数学作业绝大部分都是书面作业，大部分是依靠教材后的题目或是教辅材料中的习题来巩固学生的学习，这种作业制约了学生思维的发展，学生成为只会写作业的机器人。在当前深化素质教育的要求下，对学生作业的内容、形式进行改革是十分必要的。在实践中我们发现建个“纠错本”既可以减少作业量，又可以在很大程度上帮助同学们走出“屡改屡错”的困境。

二、实践

（一）“纠错本”的作用

（1）“纠错本”是自身错误的系统汇总。学生把自己做过的作业、习题、试卷中的错题整理成册，当把错误汇总在一起的时候，会很容易看出其中的共性问题，便于找出自己学习中的薄弱环节，使得学习重点突出，学习更加有针对性，进而提高学习效率，提高学习成绩。

（2）“纠错本”能改变学生对错误的态度。对待错题的态度是减少错题的关键。一个错误实际就是一个盲点，如果对待错误的态度不积极，或者缺乏理想的方式解决错误，错误会在任何可能的时候发生，而且会经常重复发生，对待错误一定要“善待”“严逮”。

（3）“纠错本”能帮助学生改掉马马虎虎的坏习惯。分析出现错误的原因，明确是答题失误还是思维方法错误、知识错误、运算错误等，提高自己分析和解决问题的能力，最大限度地减少解题的错误。

（二）“纠错本”的使用

任何改革都不是一蹴而就的。在纠错本的使用过程中，会出现这样或那样的问题，只有不断地发现问题、尝试解决问题，才会使改革趋于完美。我们共进行了三次探索，逐步形成一定的模式。

（一）第一次尝试

做法：让学生准备一个本子，将所有错题都摘录下来，注意不要写答案，然后用另外颜色的笔重新做这些题，对照正确答案，发现自己究竟有没有真正弄懂。这样逐步缩小范围，重点歼灭，抓住了学生学习的主动性！复习时只要看这些题就可以了，比题海战术更有效！

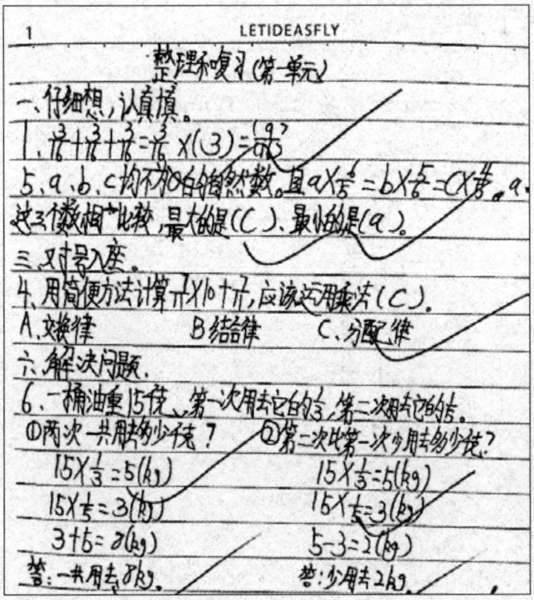

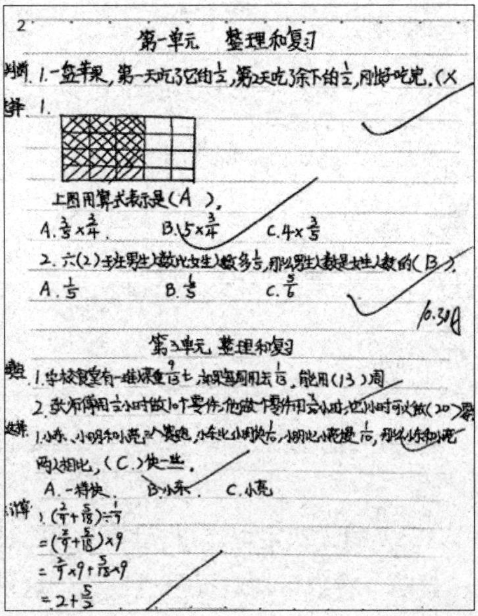

效果：在使用一段时间后，发现优等生做题既快又对、无错可改，学困生做题速度缓慢且错误百出，错题往往后浪推前浪，前面的没改完新的又来一大片，做一道题已是困难还要抄题，更是浪费时间。

（二）第二次改进

做法：面对这种情况，我们发现市面上有销售现成的纠错本，这时我们改变对学生的要求。要求学生先把错题整体看一遍，对于由于粗心做错而实际会做的题，可以不必记入错题本，只需在作业本上和试卷上做标记，把作业和试卷保留下来，在没事的时候，翻看一下就可以了，对于这类题，只要加深印象避免再次犯错；那些很容易找出出错点，不用花太多时间自己完全可以搞懂的问题，也没必要抄到错题本上了。

那些常做常错，听了老师的讲解还不能完全掌握的题目，要抄下来，写出错因分析，着重分析自己错的步骤思路及没想到的点。这样，即使复习时找不到卷子，看看“纠错本”仍可进行复习工作。

效果：实际操作中，很多学生只是把题目过程简单地抄到本子里，把“纠错本”当

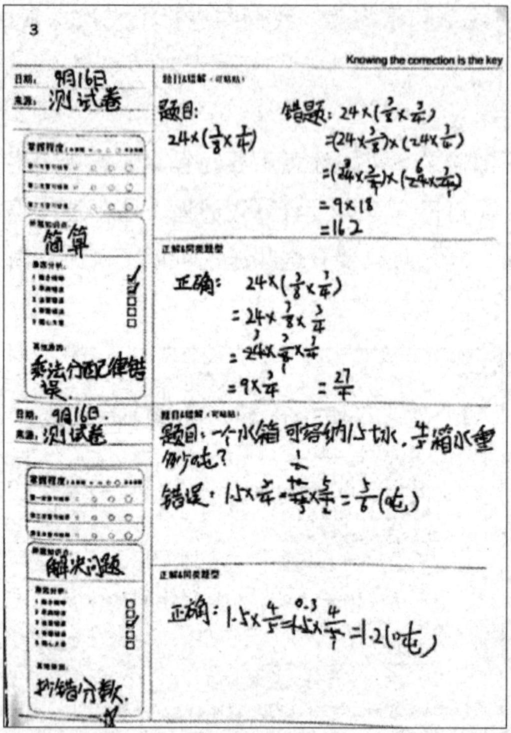

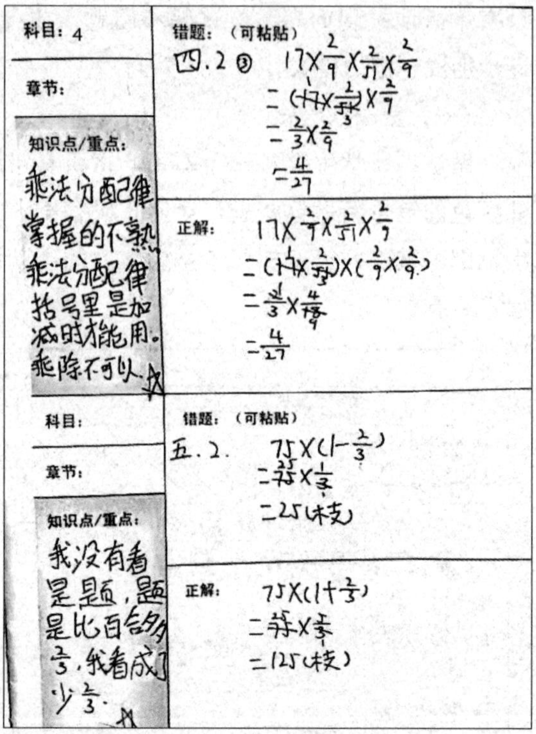

作习题本，并不能把“纠错本”上的题目都弄懂、理解透，这样就没有达到改善后续学习目的。

（三）第三次定型：“纠错本”分栏设计

做法：将纠错本进行分栏设计。这里的分栏是有目的的，这样做实际是为自己“量身定做”的一套试卷，在后续的复习中是很有针对性的。每次都能一目了然看清错题的来源，根据分析解题思路、写出正确解答、注明相关题以及举一反三，弄清楚哪一块还存在问题，在总复习时，要在那一块多下功夫，方便今后在阅读过程中加以反思。

错题来源	错题	正确答案	解析	同题多练	一题多变

1. 错题来源

注明来源，方便学生日后查找。

2. 做错的题目

把做错的原题在“纠错本”上原原本本地抄一遍或剪下来贴在“纠错本”上，并把原来错误的解法清晰地摘要在“纠错本”上。

3. 正确答案

当老师讲解出正确答案时，同学们按老师讲的正确思路，一步一步规范地把原题做一遍，以便加深印象和逐步形成能力。

4. 纠错解析

现在只是把题目和正确的答案写下来，没有错题反思，这样不容易总结，也没有明确自己的问题到底在哪里，所以还要重点剖析错解，反思错误成因，用不同颜色笔注明。

5. 同题多练

查找资料或课本，找出与之相同或相关的题型，并作出解答，或者自己仿照出题练习。

6. 一题多变

变通一下，思维发散。改编错题，一题多变，这是弥补知识漏洞最佳的方法。初始阶段，可要求同学们只需对题目条件做一点改动，如果没有困难，说明这一知识点学生已经掌握了。学生也可记录后续学习中遇到的知识点相同、类型不同的题。

效果：

1. 经常阅读，在“纠错本”中“淘金”

“纠错本”的建立是基础，但正确运用好“纠错本”，才能收到事半功倍的效果。在空闲时间或准备测试时，学生要拿出“纠错本”浏览一下，折去“纠错”一栏，对着“错题栏”再做一遍，这样就会使“纠错本”真正发挥出其最大效果。在今后遇到同类题型时，会立刻回想起曾经犯过的错误，从而避免再犯，做到同一道题不能错两次，同一类题目不能错两次，这样才真正给自己减负——减少复习错误的概率也就减少了错题进本的麻烦。时间一长，可以让学生大胆地抽去已经很有把握的部分，这样“纠错本”就会不断地变薄。这样经常温故知错、持之以恒，学生的成绩一定会有大幅度的提高。

2. 相互切磋，从同伴那里吸取教训

由于每位学生的基础不同，因此所建立的“纠错本”也不同。同学之间要多多交流和切磋，从别的同学的错误中吸取教训，得到启发，以此可以警示自己不犯同样的错误，从而提高解题的准确性。通过交流和切磋，可以增进同学之间的感情，也可以互相提醒、互相借鉴、共同提高。

三、总结：“纠错本”使用过程中的几点体会

学生对错误一般有一个自己逐步认识和纠错的过程，要放手让学生去体验、感悟、探究、发现，绝对不能由教师全包或是代劳，教师平时分析错题，只要有意识地把纠错评议引向深处即可。

学习过程中遇到的错题，一定要在当天写进“纠错本”，一耽搁下来，十有八九就会忘记。但如果过分纠错又不注意方法，只会加重学生学习的负担。不能让学生把建立纠错本的过程简单地认为是订正的过程，要让学生发自内心地去反思错误成因、去体验纠错过程，从中发现知识的漏洞或是解题思路不当等问题。

教师进行解题评析时，注重引导学生参与评析的过程。教师提醒学生在“纠错栏”中添加注释：分析自己在解题时的思维过程和思维障碍产生的原因及根源；用另一颜色笔注明错误的归类——知识遗漏、思维定式、审题不清、答题不规范还是心态问题。另外也激励学生在课外进行交流，培养学生倾听的习惯，善于借鉴同伴方法的良好品质。长此以往，学生自然会体验到自己的纠错本应该从哪些方面进行纠错，如解题的切入口、思路的突破方法、解题的技巧、规范的步骤及小结等。

（秦皇岛市抚宁区金山学校 / 王荷美 赵春静）

成果

CHENGGUO

作业精选巧设计

9 加 几

一、题目要求

20 以内进位加法在日常生活中有着广泛的应用，是学生学习 20 以内退位减法和多位数加减法的基础，而 9 加几又是 8、7、6 加几的基础。请你为学生设计一份课上巩固性作业，同时结合教材、学情分析并阐述设计意图。

二、课标解读、教材分析与学情分析

课标解读：《数学课程标准（2011 年版）》学段目标（第一学段）的“课程内容”中要求“能熟练地口算 20 以内的加减法”，“能运用数及数的运算解决生活中的简单问题，并能对结果的实际意义作出解释”。

教材分析：“9 加几”的进位加法是学习 20 以内进位加法的开始，它是在学生学习了 20 以内不进位加法和不退位减法的基础上进行教学的，这节课的教学效果对学生以后学习 8 加几、7 加几的进位加法起着重要的作用。这部分内容包含三个层次：首先在学生展示多样化的解题方法的过程中，重点呈现“凑十法”的计算方法，理解“凑十法”的算理；然后通过“做一做”第一、二题的练习，加深学生对“凑十法”的理解，掌握“凑十法”的计算方法；最后是“做一做”的第三题，巩固“凑十法”的计算方法，达到熟练计算的目的。

学情分析：学生在入学前就对 20 以内不进位加法和不退位减法有了一些基础，对 9 加几的计算也并不陌生，多数学生能够用数数的方法（记大数数小数）计算结果，也有的会用“凑十法”计算，但是真正理解“凑十法”算理的学生并不多，因此，理解“凑十法”的算理，运用“凑十法”计算 9 加几才是教学的重点。

三、作业目的

设计多种形式的练习，增强练习的趣味性，并帮助学生逐步熟练掌握“9 加几”的算法，进一步提高计算的技能。

四、作业内容呈现

【整体概述】

以“拯救苏菲亚公主”为主线，在“闯关”活动中，巩固“9 加几”的计算方法，熟练运用“凑十法”进行计算。

第一关：密码锁解密

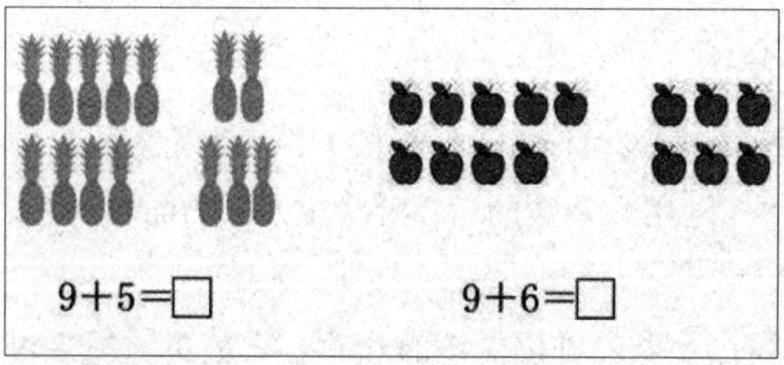

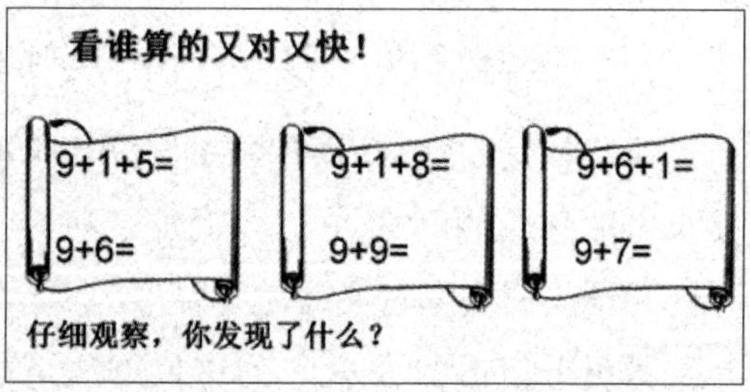

第二关：魔法花园

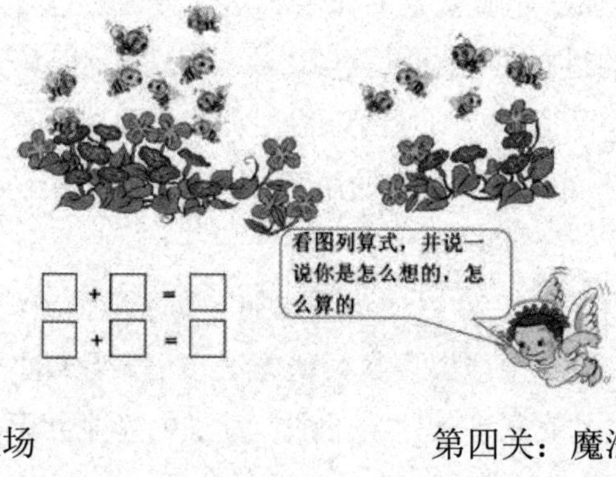

第三关：魔法牧场

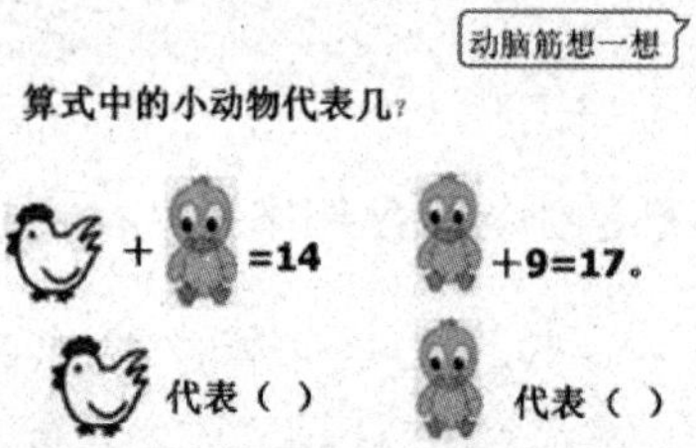

第四关：魔法萝卜排名赛

【详情解读】

第一关：密码锁解密，共安排了两道题。第一题先让学生画一画、圈一圈，将9添上1凑成10，把“9加几”转化成“10加几”，将具体形象的操作过程与抽象的思考过程一一对应，为后面脱离实物进行思考打下基础。第二题脱离实物模型的支撑，通过上、下算式的对比观察，沟通两个不同形式的算式之间的联系，感悟“凑十法”就是“拆小数、凑大数”。

第二关：魔法花园。这是一道开放题，以蜜蜂采蜜的情景呈现。这道题蕴含的信息比较丰富，学生通过观察找到不同的数学信息，解决不同的问题。可以计算“有多少只蜜蜂”，也可以计算“有多少朵花”，在开放的情境中既培养了学生的计算能力，又培养了学生发现问题、提出问题的能力。

第三关：魔法牧场，考查学生灵活运用知识、解决问题的能力。要知道“小鸡”代表几，首先要求出“小鸭”代表的数。解决此题不仅需要学生掌握相关的进位加法，还要判断出解决问题的先后次序。借助此题，培养学生有序思维的能力。

第四关：魔法萝卜排名赛。这是一道综合题，既包括了今天新学习的“9加几”，还包括了学生已经掌握的“10加几”和“十几加几”两个类型，学生可以直接计算出结果再进行比较，也可以不计算结果，都转化成“10加几”再进行比较，从而排出名次。三种类型的试题在同一道题中出现，沟通了彼此之间的联系，再次加深了学生对“9加几”算法的掌握。

五、亮点归纳

1. 创设“拯救苏菲亚公主”的童话情境吸引学生的兴趣，增强学生学习的趣味性。

2. 作业中包含基础练习、综合练习、拓展练习，力求做到形式新颖灵活、内容丰富多彩，巩固了知识，培养了能力。

3. 在“魔法萝卜排名赛”中将9加几、10加几、十几加几三种类型的题目综合出现，打破学生的思维定式，同时又引发学生思考这三种类型的题之间的区别和联系。

（秦皇岛市卢龙县第一实验小学 / 郝艳丽）

十 几 减 9

一、题目要求

“十几减九”是“20 以内退位减法”的第一课时，是今后学习多位数计算的基础，请你为学生设计一份课上巩固性作业，帮助学生理解算理、掌握计算技能，同时结合教材、学生学情分析并阐述设计意图。

二、课标解读、教材分析与学情分析

“十几减 9”是二年级上册第二单元第一课时的内容，是在学生学习了“20 以内的进位加法”及“20 以内的不退位减法”的基础上进行教学的。通过本节课的学习，学生能够理解“十几减 9”的算理，能够用多种方法（点数法、破十法、想加算减法、连减法）计算“十几减 9”，能够根据自己的兴趣和能力选择自己喜欢的方法进行计算。

本节课知识难度不大，但在新知教学后学生对“破十法”的算理还需进一步巩固，还不能够熟练应用“破十法”的计算方法。基于以上情况我设计了本次课上巩固性作业。

三、作业目的

提高学生练习的兴趣，巩固“破十法”的计算方法，提高运算能力，渗透数学思想。

四、作业内容呈现

【整体概述】

本着“重基础，验能力，拓思维”的原则，设计了基础题、能力题、规律题三个层次的作业。

【详情解读】

第一层基础题（如图所示），数形结合理解算理。在直观图中用圈一圈的方法，对比感受“破十法”与“凑十法”的算理与方法，为学生脱离实物进行计算打下基础。

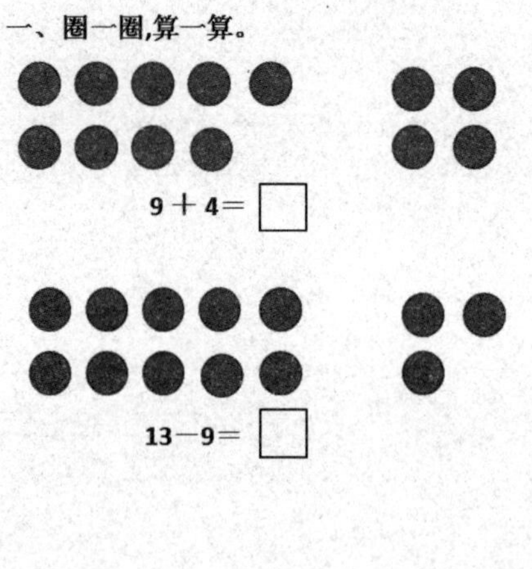

第二层能力题（如图所示），感悟加、减法之间的关系，巩固“想加算减”法。结合具体算式，说说加法算式和减法算式之间的联系。本题脱离了具体直观的几何图形，逐步提高了对学生的要求。

二、填一填。

9＋（ ）＝15　　9＋8＝（ ）

15－9＝（ ）　　（ ）－（ ）＝8

9＋6＝（ ）　　15－9＝（ ）

写出一道减法算式______　写出一道加法算式______

第三层规律题（如图所示），沟通联系，梳理结构。

题目三，让学生说一说每组两个式题之间的计算方法有什么不同，感受20以内不退位减法和退位减法之间的区别和联系。

三、算一算。

11－9＝　　15－5＝　　17－4＝

18－10＝　　14－9＝　　17－9＝

题目四，用活教材，探索规律，渗透函数思想。帮助学生体会：减数不变，被减数变小（变大），差也随着变小（变大），帮助学生总结：十“几”减9就等于“几”加1。

四、小熊骑得快。（把结果写在表里）

18	17	16	15	14	13	12	11

你有什么发现？

______。

五、作业例选

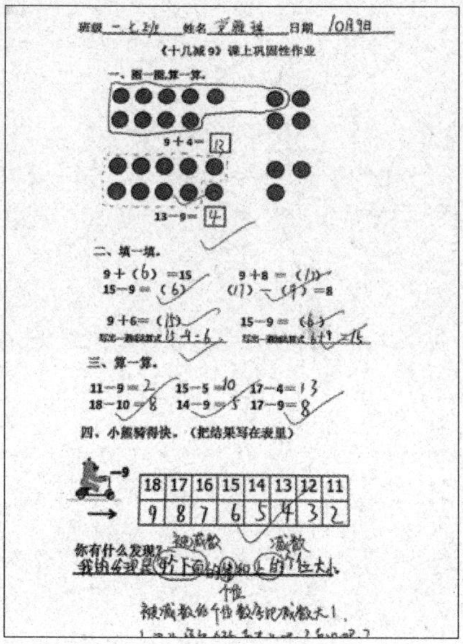

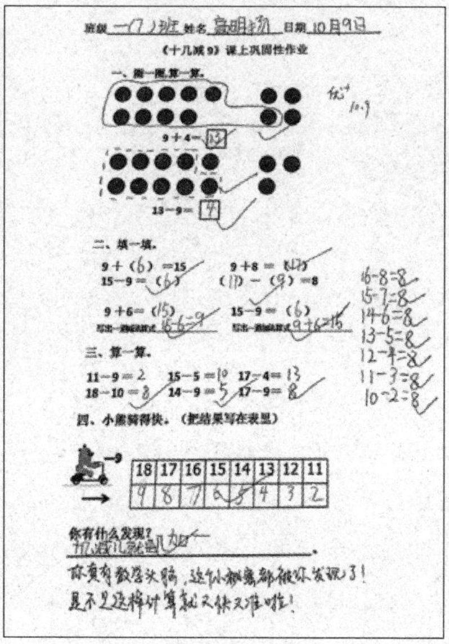

六、亮点归纳

1. 作业层次化，习题由易到难，层层深入。

2. 练习形式多样化，方法多元化，吸引学生练习的兴趣。

3. 用活教材，探索规律，渗透函数思想。

（秦皇岛市经济技术开发区第四小学 / 孙子涵）

9 的乘法口诀

一、题目要求

“9 的乘法口诀”是表内乘法口诀教学的终点，教材的编排与“8 的乘法口诀”一致，课上教师又该采取怎样的教学方式呢？请你设计一份课前“小测试”，了解学生的基础，以便教师“以学生为本”开展教学活动，同时结合教材、学情分析并阐述设计意图。

二、课标解读、教材分析与学情分析

这部分教学内容在二年级上册第六单元，属于“数与代数”的范畴。教材上呈现的主要内容是写出 9 的乘法算式，根据算式编制 9 的乘法口诀。本课是乘法口诀的最后一节，是在学生掌握了 1 ～ 8 的口诀，会用乘法口诀计算的基础上学习的。它既是前面学过的乘法口诀知识的拓展和延伸，也是后面学习表内除法和多位数乘、除法的基础，在学习内容和计算方法上起着承上启下的作用。

学生已经有了学习 1 ～ 8 的乘法口诀的经验，能够通过自主学习、合作探究的方式进行学习，基本具备了自己编制乘法口诀的能力。有不少学生在课前就已经能够熟练背诵“9 的乘法口诀”了，但是会背诵的学生对“9 的乘法口诀”的意义已经了解了吗，哪一句口诀是难点，不会创编的学生创编时还存在哪些困难？基于以上思考我设计了“9 的乘法口诀”课前小测试。

三、作业目的

了解学生的知识基础，了解学生对“9 的乘法口诀”的意义的掌握情况，分析学生在创编时还存在哪些问题。

四、作业内容呈现

【整体概述】

教学前测，是教学之前的测试，它是一项由教师组织设计，以学生为对象的测试工作。其目的是通过前测了解学情，得到相关的数据，通过分析这些数据，准确把握教学起点，从而设计有效的教学过程。在现今数学课堂追求数学生活化的同时，我们不能忽视数学本身的东西，应让课堂多一些理性思考，让我们的教学行为更严谨、更科学化，而前测就是实现数学课堂科学化的第一步。

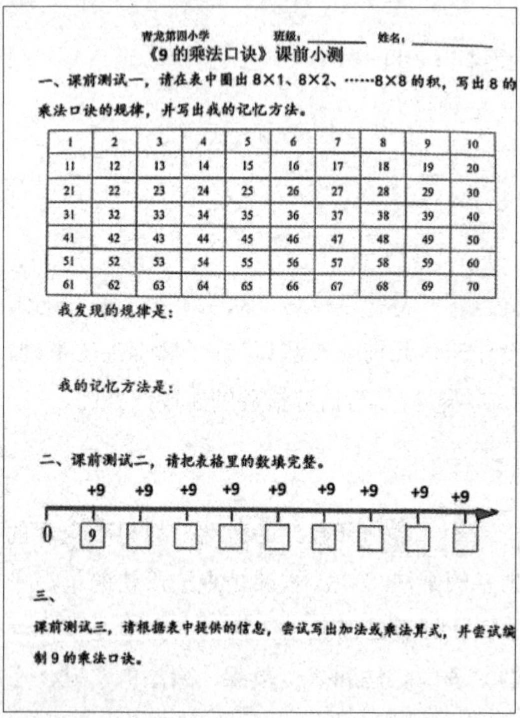

青龙第四小学　班级：＿＿＿＿　姓名：＿＿＿＿

《9 的乘法口诀》课前小测

一、课前测试一，请在表中圈出 8×1、8×2、……8×8 的积，写出 8 的乘法口诀的规律，并写出我的记忆方法。

1	2	3	4	5	6	7	8	9	10
11	12	13	14	15	16	17	18	19	20
21	22	23	24	25	26	27	28	29	30
31	32	33	34	35	36	37	38	39	40
41	42	43	44	45	46	47	48	49	50
51	52	53	54	55	56	57	58	59	60
61	62	63	64	65	66	67	68	69	70

我发现的规律是：

我的记忆方法是：

二、课前测试二，请把表格里的数填完整。

三、

课前测试三，请根据表中提供的信息，尝试写出加法或乘法算式，并尝试编制 9 的乘法口诀。

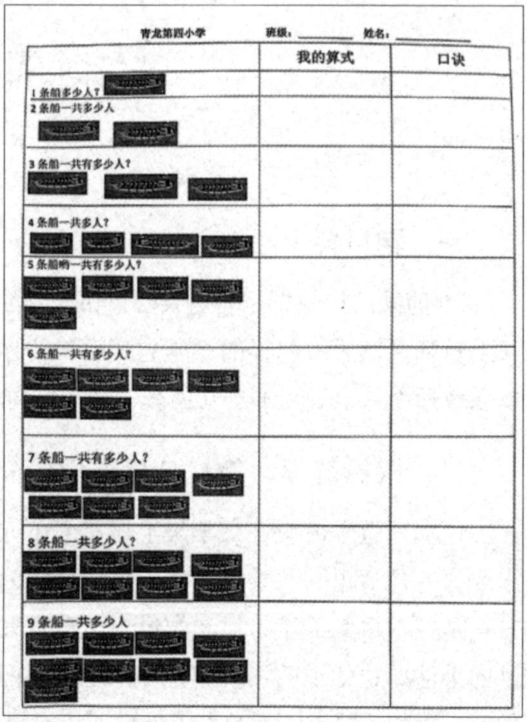

青龙第四小学　班级：＿＿＿＿　姓名：＿＿＿＿

	我的算式	口诀
1 条船多少人？		
2 条船一共多少人		
3 条船一共有多少人？		
4 条船一共多人？		
5 条船哟一共有多少人？		
6 条船一共有多少人？		
7 条船一共有多少人？		
8 条船一共多少人？		
9 条船一共多少人		

【详情解读】

课前测试一，是为巩固利用 8 的乘法口诀进行计算而设计的趣味练习，学生根据 8 的表内乘法积的特征发现、总结规律，写出自己的记忆方法，为 9 的乘法口诀做铺垫，同时还可以培养学生探究、思考的习惯。

课前测试二，是以袋鼠均匀跳格（每格为 9）的方式让学生逐一算出连续加 9 的结果，将 9 的加法和 9 的乘法建立对应关系，帮助学生理解相邻两个乘法口诀的积之间是相差 9 的关系，同时为学生正确总结出 9 的乘法口诀奠定基础。

课前测试三，给出每条船上人的数量，让学生根据龙舟上人的数量，独立写出对应的算式及口诀，以此考查学生是否能够独立写出乘法算式及口诀，了解学生对 9 的乘法口诀的掌握情况以及存在的问题。

数据反馈：（测试对象为二年级一班 54 人）在测试一中，能掌握 8 的乘法口诀并写出规律的有 49 人，占 90.7%；测试二中，能正确填写表格中的数有 45 人，占 83.3%；测试三中，能根据图画写出 9 的算式和口诀有 40 人，占 74.1%。基于以上数据，我调整了本节课的教学目标及教学方法。

五、作业例选

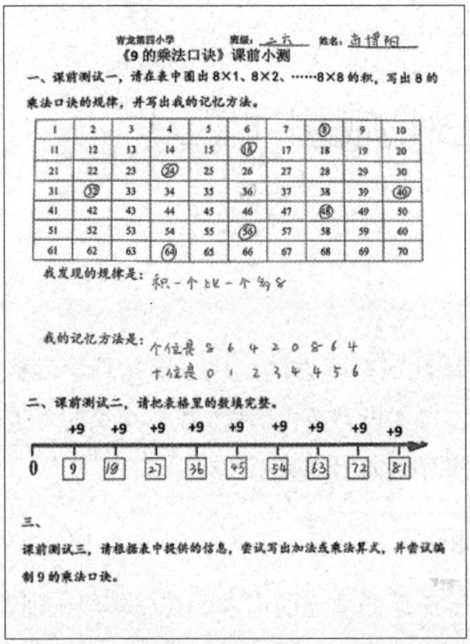

青龙第四小学 班级：二六 姓名：

《9的乘法口诀》课前小测

一、课前测试一，请在表中圈出8×1、8×2、……8×8的积，写出8的乘法口诀的规律，并写出我的记忆方法。

1	2	3	4	5	6	7	8	9	10
11	12	13	14	15	16	17	18	19	20
21	22	23	24	25	26	27	28	29	30
31	32	33	34	35	36	37	38	39	40
41	42	43	44	45	46	47	48	49	50
51	52	53	54	55	56	57	58	59	60
61	62	63	64	65	66	67	68	69	70

我发现的规律是：积一个比一个多8

我的记忆方法是：个位是 8 6 4 2 0 8 6 4
十位是 0 1 2 3 4 4 5 6

二、课前测试二，请把表格里的数填完整。

+9 +9 +9 +9 +9 +9 +9 +9 +9

0 9 18 27 36 45 54 63 72 81

三、

课前测试三，请根据表中提供的信息，尝试写出加法或乘法算式，并尝试编制9的乘法口诀。

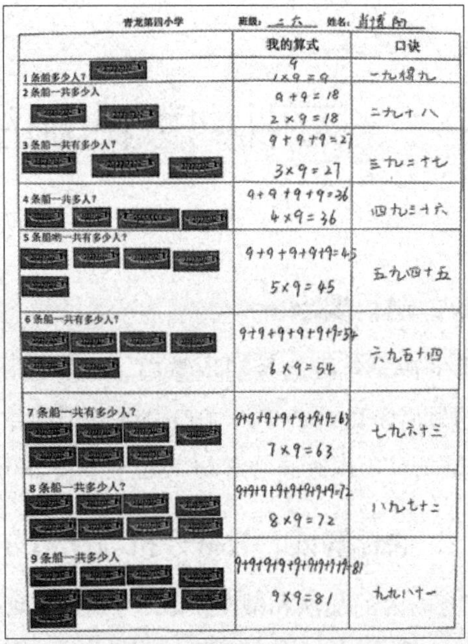

青龙第四小学 班级：二六 姓名：

	我的算式	口诀
1条船多少人？	9 1×9=9	一九得九
2条船一共多少人	9+9=18 2×9=18	二九十八
3条船一共有多少人？	9+9+9=27 3×9=27	三九二十七
4条船一共多人？	9+9+9+9=36 4×9=36	四九三十六
5条船哟一共有多少人？	9+9+9+9+9=45 5×9=45	五九四十五
6条船一共有多少人？	9+9+9+9+9+9=54 6×9=54	六九五十四
7条船一共有多少人？	9+9+9+9+9+9+9=63 7×9=63	七九六十三
8条船一共多少人？	9+9+9+9+9+9+9+9=72 8×9=72	八九七十二
9条船一共多少人	9+9+9+9+9+9+9+9+9=81 9×9=81	九九八十一

六、亮点归纳

本节课是围绕“9的乘法口诀”的教学目标展开的教学前测，能够帮助教师比较全面地了解学生，准确地掌握学生的现实起点和已经具备的知识基础以及学习新知的认知盲点，从而比较科学的制订课时教学计划，完成教学目标。

（秦皇岛市青龙县第四小学 / 吕月圆）

万以内数的加法和减法（二）

一、题目要求

学生在二年级已经初步掌握了笔算加、减法的基本方法，这一单元是学习整数加、减法的最后阶段。请你设计一份课堂上学生“自主学习单”，注重数学知识的“生长点”与“延展点”，同时结合教材、学生学情分析并阐述设计意图。

二、课标解读、教材分析与学情分析

“万以内的加法和减法（二）”是三年级上册第四单元的内容。在二年级上册，学生已经学过“100 以内的加法和减法”，初步掌握了笔算加、减法的基本方法，二年级下册学生学习了“万以内数的认识”，理解并掌握了万以内数的意义、读写方法和比较大小。在三年级第二单元“万以内的加法和减法（一）”中，学生已经能够笔算几百几十加、减几百几十，学生在此基础上进一步学习三位数加、减三位数的笔算方法。

通过这部分内容的学习，一方面使学生基本掌握整数减法的计算法则，能熟练地进行计算，并能够通过两位数减法迁移到三位数减法，这是本节课的生长点；另外，本课的学习也为学生进一步学习小数加、减法和多位数乘、除法打下基础，这是本节课的延展点。

学生已经有了两位数加、减两位数，几百几十加、减几百几十的基础，可以利用已有知识，运用迁移类推能力，通过同学间的合作、交流、讨论进行自主学习，因此我设计了这份“三位数减三位数自主学习单”。

三、作业目的

通过与两位数减两位数计算方法的类比推出三位数减三位数的计算方法，明确算理，概括出计算法则，能够熟练计算。

四、作业设计呈现

【整体概述】

作业分为三个层次：第一层次，复习两位数减法的计算方法和算理；第二层次，探究新知。通过独立思考、小组之间的交流和讨论，利用知识的类比、迁移，学会三位数减法的计算方法，理解算理；第三层次，进行巩固练习，达到熟练运用计算方法、准确计算的目的。

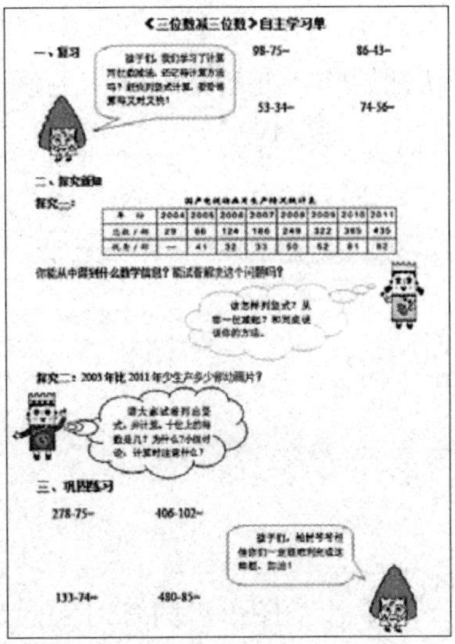

【详情解读】

第一层次——复习旧知

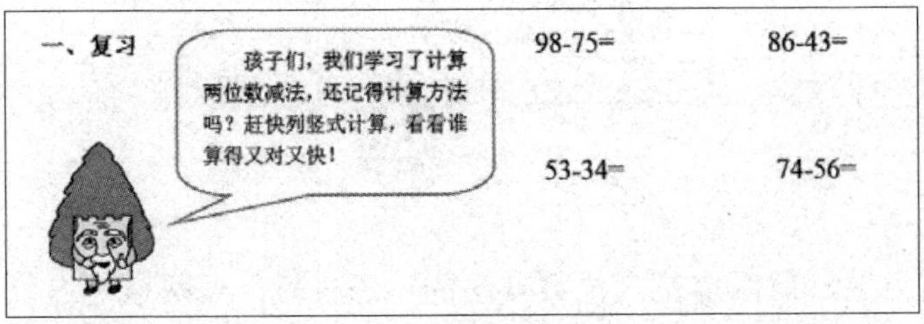

设计意图：复习两位数减两位数的不退位减法和退位减法，唤醒学生已有知识，通过两位数减法计算为学习三位数减法的计算做铺垫。在这一过程中，渗透了类比的数学思想和方法。

第二层次——探究新知

探究一：三位数减三位数不退位减法

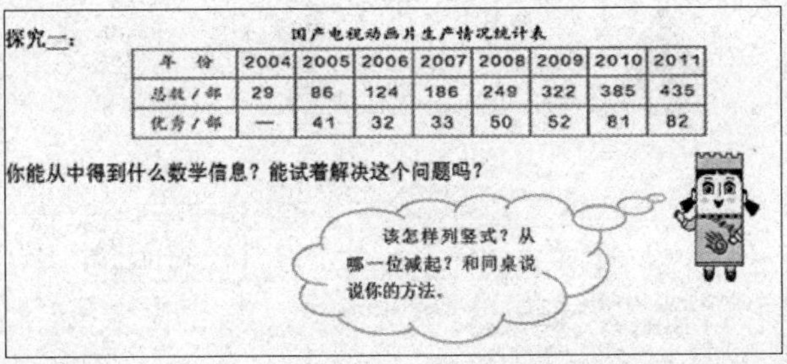

探究一：

国产电视动画片生产情况统计表

年份	2004	2005	2006	2007	2008	2009	2010	2011
总数/部	29	86	124	186	249	322	385	435
优秀/部	—	41	32	33	50	52	81	82

你能从中得到什么数学信息？能试着解决这个问题吗？

设计意图：从学生喜欢的动画片入手，把抽象的数学知识与生活相联系，调动学生的积极性，激发学生的学习兴趣。学生在已有知识的基础上尝试计算，自己对新知识进行探究，在与同桌交流的过程中，利用知识的迁移推出三位数减三位数的计算方法，起到复习旧知、引出新知的作用。

探究二：三位数减两位数退位减法

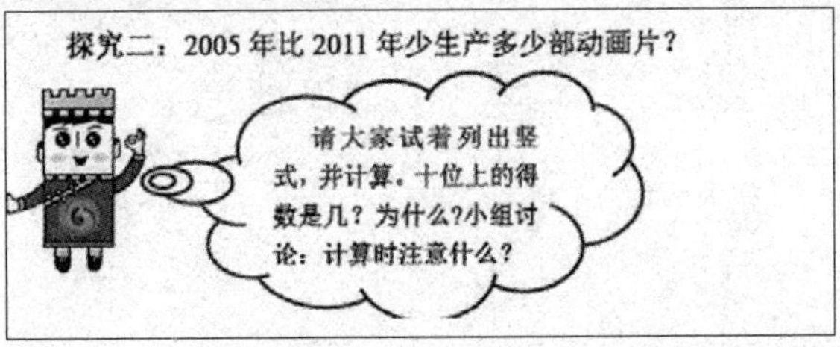

设计意图：这道题学生独立尝试算出结果，然后小组重点讨论“十位上的得数为什

么是4，而不是5”。在明确算理的基础上突破难点，掌握算法，概括出计算法则，完善认知结构。通过探究学生明确：三位数减法和两位数减法相比，除了位数不同外，计算的方法是一样的。

第三层次——巩固练习

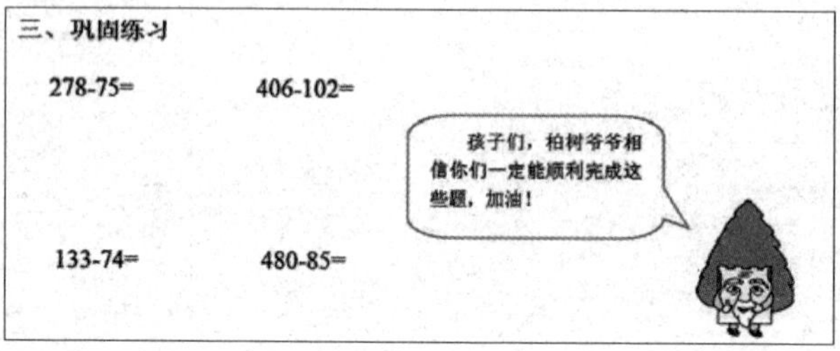
三、巩固练习

278-75=　　406-102=

133-74=　　480-85=

设计意图：巩固练习的四道习题，前两道是三位数减法的不退位减，后两道是退位减法，通过练习使学生能够熟练运用计算方法，准确计算。

五、作业例选

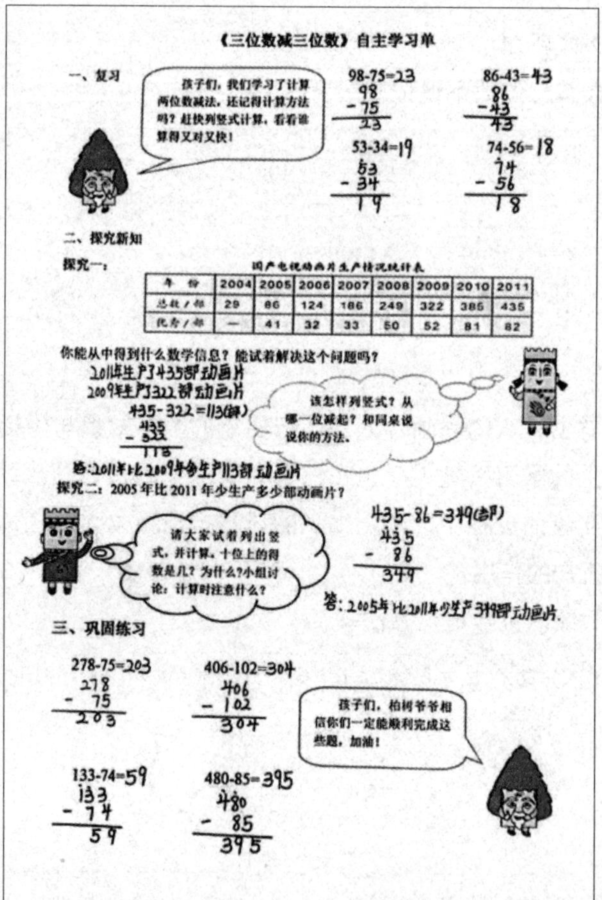
《三位数减三位数》自主学习单

一、复习

98-75=23　　86-43=43

53-34=19　　74-56=18

二、探究新知

探究一：

国产电视动画片生产情况统计表

年份	2004	2005	2006	2007	2008	2009	2010	2011
总数/部	29	86	124	186	249	322	385	435
优秀/部	—	41	32	33	50	52	81	82

你能从中得到什么数学信息？能试着解决这个问题吗？

2011年生产了435部动画片
2009年生产了322部动画片
435-322=113(部)
答：2011年比2009年多生产113部动画片

探究二：2005年比2011年少生产多少部动画片？

435-86=349(部)
答：2005年比2011年少生产349部动画片.

三、巩固练习

278-75=203　　406-102=304

133-74=59　　480-85=395

六、亮点归纳

1. 建构学生的活动空间。课上自主学习单的设计立足于学生的发展，给学生留有思考的空间，引发学生进行独立的数学思考，注重培养学生的思维品质。

2. 作业设计常态化。我校学生的学习伙伴“柏树爷爷”“阿古哥哥”“阿城妹妹”陪伴于学生每一个学科的学习。学习单中三个学习伙伴提示性的话语引发学生的思考，给学生启迪，让学生的思维更有深度和宽度。

3. 分层设计符合学生认知规律。复习两位数减法，唤起学生已有知识；利用与两位数减法类比和知识的迁移自主探究三位数减法；巩固练习增加练习题量，帮助学生巩固计算方法。

（秦皇岛市山海关区古城小学 / 郭健）

倍的认识

一、题目要求

比较两个数量的大小，一是相差问题，一是比率关系，比率关系在学生数学学习中有很重要的作用。请你联系生活实际设计丰富多样的课后练习题目，帮助学生建立“倍”的数学模型，同时结合教材、学生学情分析并阐述设计意图。

二、课标解读、教材分析与学情分析

“倍的认识”是人教版三年级上册第五单元的教学内容。主要让学生通过观察和操作，巩固对倍的含义的认识，以及对“求一个数是另一个数的几倍”的方法的理解。

对“整数倍”的学习是学生第一次接触比率，小数倍、分数（表示率）、百分数、比的内容，都可以看成是对“整数倍”的扩展。本单元先让学生经历从对生活中具体实物数量的比较中抽象出倍的过程，通过 3 个 2 根及 5 个 2 根的关系，引出“一个数的几倍”的含义，在“几个几”的基础上认识倍，再从除法的角度理解倍的概念，让学生认识到倍的本质是两个数量在相互比较，一个量里包含了几个另一个量就是它的几倍。在建立倍的概念之后，让学生应用倍的概念解决“求一个数是另一个数的几倍”和“求一个数的几倍是多少”的问题，培养学生解决问题的能力和应用意识。

三、作业目的

通过课后作业的练习，帮助学生巩固课上所学知识，深刻理解“倍”的含义，会求“求一个数是另一个数的几倍”和“求一个数的几倍是多少”的问题。

四、作业内容呈现

【整体概述】

“倍”是一个比较抽象的概念。

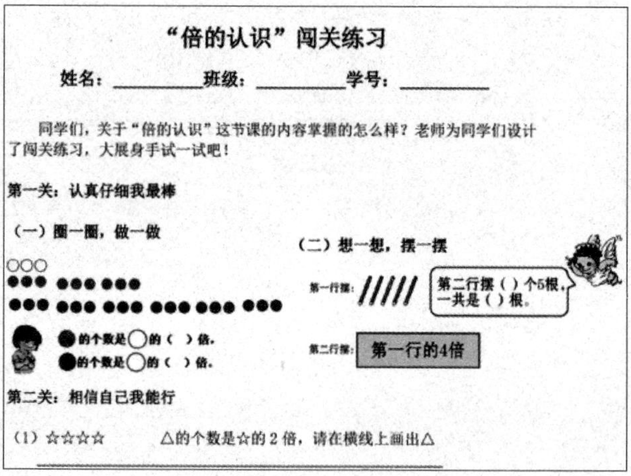
“倍的认识”闯关练习

姓名：________班级：________学号：________

同学们，关于“倍的认识”这节课的内容掌握的怎么样？老师为同学们设计了闯关练习，大展身手试一试吧！

第一关：认真仔细我最棒

（一）圈一圈，做一做

○○○
●●● ●●● ●●●
●●● ●●● ●●● ●●● ●●● ●●●

●的个数是○的（ ）倍。
●的个数是○的（ ）倍。

（二）想一想，摆一摆

第一行摆：/////
第二行摆（ ）个5根，一共是（ ）根。
第二行摆：第一行的4倍

第二关：相信自己我能行

（1）☆☆☆☆　△的个数是☆的 2 倍，请在横线上画出△

____

学生建立和理解“倍”的概念，需要一个反复持续的过程，所以在作业设计时，我本着知识性、趣味性和综合性相结合的原则，以闯关为主线，设计了三个不同层次的练习。每一层练习我都通过数形结合的方式，让学生在圈、画、涂等活动中进一步深化知识，深刻理解“倍”的概念。

【详情解读】

第一关：（如图所示）

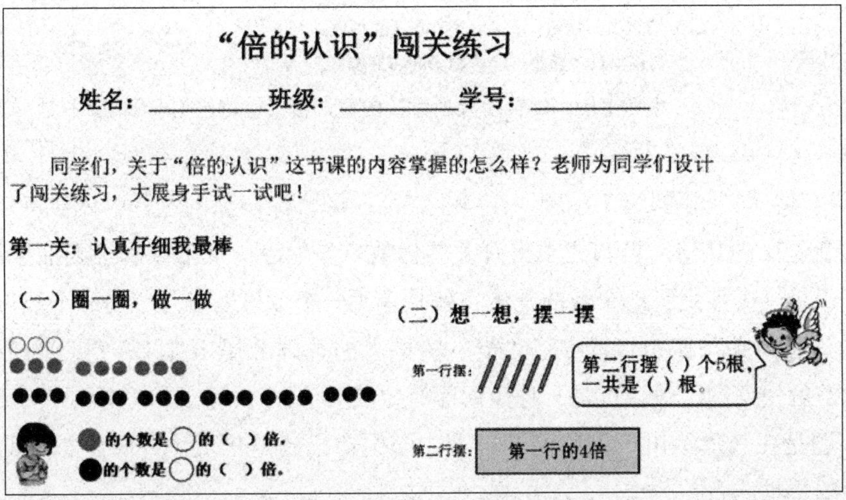

“倍的认识”闯关练习

姓名：__________班级：__________学号：__________

同学们，关于“倍的认识”这节课的内容掌握的怎么样？老师为同学们设计了闯关练习，大展身手试一试吧！

第一关：认真仔细我最棒

（一）圈一圈，做一做

（二）想一想，摆一摆

设计意图：第一题，圈一圈，做一做。帮助学生认识到，把3个绿色圆片看作一份，黄色圆片就是绿色圆片的3倍，紫色圆片就是绿色圆片的6倍。第二题，通过动手摆一摆，体会“倍”的关系。这两道练习题的重点是从“几个几”到“几倍”的推理上，用圈出的或摆出的“几个几”解释“几倍”。

第二关：（如图所示）

第二关：相信自己我能行

（1）☆☆☆☆　　　△的个数是☆的2倍，请在横线上画出△

____

（2）△△△△

○是△的1倍，画出○的个数：____________________

□是○的3倍，画出□的个数：____________________

设计意图：第（1）小题，给出已知量☆的个数，画出未知量△的个数。第（2）小题在第（1）小题的基础上有所提高，给出已知量△，画出未知量○，再根据○的数量画出□的数量。此题具有开放性，活跃了学生思维，培养了学生的实践能力和知识的运用能力，学生的思维得到了发展。

第三关：（如图所示）

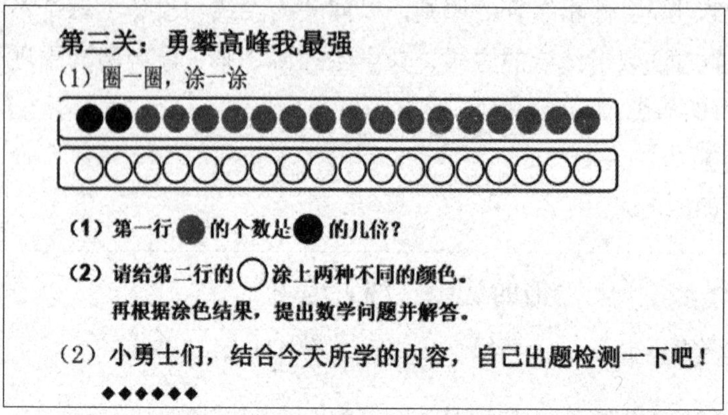
第三关：勇攀高峰我最强

（1）圈一圈，涂一涂

（1）第一行●的个数是●的几倍？

（2）请给第二行的○涂上两种不同的颜色。

再根据涂色结果，提出数学问题并解答。

（2）小勇士们，结合今天所学的内容，自己出题检测一下吧！

◆◆◆◆◆◆

设计意图：第一题的第 1 小题，让学生在圈一圈、涂一涂的过程中体会每两个一份，有几个 2 就是 2 的几倍，再列式求出有关的倍数。学生经历从形象思维到抽象思维的过程，理解“求一个数是另一个数的几倍”就是求“一个数里面有几个另一个数”。学生根据不同的涂色结果，在初步建立了“倍”的概念的基础上提出关于“倍”的数学问题，直接用除法解决问题，体会这是一种简便而有效的方法。

第二题是在教师给出一倍数的基础上，学生自己确定倍数，并画出相应的多倍数，拓展学生的思维能力。

五、亮点归纳

1. 注重数学思想方法，提高学生的数学素养。在作业设计中，教师注重渗透数形结合思想，对“倍”的概念的感知和理解都从图形入手，使抽象的概念直观化、形象化、简单化。圈一圈、画一画、涂一涂等都渗透了数形结合的思想。

2. 作业设计注重层次性和梯度性。第一层的练习先通过圈一圈、摆一摆，使学生初步感知“倍”的概念；第二层次通过画一画使学生加深对“倍”的概念的理解。最后通过自己提出问题并解答进一步建立倍的概念。每一层的练习逐渐加深难度，学生感到新鲜有趣，兴趣盎然，这样的设计符合学生的年龄特点和认知规律。

3. 注重知识间的联系，找准认知起点。借助学生熟悉的“几个几”理解倍的概念，通过教师设计的富有层次的练习，帮助学生体会“求一个数是另一个数的几倍”用除法计算更加简便，为下一步解决问题打基础，在新旧知识之间建立起有效的联系。

（秦皇岛市昌黎县钱庄子完全小学 / 董凤艳）

三位数乘两位数

一、题目要求

三位数乘两位数是在两位数乘两位数基础上学习的，在计算方法、算理上是一致的，所不同的是一个因数的位数由两位变成了三位。请设计一份课前“小测试”，了解学生知识的基础，便于教师找到学生最近发展区进行有效教学，结合教材和学生学情进行分析，并阐述设计意图。

二、课标解读、教材分析与学情分析

《数学课程标准（2011 年版）》指出，运算能力主要是指能够根据法则和运算律正确地进行运算的能力。培养运算能力有助于学生理解运算的算理，寻求合理简洁的运算途径解决问题。

运算能力并非一种单一的、孤立的数学能力，而是运算技能与逻辑思维的有机整合。在实施运算分析和解决问题的过程中，要力求做到善于分析运算条件，探究运算方向，选择运算方法，设计运算程序，使运算符合算理，合理简洁。

“三位数乘两位数”是四年级上册第四单元的内容。学生在三年级已经学过两位数乘一位数、两位数乘两位数的笔算乘法。本节课是在此基础上教学三位数乘两位数笔算的基本方法。学习这部分内容，有利于学生完整地掌握整数乘法的计算方法，并为以后进一步学习小数乘法打好基础。

学生已有乘法法则的支撑，对算理和算法的理解和探索并不会感到困难。但是由于因数位数的增加，计算的难度也会相应地增加，计算步骤较多，要顾及的问题也很多，计算中容易出错。

三、作业目的

通过测试帮助学生回忆旧知，唤醒两位数乘两位数的知识基础；同时通过试做一道三位数乘两位数式题，了解学生的盲点、易错点，为新课的教学奠定基础。

四、作业内容呈现

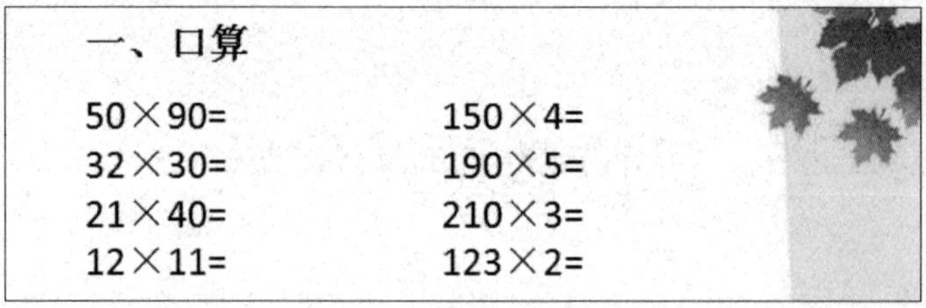

设计意图：本题主要考查学生两位数乘两位数以及三位数乘一位数的口算情况。简单的口算是为了唤醒学生们的旧知，为学习三位数乘两位数做准备。

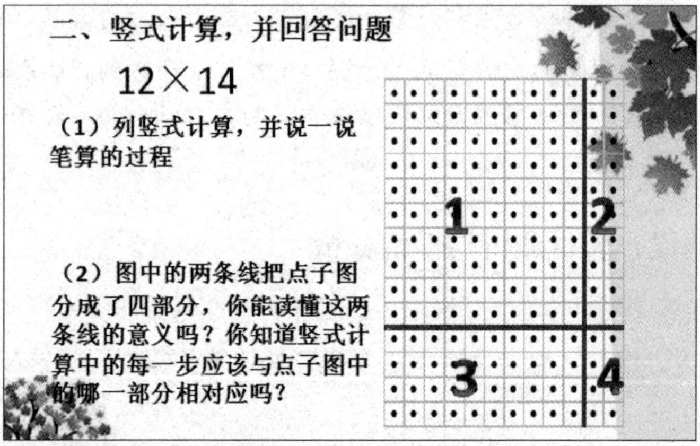

设计意图：本题主要考查两位数乘两位数笔算的算法和算理。三位数乘两位数的笔算方法与两位数乘两位数的笔算方法相同，都是用第二个因数每一位上的数分别与第一个因数相乘，最后把两次乘得的积加起来。因为位数增加了，导致计算难度增加了，其方法基本相同。算理的理解为本课的重点，所以在习题中特意给出了点子图，帮助学生回忆两位数乘两位数的算法，利用知识的迁移理解三位数乘两位数的算理。

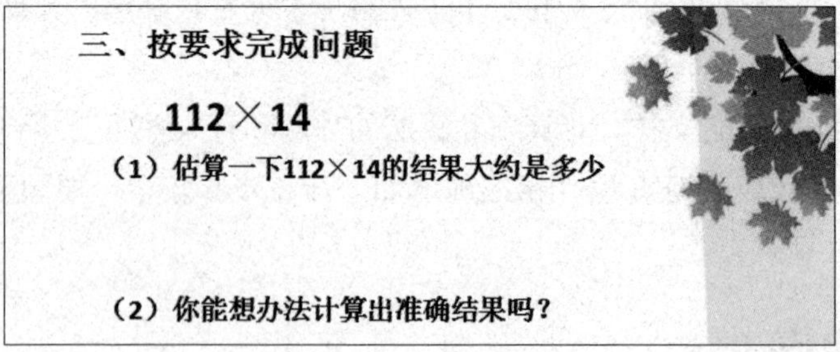

设计意图：本题主要了解学生对三位数乘两位数的估算和笔算的掌握情况。三位数乘两位数为本节课新授内容，虽然没有学过，但学生可以根据已有的经验试做，根据做的结果教师可以分析学生在三位数乘两位数笔算中的易错点，帮助教师有针对性地进行教学。本题的第二问设计得相对开放，给学生足够的空间，学生可以利用以前的口算知识计算出结果，也可以直接用三位数乘两位数试算。

五、作业例选

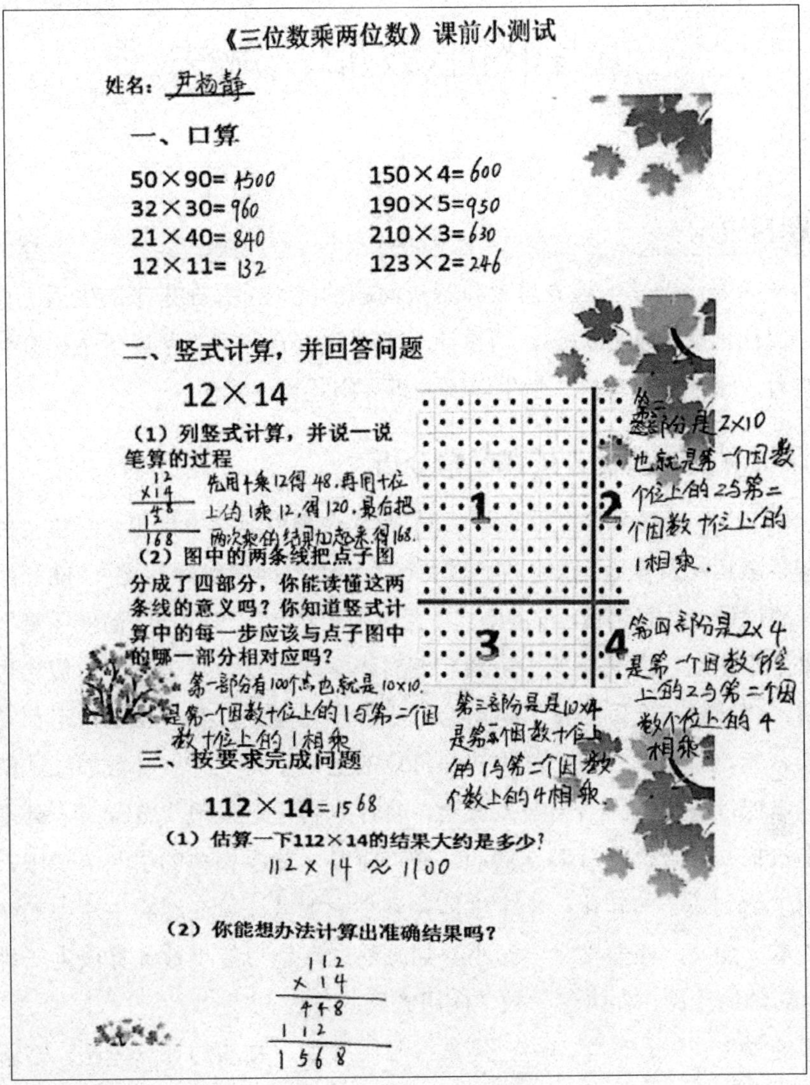

《三位数乘两位数》课前小测试

姓名：尹杨静

一、口算

50×90= 4500　　150×4= 600

32×30= 960　　190×5= 950

21×40= 840　　210×3= 630

12×11= 132　　123×2= 246

二、竖式计算，并回答问题

12×14

（1）列竖式计算，并说一说笔算的过程

```
   12
 × 14
 ----
   48
  12
 ----
  168
```

先用4乘12得48，再用十位上的1乘12，得120，最后把两次乘的结果加起来得168.

（2）图中的两条线把点子图分成了四部分，你能读懂这两条线的意义吗？你知道竖式计算中的每一步应该与点子图中的哪一部分相对应吗？

第一部分有100个点也就是10×10，是第一个因数十位上的1与第二个因数十位上的1相乘

第二部分是2×10也就是第一个因数个位上的2与第二个因数十位上的1相乘.

第三部分是是10×4是第一个因数十位上的1与第二个因数个数上的4相乘.

第四部分是2×4是第一个因数个位上的2与第二个因数个位上的4相乘.

三、按要求完成问题

112×14= 1568

（1）估算一下112×14的结果大约是多少？

112×14 ≈ 1100

（2）你能想办法计算出准确结果吗？

```
   112
 ×  14
 -----
   448
  112
 -----
  1568
```

六、亮点归纳

1. 本次设计的三组测试题，从复习旧知到尝试用新知识试算，从口算到两位数乘两位数笔算再到三位数乘两位数笔算，步步深入，难度逐渐加深。

2. 点子图的运用，注重算法和算理的结合，让学生们知其然更知其所以然。

3. 开放题的设计，放手让学生自己去探索，发散学生的思维。

（秦皇岛市卢龙县卢龙镇邵家峪小学 / 李金池）

简单的小数加、减法

一、题目要求

数学的学习要培养学生独立思考和解决问题的能力，并在未来的生活工作中能运用策略合理、优化地解决实际问题。请设计一份课堂综合练习，帮助学生提高解决生活实际问题的能力，同时结合教材、学生学情分析并阐述设计意图。

二、课标解读、教材分析和学情分析

《义务教育数学课程标准（2011 年版）》在“课程内容”中提出：学生“能进行简单的小数的加、减运算及混合运算”“能解决有关小数的简单实际问题”“能经历与他人交流各自算法的过程，并表达自己的想法”“会应用运算定律进行一些简便运算”的要求。

数学来源于生活，而又服务于生活。在对小学生进行数学教学时，应当更注重“生活化”教学，将教材与实际生活有机结合起来教学。因此，教材在编排上都是选取学生熟悉的、具有一定联系的、符合学生认知特点的生活素材来开展小数加减法的教学活动的。例如，本课以买文具为情境引入教学，将计算融于这一现实背景下，分别引出小数加减法、小数加减混合运算等教学活动。通过将学生置于相关的生活情境中，让学生自然地实现由生活到数学的转化，使学生体会到小数加减计算在现实生活中的作用以及对人类活动的重大意义，激发学生学习小数加减法的兴趣，使小数计算成为一种学习的需要，而不是简单的计算，促进学生数学应用意识的形成。

三年级的学生在以往的学习中已经掌握了小数加、减法的计算方法，理解了小数加减法的算理，根据题意列出算式不会很困难，关键是怎样列竖式进行计算。因此，课堂练习应更注重用生活的情境和知识迁移，来帮助学生理解小数点对齐，从低位算起，并注意计算过程中的进位和退位，为今后进一步学习有关小数的知识打下坚实的基础。

三、作业目的

1. 学生经历一位小数的加减计算方法的形成过程，体验小数加减法的算理，即理解“小数点对齐”就是“把相同数位对齐”的道理。

2. 能结合生活情境提出问题，并运用所学知识解决生活中的一些简单的实际问题。

3. 使学生感受到学生与生活的密切联系，激发学生的智慧，培养学生的数学情感和团结合作的良好品质。

四、作业内容

【整体概述】

所谓课堂作业，它是反映学生对当堂课的知识点、重难点是否理解，掌握程度，能否灵活应用知识解决实际应用问题，也是检验教师备课、上课知识点是否遗漏，重难点讲解是否到位的一种手段。它是教学中非常重要的一环，是针对当堂课的教学目标和重难点而进行的巩固与拓展，练习内容的指向性明确，这样的课堂作业能及时巩固知识，形成技能，更能启发思维，培养能力。

我设计了如下作业：

以“数学超市”为主线，分别设计了一楼、二楼以及三楼的数学商品，学生在规定时间内，通过解决分层化的课堂作业，并在老师带领下及时反馈并纠错，以达到每个学生在原有基础上得到提高的训练目的。并通过紧贴生活的“数学超市”，增加趣味性，提高学生学数学的兴趣。

【详情解读】

一楼计算区：本楼层设计了6道简单的小数加、减法的竖式计算（如图所示），让所有学生在计算时先说明算理，即“数位对齐（小数点对齐），从末位算起，满十向前一位进一；不够减时，向前一位退一当十。”也让学生初步了解到小数的意义（例如：5.34中个位上的5表示5个一，3表示3个0.1，4表示4个0.01），并利用小数的意义去分析解题。

通过这部分练习，让学生理解只要把小数点对齐就可以达到相同数位对齐的目的。

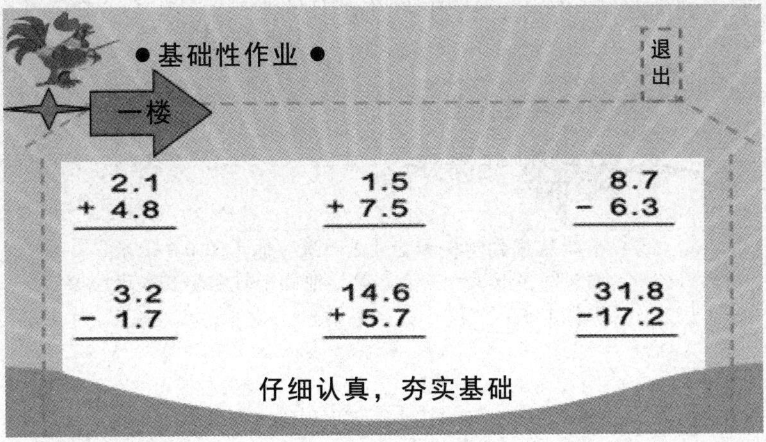

二楼方法区：本楼层设计了一道小题，这道题是根据书上98页练习二十一的第2题改编得来的，旨在重点解决如何在被减数末尾添0补位进行退位减，通过学生练习后的

交流，引导学生更多地进行思考，从而把这种新情况通过添零补位转化成旧知识，进一步强化小数的算理，更加强调要保证正确率，并且在计算过程中，通过让学生采用不同的方法解题，从而体会到解题方法的多元化，锻炼培养学生的数学思维，以及小组合作意识，培养团队精神。

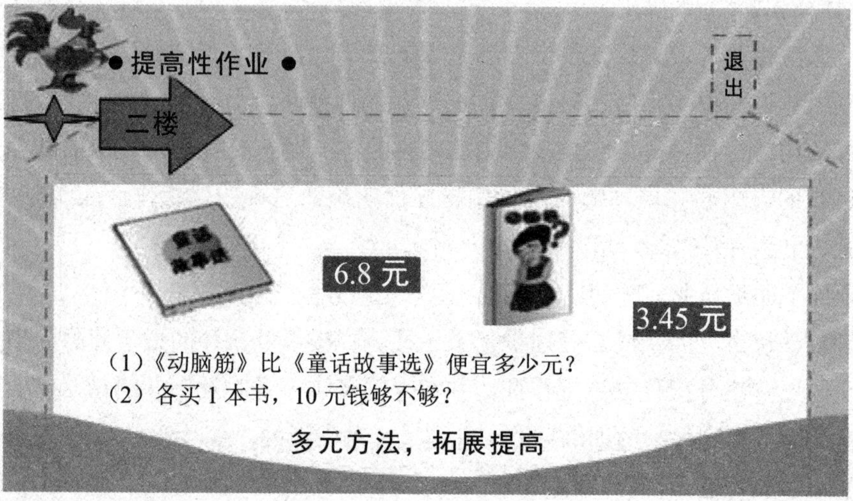

三楼探索区：本楼层我采用了“自助餐式”的作业设计，有“星星餐”和“月亮餐”。学生可以自主选择一种“餐食”，也可以小组共同“进餐”。数学教育家汉斯·弗赖登塔尔认为“数学来源于现实，存在于现实，并且应用于现实，数学过程应该是帮助学生把现实问题转化为数学问题的过程”，所以这部分作业设计了两种生活情境，就是为了让学生在学习数学知识的同时，初步接触数学思想，不断增强数学意识。在数学学习过程中增加实践活动，使学生有更多的机会接触生活实践中的数学问题，认识现实中的问题和数学问题之间的联系和区别，达到学以致用。

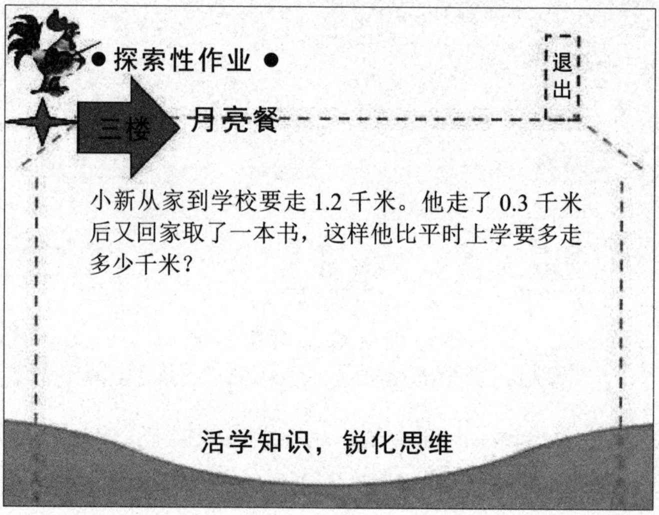

五、亮点归纳

整体上看，有梯度的分层作业设计，使得不同层次的学生得到不同层次的发展。

1.“数学超市”的主线分明，每一部分的训练目标指向性明确、针对性强。一楼作业的设计能够规范学生书写形式，培养学生良好的书写习惯；二楼作业的设计让学生体会解题方法的多元化，激发学生学习兴趣，避免形成固态性的数学思维；三楼作业的设计通过学生对复杂题意的理解判断，提升数学思维层次，培养学生数学思维能力，小组合作的形式，提高学生团结合作的意识，进而培养学生的综合素质。

2. 学生在规定时间内完成课堂作业，老师能及时引导学生纠错，作出及时评价、及时反馈，提高了教学的有效性。

3. 整体设计中“超市”“星星餐”“月亮餐”这些词语与实际生活紧密联系，吸引学生注意力，提高作业兴趣，学生体会“数学源于生活，服务于生活”。

（秦皇岛市北戴河新区南戴河小学 / 李洋）

异分母分数加减法

一、题目要求

“异分母分数加减法”是由同分母分数加减法过渡而来的，二者之间具有密切的关系。请你设计一份课上巩固性作业，帮助学生掌握异分母分数加减法的方法，同时结合教材、学生学情分析并阐述设计意图。

二、课标解读、教材分析与学情分析

分数的加减法是数学运算的重要基础知识之一，能否掌握分数加减法的计算方法是评价学生是否拥有良好的运算能力，拥有良好的数感的一项重要指标。

“异分母分数加减法”是人教版小学五年级下册第六单元第二课时的内容。在学习这部分知识之前，学生已经学习了同分母分数的加减法，理解了相同分数单位相加减的算理，之后再学习异分母分数加减法，使学生形成简单的分数加减法的运算能力；最后学习加减法混合运算。

通过课上的自主探究，学生能够很容易理解将异分母分数加减法转化成同分母分数的加减法，算理的理解和算法的掌握并不是很难。因此，我设计了从简到难的梯度作业，巩固异分母分数加减计算，提升学生计算能力，提高分析、解决问题的能力，为学生更好地学习异分母分数混合运算做准备。

三、作业目的

1. 进一步巩固异分母分数加减法的计算方法，能够正确计算，并能解决一些简单的实际问题。

2. 在“攀登金字塔”的练习活动中体会解决问题的成就感，感受学习的快乐。

四、作业内容呈现

1. 攀登金字塔

热身活动（判断对错）

（1）$\frac{1}{6}$和$\frac{5}{12}$的最小公分母是 24。（　　）改正：

（2）$\frac{1}{3}+\frac{2}{5}=\frac{3}{8}$　（　）改正：

设计意图："热身活动"帮助学生复习通分的相关知识，把通分中容易出现的问题提取出来，引起学生的注意，为正确计算异分母分数加减法扫清障碍。

2. 勇闯石门

$\frac{5}{8}+\frac{1}{3}=$　　$\frac{1}{2}-\frac{1}{3}=$　　$\frac{3}{4}+\frac{1}{7}=$　　$\frac{1}{5}-\frac{1}{8}=$

设计意图：这是一组基本的异分母分数加、减法的计算，帮助学生巩固和熟练通分技能，落实基本的计算方法。

3. 穿越迷宫（课本第 113 页练习题第 4 题）

（1）春天到了，农民伯伯给果树浇水。第一天上午浇了所有果树的$\frac{1}{4}$，下午浇了$\frac{3}{8}$，第二天上午浇了$\frac{3}{10}$，一共浇了多少？还有多少没浇？

设计意图：这道题有两问，第一个问题解决后，第二个问题就迎刃而解了。对于学生们来说，列出算式$\frac{1}{4}+\frac{3}{8}+\frac{3}{10}$并不难，难就难在三个异分母分数的通分上。教师在反馈时要根据学生的错误资源，帮助学生认识到找出它们的最小公倍数再通分是最简单、最有效的方法。

（2）王爷爷的菜园里种的茄子占了菜地$\frac{7}{20}$，黄瓜占$\frac{1}{4}$，剩下的是白菜，请你算一算白菜占几分之几？哪种蔬菜占地面积最大？

（3）张师傅加工一批服装，上半月完成计划的$\frac{5}{8}$，下半月完成计划的$\frac{3}{5}$，超额完成计划的几分之几？

设计意图："穿越迷宫"包括三道题，都是生活中的实际问题，在学生解决问题的过程中培养他们理解分析问题的能力。

五、作业例选

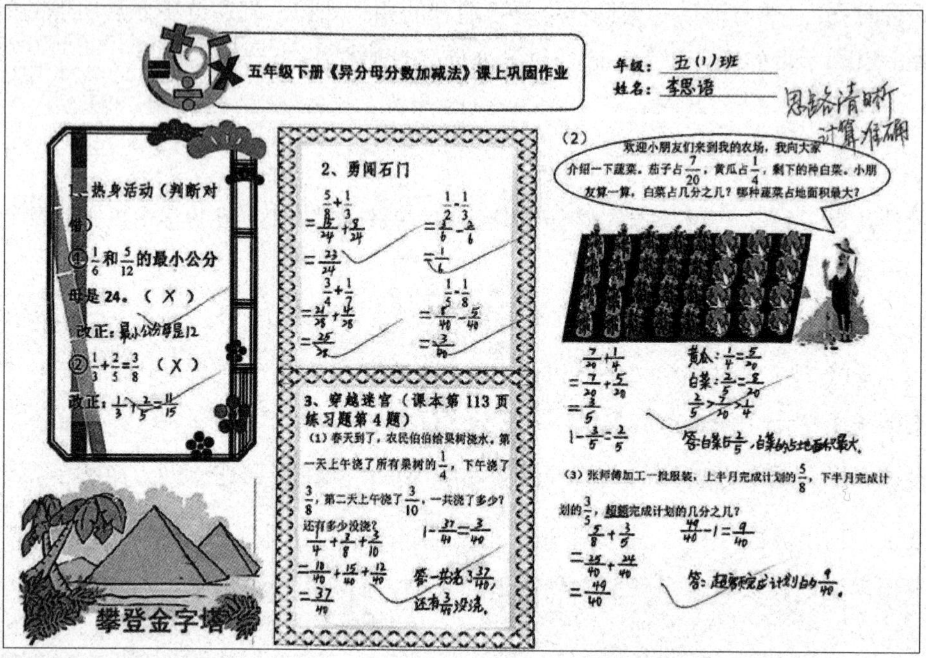

六、亮点归纳

1. 由浅入深的阶梯式题型。从基础题开始，一级级提升难度，逐步扩充认知范围，巩固异分母分数加减法的计算方法。

2. 在解决问题的过程中，培养学生分析问题、解决问题的能力，发展学生的数学思维。

3. 紧扣课时目标进行作业设计，精心筛选作业，合理控制作业量，减轻学生课业负担。

（秦皇岛市北戴河新区东河南大庄小学 / 张鑫）

2、5、3的倍数的特征

一、题目要求

作为初等数论的知识基础，这部分内容一直是小学数学教材中的重要内容。多种形式的练习活动能帮助学生掌握巩固知识。请你为学生设计一份课上巩固作业，帮助学生掌握2、5和3的倍数的特征。

二、课标解读、教材分析与学情分析

“2、5和3的倍数的特征”是五年级下册第二单元“因数与倍数”中的内容。本单元知识作为数论知识的初步，一直是小学数学教材中的重要内容。而学习分数，特别是约分、通分，需要以因数、倍数的概念为基础，进一步掌握公因数、最大公因数和公倍数、最小公倍数的概念，需要用到质数、合数的概念，需要掌握2、5和3的倍数的特征。因此，本节课的知识是学习数学不可或缺的基础。

数论初步知识属于纯数学，比较适合培养学生的抽象思维能力，因此利用本单元特有的抽象性，培养学生的抽象思维能力是必要且可行的。

对于学生来说，2、5的倍数的特征仅仅体现在个位上，比较明显，容易理解和掌握，而3的倍数的特征不能通过只看个位数来判断，这正是本节课的难点，如何利用课上巩固练习帮助学生掌握知识、突破难点，是我设计这份课上巩固性作业时思考的。

三、作业目的

通过多样化的作业设计帮助学生掌握2、5和3的倍数的特征，能够准确判断2、5和3的倍数。

四、作业内容呈现

（一）整体概述

基础+综合+拓展+实践+评价的练习模式，既要整体考虑练习方式，又要考虑练习的具体内容，注重趣味化、多样化，把握好练习的度和量，从而提高学生的学习效率。

（二）作业设计

1. 基础练习（让学生独立思考并完成）

（1）下面哪些数是 2 的倍数？哪些数是 5 的倍数？哪些数既是 2 的倍数，也是 5 的倍数？

24　35　67　90　99　15　106

60　75　130　521　280　6018　8100

（2）下面用数字卡片摆出的数中哪些是 3 的倍数？在每个数后面增加一张卡片，使这个三位数成为 3 的倍数。

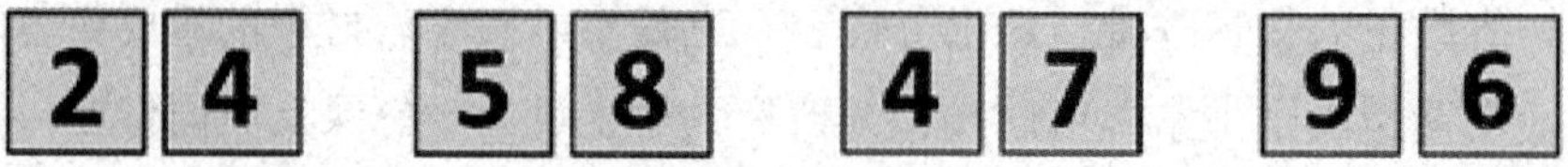

设计意图：安排基础性的练习意在巩固和加强 2、5、3 的倍数特征，是本节课的补充和延续，在练习中要加强学生说理习惯的培养，培养数感。

2. 综合练习（学生独立思考后，同伴交流，完善其数学表达）

（1）下面的说法正确吗？说一说你的理由。

① 个位上是 3，6，9 的数，都是 3 的倍数。

② 个位上是 1，3，5，7，9 的数，都是奇数。

③ 在全部整数里，不是奇数就是偶数。

（2）妈妈在花店买了一些马蹄莲和郁金香。

作业说明：学生在进行说理的时候，教师要进行适当的引导。例如判断题第 1 题，学生可以说“各个数位的数字相加的和是 3 的倍数，这个数就是 3 的倍数”；或者说“能

从个位数字判断倍数的只有 2、5 的倍数”，教师要给足讨论的时间，让学生从不同角度熟悉概念。

设计意图：通过填空、判断的形式，将倍数和奇数偶数的知识联系起来，新旧知识相结合，培养学生综合应用知识的能力。运用倍数知识特征解决实际问题，启发学生用数学的眼光看世界，培养数学的应用意识。教师在处理练习时可进行适当的变式练习，完善学生多角度思考问题的习惯。

3. 拓展练习（通过自主探究和小组合作的方式展开，培养数学能力）

（1）圈出 4 的倍数

1	2	3	4	5	6	7	8	9	10
11	12	13	14	15	16	17	18	19	20
21	22	23	24	25	26	27	28	29	30
31	32	33	34	35	36	37	38	39	40
41	42	43	44	45	46	47	48	49	50

（2）4 的倍数都是 2 的倍数吗？

（3）★只看个位，能否判断出一个数是不是 4 的倍数？应该怎样判断？

作业说明：学生在三年级学习《年月日》的时候就已经了解，通过判断年份的后两位能否被 4 整除，就知道是平年还是闰年了。因此在学生已有的知识经验的基础上，再借助本节课探索 2、5、3 的倍数的特征的活动经验，学生可以自主进行 4 的倍数的特征的探究。也可以将探究的过程以数学日记的形式记录下来，培养学生良好的数学思维。

设计意图：进一步发展学生的数学探究活动经验，提升学生思维，培养学生有条理的思考习惯。

（三）学生评价

针对本节课的知识内容，教师要将评价贯穿整堂课。

自评：学生学习的过程中有哪些自我成长和收获，以此来培养学生学习数学的兴趣。

互评：在学生交流的时候要培养学生善于找到别人的好方法、好习惯并互相学习。

教师评：教师要关注整堂课上全体学生的学习成果和收获，并适时地给予指导。

五、作业例选

一、基础练习

1、下面哪些数是2的倍数？哪些数是5的倍数？哪些数既是2的倍数，也是5的倍数？

24　35　67　90　99　15　106

60　75　130　521　280　6018　8100

2、下面用数字卡片摆出的数中哪些是3的倍数？在每个数后面增加一张卡片，是这个三位数成为3的倍数。

2 4　0 3 6 9　2+4=6

5 8　2 5 8　5+8=13

4 7　1 4 7　4+7=11

9 6　0 3 6 9　9+6=15

二、综合练习

1、下面的说法正确吗？说一说你的理由。

（1）个位上是3，6，9的数，都是3的倍数。X　13、16、19　各位上的数的和是3的倍数

（2）个位上是1，3，5，7，9的数，都是奇数。√

（3）在全部整数里，不是奇数就是偶数。√

2、

妈妈在花店买了一些马蹄莲和郁金香。

不对

马：个位 0 或
郁：0 5
共：0 或 5

三、拓展练习

圈出4的倍数。

1	2	3	4	5	6	7	8	9	10
11	12	13	14	15	16	17	18	19	20
21	22	23	24	25	26	27	28	29	30
31	32	33	34	35	36	37	38	39	40
41	42	43	44	45	46	47	48	49	50

（1）4的倍数都是2的倍数吗？是

（2）*只看个位，能否判断出一个数是不是4的倍数？应该怎样判断？

不能

末两位数是4的倍数这个数就是4的倍数

（秦皇岛市海港区东华里小学 / 杨莹）

分数乘法解决问题

一、题目要求

能用分数乘法的意义及计算解决实际问题是本单元的重要内容，也是学习分数除法和百分数的基础，请你设计一份课后分层作业，要融知识性、趣味性、科学性、综合性和开放性于一体，不但要考查学生分析解决问题的思路和方法，还要使学生感到学习数学是有趣、有用的事情，以便提高学生优化选择和创新能力。同时结合教材、学情进行分析并阐述设计意图。

二、课标解读、教材分析与学情分析

“分数乘法解决问题”是六年级上册第一单元的内容。本单元教材是在学生掌握了整数乘法、分数的意义和性质以及分数加减法计算等知识的基础上进行编排的。利用分数乘法的计算，不仅可以解决有关的实际问题，也是后面学习分数除法和百分数的重要基础。例 8 是解决“连续求一个数的几分之几是多少”的实际问题，这部分内容的教学是在学生已经掌握了“求几个几分之几是多少”及“求一个数的几分之几是多少”的基础上进行教学的。本课通过解决实际问题教学分数连乘法，既为学生提供练习分数乘法计算的机会，又为学生学习分数连除以及乘除混合运算作了准备。例 9，解决求比一个数多（或少）几分之几的数是多少的问题，是“求一个数的几分之几的是多少”的拓展题，其难点在于没有直接给出“一个量是另一个量的几分之几”，而是需要先求出一个量比另一个量多（或少）的具体数量或者先求出一个量是另一个量的几分之几。学生学好这部分知识，不仅可以提高自己分析问题的能力，而且可以用来解决日常生活中一些具体的问题。

六年级学生已经具备了一定的分析问题和解决问题的能力，由于连续求一个数的几分之几的问题中有两个单位“1”，单位“1”是在动态变化的，预设学生在分析问题时会把两个单位“1”混淆，因此在分析题意时让学生反复说每一步是把谁看作单位“1”在算什么，使其在理清数量关系的前提下进行思考，达到理解掌握的目的。在求比一个数多（或少）几分之几的数是多少时，学生不太容易理解“多（或少）几分之几”是“多

（或少）谁的几分之几”，需要教师进行有效教学。基于以上几点，特此设计了本次课后分层作业——《分数乘法解决问题》。

三、作业目的

1. 理解和掌握“连续求一个数的几分之几是多少”问题的数量关系，掌握分数连乘法的计算方法并能正确计算。

2. 在解决“求一个数的几分之几是多少”的分数乘法基本问题的基础上，尝试自己学会解决较复杂的“求比一个数多（或少）几分之几的数是多少”的分数乘法问题，初步构建分数乘法问题的知识结构。

3. 进一步体验数学与日常生活的密切联系，在“用数学”活动中，学会收集、选择和加工信息，培养学生分析和解决实际问题的能力。在经历解决问题的过程中，发展学生的创新思维和探索精神。

四、作业内容呈现

【整体概述】

由于受天赋、家庭、教育等各方面的影响，学生之间的数学知识和数学能力的差异是客观存在的。如果让有差异的学生做无差异的作业，必然会造成一些学生“吃不饱”，一些学生“不够吃”的现象。因此，在数学作业的设计上，我们不能搞“一刀切”，应从学生的实际情况出发，针对学生的个体差异设计不同的作业，使我们的教学面向全体学生，让不同的学生在数学学习上得到不同的发展。

在教学中，我根据学生的实际情况设计了 A、B、C 三类作业。A 级作业“基础碰碰车”，都是一些最基础的知识，是例题的变形，也是简单的巩固性作业；B 级作业“升级跷跷板”，层次稍高一些，在掌握例题的基础上能进行相应拓展；C 级作业“智慧摩天轮”，题型灵活多样，偏重于理解、运用，适合学生思维的拔高训练。这样的作业设计满足了不同层次学生的要求，他们可以根据自己的能力水平选择不同的作业，而不同水平的学生都能得到成功的乐趣。

【详情解读】

不同层次的学生按不同的要求完成有梯度、多层次的作业。A 级“基础碰碰车”，是全班同学都要完成的，这些题目紧扣当天所学内容，促进学生积极按时完成作业；B 级作业“升级跷跷板”，稍加难度，让学生跷一跷脚就可以够得到，锻炼学生综合运用知识解决问题的能力；C 级作业“智慧摩天轮”是能力提升、拓展题，这类题目有一定难度，主要是为学习比较优秀的学生设计的，有利于培养学生思维的灵活性和深刻性，学习能力得到提升。

A级作业基础碰碰车

一、想一想，填一填。

1. 女生人数是男生的$\frac{2}{5}$，应该把（　　）看作单位“1”。

2. 一件上衣220元，一条围巾的价钱是上衣价钱的$\frac{2}{11}$，这里把（　）看作单位“1”。求一条围巾多少钱，列式为（　）。

3. 六（3）班有56人，男生占$\frac{5}{8}$，男生中有$\frac{3}{7}$是三好学生，六（3）班的男生中有多少人是三好学生？

（1）先求男生有多少人，列式（　）；再求男生中有多少人是三好学生，列式是（　）。

（2）也可以先求男生中的三好学生占全班人数的几分之几，列式是（　）；再求男生中有多少人是三好学生，列式是（　），列成综合算式是（　）。

4. 草莓酱的瓶数比沙拉酱的瓶数多$\frac{1}{4}$，应该把（　　）看作单位“1”。

5. 面粉的重量比大米多$\frac{3}{8}$表示（　　　　）。

6. 一款海尔冰箱原来每台售价2700元，现在每台售价比原来降低了$\frac{1}{9}$。

（1）应该把（　　）看作单位“1”；

（2）$2700\times\frac{1}{9}$表示（　　　　）；

（3）$1-\frac{1}{9}$表示（　　　　）；

（4）$2700\times\frac{8}{9}$表示（　　　　）。

二、对号入座。

1. 一根木料长12m，用去了$\frac{1}{3}$m，还剩（　　）m。

A. 8　　B. $11\frac{2}{3}$　　C. 4

2. 超市运进$\frac{3}{4}$吨水果，已经卖了$\frac{2}{3}$，还剩（　　）吨。

A. $\frac{1}{4}$　　B. $\frac{1}{12}$　　C. $\frac{1}{2}$

3. 养鸡场养公鸡400只，养的母鸡比公鸡的只数多$\frac{5}{8}$。母鸡比公鸡多（　　）只。

A. $400\times(1-\frac{5}{8})$　　B. $400\times\frac{5}{8}$　　C. $400\times(1+\frac{5}{8})$

三、走进生活，解决问题。

1. 人体血液在动脉的流动速度是50厘米/秒，在静脉中的流动速度是动脉的$\frac{2}{5}$，在毛细血管中的流动速度只有在静脉中的$\frac{1}{40}$。血液在毛细血管中每秒流动多少厘米？

2. 芍药的花期是32天，玫瑰的花期是芍药的$\frac{5}{8}$，水仙的花期是玫瑰的$\frac{3}{4}$，水仙的花期是多少天？

3. 昆虫飞行时经常振动翅膀。蜜蜂每秒能振动翅膀236次，蝗虫每秒振动次数比蜜蜂少$\frac{109}{118}$，蝗虫每秒能振动多少次？

4. 同学们进行跳绳比赛。聪聪跳了150下，明明跳得比聪聪多$\frac{1}{3}$，明明比聪聪多跳多少下？明明跳了多少下？

设计意图：这是基础练习。练习题的设计，有层次、有梯度地复习了有关单位“1”的知识内容，目的是让学生熟悉单位“1”、分率与具体量之间一一的对应关系，让学生真正学会连续求一个数的几分之几是多少的问题，自己学会解决较复杂的“求比一个数多（或少）几分之几的数是多少”的分数乘法问题，培养学生运用所学知识解决实际问题的能力，把教学目标真正落实到位。

B级作业升级跷跷板

四、请你来当小裁判。

1. 一堆沙子，运走了$\frac{5}{6}$，还剩下$\frac{1}{6}$吨。（　）

2. 现在的体重比原来增加了$\frac{2}{11}$，是把“原来的体重”看作单位“1”。（　）

3. 18米长的绳子增加它的$\frac{1}{3}$后，再减少$\frac{1}{3}$，这根绳子现在还是18米。（　）

五、看图列式计算。

1. 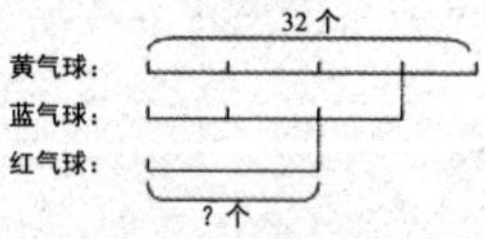

2. 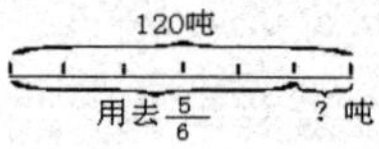

3 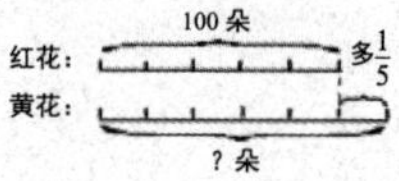

六、找朋友（连一连）。

水果店有苹果200千克，梨比苹果少$\frac{1}{4}$，香蕉比苹果多$\frac{1}{5}$。

$200\times\frac{1}{4}$	梨有多少千克？
$200\times\frac{1}{5}$	香蕉有多少千克？
$200\times(1+\frac{1}{5})$	梨比苹果少多少千克？
$200\times(1-\frac{1}{4})$	香蕉比苹果多多少千克？

设计意图：巩固练习。作业的现实素材千变万化，教师需要引导学生剥离现实的“外壳”，抽取出内在的数量关系，不管是连续求一个数的几分之几，还是求多（少）几分之几，其实最后都是归结到“求一个数的几分之几是多少”的延伸和变式而已。只要牢固掌握分数乘法的意义，即使再复杂的问题，也是万变不离其宗的。

C级作业智慧摩天轮

七、智力大比拼！

1. 粮店有135袋大米，小米的袋数比大米的$\frac{8}{9}$少10袋，绿豆的袋数是小米的$\frac{10}{11}$，粮店有绿豆多少袋？

2. 儿童乐园的碰碰车项目，平时每玩10分钟收费5元，六一儿童节那天调整了价格，降低了 $\frac{1}{5}$。明明玩了20分钟碰碰车，应付多少元？

3. 从前有一位财主，他有三个儿子。他晚年写好了遗嘱："我死后，11匹千里马留给三个儿子：老大负担重，分得 $\frac{1}{2}$；老二家里穷，分得 $\frac{1}{4}$；老三还小，就分 $\frac{1}{6}$ 吧。"他死后，三个儿子为分马的事犯难了。你能帮他们分马吗？

设计意图：用学过的数学知识去解决实际生活中的问题，可以体现知识的价值，提升学生学习数学的积极性，获得学习数学的成功感，让学生在解决问题的过程中，形成解决问题的技能和策略，真正学以致用。

五、作业例选

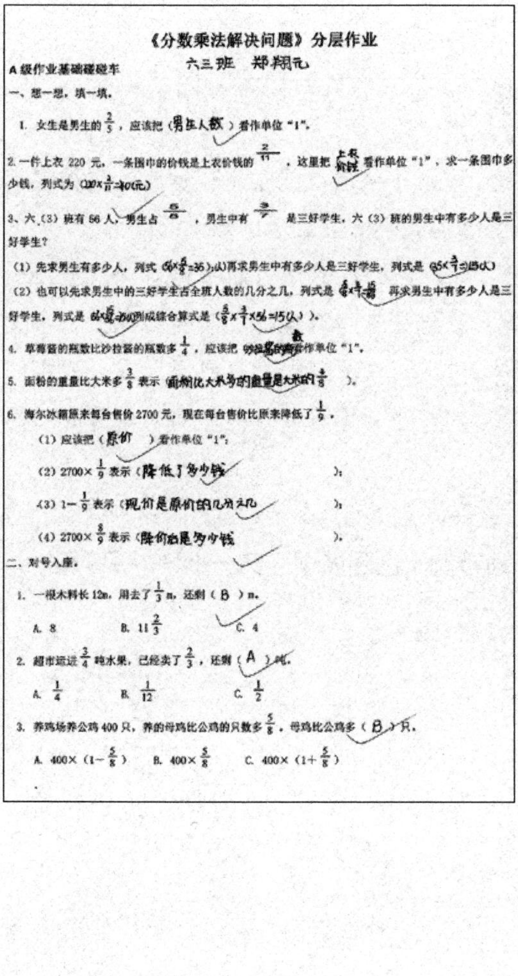

《分数乘法解决问题》分层作业

六三班　郑翔元

A级作业基础碰碰车

一、想一想，填一填。

1. 女生是男生的 $\frac{2}{5}$，应该把（男生人数）看作单位"1"。

2. 一件上衣220元，一条围巾的价钱是上衣价钱的 $\frac{2}{11}$，这里把（上衣价钱）看作单位"1"，求一条围巾多少钱，列式为（$220\times\frac{2}{11}=40$(元)）

3. 六（3）班有56人，男生占 $\frac{5}{8}$，男生中有 $\frac{3}{7}$ 是三好学生，六（3）班的男生中有多少人是三好学生？

（1）先求男生有多少人，列式（$56\times\frac{5}{8}=35$(人)）再求男生中有多少人是三好学生，列式是（$35\times\frac{3}{7}=15$(人)）

（2）也可以先求男生中的三好学生占全班人数的几分之几，列式是（$\frac{5}{8}\times\frac{3}{7}=\frac{15}{56}$）再求男生中有多少人是三好学生，列式是（$56\times\frac{15}{56}=15$(人)）列成综合算式是（$\frac{5}{8}\times\frac{3}{7}\times56=15$(人)）。

4. 草莓酱的瓶数比沙拉酱的瓶数多 $\frac{1}{4}$，应该把（沙拉酱的瓶数）看作单位"1"。

5. 面粉的重量比大米多 $\frac{3}{8}$ 表示（面粉比大米多的重量是大米的 $\frac{3}{8}$）。

6. 海尔冰箱原来每台售价2700元，现在每台售价比原来降低了 $\frac{1}{9}$。

（1）应该把（原价）看作单位"1"；

（2）$2700\times\frac{1}{9}$ 表示（降低了多少钱）；

（3）$1-\frac{1}{9}$ 表示（现价是原价的几分之几）；

（4）$2700\times\frac{8}{9}$ 表示（降价后是多少钱）。

二、对号入座。

1. 一根木料长12m，用去了 $\frac{1}{3}$ m，还剩（B）m。

A. 8　B. $11\frac{2}{3}$　C. 4

2. 超市运进 $\frac{3}{4}$ 吨水果，已经卖了 $\frac{2}{3}$，还剩（A）吨。

A. $\frac{1}{4}$　B. $\frac{1}{12}$　C. $\frac{1}{2}$

3. 养鸡场养公鸡400只，养的母鸡比公鸡的只数多 $\frac{5}{8}$，母鸡比公鸡多（B）只。

A. $400\times(1-\frac{5}{8})$　B. $400\times\frac{5}{8}$　C. $400\times(1+\frac{5}{8})$

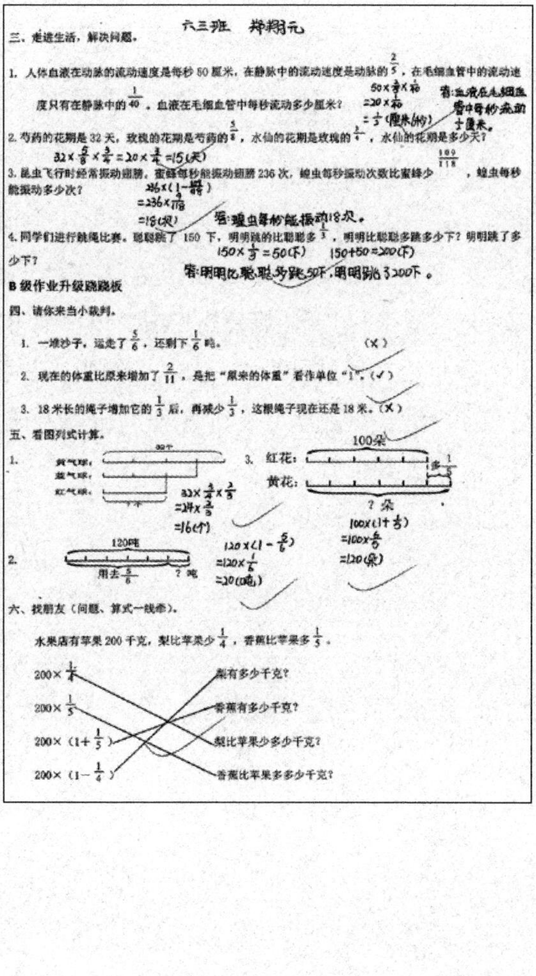

六三班　郑翔元

三、走进生活，解决问题。

1. 人体血液在动脉的流动速度是每秒50厘米，在静脉中的流动速度是动脉的 $\frac{2}{5}$，在毛细血管中的流动速度只有在静脉中的 $\frac{1}{40}$。血液在毛细血管中每秒流动多少厘米？

$50\times\frac{2}{5}\times\frac{1}{40}$
$=20\times\frac{1}{40}$
$=\frac{1}{2}$（厘米/秒）
答：血液在毛细血管中每秒流动 $\frac{1}{2}$ 厘米。

2. 芍药的花期是32天，玫瑰的花期是芍药的 $\frac{5}{8}$，水仙的花期是玫瑰的 $\frac{3}{4}$，水仙的花期是多少天？

$32\times\frac{5}{8}\times\frac{3}{4}=20\times\frac{3}{4}=15$(天)

3. 昆虫飞行时经常振动翅膀，蜜蜂每秒能振动翅膀236次，蝗虫每秒振动次数比蜜蜂少 $\frac{109}{118}$，蝗虫每秒能振动多少次？

$236\times(1-\frac{109}{118})$
$=236\times\frac{9}{118}$
$=18$(次)
答：蝗虫每秒能振动18次。

4. 同学们进行跳绳比赛。聪聪跳了150下，明明跳的比聪聪多 $\frac{1}{3}$，明明比聪聪多跳多少下？明明跳了多少下？

$150\times\frac{1}{3}=50$(下)　$150+50=200$(下)
答：明明比聪聪多跳50下，明明跳了200下。

B级作业升级跳跳板

四、请你来当小裁判。

1. 一堆沙子，运走了 $\frac{5}{6}$，还剩下 $\frac{1}{6}$ 吨。（×）

2. 现在的体重比原来增加了 $\frac{2}{11}$，是把"原来的体重"看作单位"1"。（√）

3. 18米长的绳子增加它的 $\frac{1}{3}$ 后，再减少 $\frac{1}{3}$，这根绳子现在还是18米。（×）

五、看图列式计算。

1. 黄气球：　蓝气球：　红气球：

$32\times\frac{3}{4}\times\frac{2}{3}$
$=24\times\frac{2}{3}$
$=16$(个)

2. 120吨　用去 $\frac{5}{6}$　？吨

$120\times(1-\frac{5}{6})$
$=120\times\frac{1}{6}$
$=20$(吨)

3. 红花：100朵　黄花：多 $\frac{1}{5}$　？朵

$100\times(1+\frac{1}{5})$
$=100\times\frac{6}{5}$
$=120$(朵)

六、找朋友（问题、算式一线牵）。

水果店有苹果200千克，梨比苹果少 $\frac{1}{4}$，香蕉比苹果多 $\frac{1}{5}$。

$200\times\frac{1}{4}$　　梨有多少千克？

$200\times\frac{1}{5}$　　香蕉有多少千克？

$200\times(1+\frac{1}{5})$　　梨比苹果少多少千克？

$200\times(1-\frac{1}{4})$　　香蕉比苹果多多少千克？

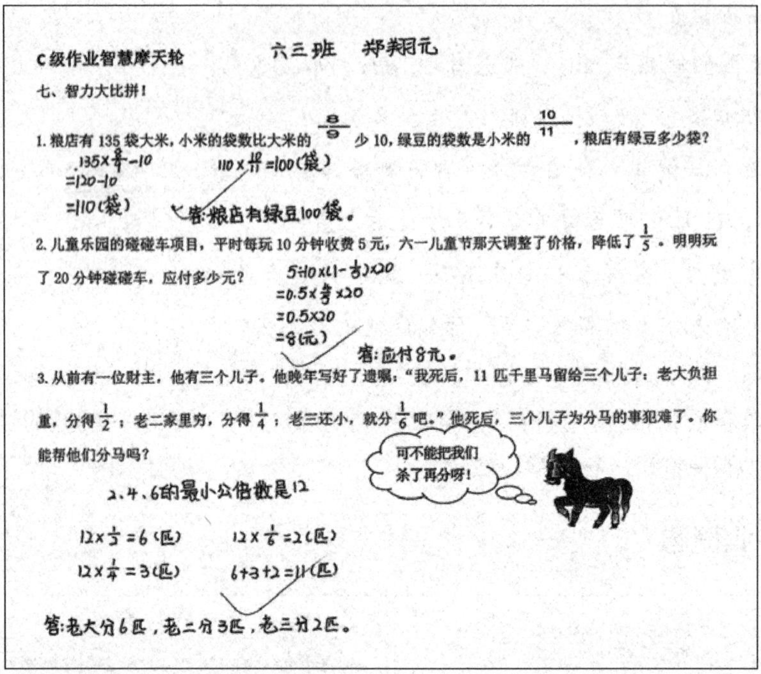
C级作业智慧摩天轮　　六三班　郑翔元

七、智力大比拼！

1. 粮店有 135 袋大米，小米的袋数比大米的 $\frac{8}{9}$ 少 10，绿豆的袋数是小米的 $\frac{10}{11}$，粮店有绿豆多少袋？

$135\times\frac{8}{9}-10$
$=120-10$
$=110$(袋)

$110\times\frac{10}{11}=100$(袋)

答：粮店有绿豆100袋。

2. 儿童乐园的碰碰车项目，平时每玩 10 分钟收费 5 元，六一儿童节那天调整了价格，降低了 $\frac{1}{5}$。明明玩了 20 分钟碰碰车，应付多少元？

$5\div10\times(1-\frac{1}{5})\times20$
$=0.5\times\frac{4}{5}\times20$
$=0.5\times20$
$=8$(元)

答：应付8元。

3. 从前有一位财主，他有三个儿子。他晚年写好了遗嘱：“我死后，11 匹千里马留给三个儿子：老大负担重，分得 $\frac{1}{2}$；老二家里穷，分得 $\frac{1}{4}$；老三还小，就分 $\frac{1}{6}$ 吧。”他死后，三个儿子为分马的事犯难了。你能帮他们分马吗？

2、4、6的最小公倍数是12

$12\times\frac{1}{2}=6$(匹)　　$12\times\frac{1}{6}=2$(匹)

$12\times\frac{1}{4}=3$(匹)　　$6+3+2=11$(匹)

答：老大分6匹，老二分3匹，老三分2匹。

六、亮点归纳

1. 既“面向全体”又兼顾“提优”和“辅差”，让不同层次的学生在解题的过程中掌握知识的要点、积极思考，提高自信心，同时能够提高学生灵活运用知识的能力。

2. 在作业批改中，加入适度的人文性评语。如，在错误的地方做个记号，写上“运算顺序对吗”“想清计算公式”或“请仔细再算一次结果”等评语，让学生自己去思考改正。评价语言以鼓励为主，如：“你的方法真是太妙了”“你的思维真灵活”或“我相信你再想一会，定会想出正确答案”“失败乃成功之母，下一题你一定能做对”等等激发其斗志，树立其信心。

（秦皇岛市抚宁区骊城学区第一小学 / 薛智颖）

比 例 尺

一、题目要求

“比例尺”这部分内容具有较强的实践性和综合性。请你设计一份课上巩固性作业，充分挖掘生活中的素材，引导学生多样灵活地解决问题，加深对比例尺的理解。同时结合教材、学情进行分析并阐述设计意图。

二、课标解读、教材分析与学情分析

《数学课程标准（2011 年版）》指出：数学课程不仅要考虑数学自身的特点，更应遵循学生学习数学的心理规律，强调从学生已有的生活经验出发，让学生亲身经历将实际问题抽象成数学模型并进行解释与应用的过程。

苏联心理学家、教育学家维果斯基提出的“最近发展区”理论，对于儿童的心理发展做了精辟的论述。把学生的学习水平分为三个层次：潜在水平（在成人或同伴的帮助下可以达到）、现有水平（自己可以学会的）、原有水平（已有的知识基础）。每个孩子之间存在差异，而且这些水平也是随着年龄、经验的增长在不断变化的。孩子已有的知识基础不用教，自己能学会的也不用讲，而我们的课堂正是实现在成人或同伴的帮助下，使孩子的学习效果达到他的潜在水平的最佳时期。关注他那些正处于形成状态或正在发展的过程，是我们课堂作用的完美呈现。

核心素养下的数学课堂，不仅仅是关注学生对知识目标和技能目标的掌握，更应该关注学生是否能够用数学的思维方式观察事物、分析社会现象，从而解决现实中的问题，使学生逐渐形成数学素养。

“比例尺”是六年级下册的第四单元的内容。比例尺是比例知识在生活中最广泛的应用。学生对地图或图纸有一定的了解。这部分内容比较多，也相对抽象，综合性强，极具实践性。基于以上几点，特此设计了本次课上巩固性作业——思考着做练习。

三、作业目的

基本技能的形成，需要一定量的训练，根据内容的要求和学生实际，我分为夯实基础、注重应用、灵活拓展三个层次。通过基础题的练习，使学生更扎实地理解关于比例尺的知识；在夯实基础的基础上，进行实践性练习，通过动手操作等体验使学生感受到在实践应用中的灵活多样，培养学生们多角度思维的能力，提升实践应用中的应变能力。

四、作业内容呈现

（一）夯实基础

把一块长为 20 米，宽为 10 米的长方形地画在图纸上，长画了 5 厘米，宽画了 2.5 厘米。

（1）图上长与实际长的比是 1 ∶ 400；（   ）

（2）实际宽与图上宽的比是 1 ∶ 400；（   ）

（3）图上面积与实际面积的比是 1 ∶ 160000。（   ）

（二）注重应用

1. 一座楼的实际高度是 12 米，小伟给大楼拍了一幅照片，请量出图上大楼的高度，并将这幅图的比例尺用线段比例尺表示出来。

2. 在一幅地图上，测得甲乙两地的图上距离是 13 厘米，已知甲乙两地的实际距离是 780 千米。

（1）求出这幅图的比例尺；

（2）在这幅图上量得 A、B 两城的图上距离是 5 厘米，求 A、B 两城的实际距离。

（三）灵活拓展：我的校园我设计

1. 学校操场长 60 米，宽 45 米。用 1 ∶ 1500 的比例尺画在图纸上，长和宽各应画多少厘米？请你把它画下来。

2. 张老师为学校的一个会议室画设计图。会议室是长为 20 米，宽为 15 米的长方形。为方便设计，张老师想在一张 A4 纸上画一幅图。请你为她设计合适的比例尺，并根据你设计的比例尺，把图画在 A4 纸上。

五、作业例选

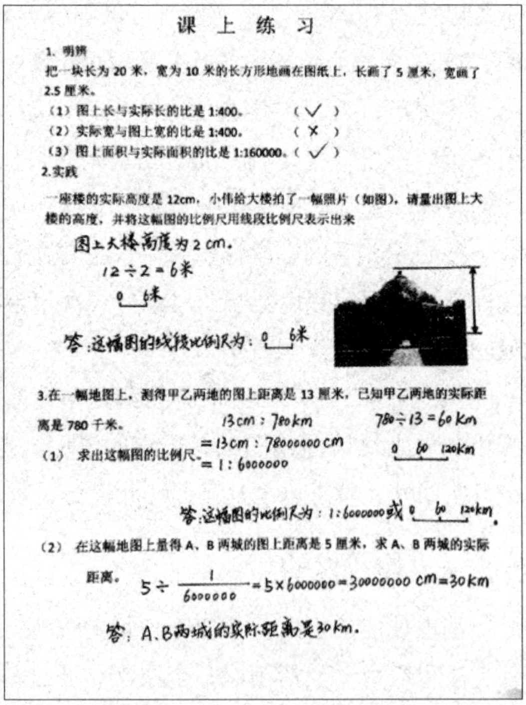

课 上 练 习

1. 明辨

把一块长为 20 米，宽为 10 米的长方形地画在图纸上，长画了 5 厘米，宽画了 2.5 厘米。

（1）图上长与实际长的比是 1:400。（√）

（2）实际宽与图上宽的比是 1:400。（×）

（3）图上面积与实际面积的比是 1:160000。（√）

2.实践

一座楼的实际高度是 12cm，小伟给大楼拍了一幅照片（如图），请量出图上大楼的高度，并将这幅图的比例尺用线段比例尺表示出来

图上大楼高度为 2 cm.

12 ÷ 2 = 6米

0 6米

答：这幅图的线段比例尺为：0 6米

3.在一幅地图上，测得甲乙两地的图上距离是 13 厘米，已知甲乙两地的实际距离是 780 千米。

13cm : 780km = 13cm : 78000000 cm = 1 : 6000000

780 ÷ 13 = 60 km

0 60 120km

（1）求出这幅图的比例尺。

答：这幅图的比例尺为：1:6000000 或 0 60 120km.

（2）在这幅地图上量得 A、B 两城的图上距离是 5 厘米，求 A、B 两城的实际距离。

$5 \div \frac{1}{6000000} = 5 \times 6000000 = 30000000$ cm = 30km

答：A、B 两城的实际距离是 30km.

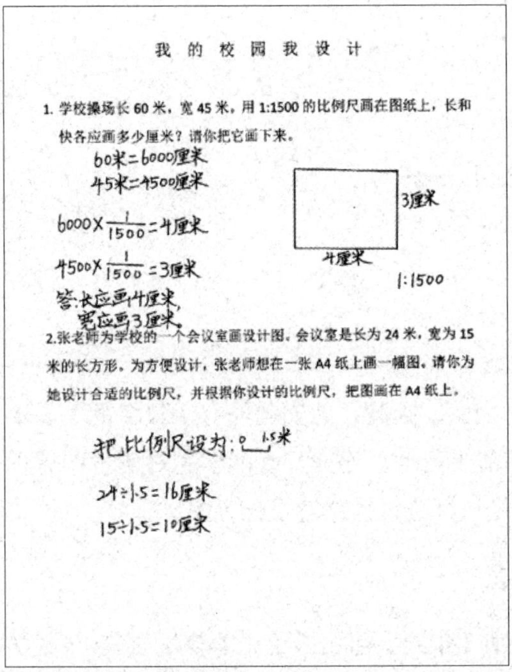

我 的 校 园 我 设 计

1. 学校操场长 60 米，宽 45 米，用 1:1500 的比例尺画在图纸上，长和快各应画多少厘米？请你把它画下来。

60米=6000厘米
45米=4500厘米
6000×$\frac{1}{1500}$=4厘米
4500×$\frac{1}{1500}$=3厘米
答：长应画4厘米，
宽应画3厘米。

3厘米
4厘米
1:1500

2.张老师为学校的一个会议室画设计图。会议室是长为 24 米，宽为 15 米的长方形。为方便设计，张老师想在一张 A4 纸上画一幅图。请你为她设计合适的比例尺，并根据你设计的比例尺，把图画在 A4 纸上。

把比例尺设为：0 1.5米
24÷1.5=16厘米
15÷1.5=10厘米

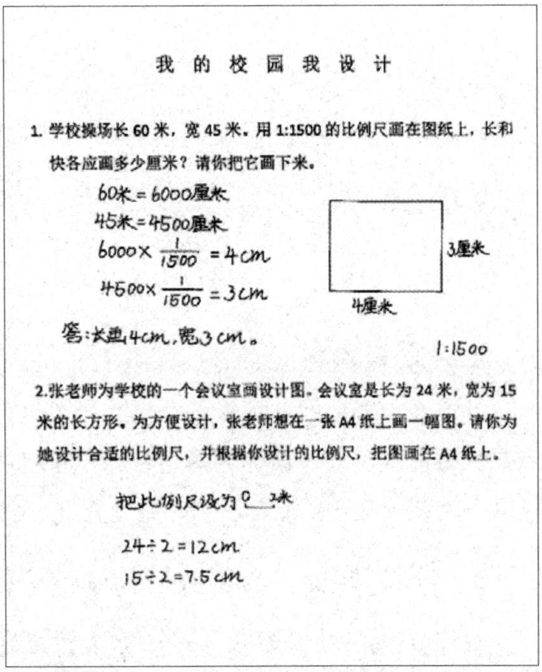

我 的 校 园 我 设 计

1. 学校操场长 60 米，宽 45 米。用 1:1500 的比例尺画在图纸上，长和快各应画多少厘米？请你把它画下来。

60米=6000厘米
45米=4500厘米
6000×$\frac{1}{1500}$=4cm
4500×$\frac{1}{1500}$=3cm
答：长画4cm，宽3cm。

3厘米
4厘米
1:1500

2.张老师为学校的一个会议室画设计图。会议室是长为 24 米，宽为 15 米的长方形。为方便设计，张老师想在一张 A4 纸上画一幅图。请你为她设计合适的比例尺，并根据你设计的比例尺，把图画在 A4 纸上。

把比例尺设为 0 2米
24÷2=12cm
15÷2=7.5cm

六、亮点归纳

1. 根据孩子的心理发展及认知规律进行教学设计，可以达到事半功倍的效果。维果斯基的“最近发展区”理论为我们指明了方向。以学生的已有经验为基点，学生可以自己学会的，我们绝不剥夺他学习的权利，而需要同伴或成人的帮助时，教师要合理确定教学目标、设计适当的教学活动、因势利导适时调控，提升教学活动的针对性和有效性，从而促进学生达到他的潜在水平。

2. 夯实基础，为学生解决实际问题做好准备。“知识技能”既是学生发展的基础性目标，又是落实“数学思考”“问题解决”“情感态度”目标的载体。习题中既有最基础的求比例尺也有比例尺知识的变形，还有对易错点的考查，在帮助学生真正理解数学知识的同时，为学生解决实际问题做好准备。

3. 注重应用，设计与生活实际相结合的问题，让学生学会综合运用数学知识和方法解决实际问题，体验解决问题的灵活性和实践性，知道在解决问题的过程中要根据实际情况进行分析，探索解决实际问题的有效方法。

（秦皇岛市山海关区桥梁小学 / 李树宏）

认识图形（一）

一、题目要求

儿童在很小的时候就开始接触各种形状的物体，因此，他们已经有了较多的关于形状感知方面的经验。请你为学生设计一份“课前小活动”作业，唤醒学生对图形的感性认知，为课上教学做准备，同时结合教材、学情进行分析并阐述设计意图。

二、课标解读、教材分析与学情分析

课标解读：“认识图形（一）”是人教版数学一年级上册第四单元的教学内容。《数学课程标准（2011年版）》指出：“‘图形与几何’的内容主要涉及现实世界中的物体、几何体和图形的形状、大小、位置关系及其转换，它是人们更好地认识、描述生活空间，并进行交流的重要工具。”教材中这部分内容是学生学习“图形与几何”知识的开始，主要是从“形状”这一角度来帮助学生初步认识物体和图形的。

教材分析：本单元的内容是立体图形（长方体、正方体、圆柱和球）的初步认识。由于在现实生活中学生直接接触的大多是立体图形，所以教材把立体图形的认识编排在平面图形之前，并通过丰富的、形式多样的操作活动使学生感知几何形体的特征。

学情分析：一年级的学生头脑中已经储存了很多生活中常见的立体图形，他们只是不知道像铅笔盒、鞋盒这样的立体图形就叫长方体；像粉笔盒、魔方这样的立体图形就叫正方体；像可乐罐、水杯这样的立体图形就是圆柱体。教师充分利用小孩子对操作活动兴趣浓厚这一特点，先让学生观察熟悉的实物图，再让他们把形状相同的物体放在一起，让他们对图形有一个初步的区分，接着引出四种立体图形展开教学。

三、作业目的

通过课前活动帮助学生初步感知长方体、正方体、圆柱和球的特点，唤醒学前认知，方便教师了解学生学情，尤其是学生认知难点，为课上教学奠定基础。让学生在活动中感受数学学习的乐趣。

四、作业内容呈现

活动一：盲摸。学生蒙上眼睛，根据教师的提示从百宝箱里摸出图形，并用自己的语言描述该图形，初步感知立体图形的特点。

活动二：分类。以小组为单位把形状相同的学具摆放在一起，并说一说为什么这样分。

五、活动剪影

六、亮点归纳

1. 数学游戏，初步感知。盲摸时孩子看不到，凭借教师的提示和自己的感觉慢慢摸出图形。这一活动让孩子初步感知了每种立体图形的特点，激发了孩子潜意识里对该图形的认知。学生综合运用多种感官，体验对立体图形的初步认识，感受学习数学的乐趣。

2. 动手操作，激发兴趣。先动手分一分，将外形相同的物体放在一起，再通过交流汇报，描述长方体、正方体、圆柱和球的外形特征，积累基本的活动经验。将数学知识的学习融入生动有趣的游戏活动中，在玩中学，在学中玩。小组合作学习也培养了学生的合作能力、交流能力。

（秦皇岛市抚宁区金山学校 / 单佳宁）

认 识 钟 表

一、题目要求

认识整时是学生建立时间观念的初次尝试。钟表是一个复杂的度量工具，表盘比较复杂，因此对于一年级学生来说认识钟表是比较困难的。请你为学生设计一份课后实践性作业，帮助学生加深对钟表的认识，同时结合教材、学情分析并阐述设计意图。

二、课标解读、教材分析与学情分析

“认识钟表”是一年级上册第八单元的内容。整时的认识是学生建立时间概念的初次尝试，也为以后“时、分”的教学奠定了基础。教材按照“认识钟面结构—整时的读写法—时间观念的建立”的顺序编写，在编写上注意从学生的生活经验出发，让学生动态地、立体地学习数学。一般来说，一名 6 岁的儿童每天起床、吃饭、上课都要按照一定的时间进行，他们已经在生活中潜移默化地感知到了“时间”这一抽象概念的存在。

三、作业目的

通过说、做、画等一系列动手操作活动，巩固课上所学的“整时”知识，进一步加深对整时的认知，帮助学生养成遵守时间和珍惜时间的好习惯，加深亲子关系。

四、作业内容呈现

1. 完成“说”的作业，巩固课堂上所学的知识，落实会认读整时的知识目标。

2. 完成“做”的作业，培养学生的观察与表达能力，落实过程与方法目标。

3. 完成“画”的作业，教育学生合理安排自己每天的生活和学习，养成遵守和珍惜时间的好习惯，落实情感态度价值观目标，三维目标都能够有效落实。

4. 家长可以用简短的一句话或是简单的一个图形、图案评价孩子的学习态度或是学习效果，家长也乐在其中。

“认识钟表”实践性作业（选择型作业）	
今天，我们认识了钟表，认识了整时。请同学们从下面的三项作业中选择自己喜欢的一项和爸爸妈妈一起完成，别忘了让爸爸妈妈给你评价哦！	
（1）说。拨出一个整时，并和爸爸妈妈说一说这是几时，也可以让爸爸妈妈任意说出一个整时由你来拨。 （2）做。在爸爸妈妈的帮助下制作一个小钟表，再拨一拨，边拨边说你一天在什么时间干了什么。 （3）画。自己动手，用图画的形式表现自己的周末活动，如起床、游戏、读书、吃饭等活动并画出时间，再和爸爸妈妈说一说吧。	
家长评价：	老师评价：

五、作业例选

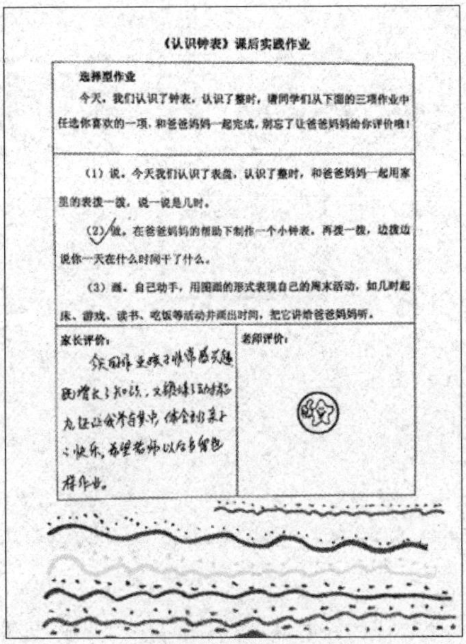
《认识钟表》课后实践作业

选择型作业

今天，我们认识了钟表，认识了整时，请同学们从下面的三项作业中任选你喜欢的一项，和爸爸妈妈一起完成，别忘了让爸爸妈妈给你评价哦！

（1）说。今天我们认识了表盘，认识了整时，和爸爸妈妈一起用家里的表拨一拨，说一说是几时。

（2）做。在爸爸妈妈的帮助下制作一个小钟表，再拨一拨，边拨边说你一天在什么时间干了什么。

（3）画。自己动手，用图画的形式表现自己的周末活动，如几时起床、游戏、读书、吃饭等活动并画出时间，把它讲给爸爸妈妈听。

家长评价：

老师评价：

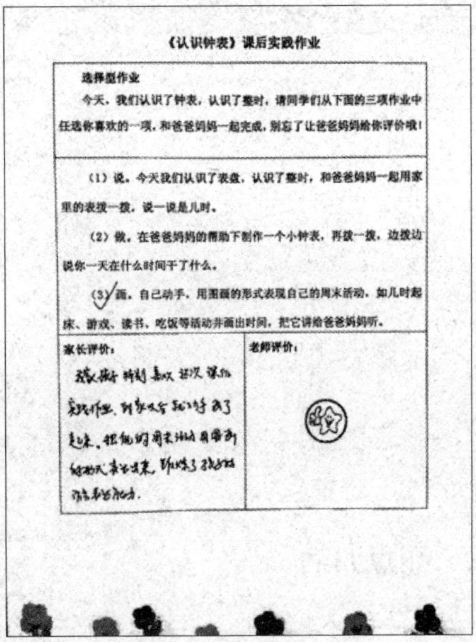
《认识钟表》课后实践作业

选择型作业

今天，我们认识了钟表，认识了整时，请同学们从下面的三项作业中任选你喜欢的一项，和爸爸妈妈一起完成，别忘了让爸爸妈妈给你评价哦！

（1）说。今天我们认识了表盘，认识了整时，和爸爸妈妈一起用家里的表拨一拨，说一说是几时。

（2）做。在爸爸妈妈的帮助下制作一个小钟表，再拨一拨，边拨边说你一天在什么时间干了什么。

（3）画。自己动手，用图画的形式表现自己的周末活动，如几时起床、游戏、读书、吃饭等活动并画出时间，把它讲给爸爸妈妈听。

家长评价：

老师评价：

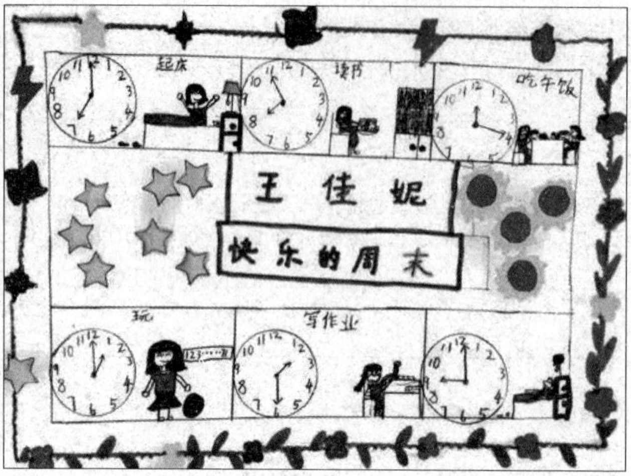

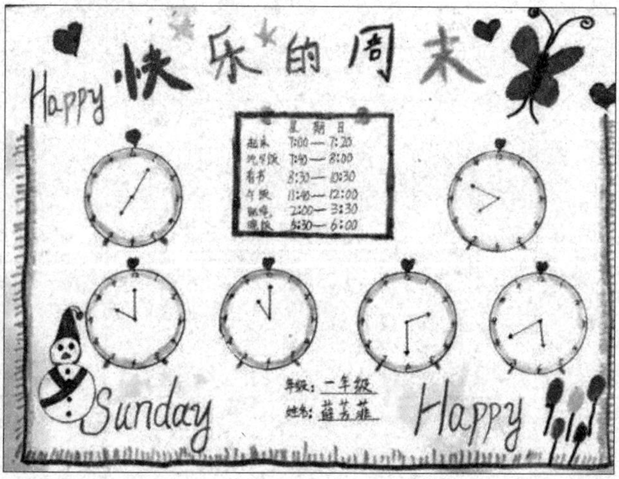

六、亮点归纳

1. 活动具有可操作性。“一年级学生不留书面家庭作业”，操作活动又是学生喜欢的，通过操作活动可以将抽象的“时间”概念转化为学生可触摸、可理解的活动，也可以帮助孩子巩固课上所学知识。

2. 活动具有自主性、趣味性。说一说、做一做、画一画，让作业变得更加“生动、有趣”。和爸爸妈妈一起完成的形式还可以帮助家长了解孩子的学习进程，增进亲子关系。

3. 作业具有分层性、可选择性。“选择自己喜欢的一项”，学生可以根据自己的喜好选择适合自己的作业，体现了作业的自主性。由于学生生活经验不同，有的学生可能已经超前认识了半时或者几时几分，都可以在说、画的过程中体现出来，拓宽了知识面，使得不同程度的学生得到不同的发展。

（秦皇岛市北戴河区海宁路小学 / 徐逸菲）

角的初步认识

一、题目要求

数学中的“角”将学生的思维从一维拓宽到二维，是认知上的重大跨越。请你为学生设计一组课后实践性作业，帮助学生加深对“角”的初步认识，同时结合教材、学情分析并阐述设计意图。

二、课标解读、教材分析与学情分析

“角的初步认识”是二年级上册第三单元的内容。通过本单元的学习，学生能初步认识角，知道直角、锐角和钝角，会用三角尺判断直角、锐角和钝角，会画角，能用角的知识解决简单的数学问题。

“角”对学生来说并不陌生，生活中很多物体的表面都有“角”，这是学生“认识角”的生活经验。同时，学生在一年级下册已经初步认识了长方形、正方形、三角形和平行四边形，这是学生学习“角”的知识基础。另外，学生在以后继续研究长方形、正方形、三角形等平面图形以及立体图形的特征时也离不开角，所以本单元的学习有着承上启下的作用。基于以上分析我设计了本次课后实践性作业——美丽的服装。

三、作业目的

1. 通过动手实践，帮助学生进一步认识角。

2. 建立角和平面图形的联系。

四、作业内容呈现

【整体概述】

“美丽的服装”课后实践性作业共设计了四部分内容：找角、剪角、比角、粘角。力求通过各种活动丰富学生对角的认识，角从生活中来又回到生活中去，全面立体地丰富了学生对角的认识。

【详情解读】

第一项：找角——请你寻找生活中的角，并用手指一指角在哪里。

设计意图：角在日常生活中有着丰富的应用，有大有小，开口有着不同的方向。让孩子去寻找生活中的角，让学生更加深刻地认识各种角，同时，让学生明白数学来源于生活，和生活有着千丝万缕的联系。

第二项：剪角——请你用彩纸试着剪出几个角，并指一指角在哪里。

设计意图：让学生尝试用纸剪角，除了沟通角和平面图形的关系，也能锻炼学生的动手能力。如果学生得到一个平面图形，那么上面就会有几个角。角的大小不同、开口方向不同、边的长短不同，就能得到不同的平面图形，这样就丰富了学生对角的认识。

第三项：比角——从剪出的角中任选 2 个，比一比它们的大小。

设计意图：比较角的大小是第一课时的难点。孩子剪的角都在平面图形之中，他们通过旋转、一条边对齐来比较出角的大小，加深了对“角的大小和开口大小有关，和边的长短无关”的认识，对比较的方法掌握得更加熟练。

第四项：为童话人物设计美丽的服装。选取一个自己喜欢的童话人物形象，用“角”的图案为他（她）设计一件美丽的服装，可以画一画、剪一剪、拼一拼。

设计意图：为了用角设计出自己满意的服装，学生需要不断地调整，剪除、拼接、叠加，在操作活动中体会角的大小是可以变化的，为四年级学习角的度量奠定基础。教师给提供 3 个人物：灰姑娘、锡兵、白雪公主，学生可以选其中一个设计服装，也可以自选其他人物设计服装。

五、作业例选

六、亮点归纳

1. 通过剪、贴、粘、拼等活动，积累对角的认识的数学活动经验。“积累数学活动经验”是数学课程总目标之一。数学活动经验需要在“做”的过程和“思考”的过程中沉淀，是在数学学习活动中逐步积累起来的。学生在剪、贴、粘、拼的过程中既要动手还要动脑，在教师设计的有效的活动中去操作、感悟，积累数学活动经验。

2. 让数学作业充满童趣。低年级的实践作业一定要充满童趣。学生喜欢，才乐于去完成。童话故事就是一个合适的载体。让学生用“角”为喜欢的童话人物设计装饰服装，这种创新的活动能很好地开发孩子思维的灵活性和开放性，又起到巩固所学知识的目的，可谓一举两得。

3. 沟通知识间的横向、纵向连接。学生在设计服装时会为了美观剪出不同的平面图形，这样就沟通了角与平面图形的联系。有时候还需要把两个或几个角拼起来组成一个大角，又或者把一个大些的角去除一部分变得小一些，这又为将来学习“角的度量”作了铺垫。

4. 与艺术、阅读等素养之间的融合。为了设计出符合童话人物形象的服装，学生需要了解童话故事内容，还要用到美术元素才能体现出美感，一份数学实践作业把数学、艺术、阅读素养的培养有机地进行了融合。

（北京第二实验小学山海关学校 / 丁莉）

认 识 时 间

一、题目要求

对于学生来讲，时间是一个非常抽象的概念，设计多种形式的活动帮助学生认识掌握时间尤为重要。请你为学生设计一份课上巩固性作业，帮助学生掌握时间概念，同时结合教材、学情分析并阐述设计意图。

二、课标解读、教材分析与学情分析

此次作业设计的内容是二年级上册第七单元“认识时间”的例 1 和例 2。教材分两个层次编排：第一层次是用 5 分、5 分数的方法读取时间，并通过操作活动知道 1 时 =60 分。第二层次是在 5 分 5 分数的基础上，再用 1 分 1 分数的方法读取时间。与一年级上册的内容联系起来看，教材上对时间的认识是按照从特殊到一般、从简单到复杂的顺序编排的，这样编排既符合儿童的认知规律，也符合平时人们看表读时间的习惯。

本课是在一年级上册认识钟面和整时的基础上进一步认识几时几分和几时半，同时为以后认识时、分、秒及相关计算打下基础，因此这节课的学习起着承上启下的作用。在巩固练习中设计了填一填、拨一拨、画一画、演一演等活动帮助学生掌握时间概念。

三、作业目的

1. 加深学生对钟表的认识，会读写几时几分和几时半，知道 1 时 =60 分。

2. 培养学生珍惜时间、合理安排时间的习惯。

四、作业内容呈现

【整体概述】

1. 填一填

（1）钟面上有（ ）大格，（ ）小格。

（2）时针走 1 大格是（ ）时；分针走小 1 格是（ ）分，分针走 1 大格是（ ）分。

（3）分针从 12 走一圈回到 12 是（ ）分，也就是（ ）。

（4）《新闻联播》晚上（ ）时整开始，要播放 30 分，（ ）时（ ）分结束。

2. 游戏“老狼老狼几点了”（拨一拨）

玩法：一名同学在教室的前面当“狼”，剩下的同学当“小羊”。“小羊”问：老狼、老狼几点了？“狼”说出任意时间，如“2 时 50 分了”，“小羊们”快速地拨出时间，“狼”数三十秒回头检查“小羊”拨得是否正确，拨错的和没拨完的“小羊”成为“狼”的俘虏。三轮之后游戏结束。游戏成功的同学获得奖励。教师及时评价。

3. 小钟表中的秘密

下列钟面上的时刻中藏着什么规律？请你写出钟面对应的时间并画出最后一个钟面上的分针。

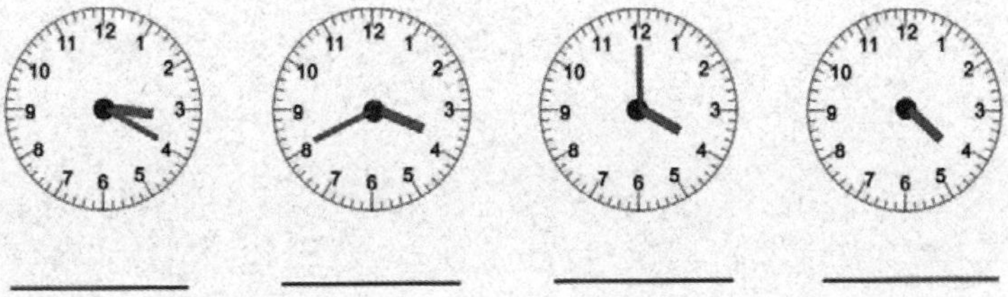

4. 我的身体钟

（1）把你周末的作息时间填入下表。

起床					
6：50					

（2）玩一次身体钟，用手臂表示出上面的时间。

【详情解读】

1. 填一填，考查了一些关于时间的基础知识，包括对钟面的认识、时与分的关系、计算结束时间等。

2.“老狼老狼几点了”游戏简单易学、容易操作，游戏时间可长可短，还可以在课下进行，学生在玩的同时巩固了对时间的认识。

3. 小钟表中的秘密，要求学生首先能够正确读出前三个钟面上的时刻，发现其中隐藏的规律，然后根据规律判断出第四个钟面表示的时间，最后画出分针。

4. 我的身体钟，记录周末的作息时间可以引导学生合理安排周末的时间，养成规划时间、珍惜时间的良好习惯。“身体钟”活动，学生用手臂做表针表示时刻，增强练习的趣味性。

五、亮点归纳

1. 基础题与提高题兼顾。填空题立足于基础知识，发现规律画分针的题目培养了学生数学思考。

2. 在玩中学。游戏“老狼老狼几点了”和“身体钟”活动，在激发孩子的学习兴趣的同时，提高学习效率，巩固所学知识。

3. 在练习中培养学生合理规划时间，有序安排生活的习惯。

（秦皇岛市卢龙县下寨乡时各庄小学 / 董雪）

轴对称图形

一、题目要求

“轴对称”反映了一个平面图形的特征，认识并辨认轴对称图形是“轴对称图形”一课的教学目标。请你设计一份课后实践性作业，帮助学生加深对“轴对称图形”的认识，同时结合教材、学情分析并阐述设计意图。

二、课标解读、教材分析与学情分析

《数学课程标准（2011年版）》指出：数学课程必须根据学生身心发展和数学学习的特点，关注学生的个体差异和不同的学习需求，爱护学生的好奇心，求知欲，充分激发学生的主动意识和进取精神。在本次实践作业中，教师尽可能让孩子多动手动脑，在实践中边学边用，提升学生的综合数学素养。

本节课的内容是人教版小学数学二年级下册第三单元“图形的运动（一）”例1“认识轴对称图形”。这节课是在学生已经了解了一些平面图形特征的基础上进行教学的。对于低年级学生来说“对称”的现象很抽象，因此教材在编写时注重直观性和可操作性，教师应重视结合生活中的典型案例，为学生提供丰富的机会，在观察和动手操作中进行思考和发现。在练习中也要结合教材的编写意图设计生活化、可操作化的活动加深学生对“对称”现象的认识和理解。基于以上几点我设计了本次课后实践性作业。

三、作业目的

通过动手实践，帮助学生建立对称图形的概念，加深对概念的理解，建立丰富的“对称”表象。感受“对称”在生活中的应用，体会“对称美”。

四、作业内容呈现

【整体概述】

本次作业，我设计了三项内容供学生自主选择，第一项：我是小小摄影师——将生活中的轴对称图形拍照展示。第二项：我是小小设计师——在格纸上绘制自己喜欢的轴对称图形。第三项：我是小小手工家——用长方形卡纸剪裁自己喜欢的轴对称图形。

【详情解读】

第一项：我是小小摄影师——将生活中的轴对称图形拍下来或制成图片粘贴在展示栏中。生活中轴对称图形很多，让学生感受数学无处不在，生活中处处有数学。

第二项：我是小小设计师——在格纸上绘制自己喜欢的轴对称图形。让学生充分发挥想象力和创造力进行创作，帮助教师了解学生对“轴对称图形”知识的掌握程度。

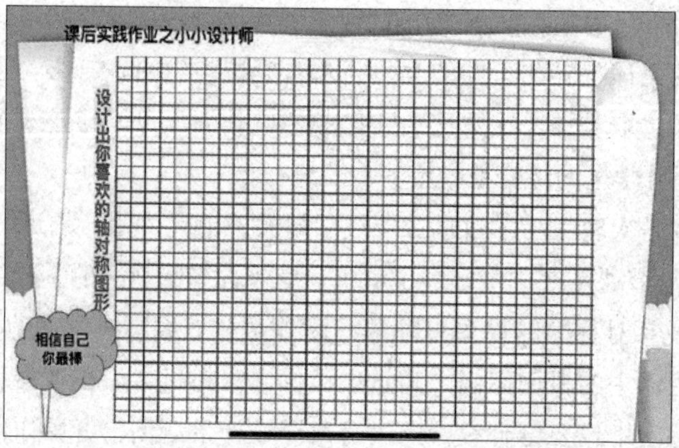

第三项：我是小小手工家——用长方形卡纸剪裁出自己喜欢的轴对称图形粘贴在展示栏中。在绘制的基础之上增加了难度，既考察了学生对课上知识的掌握程度，也培养了孩子的动手操作能力，激发学生的创造潜能，有利于学生的个性发展。

五、作业例选

第一项：

第二项：

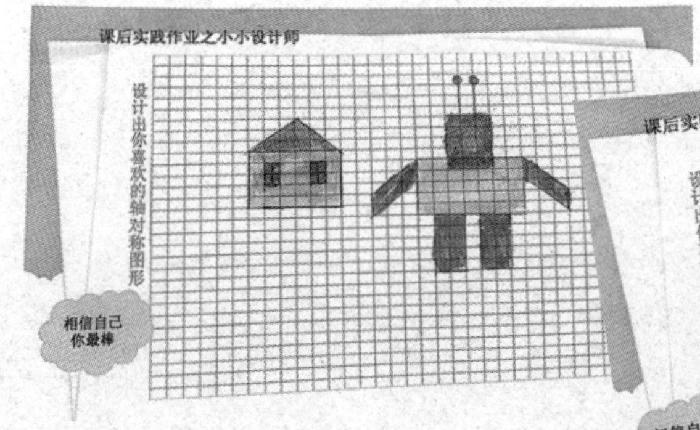

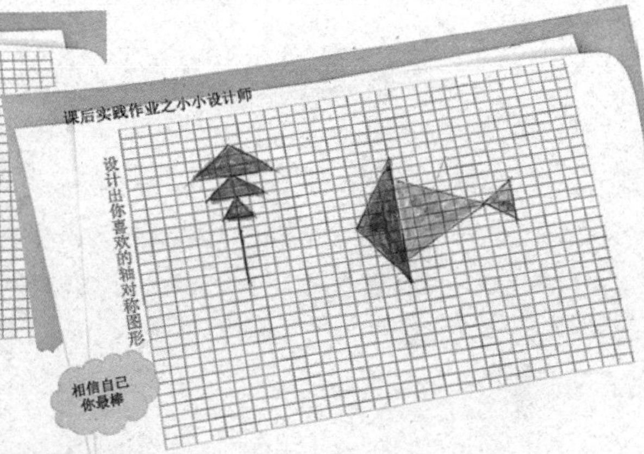

第三项：

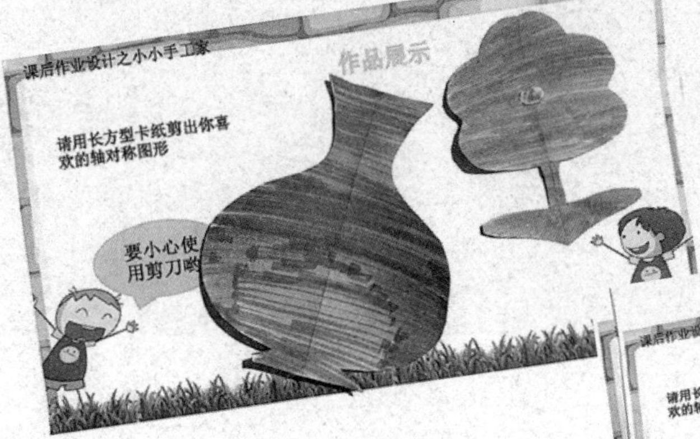

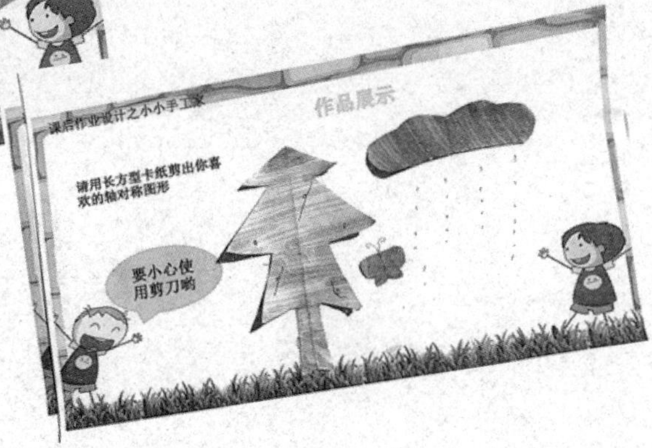

六、亮点归纳

1. 作业自选。学生可以根据自己的实际情况选择自己喜欢的作业，激发学生的主观能动性。

2. 在实践作业中培养学生的动脑、动手能力。作品展示为学生提供了展示的舞台，分享着收获的喜悦。

3. 拍、画、剪，都取自生活中的对称现象，体会对称现象在生活中的应用。

（秦皇岛市青龙县三星口总校 / 常奕淼）

公顷与平方千米

一、题目要求

公顷和平方千米，是测量土地面积的常用单位。这两个面积单位比较大，不容易建立表象。请你设计一份课后实践性作业，帮助学生完善面积单位体系，同时结合教材、学生学情分析并阐述设计意图。

二、课标解读、教材分析与学情分析

“公顷和平方千米”是四年级上册第二单元的内容。通过本单元的学习，学生能初步感知并认识 1 公顷和 1 平方千米的大小，建立相应的表象。知道 100 公顷 =1 平方千米，会进行简单的换算。

整个单元仅有 4 页内容，是小单元，是在学生认识了平方厘米、平方分米、平方米后，对较大的面积单位的认识。内容不多，但学生不容易建立“公顷”和“平方千米”两个面积单位的表象。基于以上几点设计了本次课后实践性作业——“面积单位”之旅。

三、作业目的

通过实践活动帮助学生加深对课上所学的面积单位——“公顷和平方千米”概念的认识，建立丰富的表象。

四、作业内容呈现

【整体概述】

作业分为正反两面（如下图所示）。以“面积单位”之旅为主线，分别设计了第一站测量单元楼的占地面积，第二站测量学校的占地面积，第三站测量省、市以及中国的面积。从家到校再到国，从小到大，体现作业设计的层次性，帮助学生逐步感知并建立相应面积单位的表象。

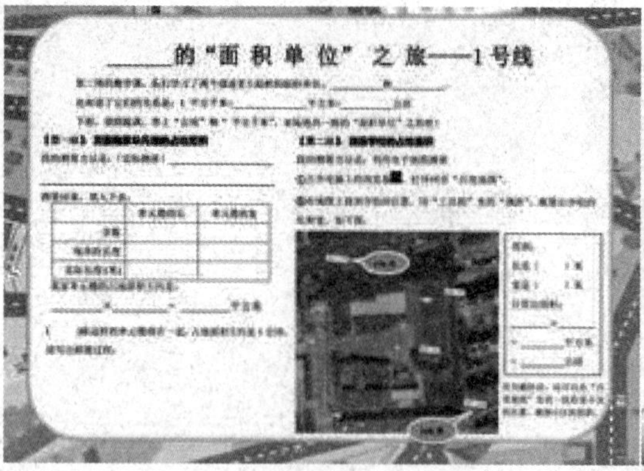

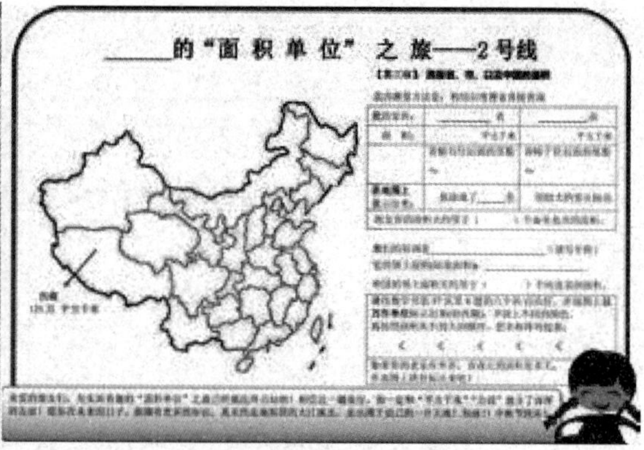

设计意图：在每一站开始的部分，教师都为学生提示了相应的测量方法。测量单元楼的占地面积时，选用测步数的方法。测量学校占地面积时，则利用电子地图的测距工具，测得长和宽再求面积。测量省、市以及中国的面积就更简单了，利用搜索引擎直接查询。

通过这三站的实践活动，学生体会到遇到不同的问题选择不同的方法，能够便捷、快速地解决生活中的实际问题。另外，学会利用网络获取信息，是现代人生活的必备技能。

【详情解读】

引言部分首先回顾了本单元的基本知识点，并复习了平方米、公顷、平方千米之间的换算关系。

第一站：（如图所示）

1. 在布置作业前，教师已经利用间操休息的时间，让学生用测量步数的方法得到了操场的面积。学生兴趣浓厚，对于方法的应用已经基本掌握。

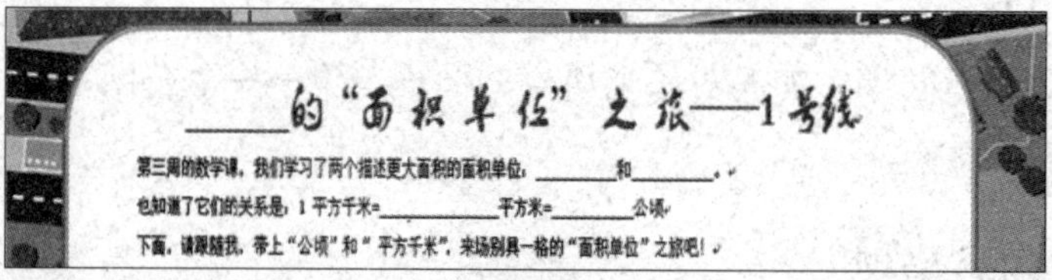

2. 数据填写采用了填表的形式，简洁明了（这里的面积单位用到的是平方米）。

3. 下面的填空是课本第 34 页“做一做”的变式，其目的是连接起平方米与公顷的联系，建立 1 公顷大小的表象。

第二站：（如图所示）

电子地图测量的方法，学生相对比

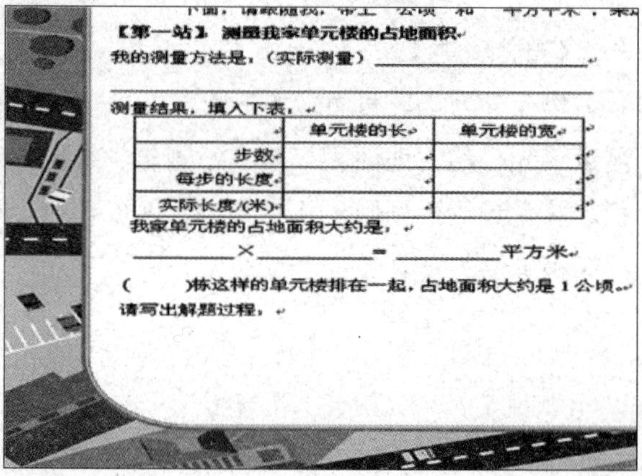

较陌生，所以教师用最精练的语言简单介绍了方法，并在电脑上亲自操作，将地图截图下来，特别标清了长与宽，最后和学生一起完成相关的计算，帮助学生再次建立从平方米到公顷的联系，巩固认知。

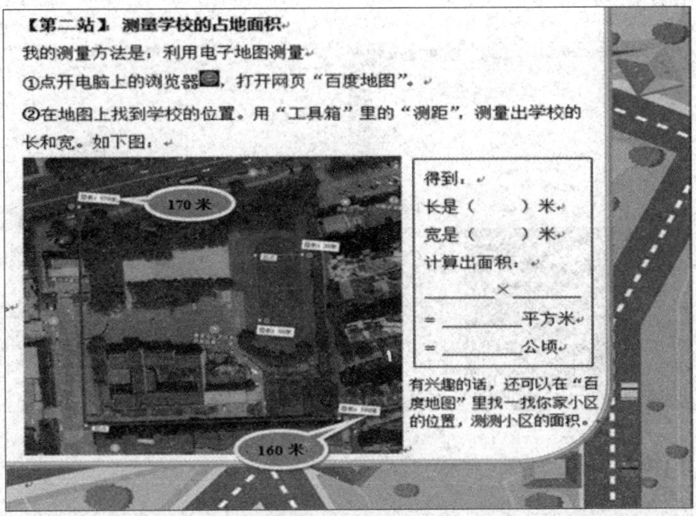

这里有一个小细节，学校面积是 27200 平方米，换算成公顷时涉及了小数点位置的移动，在巩固旧知识的同时还能悄悄地引出新知识。在活动过程中生成新的问题，这就是实践作业的魅力。对于有能力的学生可以探究自学得出答案。对于做不出的学生，至少在他头脑中埋下了一颗兴趣的种子。

最后，为巩固利用电子地图测量的技能，建议同学测量小区的面积，但未做强行要求。

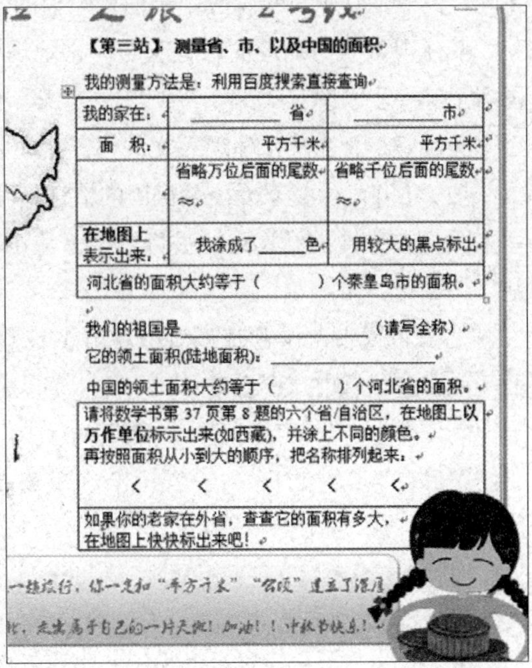

第三站：（如图所示）

测量区域变大。这一站主要建立“平方千米”的表象，并进行巩固练习。

首先出示的是现住址河北省秦皇岛市。百度搜索河北省及秦皇岛市的面积，再记录在表格中。这里，又对第一单元所学的“大数的改写知识”做了一次练习。

作业中祖国的名字要求写全称——“中华人民共和国”，这是作为一名中国人必须要知道的，也是一种爱国主义教育。

随后两个填空的部分依然是“做一做”的一个变式，建立联系，形成概念。

最后扩展到其他省份。结尾部分是教材练习六第 8 题的变式，教师做了两点改变：① 将课本上的原始数据改写成以万为单位的数。② 将 6 个省份在地图上用不同颜色涂出来，深化了学生对中国地图的认识。最后再按照面积大小排序。

五、作业例选

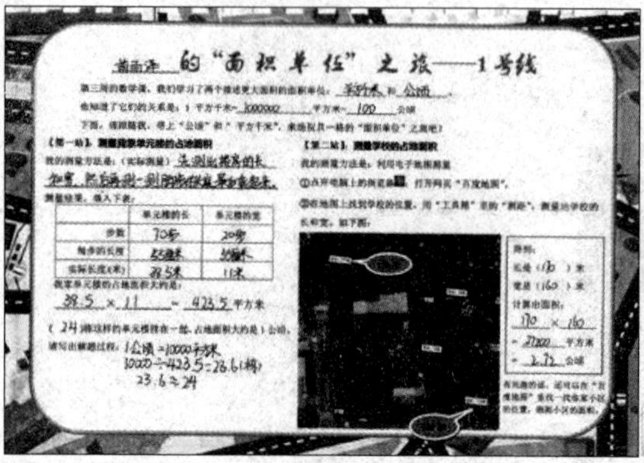

六、亮点归纳

1. 有梯度地扩充学生的认知范围，丰富表象实例。从自家单元楼出发到学校到省市再到国家，从小到大，体现层次性，扩充学生的认知范围，丰富了多样化的表象实例。

2. 学会解决不同的问题用不同的方法，体现方法的多元化。直尺测、步数测、电子地图、百度搜索，体现解决不同的问题用不同的方法，扩展方法的多样化。

3. 沟通不同单元之间的联系，学以致用。密切新旧知识之间的联系，巧妙地将第一单元“大数的认识”知识应用于面积知识的学习中。

4. 体现数学与地理的课程整合。将地理知识与数学学科自然融合，让学生对中国地图有了进一步了解。

5. 做好德育渗透，体现人文关怀：

（1）培养学生爱家爱校爱祖国的情怀。

（2）在作业的结尾处，鼓舞学生“从小树立远大理想，真正走出属于自己的一片天地”。

（3）布置本次作业时正值中秋节小长假，文末“祝愿学生中秋节快乐！”，数学作业不仅有趣、有用，还有爱！

（秦皇岛市经济技术开发区第一小学 / 焦文婧）

三 角 形

一、题目要求

为巩固“三角形”部分的知识，积累“空间与图形”的知识和经验，提升学生的空间感，请设计一份课后综合练习，形式不限。同时结合教材、学生学情分析并阐述设计意图。

二、课标解读、教材分析与学情分析

“三角形”是四年级下册第五单元知识，是本册教材的重点内容，属于第二学段“空间与图形”领域，它为以后学习图形的面积计算奠定了扎实的知识和思维基础。

学生通过第一学段以及四年级上册对“空间与图形”内容的学习，对三角形已经有了直观的认识，能够从平面图形中分辨出三角形。本单元的教学是要在上述内容的基础上，进一步丰富学生对三角形的认识和理解。通过以往教学总结的经验，三角形部分知识零碎而重要，学生对于概念掌握得不是很准确，对于知识的系统性不是很清晰，重点的知识不能灵活地运用。基于以上思考，特此设计了本次课后综合练习。

三、作业目的

1. 通过练习加深对三角形各部分的名称以及底和高的认识，掌握画高的方法。

2. 深入理解三角形的稳定性及其应用，掌握两点间的距离以及三边关系，并能灵活运用。

3. 熟练应用“根据角和边的特点”将三角形进行分类。

4. 积累“空间与图形”的知识和经验，会应用所学知识解决问题，提升空间感，丰富学生动手实践的活动经验，提高学习数学的兴趣。

四、作业内容呈现

【整体概述】

作业设计是本着学生是学习的主体这一原则，注重学生减负——关注作业时间，注重质量提高——关注作业内容，注重实践经验积累——关注作业形式。

基于以上思考我设计了“作业超市”，设计三个类型的作业供学生选择，首先是基础知识检测作业单，这一类作业是这个阶段学生需要掌握的知识点，所有学生都要完成，因为是阶段性测试作业也可以放在复习课上去完成，大约需要 15 分钟。第二类和第三类作业分别是实践性作业和梳理类作业，这两类作业让学生根据自己的学习水平进行选做，目的是丰富学生动手实践的活动经验，提高概括总结能力。

因为题目具有选择性，所以学生可以根据自己的喜好去选择，作业完成从被动到主动，提高学生学习的主动性，通过学分的激励又一次提高学生做作业的积极性。最后再结合自我评、小组评、教师评等多元的评价方式，提高学生做作业的兴趣。

【基础知识检测作业单详情解读】

基础作业设计力求考查面广，以教材为基础，全面考查学生近段的学习情况，在注重考查学生的基础知识和基本能力的同时，适当地设计了一些生活性、实践性的题目，较好地反映出学生对数学知识的掌握情况。

“三角形”基础知识检测作业单

星级	题型	习题设计	作业解读
基础导学练★	填一填	1．由三条（　　）围成的图形叫做三角形。一个三角形有（　）条边，（　）个角，（　）个顶点。三角形具有（　）性。	考查目的：三角形的特点和特性。
		2．三角形按角分类有（　）、（　）和（　）；按边分类有（　）三角形和（　）三角形这两种特殊的三角形。	考查目的：三角形的分类。
		3．一个等腰三角形两条边的长度分别是 3 厘米、6 厘米，这个等腰三角形的周长是（　）厘米。	考查目的： 等腰三角形的特点和三角形三边关系的综合应用。
	选一选	1．下面第（　　）组中的三根小棒不能拼成一个三角形。 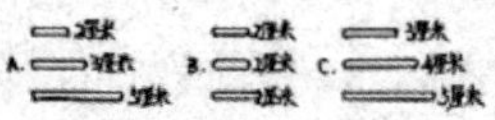	考查目的： 三角形的三边关系。
		2．一个三角形的两边长分别为 3 cm 和 7 cm，则此三角形的第三边的长可能是（　　）。 A．3 cm　B．4 cm　C．7 cm	考查目的：应用三角形的三边关系解决问题。
		3．钝角三角形的两个锐角之和（　）90°。 A．大于　　B．小于　　C．等于	考查目的：三角形内角和和钝角三角形的特征。
能力提升练★★	画一画	1．画出下面三角形指定边上的高。  	考查目的：三角形高的含义，画三角形高的方法。
		2．明明用小木棍围成的篱笆稳固吗？如果不稳固，你能帮他添上一根小木棍变得稳固吗？试着画一画。 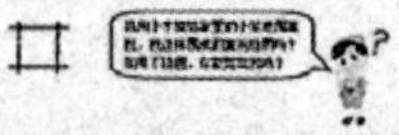	考查目的：三角形稳定性的应用。
思维拓展练★★★	实践运用	1．已知一个三角形（每条边长都是整厘米数）的周长是 20 厘米，它的最长边的长应最大是几厘米？	考查目的：应用三角形的三边关系解决问题。

评价：自我评价 ☺ ☺ ☺　　小组评价 ☺ ☺ ☺　　教师评价

【实践作业详情解读】

实践作业我设计了三个活动，第一个活动是画一画，先让学生画三角形，感受三边的关系，然后再画高并说出画高时的注意事项，扎实掌握画高的方法；第二个活动是小调查，通过调查来感受数学和生活的紧密联系，丰富学生的视野；第三个活动是分类整理，鼓励学生用自己的形式把三角形按边分类和按角分类进行整理，明确概念。学生可以根据自己的情况选择题目完成。

三角形实践性作业

同学们：在刚刚过去的一周我们学习了关于三角形的很多知识，现在我们看看知识掌握的怎么样吧！可以选择你喜欢的活动完成，老师期待你精彩的表现！

活动一：画一画

在左边的方框里画一个三角形，并画出这个三角形的三条高（建议用三种不同颜色的彩色铅笔），在右边的方框内提示大家画高时的注意事项。

活动二：小调查

1．我们都知道三角形具有稳定性。请你找一找生活中应用三角形稳定性的例子。（找三个，建议图+文字的形式）

2．课外小知识

我们都知道金字塔的表面有三角形，请通过网络或者书籍调查埃及金字塔的资料，摘录一些数学信息。

活动三：分类整理

请给三角形分类（用自己的方法来表示，可用列表法，画图法，文字表示法等，比比看谁的方法表示的更清楚易懂）

按角分

按边分

评价：自我评价 ☺☺☺　小组评价 ☺☺☺　教师评价

【梳理作业详情解读】

设计本次作业有五个目的，一是巩固所学知识；二是练习梳理知识的方法，如结构框图、表格、树状图、大括号图等形式；三是通过对所学知识的布局以及装饰和美术学科整合在一起，力求提高其审美能力；四是体现个性，梳理类的作业更具有开放性，每一个学生的作业都体现学生自己独有的个性；五是为教师教学提供参考，教师也可根据学生内容的梳理及时掌握学生的学习水平便于教师进行教学。

“三角形”的自述

亲爱的同学们，通过我们的学习，相信你对三角形已经有了一定的认识，接下来你可以选择结构框图、表格、树状图、大括号图或者小作文等形式中的一种对三角形的知识进行梳理和概括。老师期待你精彩的表现！

评价：自我评价 ☺☺☺　小组评价 ☺☺☺　教师评价

五、作业例选

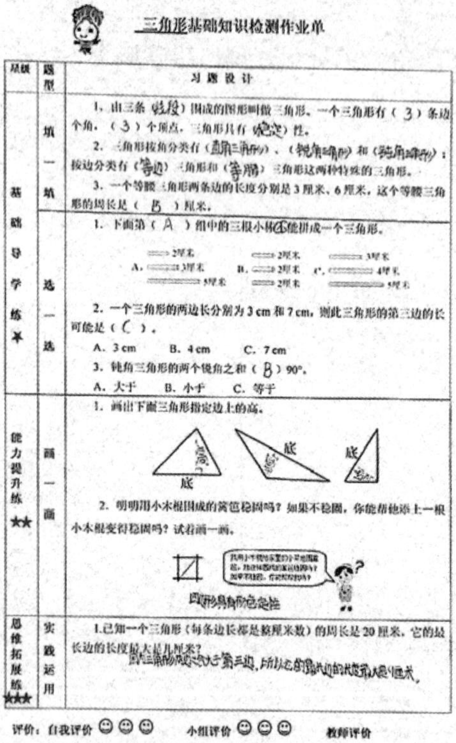
三角形基础知识检测作业单

星级	题型	习题设计
基础导学练★	填一填	1. 由三条（线段）围成的图形叫做三角形。一个三角形有（3）条边个角，（3）个顶点，三角形具有（稳定）性。 2. 三角形按角分类有（直角三角形）、（锐角三角形）和（钝角三角形）；按边分类有（等边）三角形和（等腰）三角形这两种特殊的三角形。 3. 一个等腰三角形两条边的长度分别是3厘米、6厘米，这个等腰三角形的周长是（ B ）厘米。
	选一选	1. 下面第（ A ）组中的三根小棒能拼成一个三角形。 A. 2厘米 3厘米 5厘米　B. 2厘米 2厘米 2厘米　C. 3厘米 4厘米 5厘米 2. 一个三角形的两边长分别为3 cm和7 cm，则此三角形的第三边的长可能是（ C ）。 A. 3 cm　B. 4 cm　C. 7 cm 3. 钝角三角形的两个锐角之和（ B ）90°。 A. 大于　B. 小于　C. 等于
能力提升练★★	画一画	1. 画出下面三角形指定边上的高。 2. 明明用小木棍围成的篱笆稳固吗？如果不稳固，你能帮他添上一根小木棍变得稳固吗？试着画一画。
思维拓展练★★★	实践运用	1. 已知一个三角形（每条边长都是整厘米数）的周长是20厘米，它的最长边的长度最大是几厘米？

评价：自我评价 ☺☺☺　小组评价 ☺☺☺　教师评价

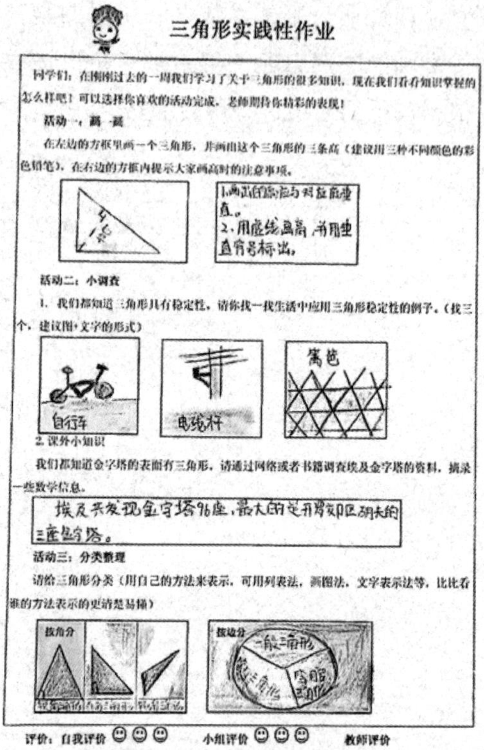
三角形实践性作业

同学们：在刚刚过去的一周我们学习了关于三角形的很多知识，现在我们看看知识掌握的怎么样吧！可以选择你喜欢的活动完成，老师期待你精彩的表现！

活动一：画一画

在左边的方框里画一个三角形，并画出这个三角形的三条高（建议用三种不同颜色的彩色铅笔），在右边的方框内提示大家画高时的注意事项。

活动二：小调查

1. 我们都知道三角形具有稳定性，请你找一找生活中应用三角形稳定性的例子。（找三个，建议图+文字的形式）

2. 课外小知识

我们都知道金字塔的表面有三角形，请通过网络或者书籍调查埃及金字塔的资料，摘录一些数学信息。

活动三：分类整理

请给三角形分类（用自己的方法来表示，可用列表法，画图法，文字表示法等，比比看谁的方法表示的更清楚易懂）

评价：自我评价 ☺☺☺　小组评价 ☺☺☺　教师评价

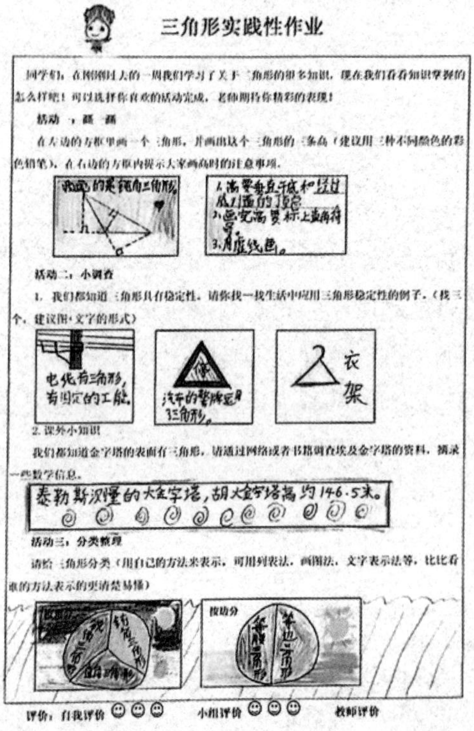
三角形实践性作业

同学们：在刚刚过去的一周我们学习了关于三角形的很多知识，现在我们看看知识掌握的怎么样吧！可以选择你喜欢的活动完成，老师期待你精彩的表现！

活动一：画一画

在左边的方框里画一个三角形，并画出这个三角形的三条高（建议用三种不同颜色的彩色铅笔），在右边的方框内提示大家画高时的注意事项。

活动二：小调查

1. 我们都知道三角形具有稳定性，请你找一找生活中应用三角形稳定性的例子。（找三个，建议图+文字的形式）

2. 课外小知识

我们都知道金字塔的表面有三角形，请通过网络或者书籍调查埃及金字塔的资料，摘录一些数学信息。

活动三：分类整理

请给三角形分类（用自己的方法来表示，可用列表法，画图法，文字表示法等，比比看谁的方法表示的更清楚易懂）

评价：自我评价 ☺☺☺　小组评价 ☺☺☺　教师评价

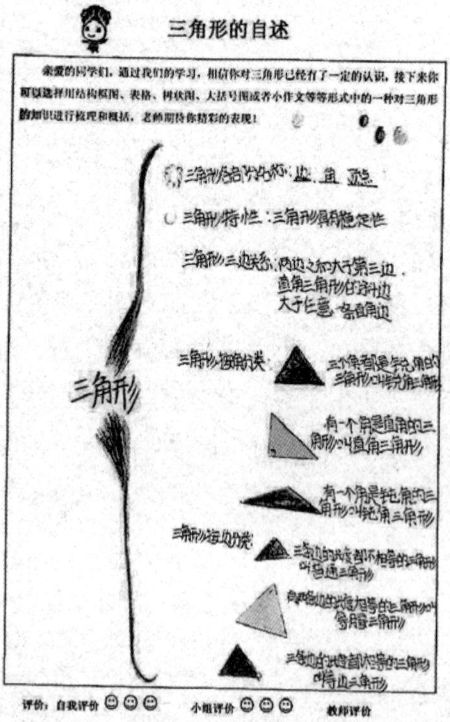
三角形的自述

亲爱的同学们，通过我们的学习，相信你对三角形已经有了一定的认识，接下来你可以选择用结构框图、表格、树状图、大括号图或者小作文等等形式中的一种对三角形的知识进行梳理和概括，老师期待你精彩的表现！

评价：自我评价 ☺☺☺　小组评价 ☺☺☺　教师评价

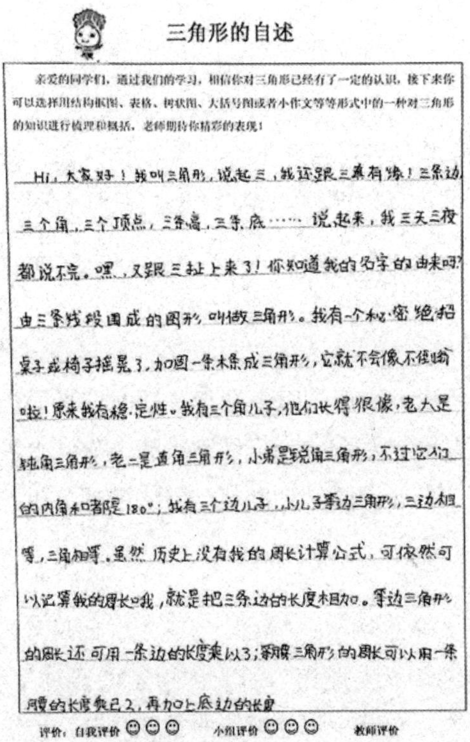

三角形的自述

亲爱的同学们，通过我们的学习，相信你对三角形已经有了一定的认识，接下来你可以选择用结构框图、表格、树状图、大括号图或者小作文等等形式中的一种对三角形的知识进行梳理和概括，老师期待你精彩的表现！

Hi，大家好！我叫三角形，说起三，我还跟三真有缘！三条边，三个角，三个顶点，三条高，三条底……说起来，我三天三夜都说不完。嘿，又跟三扯上来了！你知道我的名字的由来吗？由三条线段围成的图形叫做三角形。我有一个秘密绝招：桌子或椅子摇晃了，加固一条木条成三角形，它就不会像不倒翁啦！原来我有稳定性。我有三个角儿子，他们长得很像，老大是钝角三角形，老二是直角三角形，小弟是锐角三角形，不过它们的内角和都是180°；我有三个边儿子，小儿子等边三角形，三边相等，三角相等。虽然历史上没有我的周长计算公式，可依然可以计算我的周长哦，就是把三条边的长度相加。等边三角形的周长还可用一条边的长度乘以3；等腰三角形的周长可以用一条腰的长度乘以2，再加上底边的长度

评价：自我评价 ☺☺☺ 小组评价 ☺☺☺ 教师评价

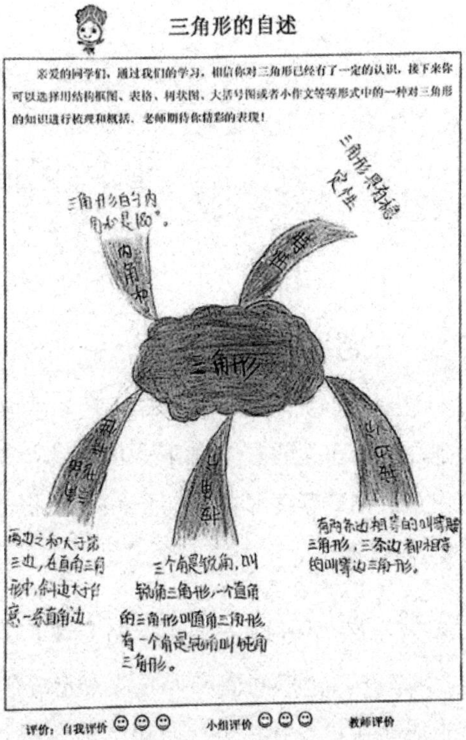

六、亮点归纳

1. 作业超市，让不同的人在数学上有不同的发展。每次作业的设计从不同角度，根据不同学生水平综合考虑，学生选择性多，兴趣浓厚。

2. 作业体现层次性、生活性、实践性、综合性。从作业的整体看分成三类，体现层次性，而每一类的作业设计也具有层次性，同时还兼顾生活性、实践性和综合性的练习，形式多样，力求多种方式使学生掌握知识。

3. 体现数学与语文、美术课程整合。“三角形”的自述，学生可以写一篇作文描述三角形美妙的世界，与语文学科巧妙连接，还可以用树形图等多种方式整理，整体的布局以及颜色的搭配使学生提高审美能力，融合美术学科。

（秦皇岛市北戴河区蔡各庄小学 / 刘映辰）

平行四边形的面积

一、题目要求

“平行四边形的面积”一课是学生学习三角形、梯形、组合图形等平面图形面积的基础，教师可以设计多种形式的活动帮助学生掌握这部分知识。请你设计一份课上巩固性作业，帮助学生掌握平行四边形面积的计算方法，同时结合教材、学情进行分析并阐述设计意图。

二、课标解读、教材分析与学情分析

“平行四边形的面积”是人教版小学数学五年级上册第六单元的内容。通过学习，学生能够探索并掌握平行四边形的面积计算公式，会解决一些简单的实际问题。初步认识转化的方法，发展空间观念，感受数学与生活的密切联系，为学生学习三角形、梯形、组合图形等平面图形的面积奠定良好的基础。而平行四边形的面积又是在认识了平行四边形特征的基础上学习的，所以难度不大，但是学生能否将所学知识应用于解决问题中，还是一个值得深思的问题，因此根据《数学课程标准（2011 年版）》我设计了这份课上巩固性作业。

三、作业目的

通过层次化的作业设计使学生在思考和操作中牢固掌握平行四边形面积的计算方法，并能解决相关的实际问题。

四、作业内容呈现

（一）基础碰碰车

公园里有一块平行四边形的草坪（如右图），请你算出草坪的面积。

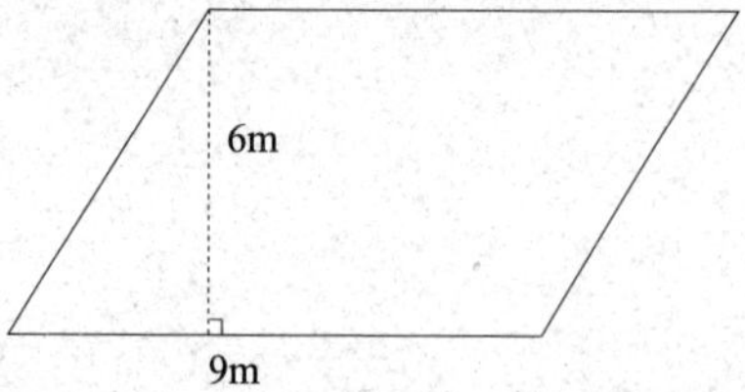

设计意图：学生利用平行四边形面积计算公式解决生活中的简单实际问题，学以致用，体会数学与生活的密切联系，使学生进一步巩固平行四边形面积的计算方法。

（二）升级跷跷板

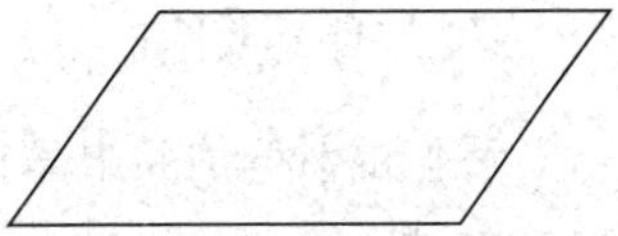

1. 王叔叔有一块平行四边形的铁皮（如右图，厚度不计），请你先测量所需数据再帮王叔叔求出这块铁皮的面积。

设计意图：要求铁皮的面积先要测量所需数据，在解决问题的过程中暴露问题（如，个别学生出现了选取的底和高不对应的情况），再想办法解决问题，培养了学生解决问题的能力，也培养了学生的动手操作能力。

2. 将长方形框架拉伸成一个平行四边形框架，周长和面积有变化吗？

设计意图：在动手操作中感受长方形拉成平行四边形后周长与面积的变化。

（三）智慧摩天轮

1. 请在下面的方格内画出一个面积是 6 平方厘米的平行四边形。（注：每个小方格的边长为 1 厘米）

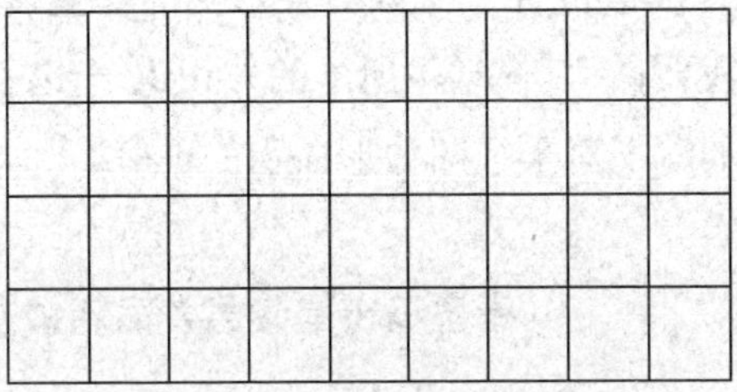

2. 右图中大平行四边形的面积是 48 平方厘米，A、B 是上、下两边的中点，图中小平行四边形的面积是多少？

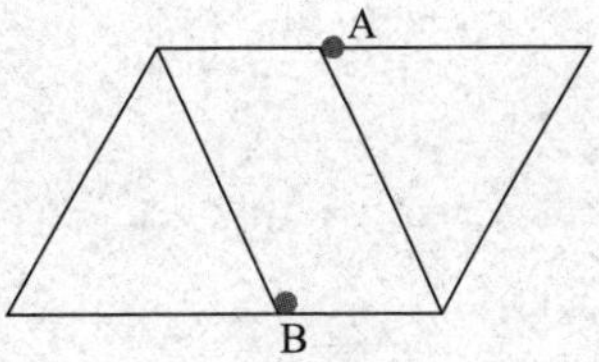

设计意图：拓展学生的数学思维，培养学生解决问题的能力和逻辑思维能力。

五、作业例选

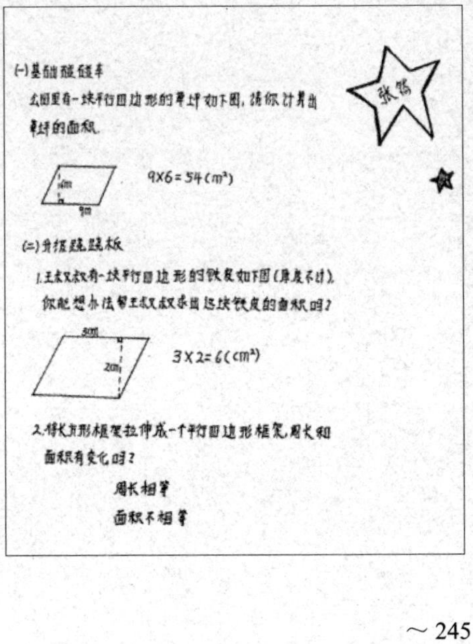

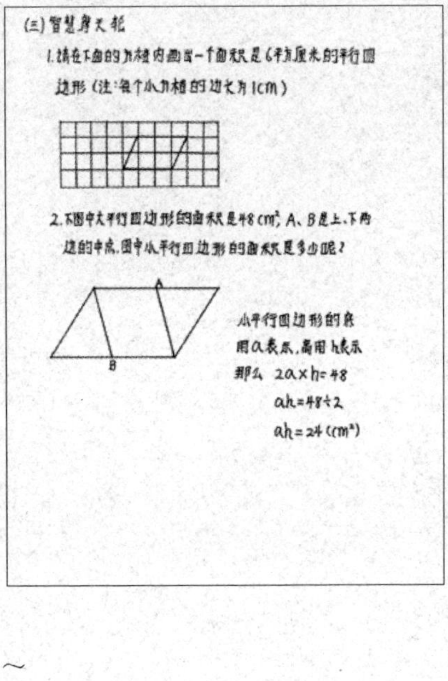

六、亮点归纳

我们的教学应将书本世界和学生的生活世界沟通起来，使学生感受到数学就在身边，除了要探究公式、掌握公式外，还要能解决简单的实际问题，达成多维的育人目标。

1. 联系生活实际，学以致用，体会数学的应用价值。“基础碰碰车”和“升级跷跷板”两个环节，学生通过解决生活中的实际问题，获得丰富的直接经验，感受到数学蕴藏在生活中。

2. “多味”型作业培养学生的发散思维。“智慧摩天轮”环节的题目重在培养学生思维的广阔性，一题多解，从多方位去思考问题，在学生思考和解决问题的过程中去培养学生的发散性思维，最终达到培养学生数学综合素养的目的。

3. 作业设计有坡度、循序渐进，且形式多样化。本次练习设计由浅入深、层层递进、紧扣目标，体现了作业设计的坡度性，又以多种形式的作业调动了学生的多种感官，让学生从“要我做”变成“我要做”，使学生所学的知识进一步深化，使其乐于参与学习活动，在快乐学习的氛围中加深了对平行四边形面积的理解。

（秦皇岛市昌黎县龙家店镇龙家店中心小学 / 徐爽）

圆锥的体积

一、题目要求

通过实验探究圆锥体积计算的过程对培养学生的探究意识和自主解决问题的能力具有重要意义。请你设计一份课后分层作业，帮助学生加深理解知识间的联系与区别，在解决实际问题的过程中提高综合性的问题解决能力。同时结合教材、学情进行分析并阐述设计意图。

二、课标解读、教材分析与学情分析

“圆锥的体积”是六年级下册第三单元的内容。通过本单元的学习，学生结合具体情境，探索并掌握圆锥体积的计算方法，并能解决简单的实际问题。通过观察、比较、测量、交流等活动，探索圆锥的特征及圆锥和圆柱体积之间的关系。教材通过引导学生利用底面和高分别相等的圆柱和圆锥形容器，用倒水和倒沙子的方法进行实验，从而理解圆锥体积的计算方法。

“圆锥的体积”是在学生学习了立体图形（长方体、正方体、圆柱体），认识了圆柱和圆锥的特征，会计算圆柱的表面积、体积的基础上进行教学的。对学生来说，求体积并非陌生的知识，重点是探究等底等高的圆锥和圆柱体积之间的关系。基于以上几点，特此设计了本次课后分层作业——“圆锥的体积”。

三、作业目的

通过不同层次的作业练习，帮助学生加深对圆锥的体积公式的认识，能够运用公式进行圆锥体积的计算，建立空间观念，提高解决实际问题的能力。分层作业让不同能力的孩子都得到发展。

四、作业内容呈现

【整体概述】

作业分为三个层次，第一层“锥处囊中”（针对性训练），第二层“囊锥露颖”（基础性练习），第三层“脱颖囊锥”（创新提高练习）。

第一层“锥处囊中”是针对学困生设计的。第二层“囊锥露颖”是基础题，面向全体学生。第三层“脱颖囊锥”则是难度较大的题，适用于学有余力的同学选做。作业在 20 ～ 30 分钟内完成。

【详情解读】

第一层“锥处囊中”：（针对性训练）

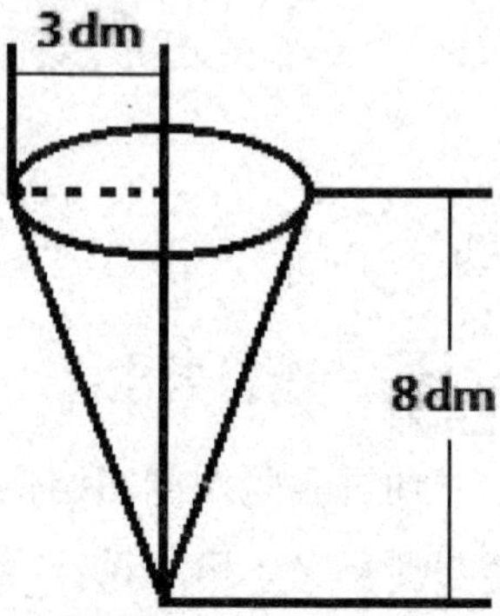

第一步：先算底面积，根据公式（　　）；

第二步：再算圆锥体积，根据公式（　　）；

第三步：根据你的理解，算一算圆锥的体积吧！

设计意图：针对学困生的补充练习，对学困生进行巩固训练。学生在提示语的帮助下，巩固圆锥体积的计算方法。

第二层“囊锥露颖”：（基础性练习）

1. 填一填

（1）圆锥的体积等于与它等底等高的圆柱体积的（　）；圆柱的体积等于与它等底等高的圆锥的（　）倍。

（2）一个圆锥的体积是 10 立方米，与它等底等高的圆柱的体积是（　）立方米。

（3）把一个体积是 18 立方厘米的圆柱形钢材削成一个最大的圆锥形零件，削成的圆锥体积是（　）立方厘米，要削掉（　）立方厘米钢材。

2. 判断对错我能行

（1）圆柱体的体积一定比圆锥体的体积大。（　）

（2）等底等高的圆柱和圆锥，如果圆柱体的体积是 27 立方米，那么圆锥的体积是 9 立方米。（　）

3. 解决问题

一个底面直径是 4 米，高 3 米的圆锥形粮仓，能装下多少立方米的粮食？

设计意图：基础练习针对全体同学。学生尝试运用公式解决一些生活中常见的数学问题，并在辨析中理清圆柱与圆锥体积之间的关系。

第三层“脱颖囊锥”：（创新提高）

一个底面半径是 10 厘米的圆柱形玻璃杯中，装有 10 厘米深的水。将一个底面半径 4 厘米、高 6 厘米的圆锥形铅锤放入杯子中，杯中的水面上升了多少厘米？

设计意图：为学优生设计，能够综合运用圆锥体积、圆柱体积、转化思想等知识和方法解决稍复杂的实际问题。这种稍复杂的问题能够使学生的思维处于积极的状态，达到培养学生创造性解决问题能力的目的。

五、作业例选

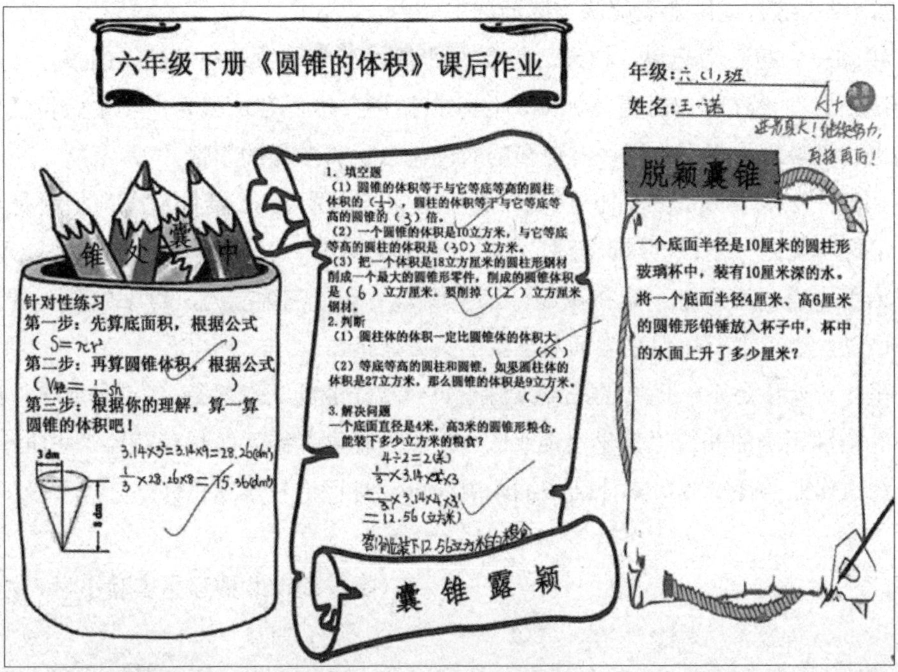

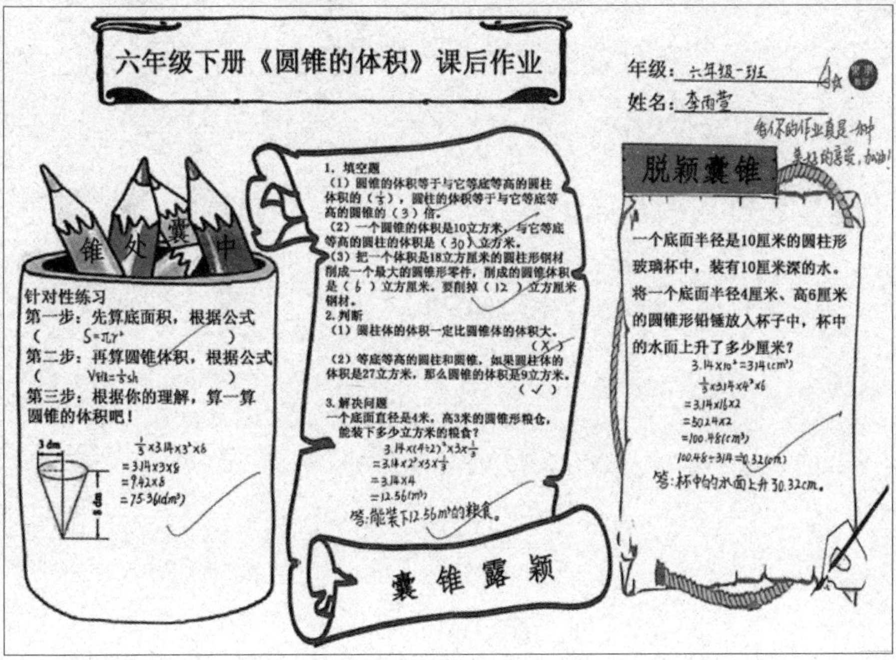

六、亮点归纳

1. 用心——设计有梯度有层次的课后作业。第一层“锥处囊中”是最基础的公式回顾与运用，提示引导学困生掌握最基本的知识；第二层次“囊锥露颖”通过一定量的思辨与应用，夯实基础，完成学习目标；第三层“脱颖囊锥”求“杯中的水面上升多少厘米”，提高学生综合运用知识解决实际问题的能力。

2. 用脑——精心筛选每一道题，控制作业量。正确地做事和做正确的事，一直是我教学的准则。在设计作业时更是如此，作业在精不在多，合适就好。学生做得轻松，师生情感也和谐融洽，学生也可以有更多的时间做自己喜欢做的事情。

3. 用情——科学赏识的评价机制促进学生的长远发展。“锥处囊中”指的是锥藏于袋中，但终将显露头角；“囊锥露颖”比喻已经显露才华；“脱颖囊锥”比喻才能出众者。三个成语都含有“锥”字，紧扣课题。三个成语又暗指三种能力，对学生是一种正向的引导与鼓励，小小细节体现了教师对学生的关爱之情。

千里之行始于足下，优秀的成绩来源于每一次作业的认真对待。“锥处囊中”或“囊锥露颖”全部正确的获得“数学小能手”称号，“脱颖囊锥”做正确获得“思维小达人”称号。每次作业的评价等级累计结果纳入周评价、月评价与学期总评。

（秦皇岛市北戴河区实验小学 / 杨猛）

复式统计表

一、题目要求

学生在以往的学习中已有过数据收集、整理、分析的经历，但是统计的方法和意义的体验以及数据分析观念的发展不是一蹴而就的。请你设计一份课后实践性作业，让学生经历收集整理数据、绘制复式统计表、分析数据的过程，体会统计与现实的密切联系，同时结合教材、学生学情分析并阐述设计意图。

二、课标解读、教材分析与学情分析

“复式统计表”是三年级下册第三单元的教学内容，这部分内容属于“统计与概率”领域的内容。它是在二年级学生初步学习了“数据收集整理”，对数据收集、整理记录与简单的数据分析已有初步体验的基础上开展教学的。通过教学，既是对已学知识的拓展深化，又为进一步学习条形、折线统计图奠定基础，具有承上启下的作用。

引领学生经历数据收集整理、描述、分析的过程，了解复式统计表的特点，体会复式统计表和单式统计表的联系和区别，是本节课的教学重点也是本次实践性作业设计的初衷。

三、作业目的

1. 经历数据收集、填写复式统计表与简单数据分析过程，进一步体会数据收集、整理、统计方法和作用，培养数据分析观念。

2. 体会统计与现实生活的密切联系，增强数学学习兴趣与团队合作精神。

四、作业内容呈现

【整体概述】

1. 统计二年级两个班每个月过生日的人数

设计意图：因为学生们已经对本班学生进行过其他情况的调查，所以我让学生跨年级进行调查，这样可以带给学生一定的新鲜感。另外在与二年级老师和学生的沟通和交往中锻炼学生的解决问题能力和人际交往能力。

2. 小组分头调查

设计意图：让学生采取小组合作的方式完成统计任务，培养学生的合作意识，也使学生们对这项实践活动的开展更加有兴趣。对于学生来说，和同伴一起去完成任务总是充满乐趣的。

3. 统计完成后，让学生对数据进行分析并根据信息提出两个数学问题并解答

设计意图：引导学生发现数据背后隐藏的信息，提升他们的数据分析能力。

五、作业例选

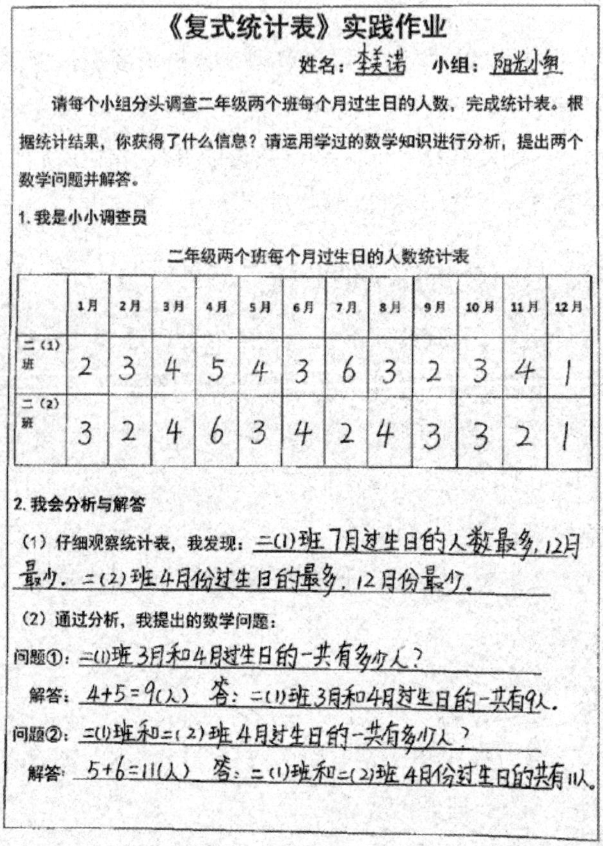

《复式统计表》实践作业

姓名：李美诺　小组：阳光小组

请每个小组分头调查二年级两个班每个月过生日的人数，完成统计表。根据统计结果，你获得了什么信息？请运用学过的数学知识进行分析，提出两个数学问题并解答。

1. 我是小小调查员

二年级两个班每个月过生日的人数统计表

	1月	2月	3月	4月	5月	6月	7月	8月	9月	10月	11月	12月
二（1）班	2	3	4	5	4	3	6	3	2	3	4	1
二（2）班	3	2	4	6	3	4	2	4	3	3	2	1

2. 我会分析与解答

（1）仔细观察统计表，我发现：二(1)班7月过生日的人数最多，12月最少，二(2)班4月份过生日的最多，12月份最少。

（2）通过分析，我提出的数学问题：

问题①：二(1)班3月和4月过生日的一共有多少人？

解答：4+5=9(人)　答：二(1)班3月和4月过生日的一共有9人。

问题②：二(1)班和二(2)班4月过生日的一共有多少人？

解答：5+6=11(人)　答：二(1)班和二(2)班4月份过生日的共有11人。

六、亮点归纳

作业具有挑战性和趣味性。调查二年级学生过生日的人数情况，对学生来说既新鲜又富有挑战性，学生需要分工合作，需要思考怎样和二年级的老师沟通，怎样取得自己需要的数据，这些都是新鲜而有趣的。在实践中还会遇到突发状况和生成问题，这些都挑战学生的能力。实践经验的积累不能靠书本，不是凭借教师的说教就可以获取的，只有亲自去实践才能获得。这样的作业学生喜欢。

（秦皇岛市抚宁区留守营学区张各庄小学 / 白玉静）

单式折线统计图

一、题目要求

统计与我们的生活紧密相连。学生在课堂教学中体会了折线统计图的特点，还需要在具体事例中对数据进行整理分析从而发展数据分析概念。请你为学生设计一份课后实践性作业，培养学生的数据分析观念。同时结合教材、学情进行分析并阐述设计意图。

二、课标解读、教材分析与学情分析

“单式折线统计图”是人教版小学数学五年级下册第七单元的内容。它是在学生已经掌握了收集、整理、描述、分析数据的基本方法，会用统计表（单式和复式）和条形统计图（单式和复式）表示统计结果，并能根据统计图表解决简单的实际问题的基础上进行教学的。单式折线统计图的特点除了可以表示一个数量的多少之外，最主要的作用是表示一组数据的增减变化情况。本课的教学也为下一课时学习复式折线统计图作准备。

五年级学生对日常生活和社会问题有了一定的认识，已经掌握了复式统计表的制作方法及用途，基本掌握了对数据的收集、整理、描述和分析，并能根据统计图解决一些简单的实际问题。

三、作业目的

经历数据的收集、整理、分析的过程，了解折线统计图的特点，从统计图中发现问题并解决问题，进一步体会统计在生活中的意义和作用，通过对现实生活中多方面信息的统计，激发学生学习数学的兴趣。

四、作业内容呈现

“单式折线统计图”自助餐厅

同学们，学完了“单式折线统计图”，你们是不是对统计有了更多的兴趣？那就让我们进行一次统计的实践操作吧！（以下三道题请根据自己的兴趣自主选择，至少完成一道题哦！）

（1）同学们，我们学校许多同学都戴上了近视镜。各个年级有多少人近视了？他们又为什么近视了？你们想知道吗，快去做一次调查吧！请你完成统计表，绘制折线统计图，分析造成近视的主要原因，并提出预防近视的合理化建议。

年级	一	二	三	四	五	六
近视人数						

（2）同学们，你们阅读过多少本数学课外书？我们学校各年级阅读数学课外书的情况又如何呢？去了解一下吧，完成统计表，绘制折线统计图。并简单说一说你对阅读数学课外书的看法！推荐一些比较好的数学阅读书目给大家吧！你还想到了什么？来和大家分享一下！

年级	一	二	三	四	五	六
人数						

（3）小组合作调查其他感兴趣的事例，用统计表、统计图的结果呈现出来，并说一说你从数据中能发现什么，谈谈你的看法。

【详情解读】

第 1 题：通过调查学校一至六年级学生近视人数的情况，让学生掌握收集、记录、整理数据的方法，并尝试用方格纸完成折线统计图，经历统计的全过程，使学生进一步理解和体会折线统计图的特点和作用。结合“小学生近视原因的调查以及预防近视的合理化建议”，也对学生进行了爱眼护眼知识的普及，加强了统计与生活的联系，使数学学习变得更有价值。

第 2 题：让学生利用课余时间去调查、统计学校各个年级阅读数学课外书的情况，掌握收集、记录、整理数据的方法，从中培养学生的统计意识，积累活动经验。结合“小学生数学阅读的缺乏”这一现状，在用统计表和统计图表示数据后，与同学开展交流与分析，提出建议，引发思考，激发学生阅读数学课外读物的热情，养成良好的数学阅读习惯，拓展学生数学知识的深度和广度。

第 3 题：本题是一个开放性的统计实践活动，主要让学生经历选题、调研内容的设计，数据的收集与整理，数据的呈现方式，数据的分析等研究过程，从而积累数学活动的经验。这道题会留给学生更多独立思考和自主探索的空间，鼓励学生向生活中延展，发掘出更加富有现实意义的生活素材，加强与同伴的合作与交流，从而培养学生发现问题、解决问题以及进行合理推测的能力。

整个作业设计采取“自助”的方式让学生根据自己的兴趣爱好去选题，照顾了学生之间的个性差异，力求做到符合学生的认知特点，充分利用学生已有的知识和生活经验，以丰富的生活素材为基础，合理地创设有效情境，调动学生的学习兴趣，让每一位学生都学有所得，体会到探索与成功的喜悦。

五、作业例选

《单式折线统计图》课后实践作业

姓名：杨梓萌

活动内容：调查我校1—6年级学生近视人数情况，完成统计表，绘制单式折线统计图

统计表：

燕窝庄小学1—6年级学生近视人数情况统计表

年级	一	二	三	四	五	六
人数	5	8	9	14	11	18

单式折线统计图：

燕窝庄小学1—6年级学生近视人数情况统计图

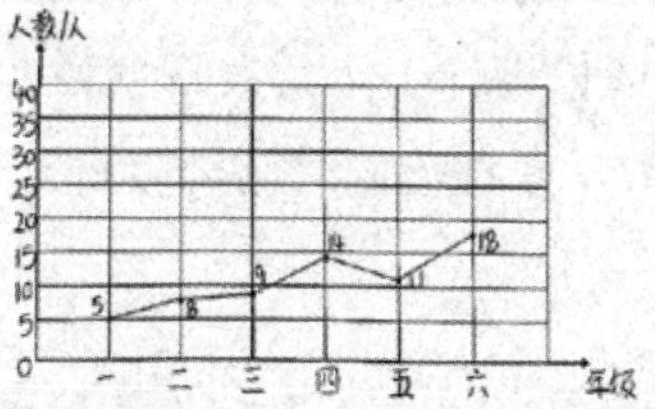

我的发现与建议：

我发现小学生近视眼发病原因主要是不正确用眼，不注意用眼卫生，有一部分同学长时间上网或看电视，还有一部分青年的原因是营养不良，环境影响等其它因素所造成的。因此，年级越高近视的人数越多。

我建议同学们不要在坐车或行走的时候看书，也不要躺下看书。每天坚持做两次眼保健操，保护好自己的眼睛。

活动评价：自我评价 ★★★　同学评价 ★★★　教师评价 ★★★

《单式折线统计图》课后实践作业

姓名：李思雨

活动内容：调查自己感兴趣的事件，完成统计表，绘制单式折线统计图

统计表：

我家旅行期间的行车情况统计表

时间	第1天	第2天	第3天	第4天	第5天	第6天
路程（km）	150	180	230	400	290	360

单式折线统计图：

我家旅行期间的行车情况统计图

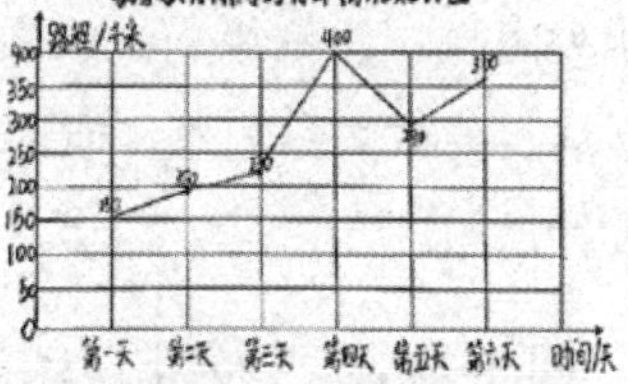

我的发现与建议：

我发现：在旅行期间，我家的出行用了不少汽油，浪费了不少能源，汽车后的尾气排放造成了环境污染。

我建议：少开私家车，多骑自行车，多坐公交车，能步行的尽量步行，减少私家车对环境的污染，节能减排，从我做起。

活动评价：自我评价 ★★★　同学评价 ★★★　教师评价 ★★★

六、亮点归纳

1. 从学生身边的素材入手，放手让学生自己去探索，去发现，充分体会统计源于实际生活的需要，体会数学与生活的密切联系。

2. 学生在“自助餐”的模式下进行自助选择，体现了学生学习的自主性，照顾了个体差异，激发了学生学习的兴趣。

3. 完成了新旧知识的无缝对接，提高了运用数学知识解决实际问题的能力，为后面学习“复式折线统计图”奠定了基础。

4. 将各科知识以及生活常识与数学自然融合，拓宽了数学学习的深度和广度，同时体现了人文关怀。

（秦皇岛市卢龙县燕河营镇燕窝庄小学 / 李丽）

自行车里的数学

一、题目要求

“自行车里的数学”是在“比例”之后安排的综合实践活动，旨在让学生运用所学的圆、排列组合、比例等知识解决实际问题。请你设计一个实践探究作业，引导学生通过实践活动，尝试实际测量，研究自行车里的数学原理，同时结合教材、学情进行分析，并阐述设计意图。

二、课标解读、教材分析与学情分析

“自行车里的数学”是六年级下册，安排在第四单元“比例”之后的一个“综合与实践”活动，旨在让学生运用所学的圆、排列组合、比例等知识解决实际问题。通过解决生活中常见的自行车里的问题，了解数学与生活的广泛联系，经历“提出问题—分析问题—建立数学模型—求解—解释与应用”的基本过程。获得运用数学解决实际问题的思考方法，并加深对所学知识及其相互关系的理解。

三、作业目的

使学生综合运用所学知识解决实际问题，经历“提出问题—分析问题—建立数学模型—求解—解释与应用”的问题解决的基本过程，体会到数学与生活的广泛联系。

四、作业内容呈现

“自行车里的数学”主要研究两个问题：普通自行车的速度与自行车内在结构的关系；变速自行车能变化出多少种速度。

自行车里的数学1

探究一

知多少

观察并查阅资料，写一写自行车的行进原理吧！

制作模型

1. 剪下学习单3上的前后齿轮和链条，将它们贴在硬纸板上。
2. 沿着边线在硬纸板上剪下前后齿轮和链条。
3. 将前后齿轮的圆心固定。

（如图所示）

前后齿轮齿数和转数之间的关系

转动齿轮，完成表格。

前齿轮齿数	前齿轮转数	后齿轮齿数	后齿轮转数
16	$\frac{1}{4}$	8	
16	$\frac{1}{2}$	8	
16	1	8	
16	2	8	

你发现四个量之间有何关系？能用公式将它们之间的关系表示出来吗？

公式变形：当前齿轮转数是1时，后齿轮转数怎样表示？

自行车里的数学2

探究二　自行车蹬一圈能走多远

观察一辆普通的自行车，并收集数据。

品牌	型号	车轮直径	前齿轮齿数	后齿轮齿数

这辆自行车蹬一圈，能走多远？你会计算吗？

探究三　变速自行车的奥秘

观察一辆变速自行车，并完成表格。

前后齿数比值 / 后齿轮齿数 / 前齿轮齿数				

这辆变速自行车前、后齿轮有多少种组合？

这辆变速自行车有多少种速度？

哪种组合速度最快？哪种组合速度最慢？为什么？

哪种组合最省力？哪种组合最费力？为什么？

自行车里的数学3

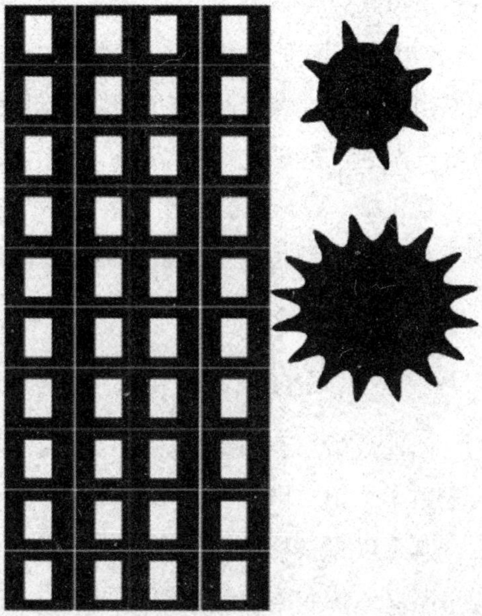

基于此，我主要设计了三个大的活动板块。

【详情解读】

探究一：研究普通自行车的前、后齿轮齿数和齿轮转数的关系。

1. 让学生观察自行车并查阅相关资料，了解自行车的行进原理，为接下来的活动做准备。

2. 制作自行车前后齿轮的模型。

通过自己转动齿轮，感受自行车的行进原理。化抽象为具体。

3. 用公式表示前、后齿轮齿数和齿轮转数的关系。

前齿轮齿数 × 前齿轮转数 = 后齿轮齿数 × 后齿轮转数

当前齿轮转数为 1 时，后齿轮转数 = 前齿轮齿数 / 后齿轮转数

探究二：一辆普通自行车蹬一圈能走多远。

通过研究自行车行进的原理，后轮驱动前轮，发现脚踏转一圈前齿轮转动一圈，此时，后齿轮转动不止一圈，由此引发思考。通过探究前、后齿轮齿数与转数之间的关系，推断出后齿轮带动后轮旋转了多少圈，并利用圆的周长计算出行进距离。

探究三：变速自行车能变化出多少种速度。

给学生提供一个空白的表格，让学生把实际调查的结果填入，接下来脱离实验，根据前面的探究结果，用抽象的数学方法发现蹬同样的圈数时，前后轮齿数比的比值越大，自行车走得越远。

《数学课程标准（2011 年版）》明确提出："在整个数学教育的过程中都应该培养学生的应用意识，综合实践活动是培养应用意识很好的载体。创新意识的培养应该从义务教育阶段做起，贯穿数学教育的始终。"综合应用"自行车里的数学"不是单纯的解决问题，而是包括"收集数据—建立数学模型—代入数据、求解—解决问题"的一系列环节。它的活动价值不只是获得某个具体问题的解，更重要的是让学生能积极尝试从数学的角度应用所学知识寻求解决问题的思考方法，在解决问题的过程中获得全方位的发展。

五、亮点归纳

1. 体现数学知识的综合应用。本活动中需要用到测量圆的周长、反比例关系、排列组合等数学知识。作业设计时要体现知识的综合应用，例如，要知道蹬一圈自行车能走多远，既可以直接测量，也可以看轮子转了多少圈，再乘上车轮的周长。由此，很自然地引出对前后齿轮齿数与转数之间关系的探究。而对变速自行车的变速原理，又自然地引出组合的知识。使学生通过活动，认识到解决实际问题时往往需要综合应用以前所学的各方面知识。

2. 注重活动的实践性。本活动中需要学生尝试实际测量、研究自行车行进的原理、研究行进过程中脚踏动前齿轮转动，通过链条带动后齿轮转动的过程，自然而然地引发对前、后齿轮齿数与转数之间的关系的探究。这些过程的经历，对于学生实践能力的培养，非常有益。

3. 注重问题意识和探究能力的培养。活动中，要让学生经历尝试发现问题、提出问题、分析问题、解决问题的过程，在这一过程中培养探究数学的意识和能力。

（秦皇岛市经济技术开发区第三小学 / 包艳明）

编写除法故事

布置时机：学习三年级下册“除数是一位数的笔算除法”之后

作业内容：

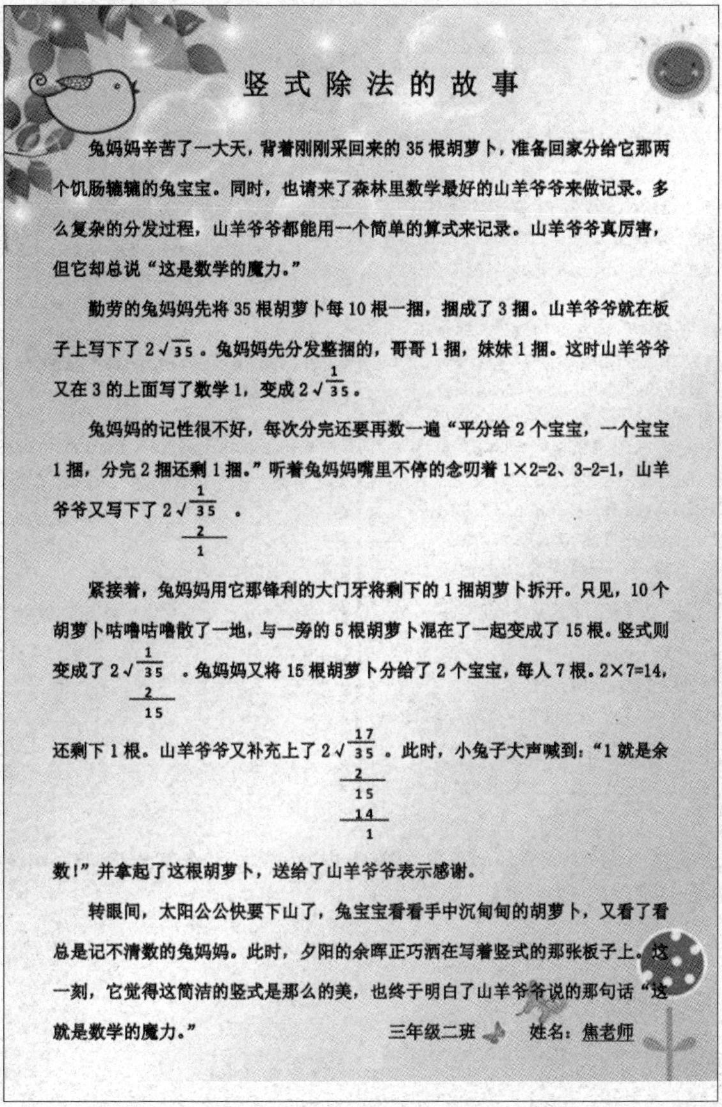

竖式除法的故事

兔妈妈辛苦了一大天，背着刚刚采回来的35根胡萝卜，准备回家分给它那两个饥肠辘辘的兔宝宝。同时，也请来了森林里数学最好的山羊爷爷来做记录。多么复杂的分发过程，山羊爷爷都能用一个简单的算式来记录。山羊爷爷真厉害，但它却总说“这是数学的魔力。”

勤劳的兔妈妈先将35根胡萝卜每10根一捆，捆成了3捆。山羊爷爷就在板子上写下了 2√35 。兔妈妈先分发整捆的，哥哥1捆，妹妹1捆。这时山羊爷爷又在3的上面写了数学1，变成 2√35（商1）。

兔妈妈的记性很不好，每次分完还要再数一遍“平分给2个宝宝，一个宝宝1捆，分完2捆还剩1捆。”听着兔妈妈嘴里不停的念叨着 1×2=2、3-2=1，山羊爷爷又写下了

```
   1
2√35
  2
  1
```

紧接着，兔妈妈用它那锋利的大门牙将剩下的1捆胡萝卜拆开。只见，10个胡萝卜咕噜咕噜散了一地，与一旁的5根胡萝卜混在了一起变成了15根。竖式则变成了

```
   1
2√35
  2
  15
```

。兔妈妈又将15根胡萝卜分给了2个宝宝，每人7根。2×7=14，还剩下1根。山羊爷爷又补充上了

```
   17
2√35
  2
  15
  14
   1
```

。此时，小兔子大声喊到：“1就是余数！”并拿起了这根胡萝卜，送给了山羊爷爷表示感谢。

转眼间，太阳公公快要下山了，兔宝宝看看手中沉甸甸的胡萝卜，又看了看总是记不清数的兔妈妈。此时，夕阳的余晖正巧洒在写着竖式的那张板子上。这一刻，它觉得这简洁的竖式是那么的美，也终于明白了山羊爷爷说的那句话“这就是数学的魔力。”

三年级二班　姓名：焦老师

看了焦老师编写的数学故事，相信你也一定心动了吧。想不想和焦老师对决一下？那就快快拿起笔来也写一篇吧！

你可以换成其他的小动物，也可以是任何的一种分配场景，我的竖式除法题是35÷2=17……1，你完全可以换一道，只要是讲竖式除法的故事就好。

下周拿来和小伙伴们一起分享，期待你的大作哦！

作业目的：

通过形象有趣的小故事，让学生理解笔算除法算理，知道每层、每个数字表示的数学含义，加深记忆。

作业例选：

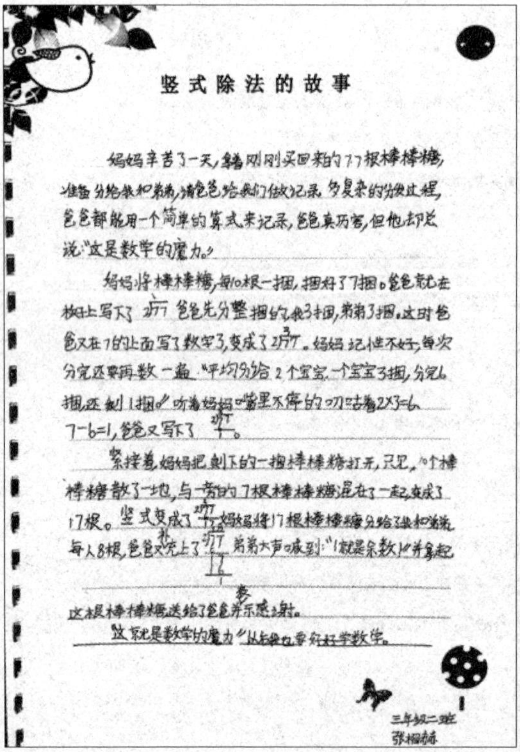
竖式除法的故事

妈妈辛苦了一天，将刚刚买回来的77根棒棒糖，准备分给我和弟弟，请爸爸给我们做记录。多复杂的分发过程，爸爸都能用一个简单的算式来记录，爸爸真厉害，但他却总说："这是数学的魔力。"

妈妈将棒棒糖，每10根一捆，捆好了7捆。爸爸就在板上写下了 2)77 爸爸先分整捆的，我3捆，弟弟3捆。这时爸爸又在7的上面写了数字3，变成了 2)77。妈妈记性不好，每次分完还要再数一遍"平均分给2个宝宝，一个宝宝3捆，分完6捆，还剩1捆。"听着妈妈嘴里不停的叨咕着2×3=6，7−6=1，爸爸又写下了竖式。

紧接着，妈妈把剩下的一捆棒棒糖打开，只见10个棒棒糖散了一地，与一旁的7根棒棒糖混在了一起，变成了17根。竖式变成了竖式。妈妈将17根棒棒糖分给了我和弟弟，每人8根，爸爸又补上了竖式。弟弟大声喊到："1就是余数！"并拿起这根棒棒糖送给了爸爸并表示感谢。

"这就是数学的魔力"，以后我也要好好学数学。

三年级二班

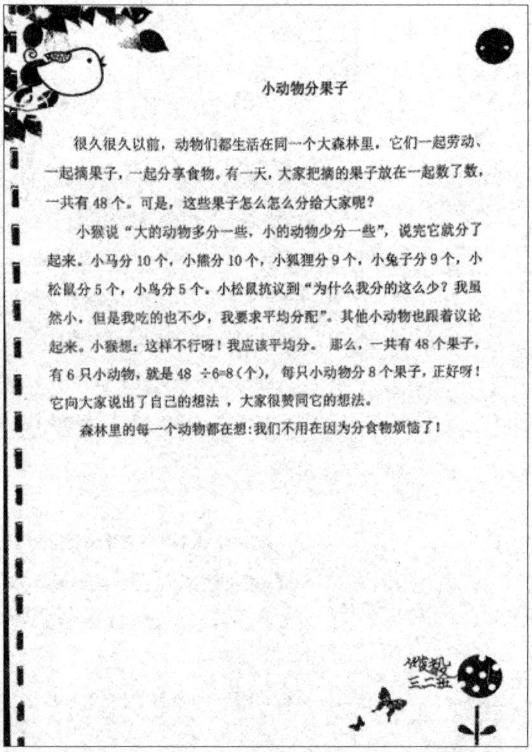
小动物分果子

很久很久以前，动物们都生活在同一个大森林里，它们一起劳动、一起摘果子，一起分享食物。有一天，大家把摘的果子放在一起数了数，一共有48个。可是，这些果子怎么怎么分给大家呢？

小猴说"大的动物多分一些，小的动物少分一些"，说完它就分了起来。小马分10个，小熊分10个，小狐狸分9个，小兔子分9个，小松鼠分5个，小鸟分5个。小松鼠抗议到"为什么我分的这么少？我虽然小，但是我吃的也不少，我要求平均分配"。其他小动物也跟着议论起来。小猴想：这样不行呀！我应该平均分。那么，一共有48个果子，有6只小动物，就是48 ÷6=8(个)，每只小动物分8个果子，正好呀！它向大家说出了自己的想法，大家很赞同它的想法。

森林里的每一个动物都在想:我们不用在因为分食物烦恼了！

三二班

（秦皇岛市经济技术开发区第一小学 / 焦文婧）

“分数”在生活中的应用

布置时机：学习三年级下册“小数的初步认识”之前

作业内容：

请以“分数”为主题，写一写分数在生活中的应用。周一开学将要讲第七单元“小数的认识”，为此做好相关知识的复习与铺垫。

作业目的：

小学阶段是按照整数、分数、小数的顺序进行学习的，而小数是分母是10、100、1000……的分数的另一种表示形式，通过对分数的复习，做好分数与小数的衔接。

作业例选：

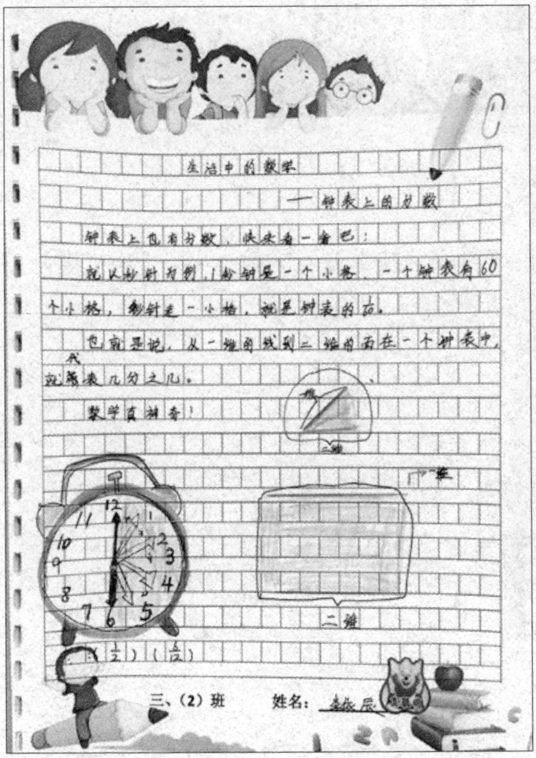

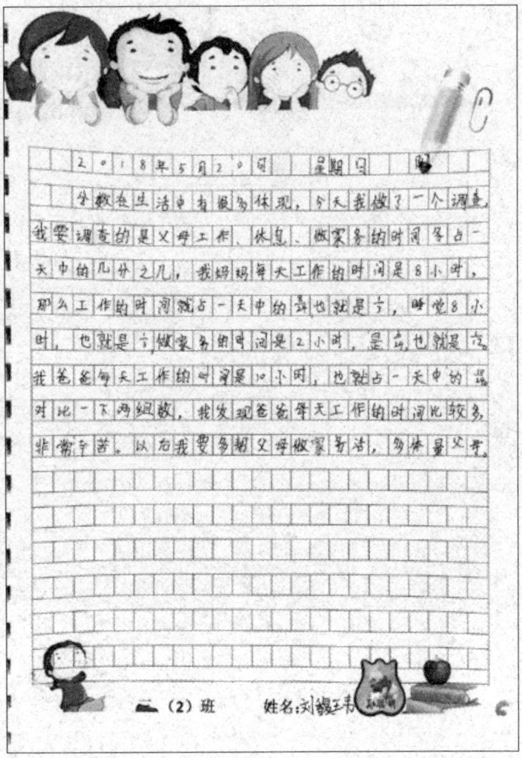

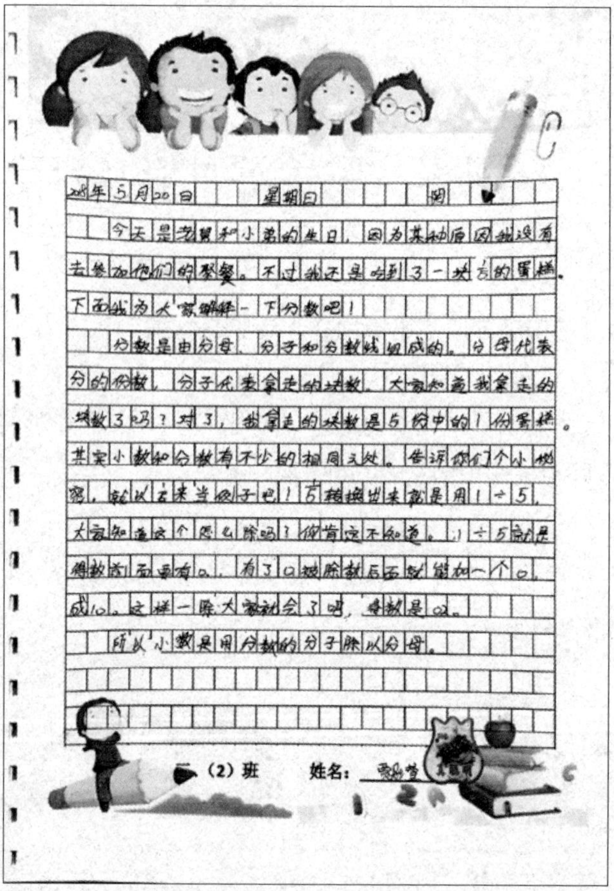

2018年5月20日 星期日 阴

今天是老舅和小弟的生日，因为某种原因我没有去参加他们的聚餐。不过我还是吃到了一块$\frac{1}{5}$的蛋糕。下面我为大家讲解一下分数吧！

分数是由分母、分子和分数线组成的。分母代表分的份数，分子代表拿走的块数。大家知道我拿走的块数了吗？对了，我拿走的块数是5份中的1份蛋糕。其实小数和分数有不少的相同之处。告诉你们个小秘密，就以$\frac{1}{5}$来当例子吧！$\frac{1}{5}$转换出来就是用1÷5。大家知道这个怎么除吗？你肯定不知道。1÷5就是得数商不够有0.，有了0被除数后面就能加一个0，成10。这样一除大家就会了吧，得数是0.2。

所以小数是用分数的分子除以分母。

二（2）班 姓名：

（秦皇岛市经济技术开发区第一小学 / 焦文婧）

我和1亿的一次亲密接触

布置时机：学习四年级上册“大数的认识”单元之后

作业内容：

课上我们认识了“1亿”，而这个数究竟有多大呢？就让我们结合生活实际，选取你擅长的方式，进行一次有趣的数学探究吧！

附：焦老师的作业范例

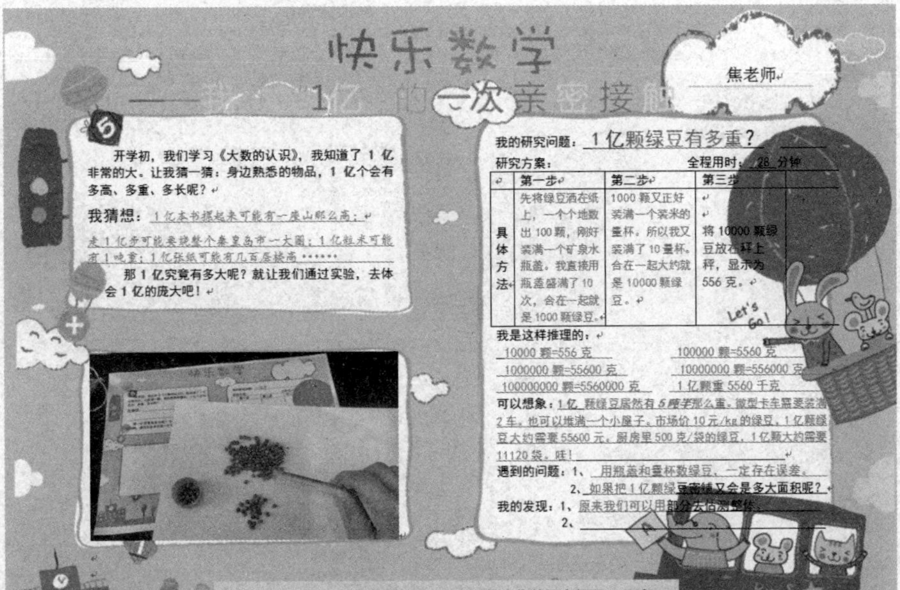

设计意图：

在小学阶段，“大数的认识”是正整数系的最后的学习内容。“1亿”作为学生认知范围内的最大数，对它的表象的认识并不明朗，所以本次作业通过实际操作化抽象为形象。将冰冷的“1亿”这个大数，化为可以想象的1亿张纸的高度，1亿粒米的重量，1亿粒绿豆平铺的面积……

整份作业单在设计上，体现了猜想、假设、验证、推理、反思与总结的全过程。设计灵感来源于网红作业“数1亿粒米”，但在取材上又不仅仅局限于此。测量纸的厚度，平铺豆子的面积，米的重量……全由学生自主决定。自然之间将面积、重量、长度单位整合其中，更便于学生建立“1 亿”大小的形象认知。

在探究的过程中，充分体现十进制计数法，“数”不一定是一个一个永远数下去，在动手中动脑，达到巩固知识点的作用。

作业例选：

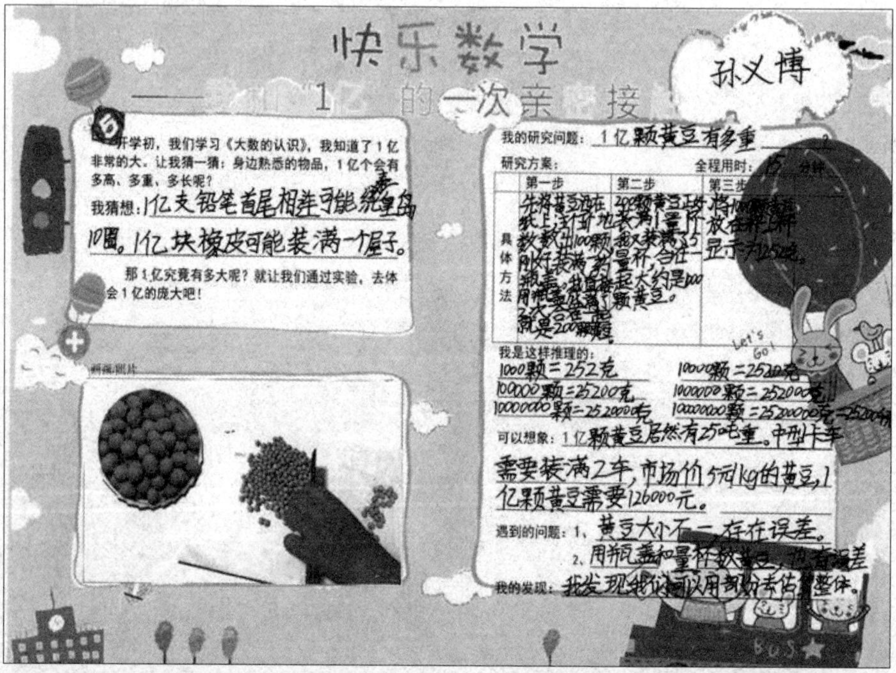

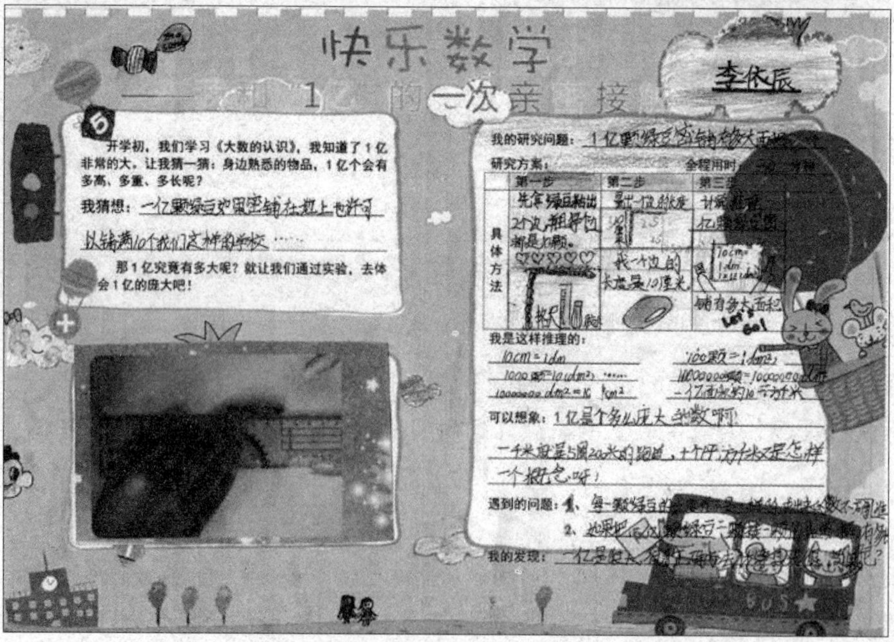

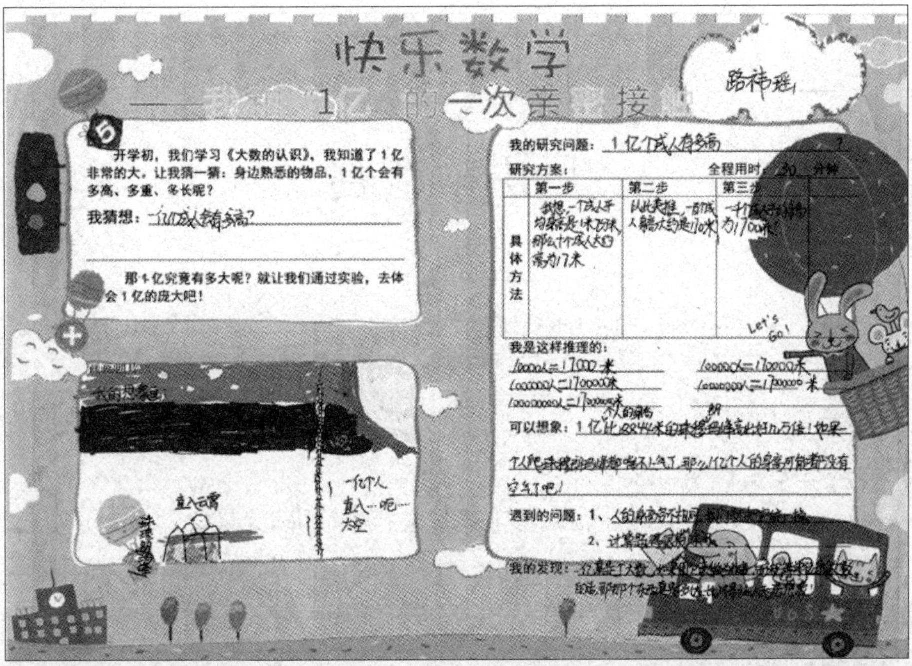

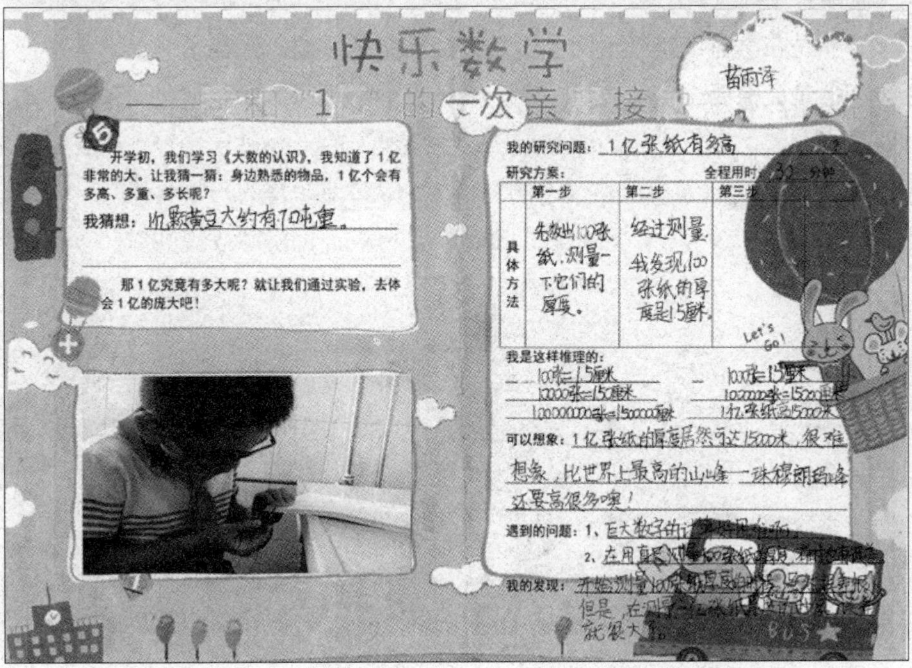

（秦皇岛市经济技术开发区第一小学 / 焦文婧）

月饼争夺赛

布置时机：学完五年级上册“小数乘法”单元之后

作业内容：

以“小数乘法”为主要内容，设计一份“跳跳棋游戏棋盘”。设计“棋盘”作为游戏的前期准备，由学生在家完成。

游戏棋盘设计好后，在数学活动课上现场进行“月饼争夺赛”：两人分别选取一条路径，依次将所在点位上的数字两两相乘，计算又快又准、率先抵达终点的同学，赢得中间摆放的奖品月饼。

设计意图：

本次作业是在学习了第一单元“小数乘法”后设计的一次数学活动。乘法计算本身枯燥乏味，但是又需要学生练就迅速准确的计算能力。而此时正值“中秋”佳节，特意将两者联系在一起，以月饼作为奖品，以“跳跳棋”的形式进行比赛，比赛的内容就是“小数乘法”的计算，计算得又快又准的同学成为获胜者，赢得一块月饼。

为了增加学生的参与度，我只负责设计棋盘模板，说明游戏规则后，每一步的数字由学生自己填写。设计时学生就会先行计算一次，以便得到完美的数据，使得比赛更顺畅。

通过本次活动，学生在你追我赶中，提高了计算的速度，训练了计算的准确率。赢得月饼的同学欣喜若狂，“失败”的选手立志要回家苦练，明日再战。

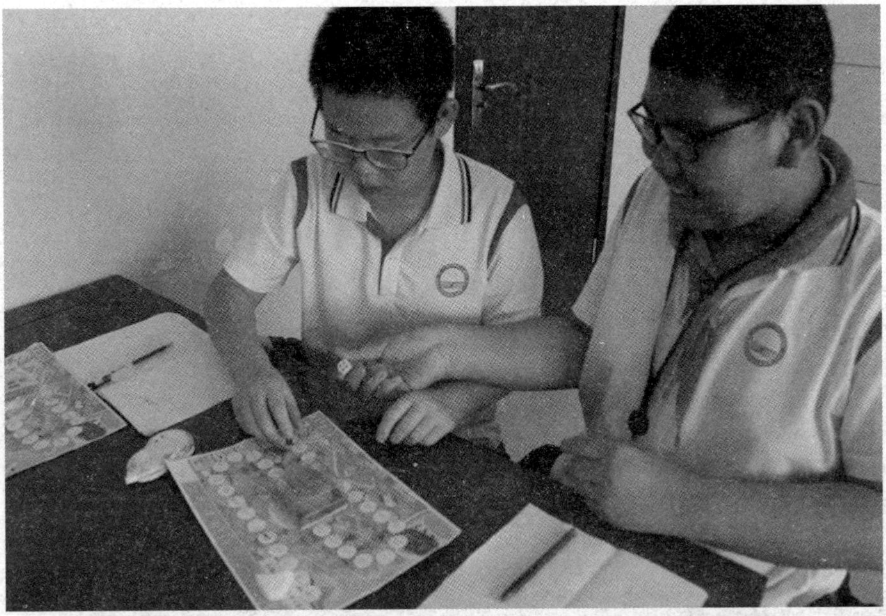

（秦皇岛市经济技术开发区第一小学 / 焦文婧）

测量自己卧室的面积

布置时机：学习三年级下册“长方形、正方形的面积”之后

作业内容：

在不用卷尺的前提下，测量自己卧室的面积，并将活动过程、测量方法和测量结果写在周记纸上，最好画上平面图。

附：焦老师的作业范例

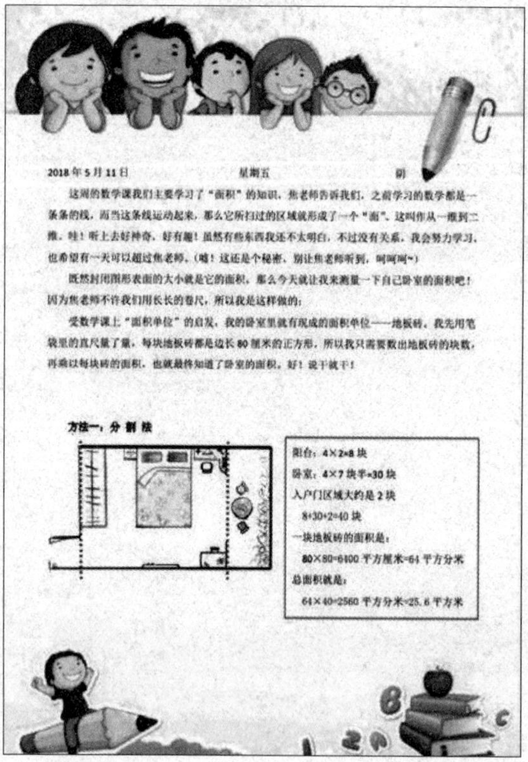

2018年5月11日　　星期五　　阴

这周的数学课我们主要学习了“面积”的知识，焦老师告诉我们，之前学习的数学都是一条条的线，而当这条线运动起来，那么它所扫过的区域就形成了一个“面”，这叫作从一维到二维。哇！听上去好神奇，好有趣！虽然有些东西我还不太明白，不过没有关系，我会努力学习，也希望有一天可以超过焦老师。（嘘！这还是个秘密，别让焦老师听到，呵呵呵~）

既然封闭图形表面的大小就是它的面积，那么今天就让我来测量一下自己卧室的面积吧！因为焦老师不许我们用长长的卷尺，所以我是这样做的：

受数学课上“面积单位”的启发，我的卧室里就有现成的面积单位——地板砖。我先用笔袋里的直尺量了量，每块地板砖都是边长80厘米的正方形，所以我只需要数出地板砖的块数，再乘以每块砖的面积，也就最终知道了卧室的面积。好！说干就干！

方法一：分割法

阳台：4×2=8块

卧室：4×7块半=30块

入户门区域大约是2块

8+30+2=40块

一块地板砖的面积是：

80×80=6400平方厘米=64平方分米

总面积就是：

64×40=2560平方分米=25.6平方米

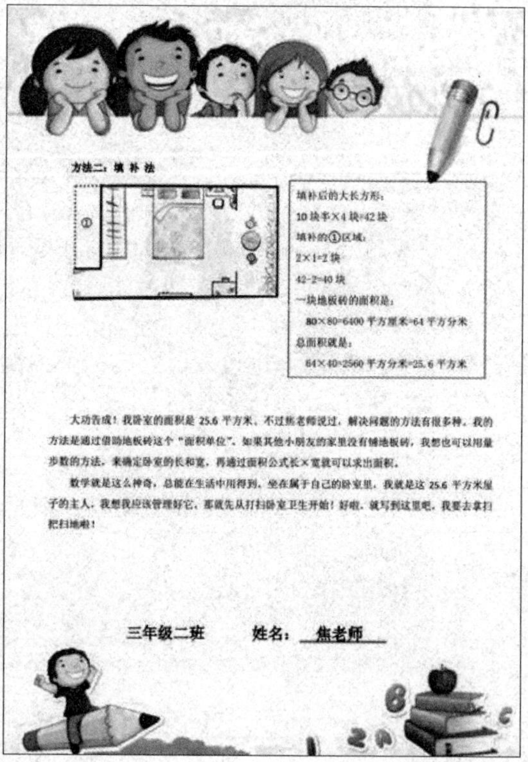

方法二：填补法

填补后的大长方形：

10块半×4块=42块

填补的①区域：

2×1=2块

42-2=40块

一块地板砖的面积是：

80×80=6400平方厘米=64平方分米

总面积就是：

64×40=2560平方分米=25.6平方米

大功告成！我卧室的面积是25.6平方米。不过焦老师说过，解决问题的方法有很多种。我的方法是通过借助地板砖这个“面积单位”。如果其他小朋友的家里没有铺地板砖，我想也可以用量步数的方法，来确定卧室的长和宽，再通过面积公式长×宽就可以求出面积。

数学就是这么神奇，总能在生活中用得到。坐在属于自己的卧室里，我就是这25.6平方米屋子的主人，我想我应该管理好它，那就先从打扫卧室卫生开始！好啦，就写到这里吧，我要去拿扫把扫地啦！

三年级二班　　姓名：焦老师

作业目的：

利用学过的面积的概念及长方形、正方形的面积公式解决生活中的实际问题。在动手实践的过程中，使学生感受以下三点：

1. 面积的大小实际就是所含面积单位的个数。

2. 对于不规则图形可以采用“移多补少”的方法测量面积。

3. 增强学生的主人翁意识、责任、担当。

作业例选：

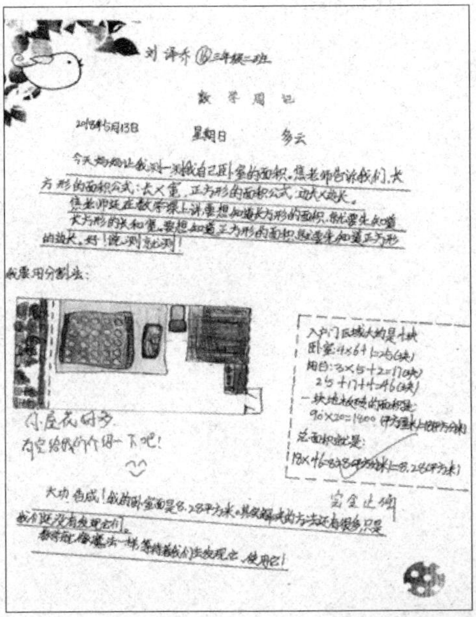

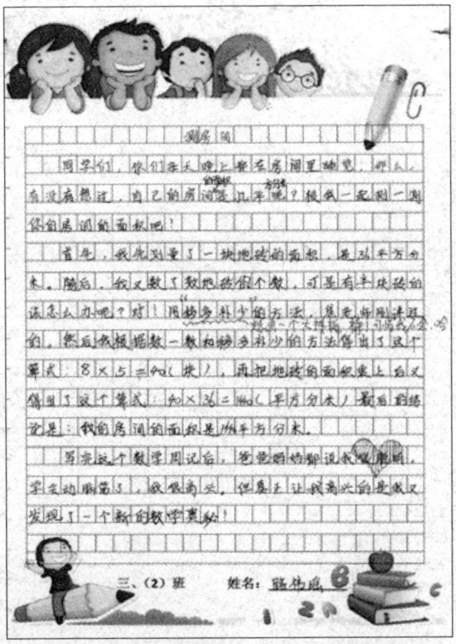

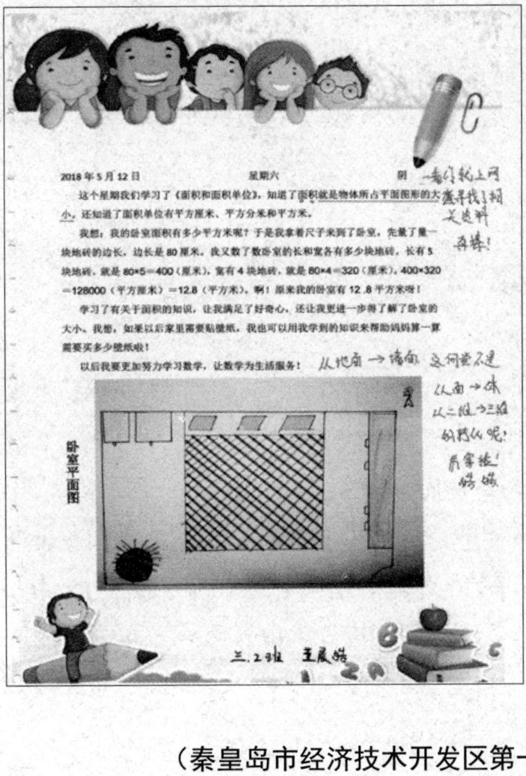

2018年5月12日　　星期六　　阴

这个星期我们学习了《面积和面积单位》，知道了面积就是物体所占平面图形的大小，还知道了面积单位有平方厘米、平方分米和平方米。

我想：我的卧室面积有多少平方米呢？于是我拿着尺子来到了卧室，先量了量一块地砖的边长，边长是80厘米，我又数了数卧室的长和宽各有多少块地砖，长有5块地砖，就是80×5＝400（厘米），宽有4块地砖，就是80×4＝320（厘米），400×320＝128000（平方厘米）＝12.8（平方米），啊！原来我的卧室有12.8平方米呀！

学习了有关于面积的知识，让我满足了好奇心，还让我更进一步得了解了卧室的大小，我想，如果以后家里需要贴壁纸，我也可以用我学到的知识来帮助妈妈算一算需要买多少壁纸啦！

以后我要更加努力学习数学，让数学为生活服务！

（秦皇岛市经济技术开发区第一小学 / 焦文婧）

图形中的平行与垂直

布置时机：学习了四年级上册“平行与垂直”之后

作业内容：

完成下方的“图形中的平行与垂直”作业探究单，在折一折、标一标、画一画的过程中，发现更多的数学奥秘！

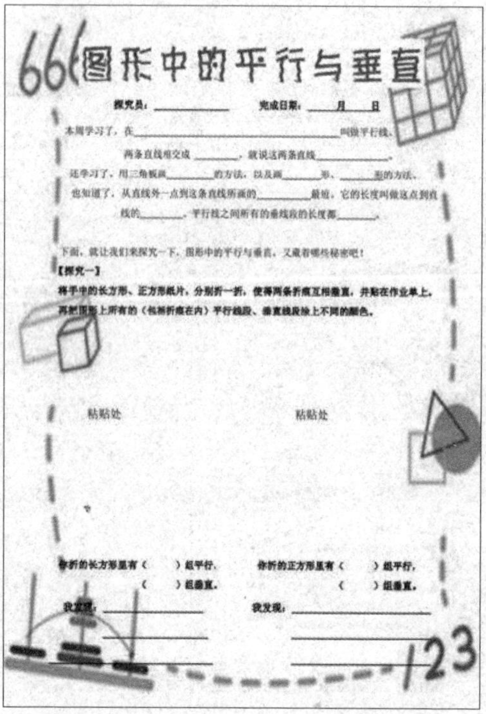
图形中的平行与垂直

探究员：________ 完成日期：____月____日

本周学习了，在______________________叫做平行线。

两条直线相交成______，就说这两条直线__________。

还学习了，用三角板画______的方法，以及画______形、______形的方法。

也知道了，从直线外一点到这条直线所画的________最短，它的长度叫做这点到直线的______。平行线之间所有的垂线段的长度都______。

下面，就让我们来探究一下，图形中的平行与垂直，又藏着哪些秘密吧！

【探究一】

将手中的长方形、正方形纸片，分别折一折，使得两条折痕互相垂直，并贴在作业单上。再把图形上所有的（包括折痕在内）平行线段、垂直线段涂上不同的颜色。

粘贴处　　粘贴处

你折的长方形里有（　）组平行，（　）组垂直。　你折的正方形里有（　）组平行，（　）组垂直。

我发现：________　我发现：________

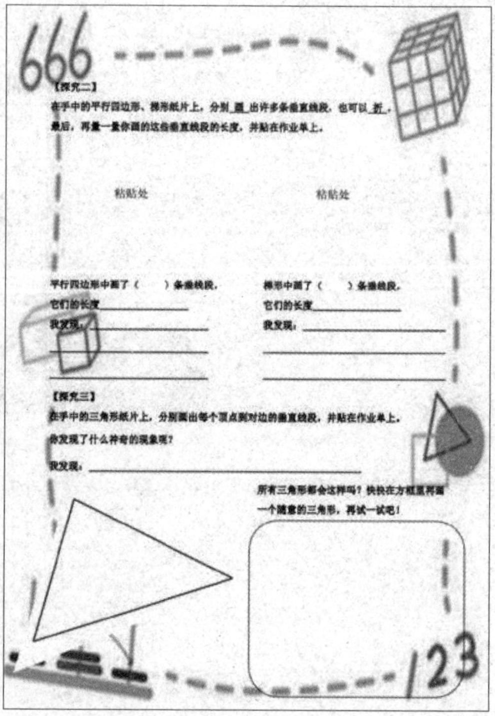
【探究二】

在手中的平行四边形、梯形纸片上，分别画出许多条垂直线段，也可以折。最后，再量一量你画的这些垂直线段的长度，并贴在作业单上。

粘贴处　　粘贴处

平行四边形中画了（　）条垂线段。　梯形中画了（　）条垂线段。

它们的长度________　它们的长度________

我发现：________　我发现：________

【探究三】

在手中的三角形纸片上，分别画出每个顶点到对边的垂直线段，并贴在作业单上。

你发现了什么神奇的现象呢？

我发现：________________

所有三角形都会这样吗？快快在方框里再画一个随意的三角形，再试一试吧！

设计解析：

本单元是“图形与几何”领域中的一个大单元，分为“平行与垂直”和“平行四边形与梯形”两大部分，而“平行与垂直”所描述的“同一平面内两条直线的两种特殊的位置关系”，是今后学习的基础。从学生对于该部分内容的掌握情况来看，学生对于判断“平行”“垂直”没有困难，“过直线上或直线外一点画垂线”也不是难点，但是由于图形中线条较多，干扰项过多，学生在图形中画垂线、垂线段是学习的难点。所以本次作业我在设计时，对这一难点进行了重点突破。

设计思路：

三大探究活动贯穿始末，体现了从特殊到一般、从简单到复杂的过程。

1.“长方形、正方形”板块。学生先动手折一折，使折痕中有垂直和平行，再粘到作业纸上，用水彩笔画一画、标一标。与写和算相比，学生更热衷于动手去做，以彩笔呈现也增加了作业的美观和趣味性。

因为找长方形与正方形里的平行、垂直难度不大，所以增加了“数一数有几组”的内容，写在下边“我的发现”一栏，这也是对三年级上册中长方形与正方形的各边关系的一次回顾。在简单的内容里，做到了题目的多样化、趣味性，以及对旧知识的回顾与照应。

2.“平行四边形、梯形”板块。在平行四边形和梯形里画上几条垂线段，使它们长度相等，并且彼此平行。此处就是接下来学生将要学习的平行四边形和梯形的高，这是一个很自然的渗透。也正是如此，在随后学习平行四边形和梯形的高时，探究观察非常流畅，学生掌握得也特别好。

3.“三角形里的高”板块。我们知道，在初中的学习中“三角形有四心”，即中心、外心、重心、垂心。“画三角形的高”是学生必须掌握的技能，此处在设计上只需稍加深入，把三条垂线段都画出来，学生自然会发现它们交于一点。这为今后乃至初中数学的学习做好了铺垫。

作业例选：

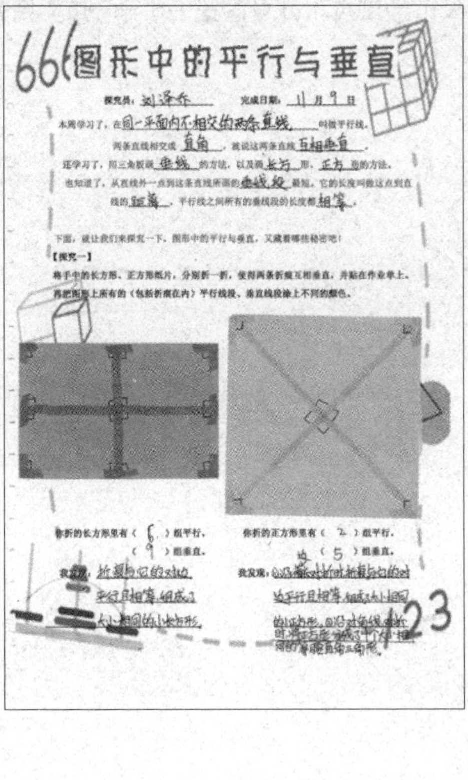

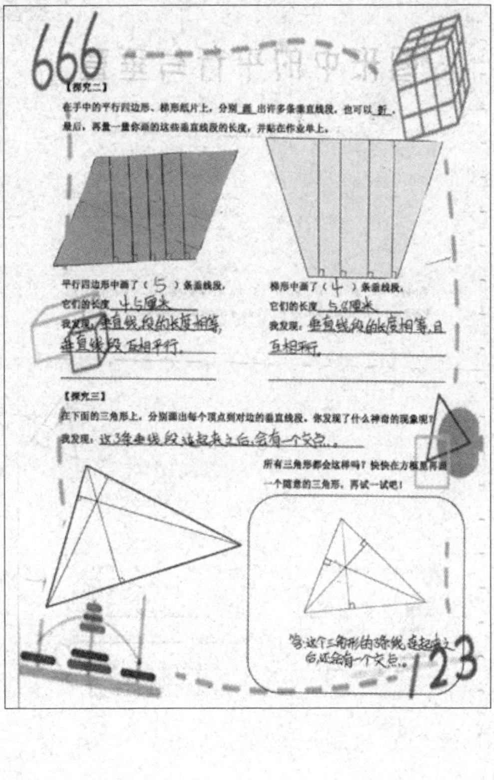

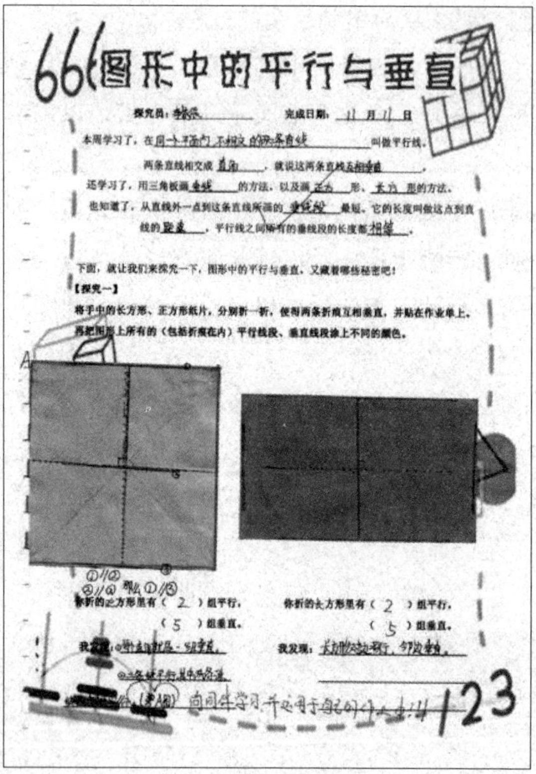
图形中的平行与垂直

探究员：______ 完成日期：11 月 11 日

本周学习了，在______叫做平行线。

两条直线相交成______，就说这两条直线互相垂直。

还学习了，用三角板画______的方法，以及画______形、______形的方法。

也知道了，从直线外一点到这条直线所画的______最短，它的长度叫做这点到直线的______。平行线之间所有的垂线段的长度都______。

下面，就让我们来探究一下，图形中的平行与垂直，又藏着哪些秘密吧！

【探究一】

将手中的长方形、正方形纸片，分别折一折，使得两条折痕互相垂直，并贴在作业单上。再把图形上所有的（包括折痕在内）平行线段、垂直线段涂上不同的颜色。

你折的正方形里有（ 2 ）组平行，（ 5 ）组垂直。

你折的长方形里有（ 2 ）组平行，（ 5 ）组垂直。

我发现：______

我发现：______

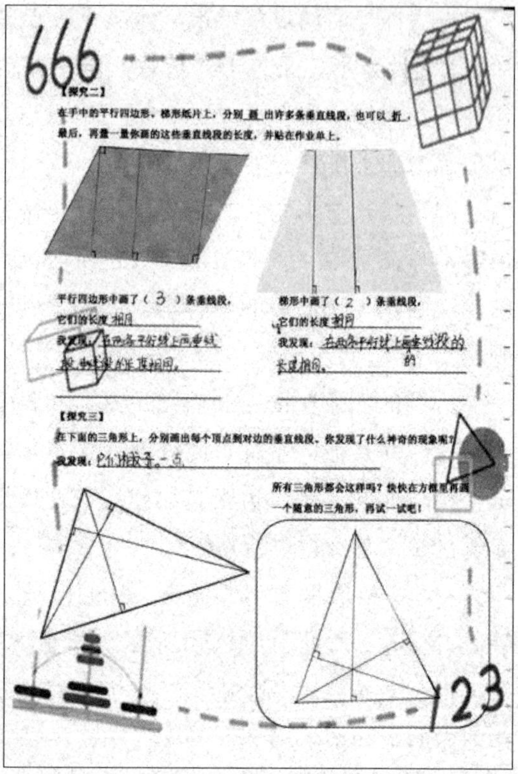
【探究二】

在手中的平行四边形、梯形纸片上，分别画出许多条垂直线段，也可以折。最后，再量一量你画的这些垂直线段的长度，并贴在作业单上。

平行四边形中画了（ 3 ）条垂线段，它们的长度______

我发现：______

梯形中画了（ 2 ）条垂线段，它们的长度______

我发现：______

【探究三】

在下面的三角形上，分别画出每个顶点到对边的垂直线段，你发现了什么神奇的现象呢？

我发现：______

所有三角形都会这样吗？快快在方框里再画一个随意的三角形，再试一试吧！

（秦皇岛市经济技术开发区第一小学 / 焦文婧）

数学故事——平行四边形

布置时机：在学完四年级上册“平行四边形的认识”之后

作业内容：

通过合理想象，为“平行四边形”编写一个小故事，重点突出底与高的对应性。

设计意图：

教学中发现学生对于底与高的对应关系掌握得不好，细节上易错。例如，垂直符号画错位置，并且对于“高线”在平行四边形外的情况很陌生。所以，我试图以一种生动有趣的形式，加深学生对这些易错点的理解和记忆。

作业例选：

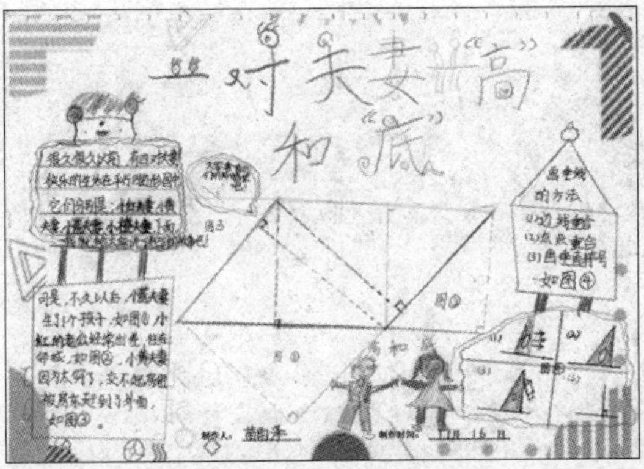

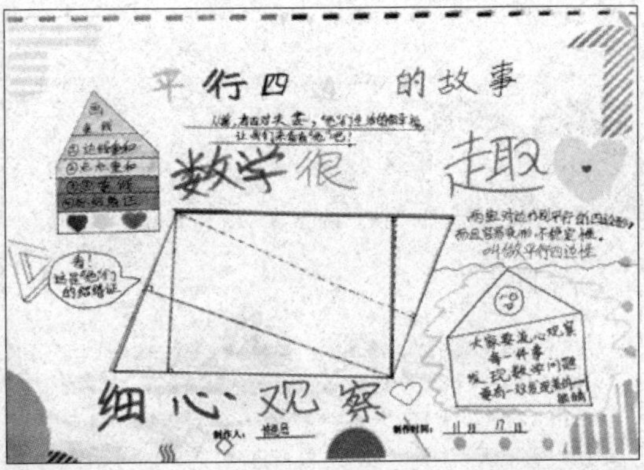

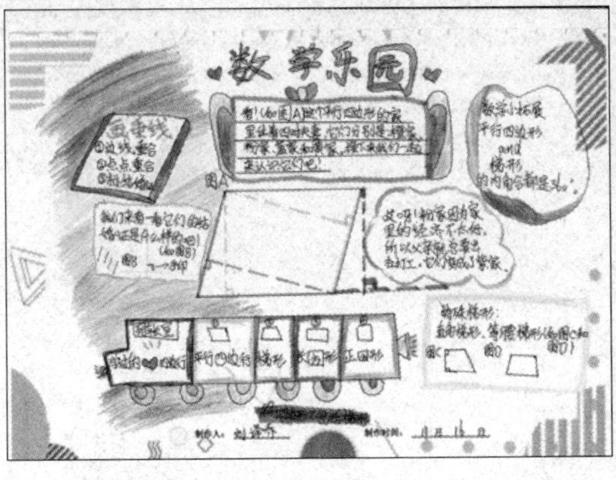

（秦皇岛市经济技术开发区第一小学 / 焦文婧）

为全家的一次出行指路

布置时机：学习三年级下册“位置与方向”单元之后

作业内容：

结合电子地图，为周末的一次出行（可以是上街、出游，或是去上辅导班等等）提前设计好最优路线再出发，以日记的形式简单写一写，体会方位在生活中的应用价值。

作业目的：

结合电子地图，初步尝试辨认方向，培养学生正确地表述目的地方位与行走路线的能力，发展学生的空间观念。

作业例选：

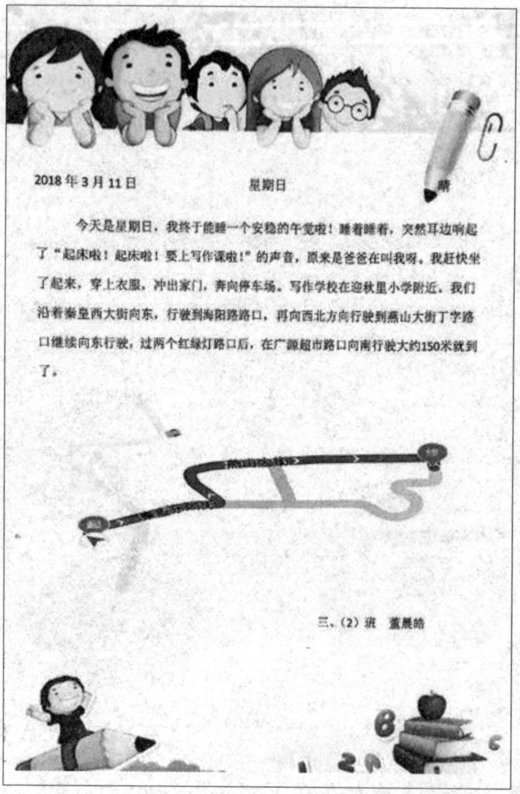

2018 年 3 月 11 日　　星期日　　晴

今天是星期日，我终于能睡一个安稳的午觉啦！睡着睡着，突然耳边响起了“起床啦！起床啦！要上写作课啦！”的声音，原来是爸爸在叫我呀。我赶快坐了起来，穿上衣服，冲出家门，奔向停车场。写作学校在迎秋里小学附近。我们沿着秦皇西大街向东，行驶到海阳路路口，再向西北方向行驶到燕山大街丁字路口继续向东行驶，过两个红绿灯路口后，在广源超市路口向南行驶大约150米就到了。

三、（2）班　董晨皓

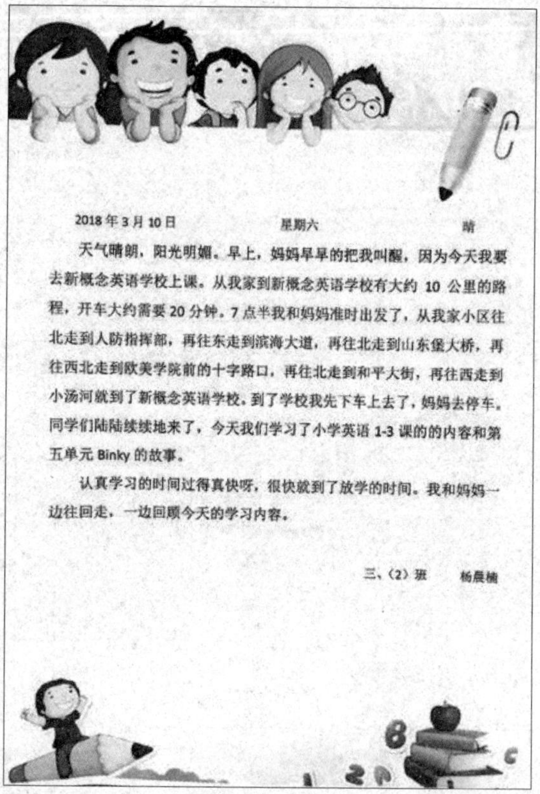

2018 年 3 月 10 日　　星期六　　晴

天气晴朗，阳光明媚。早上，妈妈早早的把我叫醒，因为今天我要去新概念英语学校上课。从我家到新概念英语学校有大约 10 公里的路程，开车大约需要 20 分钟。7 点半我和妈妈准时出发了，从我家小区往北走到人防指挥部，再往东走到滨海大道，再往北走到山东堡大桥，再往西北走到欧美学院前的十字路口，再往北走到和平大街，再往西走到小汤河就到了新概念英语学校。到了学校我先下车上去了，妈妈去停车。同学们陆陆续续地来了，今天我们学习了小学英语 1-3 课的的内容和第五单元 Binky 的故事。

认真学习的时间过得真快呀，很快就到了放学的时间。我和妈妈一边往回走，一边回顾今天的学习内容。

三、（2）班　杨晨楠

（秦皇岛市经济技术开发区第一小学 / 焦文婧）

用数对表示位置——“想要对你说”

布置时机：学完五年级上册“位置”单元“用数对表示位置”后

作业内容：

要求：将想说的话用铅笔在方格纸上写出来，并找到关键笔画拐点的数对坐标，依次逐个写出，作为“破译密码”。再擦去铅笔印记，最后根据虚线痕迹折成信的样式，交给“收信人”。“收信人”再根据“破译密码”也就是数对信息，将信的内容呈现出来。

设计意图：

本次作业是在学生学习了第二单元“用数对表示位置”后设计的一次实践型作业。通过本次活动，将数学的“数对”知识融入美好的情感生活。揣着满满的期待破解密码，想必会是学生一次难忘的记忆。学生的信上，有写着“妈妈，辛苦了”“I LOVE YOU”的字样送给妈妈的；也有写着“我们和好吧”送给小伙伴的……这一来一往间，平时不好意思开口的情感得以表达，增进了情谊。而这一充满爱意的数学活动，都是基于对“用数对表示位置”的熟练应用，但学生不觉得这是数学题，却于无形中强化了数学知识。

作业例选：

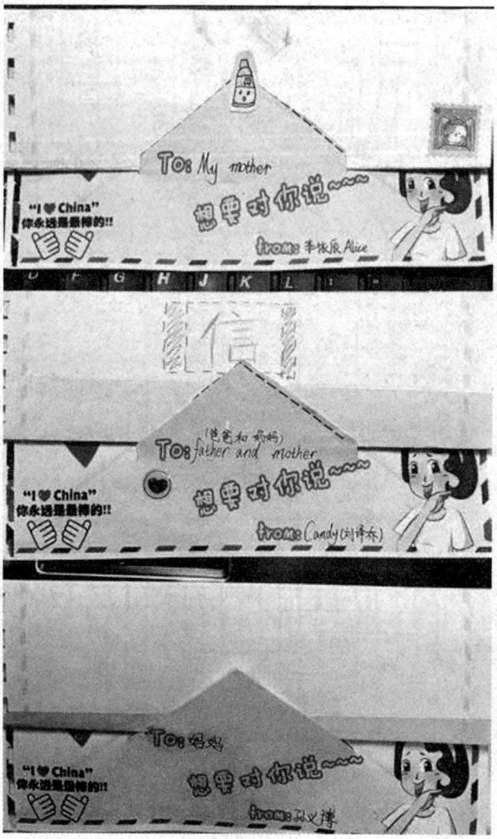

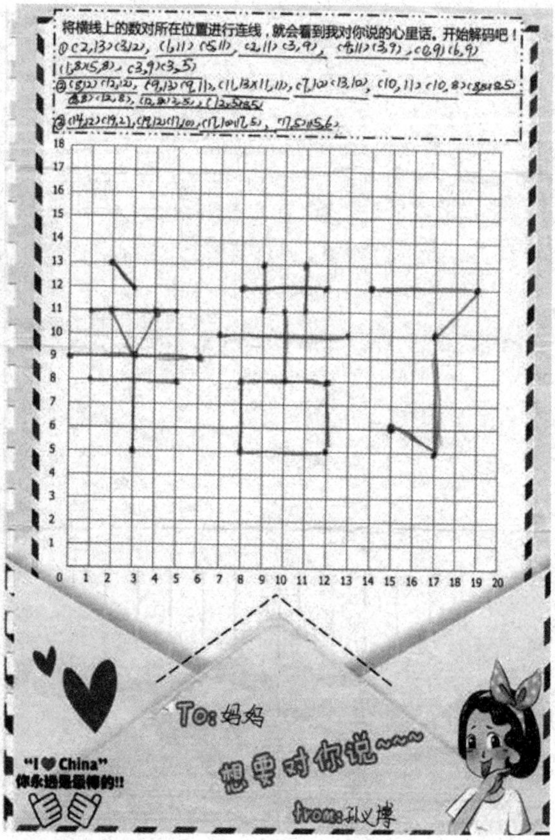

（秦皇岛市经济技术开发区第一小学 / 焦文婧）

我和榜样找差距

布置时机：学习四年级上册第七单元“条形统计图”单元之后

作业内容：

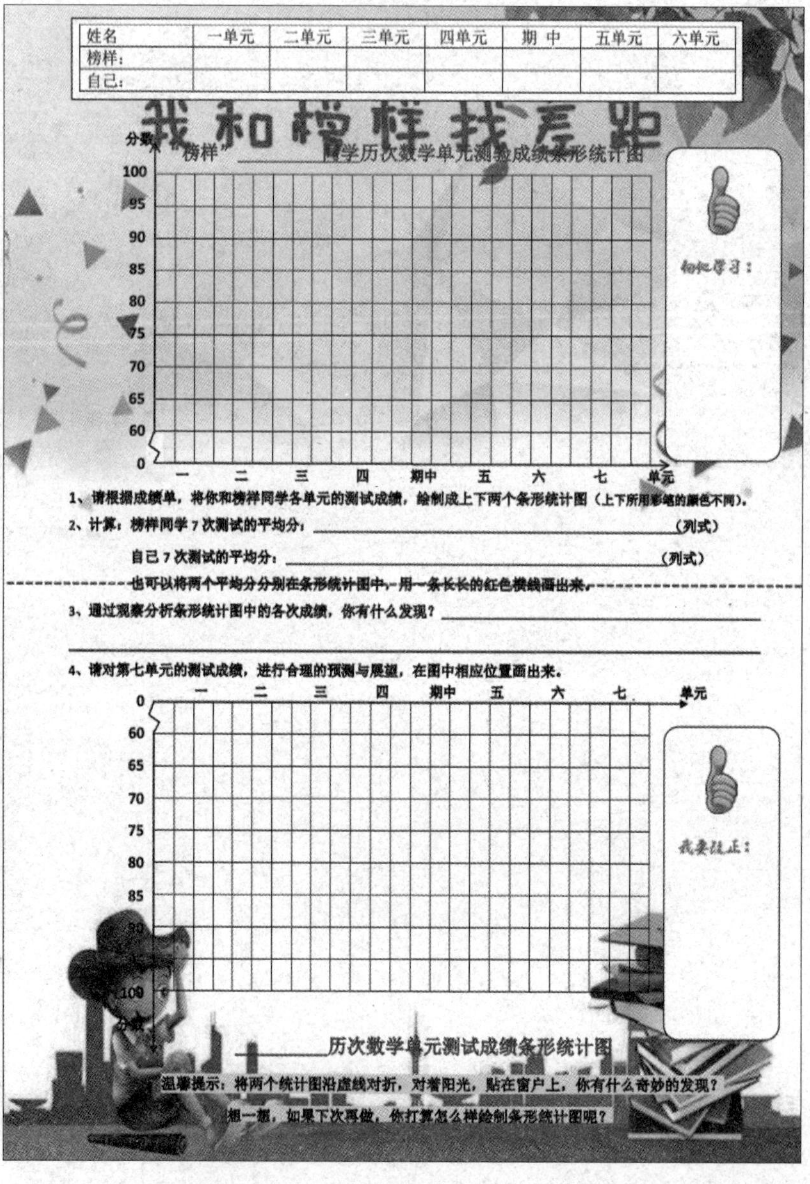

姓名	一单元	二单元	三单元	四单元	期 中	五单元	六单元
榜样：							
自己：							

我和榜样找差距

“榜样”＿＿＿＿＿同学历次数学单元测验成绩条形统计图

分数 100 95 90 85 80 75 70 65 60 0

一 二 三 四 期中 五 六 七 单元

向他学习：

1、请根据成绩单，将你和榜样同学各单元的测试成绩，绘制成上下两个条形统计图（上下所用彩笔的颜色不同）。

2、计算：榜样同学 7 次测试的平均分：＿＿＿＿＿＿＿＿＿＿（列式）

自己 7 次测试的平均分：＿＿＿＿＿＿＿＿＿＿（列式）

也可以将两个平均分分别在条形统计图中，用一条长长的红色横线画出来。

3、通过观察分析条形统计图中的各次成绩，你有什么发现？＿＿＿＿＿＿＿＿＿＿

＿＿＿＿＿＿＿＿＿＿＿＿＿＿＿＿＿＿＿＿

4、请对第七单元的测试成绩，进行合理的预测与展望，在图中相应位置画出来。

一 二 三 四 期中 五 六 七 单元

0 60 65 70 75 80 85 90 100 分数

我要改正：

＿＿＿＿＿＿历次数学单元测试成绩条形统计图

温馨提示：将两个统计图沿虚线对折，对着阳光，贴在窗户上，你有什么奇妙的发现？

想一想，如果下次再做，你打算怎么样绘制条形统计图呢？

设计解析：

新课标中新增设了“统计与概率”的课程内容，是小学数学新课程内容的一个创新设计，旨在培养学生根据问题收集数据，从数据中获取信息，作出合理决策与预测的能力。

本单元的“条形统计图”向前承接了三年级学过的“单式复式统计表”，向后贯穿着“复式条形统计图”和“折线统计图”，起着承上启下的作用。对于本单元的“单式条形统计图”而言，学生们在科学课上早已有过接触，所以并不是难点。

本次作业设计，在巩固“条形图”绘制方法、观察分析数据的基本要求基础上，还有以下三点创新：

其一，以“我和榜样找差距”为切入点，将自己与榜样同学的各单元测试成绩做成条形统计图，我特意将两幅图头对头放置，每幅图上的直条安排在恰当的位置，并用不同的颜色绘制。当作业完成时，以温馨提示的方式，让学生将作业纸沿虚线对折，对着阳光，贴在窗户上，随着学生情不自禁的一声“哇！”可能在以后高年级的数学课上需要用半节课探究的“复式统计图”，用这种巧妙的方式，在一折、一照、一贴中自然而然地进入了孩子的头脑中。我们说教学充满了智慧，作为一名数学老师，我们也需要有无穷的智慧，让这冬日的阳光下，不仅有美景，也有数学与学生一同散发的光芒。

其二，是对于平均数的渗透。“平均数”是四年级下册的内容，对于平均数的概念学生虽不熟悉，但是是有生活经验的。所以，在此让学生初步感知平均数的求法是各项依次相加再除以个数。

其三，所谓学以致用，就是用学生身边的现象与问题作为引入点，在熟练应用知识的同时，提高解决问题的能力，真正体会数学是有用的。本次作业布置时正值期末，让孩子寻找身边的榜样，以显性数据作为切入点，分析成绩的同时，取他人所长，补自己所短。这不仅仅是一次数学特色作业，更是在促使学生谋求更长久的进步。

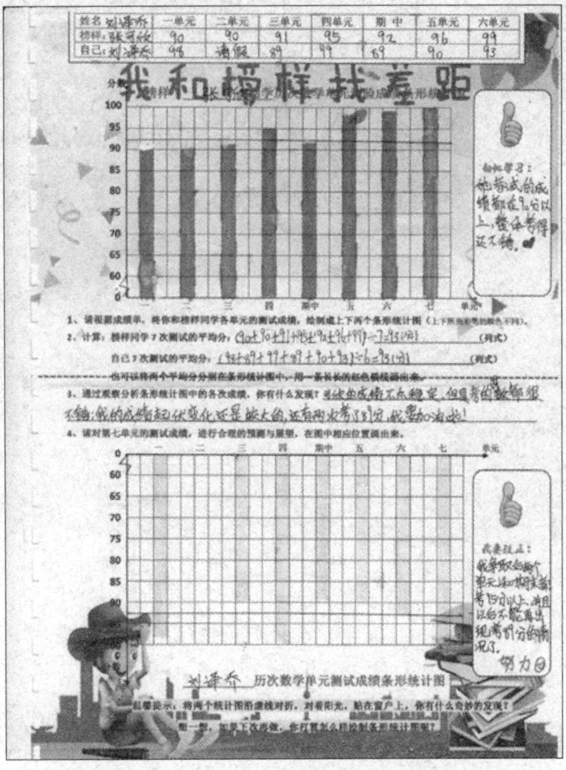

作业例选：

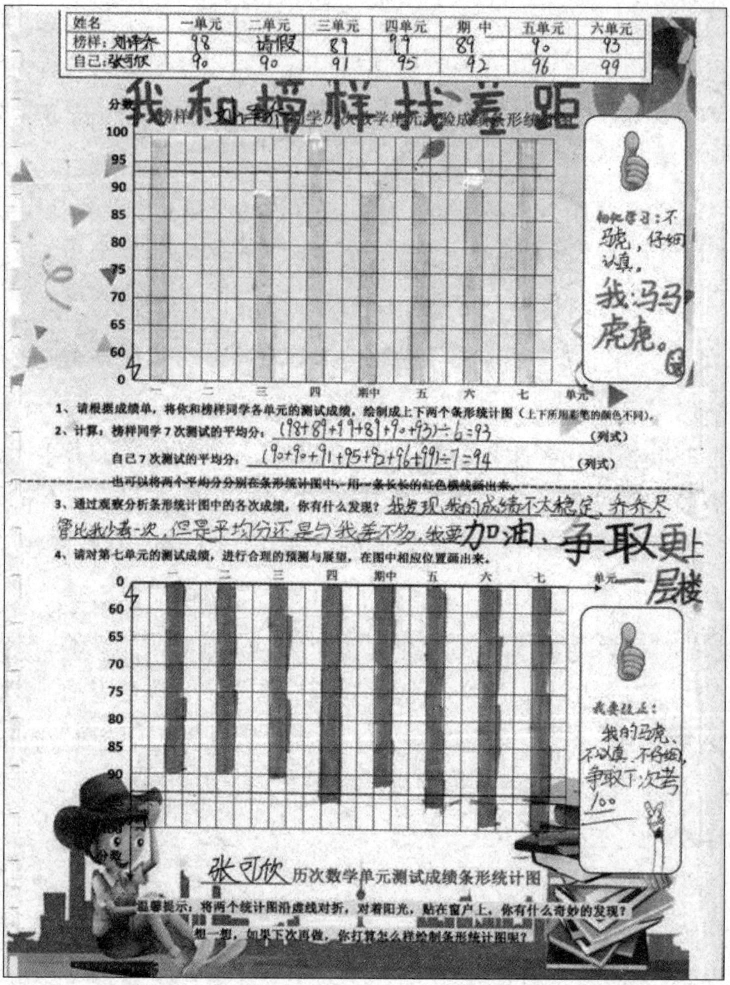

姓名	一单元	二单元	三单元	四单元	期中	五单元	六单元
榜样：刘泽乔	98	请假	89	99	89	90	93
自己：张可欣	90	90	91	95	92	96	99

我和榜样找差距

分数

100 95 90 85 80 75 70 65 60 0

一 二 三 四 期中 五 六 七 单元

细心学习：不马虎，仔细认真。

我马马虎虎。

1、请根据成绩单，将你和榜样同学各单元的测试成绩，绘制成上下两个条形统计图（上下所用彩笔的颜色不同）。

2、计算：榜样同学7次测试的平均分：(98+89+99+89+90+93)÷6=93（列式）

自己7次测试的平均分：(90+90+91+95+92+96+99)÷7=94（列式）

也可以将两个平均分分别在条形统计图中，用一条长长的红色横线画出来。

3、通过观察分析条形统计图中的各次成绩，你有什么发现？我发现我的成绩不太稳定，乔乔尽管比我少考一次，但是平均分还是与我差不多，我要加油，争取更上一层楼

4、请对第七单元的测试成绩，进行合理的预测与展望，在图中相应位置画出来。

一 二 三 四 期中 五 六 七 单元

0 60 65 70 75 80 85 90

我要改正：我的马虎、不认真、不仔细，争取下次考100

张可欣 历次数学单元测试成绩条形统计图

温馨提示：将两个统计图沿虚线对折，对着阳光，贴在窗户上，你有什么奇妙的发现？

想一想，如果下次再做，你打算怎么样绘制条形统计图呢？

（秦皇岛市经济技术开发区第一小学 / 焦文婧）

帮妈妈做家务

布置时机：三年级暑假

作业内容：

请依照老师设计的“帮妈妈做家务”活动单，尝试运用“统计”的知识，发现做家务过程中蕴含的数学的乐趣。

设计意图：

本次作业作为三年级学生的一次暑假作业，设计目的主要是将四年级上册“条形统计图”的相关知识融入到做家务的生活实践中。其次，统计表与统计图同时呈现在作业单上，由简入难，通过已知探索未知，在实际情境中体会统计图的价值。最后，在劳动教育的同时，让学生尝试用数学的方式记录与分析数据，更好地指导劳动。

作业例选：

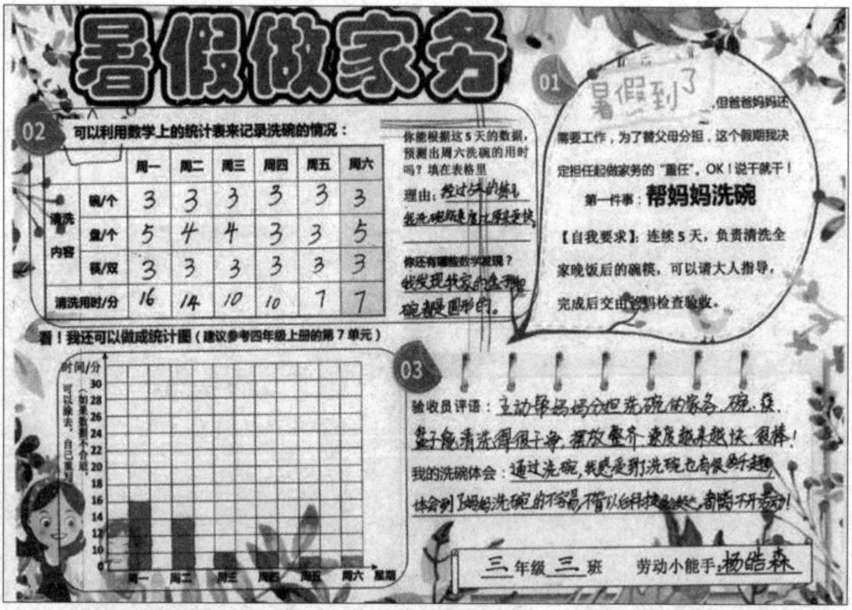

（秦皇岛市经济技术开发区第一小学 / 焦文婧）

“厨神”养成记

布置时机：四年级暑假

作业内容：

请依照老师设计的“‘厨神’养成记”活动单，利用所学的数学知识，根据均衡营养的建议，安排一顿美味的营养午餐吧！

厨神养成记

菜单已经新鲜出炉，快快让我们化身“小厨神”，把一道道美食做出来吧！不会的地方可以向大人们寻求帮助！一定要注意安全哦！

完成后，记得跟家人们一起分享美味，感受幸福瞬间❥(^_-)

“小厨神”心得体会

精彩瞬间

（厨神风采、做菜照片、菜品图片、父母品尝照片…）

爸妈的评价和感受

____年级____班　小厨神姓名：________　完成日期：________

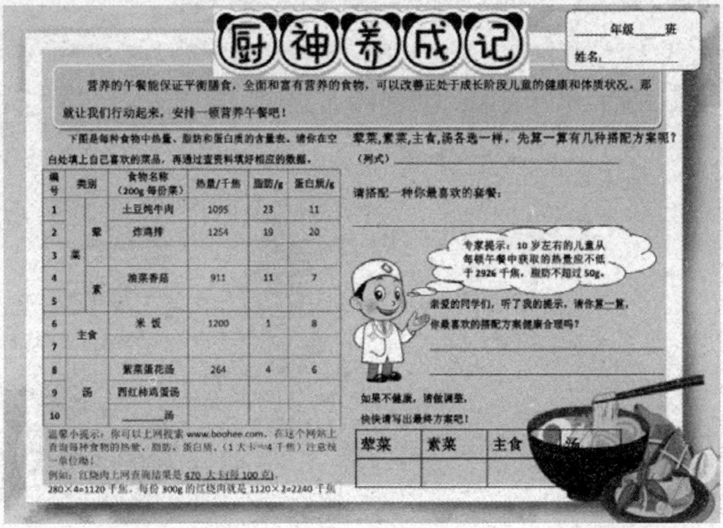

厨神养成记

____年级____班

姓名：________

营养的午餐能保证平衡膳食，全面和富有营养的食物，可以改善正处于成长阶段儿童的健康和体质状况。那就让我们行动起来，安排一顿营养午餐吧！

下面是每种食物中热量、脂肪和蛋白质的含量表，请你在空白处填上自己喜欢的菜品，再通过查资料填好相应的数据。

编号	类别		食物名称（200g 每份菜）	热量/千焦	脂肪/g	蛋白质/g
1	菜	荤	土豆炖牛肉	1095	23	11
2			炸鸡排	1254	19	20
3						
4		素	油菜香菇	911	11	7
5						
6	主食		米饭	1200	1	8
7						
8	汤		紫菜蛋花汤	264	4	6
9			西红柿鸡蛋汤			
10			______汤			

温馨小提示：你可以上网搜索 www.boohee.com，在这个网站上查询每种食物的热量、脂肪、蛋白质。（1 大卡≈4 千焦）注意统一单位哦！

例如：红烧肉上网查询结果是 470 大卡(每 100 克)，280×4=1120 千焦，每份 300g 的红烧肉就是 1120×2=2240 千焦

荤菜,素菜,主食,汤各选一样，先算一算有几种搭配方案呢？

（列式）________________

请搭配一种你最喜欢的套餐：

____

专家提示：10 岁左右的儿童从每顿午餐中获取的热量应不低于 2926 千焦，脂肪不超过 50g。

亲爱的同学们，听了我的提示，请你算一算，你最喜欢的搭配方案健康合理吗？

____

____

如果不健康，请做调整，快快请写出最终方案吧！

荤菜	素菜	主食	汤

设计意图：

本次作业由四年级下册教材活动课“营养午餐”改编而来。在完成作业的过程中，使学生再次体会“合理搭配”在生活中的实际应用，并根据热量与蛋白质的限定条件，通过计算最终找到最健康的午餐方案。在该过程中，提倡学生主动上网查询所需数据和资料，熟练掌握现代社会必备的生活技能。

该作业作为四年级的暑假作业，学生的时间相对宽裕，所以设计的后半部分重点突出实践性。鼓励学生动手操作，在家长的指导下将美食亲手做出来，最后与家人分享成功的喜悦，将德育教育渗透其中。

作业例选：

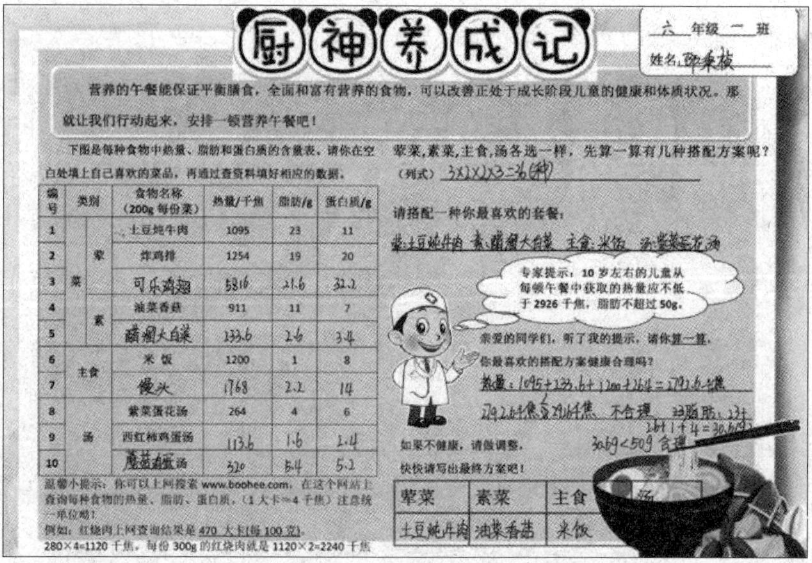
厨神养成记

六 年级 一 班

营养的午餐能保证平衡膳食，全面和富有营养的食物，可以改善正处于成长阶段儿童的健康和体质状况。那就让我们行动起来，安排一顿营养午餐吧！

下图是每种食物中热量、脂肪和蛋白质的含量表。请你在空白处填上自己喜欢的菜品，再通过查资料填好相应的数据。

编号	类别		食物名称（200g 每份菜）	热量/千焦	脂肪/g	蛋白质/g
1	菜	荤	土豆炖牛肉	1095	23	11
2			炸鸡排	1254	19	20
3			可乐鸡翅	5816	21.6	32.2
4		素	油菜香菇	911	11	7
5			醋熘大白菜	233.6	2.6	3.4
6	主食		米饭	1200	1	8
7			馒头	1768	2.2	14
8	汤		紫菜蛋花汤	264	4	6
9			西红柿鸡蛋汤	113.6	1.6	2.4
10			[illegible]汤	320	5.4	5.2

温馨小提示：你可以上网搜索 www.boohee.com，在这个网站上查询每种食物的热量、脂肪、蛋白质。（1 大卡≈4 千焦）注意统一单位哟！

例如：红烧肉上网查询结果是 470 大卡(每 100 克)，

280×4=1120 千焦，每份 300g 的红烧肉就是 1120×2=2240 千焦

荤菜，素菜，主食，汤各选一样，先算一算有几种搭配方案呢？

（列式）3×2×2×3=36（种）

请搭配一种你最喜欢的套餐：

荤：土豆炖牛肉 素：醋熘大白菜 主食：米饭 汤：紫菜蛋花汤

亲爱的同学们，听了我的提示，请你算一算，你最喜欢的搭配方案健康合理吗？

如果不健康，请做调整。

快快请写出最终方案吧！

荤菜	素菜	主食	汤
土豆炖牛肉	油菜香菇	米饭	

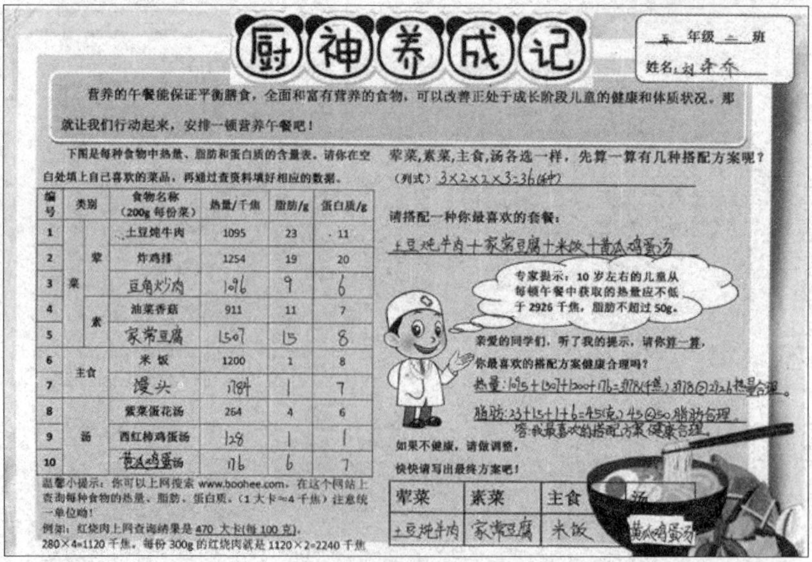
厨神养成记

五 年级 二 班

营养的午餐能保证平衡膳食，全面和富有营养的食物，可以改善正处于成长阶段儿童的健康和体质状况。那就让我们行动起来，安排一顿营养午餐吧！

下图是每种食物中热量、脂肪和蛋白质的含量表。请你在空白处填上自己喜欢的菜品，再通过查资料填好相应的数据。

编号	类别		食物名称（200g 每份菜）	热量/千焦	脂肪/g	蛋白质/g
1	菜	荤	土豆炖牛肉	1095	23	11
2			炸鸡排	1254	19	20
3			豆角炒肉	1096	9	6
4		素	油菜香菇	911	11	7
5			家常豆腐	1507	15	8
6	主食		米饭	1200	1	8
7			馒头	1784	1	7
8	汤		紫菜蛋花汤	264	4	6
9			西红柿鸡蛋汤	128	1	1
10			黄瓜鸡蛋汤	176	6	7

温馨小提示：你可以上网搜索 www.boohee.com，在这个网站上查询每种食物的热量、脂肪、蛋白质。（1 大卡≈4 千焦）注意统一单位哟！

例如：红烧肉上网查询结果是 470 大卡(每 100 克)，

280×4=1120 千焦，每份 300g 的红烧肉就是 1120×2=2240 千焦

荤菜，素菜，主食，汤各选一样，先算一算有几种搭配方案呢？

（列式）3×2×2×3=36（种）

请搭配一种你最喜欢的套餐：

土豆炖牛肉＋家常豆腐＋米饭＋黄瓜鸡蛋汤

亲爱的同学们，听了我的提示，请你算一算，你最喜欢的搭配方案健康合理吗？

热量：1095＋1507＋1200＋176＝3978（千焦）3978＞2926 热量合理。

脂肪：23＋15＋1＋6＝45（克）45＜50 脂肪合理。

答：我最喜欢的搭配方案健康合理。

如果不健康，请做调整。

快快请写出最终方案吧！

荤菜	素菜	主食	汤
土豆炖牛肉	家常豆腐	米饭	黄瓜鸡蛋汤

（秦皇岛市经济技术开发区第一小学 / 焦文婧）